◎知识产权经典译丛

国家知识产权局专利复审委员会组织编译

专利法原理
（第2版）

［美］罗杰·谢科特　［美］约翰·托马斯◎著

余仲儒◎组织翻译

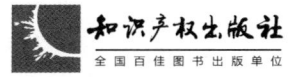

图书在版编目（CIP）数据

专利法原理：第2版/（美）谢科特（Schechter, R. E.），（美）托马斯（Thomas, J. R.）著；余仲儒组织翻译. —北京：知识产权出版社，2016.1（2017.5重印）
（知识产权经典译丛）
书名原文：The Principles of Patent Law（Corncise Hornbook Series）
ISBN 978-7-5130-3626-9

Ⅰ. ①专… Ⅱ. ①谢…②托…③余… Ⅲ. 专利法—研究—美国 Ⅳ. ①D971.23

中国版本图书馆 CIP 数据核字（2015）第 154672 号

内容提要

本书分为13章，介绍了美国专利法的历史以及相关国际专利法律，并进一步对专利法中的具体内容，如专利资格、实用性、非显而易见性、专利申请文件、专利审查程序、专利侵权、专利侵权救济、专利诉讼、专利转让与许可等进行了详细的说明。本书是对美国专利法的详解，是研究专利法的参考读物。

读者对象：专利律师、代理人、审查员以及高校相关专业的师生。

© LEG Inc., d/b/a West Academic Publishing.

This translation Principles of Patent Law (Concise Hornbook Series, Second Edition) by Roger E. Schechter and John R. Thomas is published and by arrangement with LEG Inc., d/b/a West Academic Publishing.

责任编辑：卢海鹰　王玉茂	责任校对：韩秀天
版式设计：王玉茂	责任出版：刘译文

知识产权经典译丛
国家知识产权局专利复审委员会组织编译

专利法原理（第2版）

[美] 罗杰·谢科特　著
[美] 约翰·托马斯
余仲儒　组织翻译

出版发行	知识产权出版社有限责任公司	网　　址	http://www.ipph.cn
社　　址	北京市海淀区西外太平庄55号	邮　　编	100081
责编电话	010-82000887 转 8122	责编邮箱	wangyumao@cnipr.com
发行电话	010-82000860 转 8101/8102	发行传真	010-82000893/82005070/82000270
印　　刷	北京科信印刷有限公司	经　　销	各大网上书店、新华书店及相关专业书店
开　　本	720mm×1000mm　1/16	印　　张	24.75
版　　次	2016年1月第1版	印　　次	2017年5月第2次印刷
字　　数	476千字	定　　价	85.00元
ISBN 978-7-5130-3626-9		京权图字	01-2015-1125

出版权专有　侵权必究
如有印装质量问题，本社负责调换。

序

当今世界，经济全球化不断深入，知识经济方兴未艾，创新已然成为引领经济发展和推动社会进步的重要力量，发挥着越来越关键的作用。知识产权作为激励创新的基本保障，发展的重要资源和竞争力的核心要素，受到各方越来越多的重视。

现代知识产权制度发端于西方，迄今已有几百年的历史。在这几百年的发展历程中，西方不仅构筑了坚实的理论基础，也积累了丰富的实践经验。与国外相比，知识产权制度在我国则起步较晚，直到改革开放以后才得以正式建立。尽管过去三十多年，我国知识产权事业取得了举世公认的巨大成就，已成为一个名副其实的知识产权大国。但必须清醒地看到，无论是在知识产权理论构建上，还是在实践探索上，我们与发达国家相比都存在不小的差距，需要我们为之继续付出不懈的努力和探索。

长期以来，党中央、国务院高度重视知识产权工作，特别是十八大以来，更是将知识产权工作提到了前所未有的高度，作出了一系列重大部署，确立了全新的发展目标。强调要让知识产权制度成为激励创新的基本保障，要深入实施知识产权战略，加强知识产权运用和保护，加快建设知识产权强国。结合近年来的实践和探索，我们也凝练提出了"中国特色、世界水平"的知识产权强国建设目标定位，明确了"点线面结合、局省市联动、国内外统筹"的知识产权强国建设总体思路，奋力开启了知识产权强国建设的新征程。当然，我们也深刻地认识到，建设知识产权强国对我们而言不是一件简单的事情，它既是一个理论创新，也是一个实践创新，需要秉持开放态度，积极借鉴国外成功经验和做法，实现自身更好更快的发展。

自2011年起，国家知识产权局专利复审委员会携手知识产权出版社，每年有计划地从国外遴选一批知识产权经典著作，组织翻译出版了《知识产权经典译丛》。这些译著中既有涉及知识产权工作者所关注和研究的法律和理论问题，也有各个国家知识产权方面的实践经验总结，包括知识产权案件的经典判例等，具有很高的参考价值。这项工作的开展，为我们学习借鉴各国知识产权的经验做法，了解知识产权的发展历程，提供了有力支撑，受到了业界的广泛好评。如今，我们进入了建设知识产权强国新的发展阶段，这一工作的现实意义更加凸显。衷心希望专利复审委员会和知识产权出版社强强合作，各展所长，继续把这项工作做下去，并争取做得越来越好，使知识产权经典著作的翻译更加全面、更加深入、更加系统，也更有针对性、时效性和可借鉴性，促进我国的知识产权理论研究与实践探索，为知识产权强国建设作出新的更大的贡献。

当然，在翻译介绍国外知识产权经典著作的同时，也希望能够将我们国家在知识产权领域的理论研究成果和实践探索经验及时翻译推介出去，促进双向交流，努力为世界知识产权制度的发展与进步作出我们的贡献，让世界知识产权领域有越来越多的中国声音，这也是我们建设知识产权强国一个题中应有之意。

2015 年 11 月

《知识产权经典译丛》编审委员会

主 任 申长雨

副主任 杨铁军

编 审 葛 树　诸敏刚

编 委 （按姓氏笔画为序）

于 萍　马文霞　王润贵　石 竞
卢海鹰　刘 铭　汤腊冬　李 琳
李人久　杨克非　高胜华　蒋 彤
温丽萍　樊晓东

WEST 的法学院顾问委员会

JESSE H. CHOPER
法学教授，加利福尼亚大学伯克利分校

DAVID P. CURRIE
法学教授，芝加哥大学

YALE KAMISAR
法学教授，密歇根大学
法学教授，圣迭戈大学

MARY KAY KANE
校长，院长，知名法学教授
加利福尼亚大学哈斯汀法学院

WAYNE R. LaFAVE
法学教授，伊利诺伊大学

ARTHUR R. MILLER
法学教授，哈佛大学

GRANT S. NELSON
法学教授，加利福尼亚大学洛杉矶分校

JAMES J. WHITE
法学教授，密歇根大学

原版前言

在过去的十年里,大概还没有哪个学科能够像专利法这样快速地从法学院的外围课程变成核心课程。在不久之前,甚至许多法学院还没有人讲授专利法,或者即便有人讲授专利法,也只是在涵盖了全部知识产权法的一门概况课程中对专利法草草带过几句。当时,教科书很少,全职教师很少,而专利法也被认为是专属于那些具备深厚理工科知识背景的稀缺型法律人士的神秘领域。

近年来,越来越多的学院开始提供关于基础专利法和高级专利法方面的综合课程,同时越来越多的学生强烈要求学习这些课程。然而,这么快的发展变化彰显了教材的短缺,那些寻求巩固理解专利法知识的勤奋学生难以获得足够的学习材料。著者提供这本书算是为弥补这一缺憾略尽绵薄之力。

著者通过West入门书系列(West Hornbook Series)出版的书比本书要厚一些,读过该书的读者一定会注意到那本书和本书有很多相似之处。本书作为简明入门书系列(Concise Hornbook Series)版本,继承了入门书系列版本的框架结构和更多内容,但与此同时,撰写本书时著者获准对大量主题进行再加工,增加了许多案例,澄清了一些模糊之处,并讨论了最新的司法意见和法律修订。本书基本上没有受到篇幅限制,著者希望这本书就专利法这一让人备感兴趣且发展迅猛的学科所提供的不但内容丰富,而且便于使用,使读者容易掌握。虽然著者把重点放在原理的讲解上,但是也竭力提供有关基本政策争论的概况,并总是就各种案例阐述著者的观点认识。

今后,专利法将变得越来越重要。技术创新的步伐将继续加快,日益扩大的全球化将促使各国专利制度更趋一致,而可授予专利权的主题范围的不断扩展也必将吸引更多的公司和个体发明人提交专利申请。著者希望藉此努力能够为将要拼搏在这一朝阳领域的新一代法律人的成长略尽微薄之力。

著者特别感谢Scott Cunning(GW'04)和Steven Purdy(Georgetown'05)这两位新一代法律人,他们提供了一丝不苟的研究帮助和细心认真的校对。与他们以及这些年来著者还遇见过的很多有思想、有创造力的学生在一起工作不啻是一种挑战，更是给著者带来灵感和快乐思考的不竭源泉，著者相信他们的技能和奉献精神将足以应对未来的法律挑战。著者还要感谢 Anna Selden 和乔治敦大学教师支持办公室的其他人员对著者手稿提供的有益帮助。

Roger E. Schechter

John R. Thomas

哥伦比亚特区华盛顿

2004 年 5 月

译者的话

经过大家的努力,这本介绍美国专利法原理的简明读本译稿终于和大家见面了。本书由乔治·华盛顿大学法学教授 Roger E. Schechter 和乔治敦大学法学教授 John R. Thomas 编写,由美国 THOMSON WEST 公司出版。该书是国家知识产权局派往美国芝加哥约翰·马歇尔法学院学习的学生们曾经使用的教材之一。很多使用过此书的学生在完成学业后仍对其念念不忘,原因在于大家一致认为此书通过丰富的内容、翔实的案例,由浅入深地全面介绍了美国专利法,是供业内人士了解美国专利法不可多得的教材之一。

由此,我们萌生了将此书翻译出来介绍给我国知识产权界人士研究学习之用的想法,该想法得到了相关领导的大力支持。之后,由在约翰·马歇尔法学院学习过的 2007 届部分毕业生和往届部分毕业生以及在华盛顿大学学习过的部分人员组成了翻译小组,经过大家的努力终于完成了译校工作。在翻译的过程中,为了便于读者通过 LexisNexis 或者 Westlaw 法律数据库检索到相关案例的判决结果,文中所有案例的名称和当事人名字均保留了原文。由于我们的水平有限,译稿中难免存在这样或那样的问题,望读者批评指正。

在进行这项工作时,我们得到了很多同志的帮助,尤其是知识产权出版社王润贵副总编辑的支持和帮助,在此一并致谢。

译 者

2014 年 7 月

译校人员按照章节顺序排列

翻译： 高志芳（第1章、第9章）
朱世菡（第2章第1~2节、第5~10节、第13章第2节）
宋海峰（第3章、第12章、第4章第4节）
王启北（第2章第3节、第4节、第4章第1~3节）
杨　帆（第5章）
高东辉（第6章）
余仲儒（第7章第1~6节、前言）
张　利（第7章第7节、第8章第1节）
张永华（第8章第2节）
钱　芸（第10章、第11章）
姚晓红（第13章第1节）

校对： 姚晓红（第1章、第9章）
张　利（第2章第1~2节、第5~10节）
高志芳（第3章、第12章）
刘桂明（第2章第3节、第4节、第4章第1~3节）
朱世菡（第4章第4节）
钱　芸（第5章）
杨　帆（第6章）
张永华（第7章第1~6节）
宋海峰（第7章第7节、第8章第1节、前言）
余仲儒（第8章第2节）
王启北（第10章、第11章）
高东辉（第13章第1~2节）

统稿： 毕囡、王启北、余仲儒和高东辉

目 录

第1章 专利法介绍 (1)
1.1 专利法概述 (1)
1.2 专利法标准 (3)
1.2.1 独占权 (3)
1.2.2 无形财产权和权利用尽 (4)
1.2.3 公有领域 (4)
1.2.4 一项发明一项专利 (5)
1.2.5 专利权授予最先发明人 (5)
1.2.6 权利要求限定授予专利的发明 (6)
1.2.7 地域性 (6)
1.3 专利政策 (7)
1.3.1 有益性理论 (8)
1.3.2 自然权利 (10)
1.3.3 对专利制度的批评 (11)
1.4 历史 (11)
1.4.1 起源 (11)
1.4.2 垄断的成文法 (12)
1.4.3 宪法 (12)
1.4.4 1790年法案和1793年法案 (13)
1.4.5 1836年法案和1870年法案 (13)
1.4.6 1952年法案 (14)
1.4.7 1982年联邦法院促进法案 (14)
1.4.8 1999年美国发明人保护法案 (15)
1.5 国际专利协调 (15)
1.5.1 《巴黎公约》 (16)
1.5.2 《专利合作条约》 (16)
1.5.3 TRIPS (16)

1.6 其他形式的知识产权 …………………………………………… (17)
 1.6.1 商业秘密 ………………………………………………… (17)
 1.6.2 版权和相关权利 ………………………………………… (17)
 1.6.3 商标和相关权利 ………………………………………… (18)

第2章 专利资格 …………………………………………………… (20)
2.1 基本概念 ………………………………………………………… (20)
2.2 产品和方法权利要求 …………………………………………… (21)
 2.2.1 科学和数学原理 ………………………………………… (22)
 2.2.2 有形变换要求 …………………………………………… (24)
 2.2.3 新用途的方法权利要求 ………………………………… (26)
2.3 生物技术 ………………………………………………………… (27)
 2.3.1 天然产物 ………………………………………………… (27)
 2.3.2 遗传工程生物 …………………………………………… (30)
2.4 医学治疗方法 …………………………………………………… (33)
2.5 涉及计算机的发明 ……………………………………………… (35)
 2.5.1 智力步骤原则 …………………………………………… (35)
 2.5.2 联邦最高法院对涉及计算机发明的态度 ……………… (36)
 2.5.3 联邦巡回上诉法院对涉及计算机发明的态度 ………… (38)
2.6 信息的表达 ……………………………………………………… (42)
2.7 商业方法 ………………………………………………………… (43)
2.8 外观设计 ………………………………………………………… (47)
2.9 植物 ……………………………………………………………… (48)
2.10 结束语 …………………………………………………………… (51)

第3章 实用性 ………………………………………………………… (53)
3.1 基本概念 ………………………………………………………… (53)
3.2 无法实施的发明 ………………………………………………… (54)
3.3 化学和生物领域的实用性 ……………………………………… (57)
3.4 不道德的、欺诈性的以及不可信的发明 ……………………… (60)

第4章 新颖性 ………………………………………………………… (63)
4.1 导言 ……………………………………………………………… (63)
4.2 新颖性标准 ……………………………………………………… (66)
 4.2.1 严格的相同性要求 ……………………………………… (66)
 4.2.2 上位概念与具体概念 …………………………………… (68)

4.2.3　能够实现的要求 ·· (70)
　　4.2.4　固有的和偶然的公开 ·· (71)
4.3　影响新颖性的现有技术：法定禁止 ································ (72)
　　4.3.1　第102条第（b）款介绍 ····································· (73)
　　4.3.2　第102条第（b）款中的"公开使用" ···················· (75)
　　4.3.3　第102条第（b）款中的"销售" ··························· (80)
　　4.3.4　第102条第（b）款的"在本国内" ························ (83)
　　4.3.5　实验使用 ·· (84)
　　4.3.6　专利与印刷出版物 ·· (87)
　　4.3.7　第102条第（c）款中的"放弃" ··························· (90)
　　4.3.8　第102条第（d）款中延迟的美国申请 ··················· (91)
4.4　影响新颖性的现有技术：在先发明 ································ (93)
　　4.4.1　第102条第（a）款的在先发明 ····························· (93)
　　4.4.2　第102条第（g）款的在先发明 ···························· (100)
　　4.4.3　第102条第（e）款的美国专利申请公开 ················ (118)
　　4.4.4　第102条第（f）款有关发明来历的规定 ················· (123)

第5章　非显而易见性 ·· (125)
5.1　简介 ·· (125)
5.2　非显而易见性的现有技术 ·· (127)
　　5.2.1　相似领域 ·· (128)
　　5.2.2　第103条第（c）款 ·· (130)
5.3　非显而易见性审查 ··· (133)
　　5.3.1　发明的历史标准 ·· (133)
　　5.3.2　非显而易见性的现代标准 ···································· (135)
　　5.3.3　辅助考虑因素 ··· (143)
　　5.3.4　化学和生物技术领域的非显而易见性 ···················· (148)
　　5.3.5　小结 ·· (158)

第6章　专利申请文件 ··· (160)
6.1　说明书 ·· (161)
　　6.1.1　能够实现 ·· (161)
　　6.1.2　书面描述 ·· (167)
　　6.1.3　最佳方式 ·· (171)
6.2　权利要求书 ··· (174)
　　6.2.1　基本权利要求的撰写 ··· (175)

6.2.2　权利要求的形式 …………………………………………………（179）
　　6.2.3　确定性 ……………………………………………………………（190）

第7章　专利审查程序 ……………………………………………………（192）
　7.1　USPTO 介绍 ……………………………………………………………（192）
　7.2　审查机制 ………………………………………………………………（193）
　　7.2.1　申请的准备 ………………………………………………………（193）
　　7.2.2　临时申请 …………………………………………………………（194）
　　7.2.3　申请的审查 ………………………………………………………（196）
　　7.2.4　继续申请 …………………………………………………………（197）
　　7.2.5　单一性要求和分案申请 …………………………………………（199）
　　7.2.6　申请的公布 ………………………………………………………（200）
　　7.2.7　申诉和上诉 ………………………………………………………（202）
　　7.2.8　发明保密令 ………………………………………………………（203）
　7.3　发明人资格 ……………………………………………………………（203）
　7.4　权利的期限 ……………………………………………………………（207）
　7.5　授权后程序 ……………………………………………………………（209）
　　7.5.1　更正证书 …………………………………………………………（209）
　　7.5.2　放弃权利声明 ……………………………………………………（209）
　　7.5.3　再颁程序 …………………………………………………………（210）
　　7.5.4　再审 ………………………………………………………………（218）
　7.6　其他程序 ………………………………………………………………（221）
　　7.6.1　抵触程序 …………………………………………………………（221）
　　7.6.2　抗议程序 …………………………………………………………（221）
　　7.6.3　现有技术的引证 …………………………………………………（222）
　　7.6.4　公开使用程序 ……………………………………………………（222）
　7.7　专利审批程序滥用 ……………………………………………………（223）
　　7.7.1　不公平行为 ………………………………………………………（223）
　　7.7.2　重复授权 …………………………………………………………（228）
　　7.7.3　审批懈怠 …………………………………………………………（234）

第8章　专利侵权 …………………………………………………………（237）
　8.1　权利要求的范围 ………………………………………………………（237）
　　8.1.1　直接侵权 …………………………………………………………（237）
　　8.1.2　间接侵权 …………………………………………………………（251）
　8.2　权利要求的解释 ………………………………………………………（256）

8.2.1	字面侵权	(257)
8.2.2	等同原则	(264)

第9章 专利侵权救济 (286)

- 9.1 禁令 (286)
- 9.2 损害赔偿 (288)
  - 9.2.1 合理的许可费用 (288)
  - 9.2.2 损失的利益 (289)
  - 9.2.3 标记 (296)
  - 9.2.4 临时权利 (296)
  - 9.2.5 惩罚性损害赔偿 (298)
  - 9.2.6 律师费 (300)

第10章 专利诉讼 (301)

- 10.1 诉讼管辖权和管辖地 (301)
  - 10.1.1 诉讼事项管辖权 (301)
  - 10.1.2 附带管辖权 (302)
  - 10.1.3 对人管辖权和管辖地 (303)
  - 10.1.4 确认判决法 (304)
- 10.2 上诉管辖权 (306)
- 10.3 在联邦巡回上诉法院选择法律 (308)
- 10.4 争议点排除原则和 Blonder-Tongue 原则 (309)
- 10.5 懈怠和禁止反悔 (311)

第11章 专利转让与许可 (314)

- 11.1 基本概念 (314)
- 11.2 转让的登记 (317)
- 11.3 担保权益 (317)
- 11.4 被许可人和转让人禁止反悔 (318)
- 11.5 滥用、捆绑销售、连带侵权 (320)
- 11.6 期满之后的许可费 (324)
- 11.7 默示许可 (326)
- 11.8 购买权 (328)

第12章 国际专利制度 (331)

- 12.1 《巴黎公约》 (332)
  - 12.1.1 国民待遇原则 (332)

12.1.2　独立保护原则 …………………………………………………（332）
　　12.1.3　国际优先权 …………………………………………………（333）
　　12.1.4　《巴黎公约》优先权的优点 …………………………………（335）
　　12.1.5　《巴黎公约》的未来 …………………………………………（338）
12.2　《专利合作条约》 ……………………………………………………（339）
12.3　外国申请许可 ………………………………………………………（341）
12.4　地区协议 ……………………………………………………………（342）
12.5　《北美自由贸易协定》 ………………………………………………（343）
12.6　《与贸易有关的知识产权协议》 ……………………………………（344）
　　12.6.1　最低保护标准 …………………………………………………（344）
　　12.6.2　争端解决机制 …………………………………………………（347）
　　12.6.3　生效日期 ………………………………………………………（347）
　　12.6.4　对TRIPS的争议 ………………………………………………（349）
12.7　自由贸易协定 ………………………………………………………（350）
12.8　比较专利法 …………………………………………………………（350）
　　12.8.1　优先权原则 ……………………………………………………（350）
　　12.8.2　宽限期 …………………………………………………………（351）
　　12.8.3　专利保护客体 …………………………………………………（352）
　　12.8.4　延迟审查 ………………………………………………………（353）
　　12.8.5　未决申请的公开 ………………………………………………（354）
　　12.8.6　异议 ……………………………………………………………（354）
　　12.8.7　把专利有效性作为侵权辩护事由 ……………………………（354）
　　12.8.8　专利保护范围 …………………………………………………（355）

第13章　州法律问题：商业秘密和联邦法优先 ……………………（356）

13.1　商业秘密 ……………………………………………………………（356）
　　13.1.1　法源 ……………………………………………………………（357）
　　13.1.2　可保护的主题 …………………………………………………（359）
　　13.1.3　侵占 ……………………………………………………………（362）
　　13.1.4　救济 ……………………………………………………………（368）
　　13.1.5　经济间谍法 ……………………………………………………（369）
　　13.1.6　商业秘密和专利 ………………………………………………（371）
13.2　联邦法优先 …………………………………………………………（372）

第 1 章
专利法介绍

不管你在美国法律体系中扮演什么角色，如果你对专利法产生了兴趣，那你赶上了好时候。无论怎样衡量，专利在社会生活中的地位比20世纪更加重要。与过去相比，人们寻求更多的专利并加以实施，在商业流通和合作领域对专利的重视程度明显提高；专利许可、判决与和解在经济和社会中的重要性一直都很高。这些不仅是专利制度本身的影响，也因为专利制度带来的利益越来越大。科学技术突飞猛进，为专利制度带来了层出不穷的司法问题。法律学者、技术人员和实践者因而为这个历史悠久学科的智力复苏而一直努力奋斗。总之，现在正是研究专利制度的绝好时机。笔者希望通过本章对专利制度和激励政策的简要介绍为在随后章节展开更详细讨论打下一个坚实的基础。

1.1 专利法概述

自从第一届美国国会颁布1790年专利法案，专利法就成了联邦成文法。现行的专利法是1952年专利法案，见于《美国法典》第35编。专利法允许发明人就具有实用性、新颖性和非显而易见性的方法、机器、产品和组合物申请专利❶。如果该发明针对某些实用目的具有最低限度的可用性，则可判断为具有实用性❷。专利法中的新颖性是指一项发明必须有别于现有技术文献已经公开的技术，这种文献例如出版物和其他的专利❸。如果该发明已经超出本领域技术人员的一般水平则满足非显而易见性的要求❹。

为了获得专利，发明人必须向政府的专门行政机构，即众所周知的美国专

---

❶ 35 U.S.C.A. §§101, 102, 103 (2000).
❷ Brenner v. Manson, 383 U.S. 519, 86 S. Ct. 1033 16L. Ed. 2d 69 (1966).
❸ 35 U.S.C.A. §102 (2000).
❹ 35 U.S.C.A. §103 (a) (2000).

利商标局（USPTO）提交专利申请❶。专利申请必须包括完整地描述发明的说明书，使技术人员不需要进行过多的实验即可实现❷。专利申请还必须包括清楚的、明确的权利要求，限定发明人所要求获得保护的利益范围❸。

USPTO内经过培训的人员称为审查员，由他们对专利申请进行审查，保证专利申请中所描述和要求保护的发明内容满足专利法的相关规定。在USPTO执行获得专利的程序被称作"审查"。如果USPTO认为申请满足法定要求，将授予专利❹。USPTO将相应的专利文件集中起来予以公告，其中这些文件包括完整的说明书、权利要求和审查中使用的现有技术资料❺。每一项专利一般都享有自申请日起20年的保护期❻。公告的专利不仅给利益方公示了专利权人财产权的信息，也提供了有价值的技术信息。

被授权的专利将赋予专利权人排除他人未经许可生产、使用、销售、许诺销售或进口发明到美国的权利❼。若有人在专利保护期内未经专利权人的许可从事上述行为则可能承担侵权责任。专利权人可以在联邦法院提起民事诉讼，要求禁止侵权行为并获得经济赔偿❽。尽管授权的专利可以推定有效，但是被控侵权人可以基于几种理由主张专利无效或不能实施❾。专利具有私有财产的属性，可以转让或许可给他人❿。

除了技术上称为"实用专利"这种比较常见的专利类型外，知识产权法还提供其他类型的专利或类似专利的权利。外观设计专利适用于新的、原创的和装饰性的外观设计⓫。特殊和新的植物品种，通过嫁接、接芽法或类似技术无性繁殖的植物可以被授予植物专利⓬。植物品种保护也适用于有性繁殖的植物，包括大部分的生种子的植物，只要它们具有稳定性并且与公知的植物品种有明显的区别⓭。

---

❶ 35 U.S.C.A. § 111 (2000).
❷ 35 U.S.C.A. § 112 (2000).
❸ 35 U.S.C.A. § 112 (2000).
❹ 35 U.S.C.A. § 151 (2000).
❺ 35 U.S.C.A. § 154 (2000).
❻ 35 U.S.C.A. § 154 (2000).
❼ 35 U.S.C.A. § 271 (a) (2000).
❽ 35 U.S.C.A. § 281 (2000).
❾ 35 U.S.C.A. § 282 (2000).
❿ 35 U.S.C.A. § 261 (2000).
⓫ 35 U.S.C.A. § 171 (2000).
⓬ 35 U.S.C.A. § 161 (2000).
⓭ 35 U.S.C.A. §2321 et seq. (2000).

1.2 专利法标准

下面几个核心概念构成了专利法的理论基础。理解这些概念，不仅对于掌握现有的专利法体系规则结构十分有用，并且有助于为那些因法律和技术发展的经常变化而产生新的争议性问题提出正确的解决方案。

1.2.1 独占权

专利赋予专利权人排除他人生产、使用、销售、许诺销售或进口受保护的发明的权利❶。其实专利权非常像一个实实在在的不动财产（real property），专利文件限定了属于专利权人"技术领土"的范围。专利权人可以提起诉讼禁止未经授权实施专利发明的"非法侵入者"侵权。而且，他人有义务避免未经授权实施获得专利的发明。

但是专利并不是必然地允许专利权人在市场上利用其专利产品获利。专利产品的实际销售要受到财产权、消费者保护法、反不正当竞争原则和其他法律的限制❷。因为在实施专利发明的时候，专利权不是提供一个积极的权利，批评家把专利权称为"消极"的排他权利。

以下两个例子可以有助于说明这个原理。首先，假设发明人Gizmo教授发明了一个新的药品，向USPTO提交了专利申请，随后获得了专利。事实是Gizmo教授拥有专利但并不能将该药品用于病人。因为他的发明涉及被监管的药物，法律上要求他有义务首先获得美国食品药品监督管理局（FDA）的批准。如果Gizmo教授没有获得监管机构的批准而开始销售该药品，根据食品药品法他可能犯罪。Gizmo教授的专利将允许他禁止其竞争对手销售该药品，无论其竞争对手是否获得了美国食品药品监督管理局的批准。

分析第二个例子。假设5年前Mickey教授发明了一种新的老鼠夹，并获得了专利。现在，假设今年某个时间Minnie博士发明了一种基于上述发明的改进型老鼠夹——可能在处死老鼠时更加人道，Minnie博士有权基于自己的改进申请专利，如果满足授予专利的条件，就会被授予专利。但是，该项专利的存在不是必然允许Minnie博士去销售这种效果更好的老鼠夹，因为销售该产品将会侵犯Mickey教授的专利权。此外，没有Minnie博士的许可，Mickey教授也不能销售Minnie博士改进的老鼠夹。每一项专利都可以排除他人实施被

---

❶ 35 U.S.C.A. § 271 (a) (2000).
❷ King Instruments Corp. v. Perego, 65 F.3d 941, (Fed. Cir. 1995).

专利权人自己的专利所覆盖的发明，但是任何一项专利都没有被授予绝对的权利去实施各自的发明。其结果就是，如果双方没有达成协议，在法律上任何一方都不能自由地生产和销售这种改进的老鼠夹❶。

1.2.2 无形财产权和权利用尽

专利法没有对体现发明创造的任何特定的有形物质产生财产权。相反，专利制度产生的是更加抽象的专有权益，它完全独立于体现发明的特定的有形物质❷。拥有专利的结果与拥有一辆汽车或一个不动产是完全不同的。该项特殊的专利可以被看做一项"私有化规则"，其效力覆盖整个美国，即阻止他人未经授权使用该被授予专利的发明。

权利用尽的概念提供了一个生动的例子来说明无形财产和有形财产二者的区别❸。一旦专利权人销售了体现其发明的产品，专利权人不能够阻止该产品的二次销售。任何蕴含在特定实际产品上的专利权利一旦完成首次销售，该权利就被"用尽"。权利用尽理论允许货物在商业上自由流动，而不会受到多重所有权的利益阻碍。因此权利用尽原则被称作"首次销售"理论❹。

例如，假设房主 Hal Handy 在 Block & Docker Company Store（以下简称"Block & Docker"）购买了一件汽车用螺丝刀。螺丝刀是 Block & Docker 拥有的专利产品。后来，Hal Handy 以废品的价格将螺丝刀卖给了邻居。按照一般理论，Block & Docker 可以阻止他人销售体现其专利技术的螺丝刀。但在本案中，实际上体现在螺丝刀中的专利权已经在 Block & Docker 第一次将其卖给 Hal Handy 时就用尽了。Hal Handy 和其他后来作为螺丝刀的购买者，可以不考虑 Block & Docker 拥有的专利自由出售该产品。Hal Handy 不能做的就是将螺丝刀拆解，然后自己制造与其相像的第二个螺丝刀。该行为将侵犯 Block & Docker 拥有的在发明中所体现的无形财产的权利。

1.2.3 公有领域

大部分发明人都是在前人创造的基础上完成发明创造。现代发明人推动技术进步的能力主要取决于他们不违法地使用前人技术的能力。为了确保这种可能性，专利制度有很多理论可以对专利保护的范围进行限制，宣告某些材料大

---

❶ 这种情形也被称作"阻碍"专利。Robert P. Merges, Intellectual Property Rights and Bargaining Breakdown: The Case of Blocking Patent, 62 Tenn. L. REV. 75 (1994)。

❷ A. S. Solomons v. United States, 21 Ct. Cl. 479, 483, aff'd, 137 U. S. 342 (1890)。

❸ A NTON/Bauer, Inc. v. PAG Ltd., 329 F. 3d 1343, 1349–50 (Fed. Cir. 2003)。

❹ 关于首次销售的理论详见第 8.1.1.2 节。

家可以自由使用。这些材料被认为处于公有领域。在公有领域，由于专有权益不属于任何人，所以其提供了一个促进创新的知识体系❶。活跃的公有领域不仅有利于发明人，也有益于消费者、竞争对手和社会中的其他使用者，他们可以通过生产创新型产品，降低成本进行正当竞争。

要求发明必须是新的、非显而易见的才能获得专利保护，就是为了保证专利制度不会后退到保护公有领域的技术❷。国会认为如果发明不能满足新的、高于本领域技术水平之上的要求，就不能被授予专利。该原则作为一种政策是非常有意义的：显然，没有任何理由将专利授予给这样的人，他所公开的技术信息都是公知的信息。专利保护期的限制，一般来说自专利申请日起20年，然后归入公有领域❸。一旦专利到期，任何人都可以实施该专利，不用考虑支付使用费。由于各种各样的专利保护期届满，每年都有大量的技术信息变为可以供公众自由使用和开发的公共技术。通过这些方式和其他方式，就可实现专利制度所追求的保留和拓展公有领域的目标。

1.2.4　一项发明一项专利

专利制度坚持一项发明只能被授予一项专利。如果允许同一发明人从USPTO基于同一发明再获得一项专利权，将导致许可发明人超出法律规定延长了保护期，推迟其进入公有领域的时间，对公众没有任何好处。如果允许不同的发明人基于同一项发明得到多项专利权，当事人使用发明技术时将不得不寻求多个权利人的同意，会导致不确定性，浪费交易费用，并且还有可能使其中一个专利权人因害怕其他专利权人告其侵权而拒绝将其发明商业化。这些理念都体现在几个专利法原则中。除了新颖性和非显而易见性外，禁止重复授权原则还可防止同一发明人基于相同或相近似的发明获得多项专利❹。

1.2.5　专利权授予最先发明人

每天，全世界的技术竞争对手都竞相进行有价值的发明创造。很多时候，他们几乎是在同一时间内完成相同或相近似的发明创造。在这种情况下，专利制度建立了一个胜利者享受全部成果的政策。根据美国的法律，事实上第一个完成发明的人有权获得专利。根据先发明优先原则，发明创造实际完成的时

---

❶ Lessica Litman, The Public Domain, 39 Emory L. J. 965 (1990).
❷ 35 U.S.C.A. § 103 (a) (2000).
❸ 17 U.S.C.A. § 302 (2000).
❹ 参见第7.7.2节。

间，例如研究者得到一个新化合物或者机械师完成一个新装置的时间就变得非常重要。即使竞争对手有可能第一个准备好了申请文件并将其提交到USPTO，第一个完成发明的人还是可以得到专利权，当多人要求得到专利权时，USPTO通过一项被称为"抵触"（interference）的行政程序来决定谁是真正的第一个发明人❶。

在全世界授予专利的国家中美国实行的先发明优先制度是一个例外。其他所有国家的专利制度都实行先申请原则，将专利权授予最先向专利局提出申请的人，即使他可能不是第一个真正的发明者。对于美国是否应该采用世界体系中的先申请原则还是应该继续保留先发明原则，一直都存在争论。

1.2.6 权利要求限定授予专利的发明

每项实用专利至少公开一项权利要求❷。权利要求用一个独立的句子来限定发明人请求保护的无形财产的范围。在专利的技术方案中，权利要求因其准确定义了授予专利的特定主题而发挥主要的作用。当USPTO的审查员决定是否批准一项发明专利时，审查的重点就是权利要求。当法院在作有效性和侵权判定时，他们考虑的焦点就是原告的专利中对权利要求的解释。虽然权利要求通常不采用修饰性较强的描述方式，但是在遇到专利文件和涉及专利文件的司法意见时，应该仔细阅读权利要求。

由于只有权利要求才能限定授予专利的发明，所以依据其他材料推导出专利权人的独占权利的范围是不合适的。若某人想了解与某特定专利相关的专有权益时，那他必须阅读它的权利要求，而不是依靠"技术关键"，或其他发明主题的见解。请注意，无论如何，权利要求的范围只是限定专利权人独占权利的范围，而不是解释如何去实施该项发明。其余的专利文件包括公开了发明更多内容的说明书，它起到支持权利要求的作用❸。说明书必须通过介绍该发明的一般原理、实施例和附图来告诉他人如何去制造和使用该项发明。

1.2.7 地域性

世界各国对通过一个统一的法律体制来授予专利还未达成一致意见，因此没有世界专利。如果想在某一特殊的司法管辖地获得保护，创新者必须要在该地寻求并获得专利权。而且，该特殊专利的范围只能延伸到该国或地区

---

❶ 参见第4.3.2.1节。
❷ 35 U.S.C.A. §112, 1 (2000).
❸ 35 U.S.C.A. §112, 2 (2000).

承认该权利的地区。例如在美国授权的专利,不能作为在日本提起侵权诉讼的基础❶。

但是美国和其贸易伙伴的专利法通过一系列的构成国际知识产权框架的国际条约紧密联系起来。最基础的条约是《巴黎公约》❷,它确立了最基本的"国民待遇"原则,要求在知识产权方面,各签约国对待其他签约国的国民的待遇不得低于对本国国民的待遇。最近,世界贸易组织关于《与贸易有关的知识产权协议》❸,即 TRIPS,要求所有签约成员都要规定知识产权保护和实施的最低实质性标准。和其他条约一起,这些国际条约已经可以使创新者轻松地在外国享有知识产权保护。

1.3 专利政策

美国奉行的是"自由市场经济"。大部分人相信企业间的自由竞争不仅刺激消费者在一个开放的市场中自由选择产品和服务,也可以提供机会确保各竞争对手在同一起跑线上竞争。美国的自由市场经济的一个后果就是,如果没有政府干预,大家一般都会抄袭别人的想法而不会支付费用,并且不必顾虑承担法律责任。如果有人在网络上拍卖房子,事实证明点击率很高,那么别人也可以设立一个网络拍卖网站。如果有人发现钙可以疏通血管堵塞,有助于治疗高血压,那么别人也可以使用钙来疏通血管降低你的血压,为获得利益可以通过广告宣传这种功效,将药物销售给他人。

显然,专利制度是自由竞争基本原则的一个例外,专利的授予允许一个公司排除其他公司在网络上拍卖房子或销售该疏通血管的药物,剥夺了消费者和竞争者获得竞争利益的可能。那么,为什么美国政府要设立专利制度?专利制度的支持者通常会强调专利制度的有益性理论以及在一定程度上个人可以通过发明享有专有权益的自然权利。但由于人们有时会滥用专利制度,同时也没有典型例子来证明专利制度取得了令人称道的成绩,这些都使上述设立专利制度的正当理由弱化。

---

❶ Opinion of the Comptroller Gerneral, 159 USPQ 298, 301 (1968)(这是一个主权地域性限定的基本概念,根据专利法排除了一个国家地域外的效力)。

❷ Paris Convention For the Protection of Industrial Property, Mar. 20, 1883, 13 U. S. T. 2, 828 U. N. T. S 107.

❸ Agreement on Trade – Related Aspects of Intellectual Property Rights, Apr. 15, 1994, Annex 1C, 33 I. L. M. 1197 (1994).

1.3.1 有益性理论

有益性理论是指法律规定的正当性，其本质上具有实用性。支持者认为应通过证明法律已经获得具体的现实利益来解释它。专利制度经常通过参照一些字面上具有指导意义的公共政策来解释。一般来说，这些理论认为专利制度最重要的特性是独占性——鼓励个人从事所希望的活动。

该理论的支持者认为：若没有专利制度，发明会很容易地被公众复制或实施，但公众对该发明的研发和完善却没有任何的投入，因此公众能够以低于原创发明人的价格销售。这使得发明人无法将其发明转成资本，导致不会再有发明的社会环境❶。基于该理论，许多评论家认为专利制度对于鼓励个人从事发明创造方面十分必要。

进一步钻研专利法的"动机理论"是十分有用的。与其他物品一样，发明也可以用两个经济特性来分析❷。第一个特性是物品的利益是否具有"排他性"。在对一个人切实可行的情况下，物品的排他性是确定的——通常物品的主人会拒绝其他人接触该物品，没有他的同意没有人可以使用它。一个很好、很恰当的例子就是一瓶酒。谁拥有该瓶酒，谁就控制了酒。如果 Claude 拥有酒，他就可以阻止或排除他的朋友 Dominique 喝酒。另外一个相反的例子是关于饭店的一个新的、聪明的主意。如果 Claude 想出一个开饭店的主意，即饭店里所有的菜都是由大蒜做的，服务员都扮成蜗牛的样子，但 Claude 没有什么实用的办法去阻止 Dominique 在全城或全街道的饭店使用同样的创意。除非法律规定他可以起诉禁止 Dominique 使用，否则无法禁止。这是因为在涉及饭店创意的案件中没有内在的"排他性权利"存在。

第二个重要的特性就是对特定物品的消费是否具有"竞争性"。如果一个人对物品的使用一定会减损他人从同一物品中获益的能力，该物品就具有竞争性。回到笔者刚才提到的瓶装酒，假设 Claude 喝光了酒，一点都没有给 Dominique 留下。因为每喝一口，其他人的酒就会少一些，那么酒就是具有竞争性的物品。相反，想想类似令人愉悦的绿化带。无论 Claude 开车经过绿化带欣赏了多少次美景，它仍然留在那里等待 Dominique 去欣赏。由于所有人的欣赏都不会减损任何其他人去欣赏美景的这种利益，因此笔者就称其为不具有

---

❶ Rebecca S. Eisenberg, Patents and the Progress of Science: Exclusive Rights and Experimental Use, 56 U. Chi. L. Rev. 1017 (1989).

❷ William M. Landes & Richard A. Posner, An Economic Analysis of Copyright Law, 18 J. Legal Stud. 325 (1989).

竞争性的物品。

各种物品在排他性和竞争性方面的程度都是不同的。那些完全不具有排他性和竞争性的物品被称作公共物品。公共物品的生产在市场上应该说是失败的，它们不具有排他性和竞争性的特质表明它们相对社会需求来说生产不足。这是因为公共物品的潜在生产者是靠不住的，他们无法从物品中获得足够利益来证明他们的劳动合法。再说得直白一些，他们认为没有必要生产付出努力但无回报的物品。没有任何私人会自己掏钱去种植绿化带，因为无法收回成本，也得不到任何回报（这就是为什么在做绿化带景观时都是由政府部门负责的原因）。结果是人们会更多地去生产具有较大排他性和竞争性的物品，没有人生产像街道景观等公共物品。

所期望的公共物品的生产因此被称作集体行为关注的问题。社会作为一个整体通常会从事一定的公共物品的生产，例如军事防卫、防洪工程、迷人的林荫大道等，而普通的公民则缺少足够的动机去生产这类物品。如果不能正确处理这些关系，将会导致社会的不满。

技术发明不是独占性的。无论是发明了新的保龄球、商业方法还是生物技术，其他人很容易成为模仿者。研究新机器或药物可能会花费几百万美元，但复制起来成本极低。技术发明也不是竞争性的，因为竞争性的使用不会冲击发明人个人实施发明创造的能力。例如，经过多次实验，任何人都能人工合成一种新的化合物，而不会穷尽该化合物或剥夺他人也可以人工合成该化合物的能力。这些外部因素都会阻碍创新，结果是，如果没有司法干涉，许多经济学家认为不会有人去从事发明了。在这样一个世界上，消费者再也接触不到创新技术了。

幸运的是，在修正对从事有益行为的个人进行个体激励的政策方面，政府是唯一合适的角色。专利法提供了一种市场干预的好例子。专利法通过允许个人就其发明创造获得所有权从而降低市场失败的风险。这种财产制度下的权利具有排他性——允许发明者阻止他人从自己的努力中获得利益。通过减弱发明的公共产品特性，专利制度鼓励人们增加研究和开发的投资。暂时不考虑技术本身，如果事先知道，法律能够保障通过发明创造获益，发明人就很有可能放弃在网球场或酒吧的活动，而是花更多的时间在实验室里，希望变得富有。

另外，对于动机理论而言，法院也曾表示，如果没有专利制度，人们将选择将他们的发明创造作为商业秘密来保护，使竞争对手不能够实施该发明。商业秘密并不能丰富社会的集体性知识，也不能阻止他人进行重复性研究。专利制度通过要求发明者同意以公布专利文件的方式来公开他们的发明作为给予其专利保护的条件,从而避免了低效率的重复研究❶。

对于专利法,还有其他有用的解释。例如,专利法通过引导人们从事与专利技术有关的发明从而极大地刺激技术的发展。已经公告的专利文献为他人继续改进、开拓新市场或针对授予专利的技术提出新的专利申请提供了帮助。而且,专利制度也鼓励专利权人在保护期内实施其拥有的技术。对专利所有权给予的保护提高了公司继续对专利技术进行改进、生产和市场化的可能性❷。最后,专利制度被认定为市场化的工具。没有专利权,发明人可能没有有形资产去出售或许可,甚至没有能力去约束合同一方的行为。通过减少被许可人机会主义的可能性,专利制度降低了交易的费用,以技术为基础的交易更加可行❸。

上述这些各种各样的解释,表面上有说服力,且得到了广大理论界学者的支持,但并没有经验证明是有效的。换句话说,没有人研究证明,通过专利制度我们比没有专利制度进行了更加有用的发明创造活动。事实上,几乎无法想象如何进行这样的研究。因此,有益性理论依然受到未被其内部逻辑说服的人们的质疑。

1.3.2 自然权利

在动机理论中,发明人的权利是最终必要的手段,而与动机理论相反,"自然权利"学派将发明人放到前面和中心位置。"自然权利"最著名的支持者,17 世纪英国哲学家 John Locke 提出,人们在自己的身体内具有一种财产自然权利❹。根据这个前提,他进一步论述,个体都应该享有通过自己劳动获得的产品的财产性权利。该理论表明,应该通过对创新者的工作授予排他性权利❺,使创新者有权享有自己劳动的果实。

一些"自然权利"的理论者在这点上走得更远,针对专利法还突出强调发明人的尊严和价值❻。根据该种方法,发明人和其成果之间的关系被认为绝

---

❶ Grant v. Raymond, 31 U. S. 218, 247, 6 Pet. 218, 8 L. Ed. 376 (1832).

❷ F. Scott Kieff, Property Rights and Property Rules for Commercializing Inventions, 85 Minn. L. Rev. 697 (2000).

❸ Robert P. Merges, Intellectual Property and the Costs of Commercial Exchange: A Review Essay, 93 Mich. L. Rev. 1570 (1995).

❹ John Locke, Two Treatises of Government (Peter Lastlett, ed., 2d ed. 1967).

❺ Wendy J. Gordon, A Property Right In Self Expression: Equality and individualism in the Natural Law of Intellectual Property, 102 Yale L. J. 1533 (1993).

❻ Wendy Lim, Towards Developing a Natural Law Jurisprudence in the U. S. Patent System, 19 SANTA CLARA Computer &High Tech. L. J. 559 (2003).

不仅仅是个人与物体的普通关系，更多的是私人的、亲密的关系。发明被认为是发明人自我价值的实际延伸。因此，发明人拥有控制该技术的最基本权利，任何人使用他们的发明都应该给予补偿。

1.3.3 对专利制度的批评

在很长的发展历史中，专利制度一直遭到批评。一些批评家认为，因为市场作用已经能充分创造最佳水平的发明，因此专利制度没有必要。渴望获得相对于竞争对手领先的时间优势，以及认识到技术水平落后的公司会输给竞争对手，这些足以产生充足的动机去从事发明创造，不需要其他的动机❶。批评家还指出，成功的发明者经常会自满，成立公司后会利用专利打压他人的技术创新❷。在许多不同的时代和工业领域，投机者往往被起诉建立了巨大的专利池，其对技术进步没有丝毫意义，而且经常被报道用于威胁合法的生产者和服务的提供者❸。不可否认，发明确实为一些今天最有活力的工业添加了助燃剂，例如早期的生物技术和计算机软件，然而，这些技术出现时，在这些领域里的创新要获得专利权是不可能的或不确定的❹。

批评家的意见都很好，但是他们缺少有说服力的客观基础。专利制度的支持者和批评者一致同意的是，技术进步的本质是最难理解的。问题是，专利体系是否促进了社会的发展并不在我们能准确回答的范围之内，有可能还是不可知的。大多数人能够认同的现实是：因为工业已经提高了追求专利的热情，从事专利工作的专业人员的数量创历史新高，专利制度中公共利益是史无前例的。目前，尽管少数人还准备争论专利制度是否应该全部废除这个问题，但更多的激烈争论涉及专利保护的范围和限定保护范围的各种专利法规则。

1.4 历 史

1.4.1 起 源

法律史学家已经快速找到了本时代专利法体制的古老祖先。古希腊对厨师

---

❶ Frederic M. Scherer, Industrial Market Structure and Economic Performance 384－87（1970）.
❷ Robert P. Merges &Rjchard R. Nelson, On the Complex Economics of Patent Scope, 90 Colum. L. Rev. 839（1990）.
❸ Nicholas Varchaver, The Patent King, 143 Fortune no. 10 at 202（May 14, 2001）.
❹ Pamela Samuelson, Benson Revisited: The Case Against Patent Protection for Algorithms and Other Computer Program－Related Inventions, 39 Emory L. J. 1025, 1135－36（1990）.

的优秀菜单给予奖励❶，14 世纪对与 Tyrolean 铁矿有关的创新授予了独占的特权❷，1421 年佛罗伦萨授权的专利经常被引用作为现代专利制度的祖先❸。无论如何，大多数法学家认为 1474 年 3 月 19 日威尼斯共和国颁布的法律被认为是第一部真正意义上的专利法❹。要求发明必须是新的、有用的以及能够实施；规定了 10 年的保护期；也规定了注册和救济条款，威尼斯共和国的法律与现代的专利法有许多惊人的相似规定。到 17 世纪，许多欧洲国家制定了相似的法律❺。对于习惯法系而言，在这些国家中最有代表意义的是英国颁布的垄断法，是詹姆士一世时期一部重要的商业法。

1.4.2　垄断的成文法

17 世纪初，英国王室一直具有授予特权和其他独占权利的传统。但是到了伊丽莎白一世和詹姆士一世统治的时候，该项权利被滥用，获得特权的人甚至得到了监督管理或控制悠久工业的授权。为此，英国国会于 1624 年颁布了垄断法❻。虽然该部法律主要是禁止王室授予垄断的权利，但是它有权颁发"专利特许证"，将"新产品的制造或生产方法"的专利授予"真正的并且是最早的发明人"。这些专利拥有 14 年的保护期，并且不得"违反法律"或"损害国家"。

1.4.3　宪　　法

垄断法建立的专利传统影响了许多新殖民地。例如，1672 年的（美国）康涅狄格法律宣布垄断权的授予为不合法，除非"这些新的发明创造对国家有益和满足法院通常认定的时间"。同时，很多殖民地政府在他们的历史上很早就对发明创造的发明人授予特权或给予奖赏❼。

到 1787 年，各州对专利权的授予达到了顶峰，宪法会议的代表们明显意识到了具有竞争性的发明人之间将发生州际冲突的可能性。结果，国会代表全

---

❶　Bruce Bugbee, Genesis of American Patent And Copyright Law 166 n. 5 (1967).

❷　Erich Kaufer, The Economics of The Patent System (1989).

❸　M. Frumkin, The Origin of Patents, 27 J. Pat. Off. Soc'y 143, 144 (1943).

❹　Giulio Mandich, Venetian Patents (1450–1550), 30 J. Pat. Off. Soc'y 166 (1948).

❺　F. D. Prager, A History of Intellectual Property From 1545 to 1787, 26 J. Pat. Off. Soc'y 711 (1944).

❻　Chris R. Kyle, "But a New Button to an Old Coat": The Enactment of the Statute of Monopolies, 19 J. Legal History 203 (1998).

❼　Edward C. Walterscheid, The Early Evolution of United States Patent Law: Antecedents (Part 1), 78 J. Pat. & Trademark off. Soc'y 615 (1996).

体一致同意美国国会将拥有以下权利：

通过确保作者和发明人分别对其著作和发明在有限时间内的独占权以促进科学和有用技术的进步。

美国宪法第1章第8部分第8条明确规定了该权利。对现代读者来说，该法条的语言有些令人困惑。18世纪对"科学"一词的理解比现代要宽泛，一般还包含知识和学习。反过来，"实用技术"是指那个时代手工的、机械的和工业技术，与现代词汇"技术"的意义是类似的。带来的结果就是，知识产权条款中的"科学""作者""作品"术语的使用特指著作权法领域，而与其平行的"实用技术""发明者""发现"术语的使用为专利法提供了宪法基础。

1.4.4　1790年法案和1793年法案

根据宪法的授权，第一届美国国会立即行动，美国总统乔治·华盛顿于1790年4月10日签署了第一部专利法❶。该法案设立了一个委员会，即"实用技术促进委员会"，根据发明或发现是否充分满足有用和重要，有权决定授予专利权。该委员会由国务卿（Thomas Jefferson）、国防部长（Henry Knox）和司法部长（Edmund Randolph）三人组成❷。

专利制度的英雄时代并不长，只有三名成员的委员会的审查责任被证明是过于繁重的；如果时间可以倒转，想象一下：他们三人每天都要聚在一起讨论专利问题的样子，真是令人好笑。因此，1793年美国国会针对这种情况，重新颁布了专利法❸，废除了审查制，代之以注册制。根据1793年法案，美国国务院被指定全权负责专利注册的行政任务。已注册的专利是否有效和可实施交由法院来认定。

1.4.5　1836年法案和1870年法案

当发现1793年法案实行的注册制鼓励了复制与假冒专利后，美国国会于1836年专利法案中恢复了审查制❹。根据1836年专利法案，在美国国务院内部建立了专利局，提供专利申请的备案和形式审查。1870年法案保留了以前的大部分规定❺，但在几个问题上强调：专利权人要通过撰写清晰的权利要求限定他们的财产利益。由于这两部法案带来的诉讼案件经常会到达联邦最高法

---

❶ Act of April 10, 1790, Ch. 7, 1 Stat. 109.
❷ Kenneth W. Dobyns, the Patent Office Pony: a History of the Early Patent Office (1994).
❸ Act of Feb. 21, 1793, Ch. 11, 2 Stat. 318.
❹ Act of July 4, 1836, Ch. 357, 5 Stat. 117.
❺ Act of July 8, 1870, Ch. 230, 16 Stat. 198.

院，因此产生了关于非显而易见性标准的建立、能够实施、实验使用和其他现代专利制度的基本理论的司法判决❶。

1.4.6　1952年法案

19世纪和20世纪初期，美国对待专利制度的司法态度随着经济形势的变化而变化。经济大萧条时代，专利制度随即步入了一个黑暗时代。那时各种反垄断的情绪通过对专利制度的不满而层出不穷。虽然美国的谢尔曼反托拉斯法在专利制度设立后的一个多世纪才通过，但法院还是很快发现普通的专利许可和实施的努力都违反了反垄断法和专利滥用的原则。事实上，这一时期美国联邦最高法院宣告无效的专利已经达到了这样的情况，大法官Jackson在1949年异议意见中哀叹道"只有法院没有干预过的专利才是有效的专利"❷。

1952年专利法案的起草者希望推翻这种反专利的倾向；正如事实证明的那样，显然他们成功了。在1952年专利法案修改时，非显而易见性标准和对专利权滥用抗辩限制正式写入法案❸。1952年法案就是美国法典的第35编，虽然历经过去半个世纪的频繁修订，但一直居于美国专利法的主导地位。

1.4.7　1982年联邦法院促进法案

另外一次意义重大的专利法改革是自身的程序。1891年的埃瓦茨法案建立了令人熟知的联邦巡回上诉法院，其数量和结构根据地区情况来确定❹。此后的几十年，实践证明不同地区的上诉法院对专利制度的理解存在很大的分歧。一些法院对专利并不苛刻，而另一些法院则很少发现专利是有效的、可以实施的。这些不一致破坏了联邦专利制度的统一性，带来了一定数量的令人不光彩的异地起诉。

法律改革的种种努力最终使得美国国会采纳了1982年的联邦统一法院促进法案，该法案设立了一个新的中间上诉法院，被称作美国联邦巡回上诉法院(United States Court of Appeals for the Federal Circuit)❺。联邦巡回上诉法院负责来自USPTO和联邦地区法院有关专利的上诉案件，不管这些法院所属地域，也负责其他案件。这种两级上诉方式表明专利焦点问题能够迅速敲开联邦法院

---

❶ 在1891年以前，美国联邦最高法院具有强制性管理权，对大量在实践中长期存在的与专利有关的事件进行解释，而没有裁决上诉管辖权。

❷ Jungersen v. Ostby & Barton Co., 335 U.S. 560, 572, 69 S. Ct. 269, 93, L. E. d 235 (1949).

❸ Act of July, 1952, Ch. 950, 66 Stat. 797.

❹ Act of Mach 3, 1891 Ch. 517, 26 Stat. 826.

❺ Pub. L. No. 97-164, 96 Stat. 25 (April 2, 1982).

的大门。结果，无论谁研究美国的专利法都必须关注联邦巡回上诉法院的判决。美国联邦最高法院（Supreme Court）可以通过诉讼案件的移送命令程序对联邦巡回上诉法院的决定进行司法审查。

联邦巡回上诉法院的支持者认为法院的设立为专利制度带来了进一步的稳定性与可预见性❶。批评者一直在质疑，在一个法院负责下，法官们的工作仅仅考虑了几类有限的案件，根据他们的工作是否就可以认为专利制度取得了成功，在一个健康的专利制度中是否获得法律规定的利益也存在争议❷。所有的学者都认为联邦巡回上诉法院戏剧性地扩大了可专利客体的范围，支持数额较大的赔偿、初步禁令，跟过去许多早期的法院相比强化了专利权。

联邦巡回上诉法院位于 Howard T. Markey Building，从华盛顿的白宫出发，经过宾夕法尼亚大道即可到达该大楼。联邦巡回上诉法院有 12 名在职巡回上诉法官和几名高级巡回上诉法官。一般来说，3 名法官组成的委员会解决上诉到法院的案件，只有在特殊情况下，法院才会集合全部在职法官解决重要议题❸。

1.4.8　1999 年美国发明人保护法案

经过几年的讨论，美国国会最终通过了 1999 年的发明人保护法案（AIPA）❹。发明人保护法案为美国专利法带来了许多变革，包括针对最先发明后来被别人申请了专利的商业方法的发明人侵权抗辩的规定；在 USPTO 审查过程延误的情况下给予保护期的延长；对于某些在审专利申请进行公布的规定；可选择的单方再审程序的规定。其中大部分内容将在本书的其他章节进行详细介绍。

1.5　国际专利协调

尽管日益增长的国际贸易和长期达成的共识都认为技术知识没有国界，但世界各国至今还没有形成全球统一的专利制度。所以，专利诉讼要逐个管辖地一件一件地提出。因此一直存在简化多个国家间的专利获得程序和各国国家法

---

❶ Joan E. Schaffner, Federal Circuit Choice of Law: Erie Through the Looking Glass, 81 Iowa L. Rev. 1173（1996）（提及了联邦法院的期望）.

❷ Steven Anderson, Federal Circuit Gets Passing Marks to Date But There's A Lot of Room for Improvement, 10 Corporate Legal Times no. 10 at 86（March 2000）.

❸ South Corp. v. United States, 690 F. 2d 1368, 215 USPQ 657（Fed. Cir. 1982）.

❹ Pub. L. No. 106-113, 113 Stat. 1501（Nov. 29, 1999）.

协调一致的强烈要求，最终形成了几个与专利有关的国际条约。美国加入了下面3个重要的国际条约。

1.5.1 《巴黎公约》

1883年的《保护工业产权巴黎公约》（以下简称《巴黎公约》）是与专利（和商标）有关的最重要的国际公约❶。《巴黎公约》中关于专利法的强制特定条款不多，但是规定成员国必须给予"国民待遇"。这意味着成员国必须给予《巴黎公约》成员国的国民与本国国民同等的待遇。

《巴黎公约》第4条也允许申请人在任何一个签约国提出专利申请时都可以享有所谓的"优先权日"。随后申请人可以在12个月内在任何签约国提出专利申请，并要求享有最早申请日的利益。每一个《巴黎公约》成员国都一致同意将随后提出的申请视为在优先权日提出的申请。除了其他好处外，这12个月宽限期可以阻止第三人复制原始的专利申请，12个月期满之前，阻止他人在其他国家成为第一个请求保护的人，真正的发明人有机会在国外申请专利。

1.5.2 《专利合作条约》

《专利合作条约》，即PCT❷，1970年签订，对所有加入《巴黎公约》的国家开放。该条约提供了一个可选择的申请程序，目的就是简化在多个国家获得专利权的程序。100多个国家采用了PCT申请的途径和标准的申请表格。

1.5.3 TRIPS

《与贸易有关的知识产权协议》（以下简称"TRIPS"）是世界贸易组织（WTO）❸建立的国际条约的一部分，许多世界贸易组织成员加入了该协议。作为第一个要求签约成员保留明确的实体专利法标准的协议，即所谓的TRIPS取得了令人难忘的成功。TRIPS规定成员必须满足一定的要求，涉及适合专利保护的客体、专利保护期限以及诸如新颖性和非显而易见性等专利性标准。为了与TRIPS的规定一致，美国在1995年颁布了乌拉圭回合协议法案，通过立

---

❶ Paris Convention for the Protection of Industrial Property, Mar. 20, 1883, 13 U. S. T. 1.

❷ Patent Corperation Treaty, June 19, 1970, 28 U. S. T. 7645.

❸ Agreement on Trade - Related Aspects of Intellectual Property Rights, General Agreement on Tariff and Trade, Final Act Embodying the Results of the Uruguay Round of Multilateral Trade Negotiations, Apr. 15, 1994, Annex 1c, 33 I. L. M. 1197.

法而做出的改变包括：引入临时专利申请，专利保护期改为自申请日起 20 年，接受在世贸组织成员从事发明活动日期的证据。

1.6 其他形式的知识产权

几个其他的法律制度与专利制度是类似的，也是基于人们的智力创造产生所有权。它们和专利一起，被称为"知识产权"法律，涉及商业秘密、版权和商标。本节对这三部法律进行简要的介绍，更为详细的介绍可参见其他相关书籍❶。

1.6.1 商业秘密

除了专利，可供选择的主要知识产权就是商业秘密❷。商业秘密就是没有被普遍知道的有价值的信息，并通过采取保密措施维持该信息的秘密性，根据美国的州法和判例法，对于这样的信息可以授予商业秘密权。与专利不同，商业秘密不需要形式审查来获得商业秘密保护。商业秘密法保护该信息不会被竞争对手通过商业间谍和其他不道德的方法获取该保密的技术。在涉及违反诚实信用原则的案件中，商业秘密法也提供救济，例如当一个受信任的前雇员离开公司，开始使用该公司的商业秘密从事与该公司竞争的行为。但是，商业秘密比专利受到更多的限制。例如，商业秘密法并不能阻止对手通过反向工程或独立研究获得该受保护的信息，而专利法可以。只要该受保护的信息没有被公众获知，商业秘密权就能够一直得到保护。

1.6.2 版权和相关权利

版权是对作者通过固定在有形的表述工具上的原创作品提供保护❸。版权提供保护的创作作品的类型范围从传统的艺术作品，包括文学、音乐、视觉艺术，到现代的各种艺术表现形式例如录音、电影，甚至计算机软件❹。一旦作品以某种有形形式固定下，来自版权保护即自动产生❺。作者也可以将其作品到版权局去注册，无论如何，在版权实施时可以获得程序及实体上的好处❻。对于受保护的作品，版权提供给作者独占的复制、改编、公开发行、公开表

---

❶ Roger E. Schechter & John R. Thomas, Intellectual Property: the Law of Copyrights, Patents and Trademarks (2003).

❷ Restatement (Third) of Unfair Competition §§39–45.

❸❹❺ 17 U.S.C.A 102 (a) (2000).

❻ 17 U.S.C.A. §§408–412 (2000).

演、公开展览保护作品的权利,但也受到一定的限制,例如合理使用的特权❶。对于某些特殊类型的作品或以某种特定情形表达的作品,版权法还提供了各种特殊的权利保护❷。版权的保护期是作者的有生年加死后70年。版权法是排他性的联邦法律制度,与之具有同等效力的各州的版权法已经明确地被联邦版权法所取代❸。

美国国会通过一些相关的法律规定对联邦版权法作了补充规定。半导体芯片保护法对半导体芯片的电路设计提供了类似版权的权利保护❹。家庭录音法规定对数字音频录音棚录音设备的生产应支付许可费❺。著名的《数字千年版权法》禁止计算机软件内置的反盗版措施欺骗性行为,并限制网络服务提供者侵犯版权的可能性❻。

一些州法规定的知识产权权利与版权法也是相似的,对不同种类的保护客体提供了相似的保护。例如,赋予公众个体的公共权利就是为了控制将个人的肖像进行商业化上的使用❼。另外一个例子就是由各种习惯法确定的原则保护提供想法的个人,例如将电视节目策划提供给他人——接受者使用,却对提供者没有给予补偿❽。

1.6.3 商标和相关权利

商标由各种文字和符号构成,经营者通过使用商标来标识他们的商品或服务,并与其他的商品或服务加以区分❾。根据商标法,应该得到保护的商标一定能够成功地指示有关产品的来源,而且不会和他人使用的近似商标造成混淆或仅仅描述这些产品的特性❿。根据州法的规定,商标一旦在商业上使用,就可以产生商标权⓫。无论如何,商标可以到USPTO注册,这是具有重大的、实质性的、程序化优势的一步⓬。商标法也保护产品包装的外观,有时候就是产品的实际物理外形,只要其能够对品牌作出区分。商标权利人可以禁止他人

---

❶ 17 U. S. C. A. §106, 107 – 122 (2000).
❷ 17 U. S. C. A. § 302 (2000).
❸ 17 U. S. C. A. § 301 (2000).
❹ Pub. L. No. 98 – 6209, 98 Stat. 3347 (1984).
❺ Pub. L. No. 92 – 140, 85 Stat. 391 (1971).
❻ Pub. L. No. 105 – 304, 112 Stat. 2863 (1998).
❼ Restatement (Third) of Unfair Competition § §46 – 49.
❽ Nadel v. Play – By – Play Toys & Novelties, Inc., 208 F. 3d 368 (2d Cir. 2000).
❾❿ 同上,§9。
⓫ Nadel v. Play – By – Play Toys & Novelties, Inc., 208 F. 3d 368 (2d Cir. 2000), §18。
⓬ 17 U. S. C. A1051 (2000).

使用任何与其商标所指示的有关产品或服务来源产生混淆的商标❶。只要商标一直使用并保持其具有的显著性，商标权就可以一直存在❷。

商标法构成了反不正当竞争的习惯法的重要组成部分，主要原则是鼓励在商业活动中应当诚实经营。本节中归结在一起的其他一些原则，包括假冒、反假冒、显著性的减弱和误导❸。

---

❶ Restatement (Third) of Unfair Competition §20.
❷ Restatement (Third) of Unfair Competition §30。
❸ Restatement (Third) of Unfair Competition.

第 2 章
专利资格

2.1 基本概念

美国专利法第 101 条规定了可授予专利的主题类型。根据该法条，任何人"发明或者发现任何新的和实用的方法、机器、制品或者任何物质的组合，或者它们的任何新的和实用的改进，依据本法的条件和要求，可以获得专利"。发明属于列举的四种类型如方法、机器、制品和物质组合之一，可能具备被称作"实用专利（utility patent）"的资格。实用专利是对于创新的产品和方法来说的一种通常类型的专利，也是到目前为止经常寻求保护的专利类型。其结果是，评论家提到专利时，他们通常指的是法律文件而不是作为技术性的众所周知的实用专利。另外两个特殊的专利类型是工业设计专利和植物专利，它们也适用于美国专利法，具体内容将在本章的结尾探讨。

发明是构成方法、机器、制品或者物质组合必要的条件，但不是发明成为有效专利主题的充分条件。可授予专利的发明同时必须满足由法条所规定的其他条件，特别是实用性、新颖性和非显而易见性。此外，发明人必须向 USPTO 提交完全公开并且清楚主张其发明的申请。确定为方法、机器、制品或者物质组合的发明可称作"可授予专利的主题"，或者称为"有专利资格的主题（patent-eligible subject matter）"，其表明这样一个概念，即如果也满足其他法定的要求便可能取得专利权。

美国专利法第 101 条规定的四种类型代表当前美国国会对于"实用技术（useful art）"术语的解释，这一术语是宪法上关于专利主题的规定。从以往来看，实用技术是与文学和美术相对而言的。这种方式将发明专利制度限制在应用技术领域。使用自然科学处理物理力的发明属于实用的技术，那些依赖于诸如社会科学、商业策略或者个人技巧的事务确定为不可授予专利。❶

---

❶ John R. Thomas, The Patenting of the Liberal Professions, 40 Boston College L. Rev. 1139 (1999).

但是，近年来，专利制度表明其允许增加了一些可授予专利的主题。特别是联邦巡回上诉法院逐渐取消了早期对专利资格内容的限制，并废除了以前拒绝对从计算机软件，到印刷物，再到商业方法这些主题授予专利的规则。为了适应这种趋势，USPTO 已授权的专利所涉及的发明来源于广阔的学科领域，包括完成高尔夫球入洞的方法的发明❶、新的教学方法的发明❷以及心理分析技术的发明❸。

如果说现在对可授予专利的主题范围还有一些限制的话，从当前的情况来看，这种限制是极少的。过去专利制度仅限于自然科学家和工程师，如今专利制度似乎随时准备包含人类实践的最广阔的范围。可以毫不夸张地说，在现有的法律之下，只要可以列举出来的东西，就可以要求保护它。其结果是，这一章的多数内容可以看作具有历史价值的、逐渐放宽标准的司法系统不断废除早期对专利资格的限制。并且专利资格不断地表明其处于不稳定的领域。了解当前的事务状态有助于我们了解这部分内容。

在进一步介绍之前，读者应该注意美国专利法第 101 条两次使用了短语"新的和实用的"，第 1 次是修饰 4 个有专利资格的主题，即"方法、机器、制品或者任何物质的组合"，接着又修饰有关"它们的任何改进"。读者可能因此认为，这或许表明实用性和新颖性落入了有专利资格主题的范围内。但是，尽管使用这些措辞，传统上法院是将专利资格的要求与新颖性和实用性相区别的❹。因此，对于特定的发明是否是专利法试图保护的类型的问题，传统上认为与发明是否具有新颖性，以及是否具有实用性是不同的问题。在本书第 3 章和第 4 章将分别提及实用性和新颖性。

2.2　产品和方法权利要求

专利律师通常提到的发明要么涉及产品，要么涉及方法。产品要求保护的是与包括实物和人工制品等有形物有关的主题❺。根据美国专利法第 101 条，

---

❶　U. S. Patent No. 5,616,089 (Apr. 1,1997) ("Method of putting"). Carl A. Kukkonen Ⅲ, Be a Good Sport and Refrain from Using My Patented Putt: Intellectual Property Protection for Sports Related Movements, 80 J. Pat, & Trademark Off. Soc'y 808 (1998).

❷　U. S. Patent No. 5,558,519 (Sept. 24,1996) ("Method for instruction of golf and the like").

❸　U. S. Patent No. 5,190,458 (Mar. 2,1993) ("Character assessment method").

❹　Brian P. Biddinger, Limiting the Business Method Patent: A Comparison and Proposed Alignment of European, Japanese and United States Patent Law, 69 Fordham L. Rev. 2523 (2001).

❺　John R. Thomas, Of Text, Technique and the Tangible: Drafting Patent Claims Around Patent Rules, 17 John Marshall J. of Computer & Information L. 219 (1998).

产品发明由机器、制品或者物质的组合构成。机器包括设备或者机械装置❶。物质的组合包括诸如化合物、机械或者物理混合物，以及合金类物质❷。最后，制品是广义的所有其他人造的物品类型❸。当用专利权利要求的形式来表现产品发明时，其用结构部件的形式来限定。例如，与汽车有关的产品权利要求，应该以框架、发动机、轮胎和油箱等部件的形式作为权利要求来保护。

与此相反，方法发明涉及为产生给定结果而完成的一系列动作。在专利用语中通常也将"工艺（process）"称作"方法（methods）"，其涉及技术和行为的结合。当将方法发明写成专利的权利要求时，该权利要求包括一系列的步骤。例如，一个与铸铁方法有关的方法权利要求，可能包括步骤（a）将矿石、焦炭和石灰石混合，以及步骤（b）在鼓风炉中对这些配料进行加热。

方法发明通常分为两种类型，尽管这种划分在很大程度上是特征问题而没有实质性的作用。这两种类型称作"使用方法"权利要求和"制造方法"权利要求❹。药剂师合成了一种新的化合物并且发现这种化合物具有有价值的治疗特性，例如降低病人的血压。该药剂师可能撰写一个"使用方法"的权利要求，用来描述使用这种化合物治疗高血压的方法。此外，该发明人还可能获得制备这种化合物的方法权利要求，描述其使用这种技术来合成该化合物。

一些发明既可以要求用产品保护也可以要求用方法保护。根据美国专利法，至少许多机器可以用包含方法的形式来表述。例如，当你启动洗衣机时，该洗衣机预设了一系列洗涤、漂洗和脱水循环过程，这样的行为可以通过一系列的方法步骤来要求保护。第一个洗衣机的发明人可以通过要求保护构成该机器的有形设备来寻求产品专利的保护同时也可以通过要求保护一系列步骤来寻求对洗衣新方法的专利保护，所述步骤描述了新洗衣机一旦启动后的动作。通常，发明人有权以其认为合适的方式主张对发明的权利，实际上很多专利所体现的权利要求是将同一发明以：①产品；②使用产品的方法；③制造产品的方法三种形式来描述。

2.2.1　科学和数学原理

许多司法判决记载了包括抽象概念、数学算法以及科学原理的普遍原理是不可授予专利的。根据该规定，乔治·西蒙·欧姆不能就 V（电压）= I（电流）×R（电阻）要求专利保护，阿尔伯特·爱因斯坦也不能就特殊的

---

❶　Nestle–Le Mur Co. v. Eugene, Ltd., 55 F. 2d 854 (6th Cir. 1932).
❷❸　Diamond v. Chakrabarty, 447 U.S. 303, 100 S. Ct. 2204, 65 L. Ed. 2d 144 (1980).
❹　In re Pleuddemann, 910 F. 2d 823 (Fed. Cir. 1990).

相对论要求专利保护。从另一个角度来说，抽象概念、数学算法或者科学原理的实际应用可能被授予专利。在19世纪中期，联邦最高法院宣布，"原理是不可授予专利的。理论上讲，原理是普遍的真理、原始的理由、动机，这些是不能被授予专利权的……"❶。第二巡回上诉法院的Jerome Frank得出了同样的观点，他在1944年评论道："划时代的'发现'或者'仅仅'一般的科学'法则'，没有更多的内容，是不能被授予专利权的……因此，牛顿或者法拉第的伟大'发现'不能被授予这类独占权"❷。

因此，发明人不能就产生激光的普通光学原理获得专利。从另一个角度来看，如果发明人发现了一种产生激光束的方法，或是使用激光校准汽车轮子、生成全息图或者将脱落的视网膜"焊接"到原来的位置没有造成手术疤痕的方法，那么这些发明将可能具备美国专利法第101条意义上的专利资格。

对于这种传统的排除可专利主题的政策性原因从来都不是特别清晰。揭示自然界或者数学普遍原理的个人无疑创造了巨大的社会效益，对这类发现的私有权给予激励也许看起来是明智的公共政策。一种经常被提及的相反论点是，科学和数学原理即使以前没有被认知，但却是一直存在的。那些解释这些原理的人仅仅是发现了它们，并没有从事发明的行为。这种观点的重大缺陷在于宪法和专利法分别清楚地表述了对发现可以授予专利权❸。

另一个将科学和数学原理排除在专利制度之外的理由是，对普遍性的思想授予专利可能阻碍技术的进步。法院认识到一个科学原理可能潜在地导致数以千计的应用技术。根据这种解释，在"上游思想"上为个人提供较宽范围的私有权利，可能阻碍其他人开发"下游产品"的思想的传播❹。

这种理由也有不足之处。许多诸如照相机、计算机和望远镜这类特殊产品具有众多的、不同的应用。但是美国专利法第101条没有被解读为拒绝给予任何这些装置以专利。实际上，不管是抽象的原理还是个别的装置，任何发明日后都可能进行改进。尽管存在这些明显的缺陷，但是就专利保护科学和数学原理的应用而不是原理本身这一准则而言，其作为专利法的基本原则是保持不变的。

---

❶ Le Roy v. Tatham, 55 U. S. 156, 159 (1852).
❷ Katz v. Horni Signal Mfg, Corp. 145 F. 2d 961 (2d Cir. 1944), cert. den., 324 U. S. 882, 65 S. Ct. 1029, 89 L. Ed. 1432 (1945).
❸ U. S. Const., Art. I, §8, cl. 8; 35 U. S. C. A. §100 (a) (2000).
❹ O'Reilly v. Morse, 56 U. S. 62 (1854) (Grier, J., dissenting).

2.2.2 有形变换要求

传统上要求方法达到有形变换才是可授予专利的。在 1877 年的 Cochrane v. Deener❶ 案中,联邦最高法院对于方法的解释为"处理某些材料来获得给定结果的方式。其为一种行为,或者一系列的行为,这些行为执行将主题转换和转变为不同的状态或者事物"。根据有形变换标准,用沙粒、钠和石灰生产玻璃的工业方法是具备专利资格的。但是,这一标准对于较抽象的方法予以排除,例如在扑克牌游戏中为了获得好运的计算牌的方法,或者帮助健忘的人群增强记忆力的方法。

法院几乎没有对有形变换提供更多的解释。一个明显的结果是,法院将专利制度限制在制造业者、机械师以及其他传统产业的成员,而不是广大的公众。有形变换要求也有助于将专利制度限制在有形的物体,从而在财产权的确定、侵权和救济方面更加易于操作。在其他条件相同的情况下,确定玻璃制品使用了专利的制造方法比确定法律学生使用了私人记忆工具来取得期末考试为 A 的成绩要容易得多。一位学术评论家通过以下方式对有形变换要求的基本原理作了进一步地解释:

"从广义上讲,专利制度并不用来调整所有人类的成果,而是只涉及技术。例如,宪法的规定明确地将专利与"实用的技术"相联系。技术主题和非技术主题的区别从本质上限定了专利制度与版权的界限。将专利权排除在非技术性主题之外的要求在历史上遭到很多人的反对,他们主张扩展法定主题的定义。

有形变换要求的一个作用是为此提供大致基于规则的机制,该机制用来确定存在具体案子中的技术性和非技术性的界限在哪里。导致有形资源转换的方法在某种程度上必然涉及技术的使用。因此,其应当是可授予专利的。相反,没有体现这种转换的方法可能是非技术性的,因此排除在专利制度固有的范围之外。通过这种方式,这种转换的要求能够有效地阻止文学和科学领域的成果获得专利权的保护❷。"

另一方面,可能有人会争辩,为了鼓励有形的和抽象的发明都进行创新和公开,两者都需要专利激励,没有强制的理由歧视基于各自努力工作的领域的

---

❶ 94 U. S. 780, 24 L. Ed. 139 (1876).

❷ R. Carl Moy, Intellectual Property in an Information Economy: Subjecting Rembrandt to the Rule of Law: Rule – based Solutions for Determining the Patentability of Business Methods, 28 Wm. Mitchell L. Rev. 1047, 1083 – 84 (2002).

第2章 专利资格

发明人。

当技术界开始从工业化时代进入信息时代时,有形变换要求变得更为宽泛。例如,在1994年In re Schrader❶案的判决中,联邦巡回上诉法院考虑了有关"对例如土地的毗邻地域或者类似物等多个相关项目竞标的方法"的专利申请。尽管联邦巡回上诉法院作出的结论认为In re Schrader案的发明是不可授予专利的,但其评论道,对于仅"代表"有形事物的主题才可能出现"转换和变换"。这种语言表达方式似乎发出了新的积极信号,允许许多数据处理领域的发明具有专利资格。

5年后的1999年,联邦巡回上诉法院对AT & T Corp. v. Excel Communications❷案的判决废除了有关方法必须执行有形变换才是可授予专利的观点。上诉是由AT & T公司引发的,其试图实施用于电话网络的计费记录构成的专利。AT & T公司的专利要求保护方法权利要求,用于电话公司确定是长途电话主叫方还是接收方预定了公司的网络。如果可以确定的话,电话公司就能够对这类电话采取不同的计费处理,可能给予费用折扣来鼓励双方预定同一电话公司。

本发明基于这样的事实,当用户打长途电话时,电话网络同时保存计费记录。这些记录包括主叫电话号码和终端电话号码,以及通话长度的信息。有关的信息还包括表明一个人选择的"主交换运营商"或是长途电话服务提供方的数据。

该要求保护的发明要求对计费记录增加被称为"PIC指示器"的单独的数据项。通过对"主交换运营商"和长途电话接收方的数据进行逻辑"与"运算,来确定"PIC指示器"的数值。如果客户双方都预定了相同的电话公司,"PIC指示器"将被设置为逻辑"1",否则该"PIC指示器"将被设置为"0"。然后电话公司可以对"PIC指示器"设置为1的电话使用它们的折扣率,在计费时不需要更大量的数据处理。

地方法院判决AT & T公司的专利不宜授权,因为其要求保护的发明不符合美国专利法第101条规定❸。地方法院认为,被授予专利的发明仅仅是检索和重新整理该电话公司已知的数据。因为该发明仅有的有形步骤涉及通过算法的使用来收集数据,地方法院的结论"其不属于可授予专利的客体"。

---

❶ 22 F. 3d 290, 294-96, 30 USPQ2d 1455, 1459-60 (Fed. Cir. 1994).
❷ 172 F. 3d 1352, 50 USPQ2d 1447 (Fed. Cir. 1999), cert. denied, 528 U. S. 946, 120 S. Ct. 368, 145 L. Ed. 2d 284 (1999).
❸ 1998WL 175878 (D. Del. 1998).

在随后的上诉中,联邦巡回上诉法院撤销了地方法院的判决。联邦巡回上诉法院很快对 Excel 公司的意见进行了处理,Excel 公司的意见认为 AT & T 公司的权利要求没有记载有形变换,这些权利要求不属于可授予专利的客体。通过回顾以往的判例,法院得出结论认为,有形变换对于专利性而言并不是绝对必要的。相反,评价有形的结果(a tangible outcome)仅仅是判断授予专利权的发明是否得到了有用的、具体的和有形的结果的一种方式。由于 AT & T 公司所主张的方法产生了"具有特定含义的数字",其可以在单独的环境中使用,因而是可授予专利的。

该案例表明,随着专利制度进入 21 世纪,在判断方法的专利性方面已不再适用其是否进行了有形变换这一标准。最终的问题是这些方法是否得到了有用的、具体的和有形的结果。随着 USPTO 和法院使用这一宽泛的标准,专利制度继续为来自信息科学的发明打开了大门。

2.2.3 新用途的方法权利要求

美国专利法第 100 条第(b)款指出,方法"包括已知工艺方法、机器、制品、物质组合或其他方法的新用途"。这一规定允许发明人从已知产品的新发现所有权中获得私有利益。例如,假设多年以来,医生们就知道一种已知的化合物 R 可以用来作为心脏药物。之后,发明人 Harry Hirsute 发现该化合物 R 还可以减轻男性斑秃。Harry Hirsute 不能就化合物 R 本身寻求专利保护,因为其对该领域技术而言是已知的。但是 Harry Hirsute 可以撰写这种化合物治疗斑秃的方法的权利要求。根据美国专利法第 101 条的规定,针对已知物质的第二种治疗适应症的权利要求将是具有专利资格的,而且如果满足专利的其他要求,Harry Hirsute 可以获得使用化合物 R 治疗斑秃方法的专利。

尽管允许发明人获得新发现用途的方法专利,但是专利法对于这种要求保护特殊方法的范围给予了限制。同样,与其他所有的专利一样,使用被授予专利的方法是以他人的私有利益为条件❶。其结果是,新用途的专利拥有者可能依赖于较早的专利。例如,假设 Aaron Avon 拥有专利权利要求:(1)特殊的化合物,以及(2)使用该化合物作为皮肤软化剂的方法。Aaron Avon 使用商标 SOFT – SKIN 来销售获得专利的化学制品。Aaron Avon 的客户 Gina Gardner 购买了一瓶"SOFT – SKIN",并且偶然地将其一部分倒在她的花园里。Gina Gardner 意外地发现,Aaron Avon 的化学制品成为了玫瑰花丛非常好的肥料。Gina Gardner 提交了要求保护使用"SOFT – SKIN"作为植物肥料的专利申请。

---

❶ 参见第 1.2.1 节。

在这个例子中,将 Aaron Avon 的产品专利称为"主导(dominant)"专利,而将 Gina Gardner 的使用方法专利称为"从属(subservient)"专利。在没有使用 Aaron Avon 的专利"SOFT – SKIN"情况之下,Gina Gardner 不能实施其方法。从另一方面来说,Aaron Avon 如果不使用"SOFT – SKIN"作为草坪肥料(或者不许可他人这样做),就不会对 Gina Gardner 的使用方法专利构成侵权。在这种情形之下,主导专利和从属专利的拥有者通常都想相互进行专利的交叉许可❶。

2.3 生物技术

2.3.1 天然产物

专利资格原则对于生物技术在美国的专利授权几乎没有造成障碍。最大的限制是"天然产物"(即在野外发现的天然存在的物质)本身不能被授予专利权。举例来说,设想著名的冶金学家、探险家 Danny Steele 到喜玛雅拉山人迹未到的地区旅游。然后 Danny Steele 在尼泊尔某个最高山峰挖到了一种新的矿物沉积物。即使人们以前不知道有这种矿物存在,早期的判例法也将认为 Danny Steele 不可以获得一项要求保护该矿物本身❷的实用专利。正如联邦最高法院指出的那样,"在地球上发现的一种新矿物或者在野外发现的一种新植物不是可授予专利权的主题……,这种发现属于揭示自然,而自然是全人类免费拥有的并且不能专属于任何人"❸。

但是,同样的判例法同时指出,对天然产物作出的有意义的人为改变则可以使得该物质成为可授予专利的主题❹。让我们继续这个假设,设想勇敢的 Danny Steele 先生发现该矿物中的某些化合物具有有益的耐热性。然后,他得到了这些化合物的纯化形式。Danny Steele 对于分离后的化合物可以获得产品专利。他还可以就他发现的该矿物的耐热用途、提纯方法获得专利,前提是该方法是新的并且是非显而易见的。

法官 Learned Hand 在 Parke – Davis & Co. v. H. K. Mulford & Co. 案中(以下简称"Parke – Davis 案")的著名判决将这些原则运用到一种从活生物体提

---

❶ Steven C. Carlson, Patent Pools and the Antitrust Dilemma, 16 Yale J. Reg. 359, 362 – 65 (1999).
❷ Ex parte Latimer, 1889 Comm'r Dec. 13 (1889).
❸ Diamond v. Chakrabarty, 447 U. S. 303, 309 (1980).
❹ Amgen, Inc. v. Chugai Pharmaceutical Co. , 927 F. 2d 1200, 18 USPQ2d 1016 (Fed. Cir. 1991) (Claiming a purified and isolated DNA sequence encoding erythropoietin).

取的物质上❶。肾上腺素是一种由肾上腺产生的激素，医生将其用作心脏刺激剂和肌肉放松剂。在 Parke – Davis 案中，发明人 Jokichi Takamine 发明了从活生物体提取纯肾上腺素的方法。他要求保护"这些以稳定且浓缩的形式存在，而且是从没有活力的相关腺体组织中分离得到的化合物"。此外，尽管肾上腺素盐由碱和酸组成在本领域内是已知的，但它们在用于医疗时存在某些副作用。Jokichi Takamine 能够以碱的形式分离出他的提取物，这种提取物经证明具有更优越的医疗用途。Learned Hand 法官维持了该权利要求有效，他认为：

  仅仅由于提纯纯度而不是一种新的"组合物"是不能够获得专利保护的。所要求保护的发明不含盐，而且以前没有人分离出与 Jokichi Takamine 的物质相同并且不以盐的形式存在的物质。即使它是一种没有任何改变的提取物，也没有任何一项规定说这种产品不可以获得专利。通过将该物质从发现它的其他腺体组织中提取出来，Jokichi Takamine 成为使之可用于任何用途的第一人，而且虽然从逻辑上讲，可以将该发明称为一种提取过程，但实际上，它在工业上和治疗上均成为了一种新的东西。这是获得专利的一种很好的理由❷。

  在分析更多的现代生物技术、特别是在涉及基因物质的情况下，USPTO 一直遵循 Parke – Davis 案中的观点。如果某位科学家发现一种特定的基因序列拥有某种生物功能，则该科学家可以要求保护该基因，只要该科学家详细说明该基因已经通过人工方法制备出来即可。举例来说，一项要求保护"对来自 Cyclotella cryptica 的蛋白质进行编码的经分离和纯化的 DNA"的权利要求就符合 Parke – Davis 案的推理❸。

  在这个故事里，此时会有一些读者关心他人得到生物化合物专利后可能会使他们成为侵权者。毕竟，人体会产生肾上腺素并且拥有成千上万个基因。但由于是在体内产生，这些产物既不是分离的也不是纯化的，因此不会被任何专利覆盖。因此，在认为符合美国专利法第 101 条要求下允许这种纯物质能够获得专利权的"人为规定"，同时也限定了专利权人的权利范围，从而使得每当人们因参加或观看橄榄球比赛或者参加专利法期末考试而造成肾上腺素猛增时，可以免于支付专利使用费的义务。

  与"天然产物"原则有关的最著名且令人困惑的一幕是联邦最高法院

---

❶ 189 F. 95 (S. D. N. Y. 1912).

❷ 189 F. at 103.

❸ 参见专利 US5928932。好奇的读者可能想知道"Cyclotella cryptica"是一种双硅藻属水藻，也就是说它是一种微小的、单细胞水生藻类，其细胞壁含有二氧化硅。科学家已经考虑将 Cyclotella cryptica 作为一种替代燃料源，因为其细胞含有脂类，而这些脂类可以转化成一种代替柴油燃料的化合物。

1948 年在 Funk Brothers Seed Co. v. Kalo Inoculant Co. ❶ 案（以下简称"Funk Brothers 案"）中所持的观点。涉案专利涉及一种用于豆科植物，如大豆或花生的接种菌。正如法院所解释的，这些接种菌由细菌组成，这些细菌被导入种子中，帮助植物生长。发明人 Bond 发现现有技术存在这样一个问题：只有特定的细菌菌株才会对每一种特定的植物起作用。事实上，如果农场主使用错误的菌株，即使与正确的菌株结合在一起使用，该农场主的做法实际上也会抑制特定作物的生长。Bond 发现了一种细菌组合，这种组合相互之间是非抑制性的，因此可以用于接种多组植物。在获得制备该细菌组合的方法专利以及该组合本身的产品专利以后，Bond 寻求主张其专利来对抗竞争者。

法官 Douglas 根据多数法官意见作出判决，撤销了该专利，认为该专利仅仅保护了"某些天然产品的发现"。正如他所指出的，"现在发现的古老的自然秘密"是"全人类知识宝库中的一部分"。因此，Bond 的发明不应被授予专利。

但是这种推理是令人费解的，因为正如法官 Douglas 本人所注意到的那样，Bond 所揭示的细菌组合并不以天然形式存在，因此，那种认为 Bond 的发明只是针对天然的真实产物的观点表面看来是令人难以接受的。也许，应对法院的观点作更多的理解，该观点认为"不管自然法则的发现是多么的有独创性，但其运用仅在于接种菌组配方面的进步而已"。在这里，Douglas 法官似乎更关心技术进步问题。当然，这种关心更贴切地说涉及美国专利法第 103 条所谓的"非显而易见性"要求，而不是与美国专利法第 101 条有关的可专利性问题❷。这种明显的混淆，导致 Funk Brothers 案中多数人意见的价值在今天受人质疑。

法官 Frankfurter 撰写的附随意见则在若干年来更能为人们所接受。他认为，除了那些涉及原始发现的明显案例以外，将基于"自然法则"等的发现作为可专利性例外是非常令人质疑的。所发生的任何事情均是根据"自然法则"进行的，即使它们还没有为人们所完全理解。Frankfurter 法官基于另一原因而撤销所要求保护的发明。他认为，Bond 的权利要求没有记载他所使用的细菌菌株的特定组合，而是试图获得对所有具有非抑制性能的细菌组合的独占权。那么，根据 Frankfurter 法官的观点，与其公开的较窄的技术内容相比，Bond 的专利提出了过分宽的权利要求❸。用现在的话来说，这些情况应根据美

---

❶ 333 U. S. 127, 68 S. Ct. 440, 92 L. Ed. 588（1948）.
❷ 参见本书第 5 章对非显而易见性的讨论。
❸ 其他两位法官不同意。他们同意 Frankfurter 的观点，认为多数意见中关于"天然产物"的分析是无说服力的，但是他们认为 Bond 的权利要求得到了其公开内容的合适支持，并且应维持专利。

国专利法第 112 条的规定，按照该专利是否提供了足够充分的"能实现的公开"来处理❶。

USPTO 依然遵照这样的规则，即真实的天然产物不能授予专利权，因为它不属于专利法所列举的任何一种主题。正如专利指南中所指出的那样，"未被实质性改变的天然存在的东西不是一种'制品'。去掉头和消化道的虾就是一个例子"❷。但是正如 Chisum 教授所指出的那样，"对来自天然状态的产物的任何有意义地改变均使该产物成为一种'制品'并且消除了天然产物问题"❸。

2.3.2 遗传工程生物

当发明人设计了以前未知的新的生命形式，毫无疑问，所产生的物体在传统意义上是一种"天然产物"。但是，这会存在严重的道德和政策问题，即专利体系是否该保护这类发明。有关这个问题的标志性的案例是联邦最高法院于 1980 年在 Diamond v. Chakrabarty 案中所表达的观点，它迅速处理了这类问题。在其决定中，法院清楚地说明遗传工程微生物体是可以获得专利权的❹。Diamond v. Chakrabarty 案起因于 USPTO 拒绝了 Ananda Chakrabarty 博士要求保护一种能够降解原油的人造细菌的请求。它的优点还包括，这种细菌具有很强的清理油泄漏的能力。尽管如此，USPTO 还是拒绝了 Ananda Chakrabarty 博士的专利申请。上诉时，关税及专利上诉法院（CCPA，联邦巡回上诉法院的前身）撤销了原判，并且联邦最高法院随后以全面概括的语言维持了 CCPA 的判决。

联邦最高法院的决定在一开始就论述了一种微生物是否构成了美国专利法第 101 条意义中的"组合物"或"制品"。根据首席大法官 Burger 的观点，这两类主题中的任何一种均适用于 Ananda Chakrabarty 博士的细菌。法院申明这些法律术语应作广泛的解释，特别是考虑立法历史，它表明可授予专利权的主题应"包括任何在阳光下由人制造出来的东西"。

对于该结论，USPTO 提出了两条主要的反对意见。第一，USPTO 援引两部关于植物的专门知识产权法律，即植物专利法（1930 年）和植物品种保护法（1970 年）。这两部法令将在本书第 2.9 节作说明。它们规定了授予某些植

---

❶ 参见本书第 6.1.1 节。
❷ 专利审查程序手册 706.03（a）。虾例子基于 Ex parte Grayson 案, 51 USPQ 413（Bd. App. 1941）。
❸ 1 D. Chisum, Patents §1.02 –（7）（a）。
❹ 447 U.S. 303, 100 S. Ct. 2204, 65 L. Ed. 2d 144（1980）。

物品种专有权。USPTO 认为，这些法令反映了国会的立场，即术语"制品"和"组合物"不包括有生命的生物体。首席大法官 Burger 很快就驳斥了该观点。法院认为，国会制定植物专门法是为了使植物育种人员更容易获得知识产权保护，而不是为了将其从实用专利中排除出去。

USPTO 还认为由于在制定专利法时不能预见遗传技术，因此应将这类发明的专利性问题提交给国会解决。法院对此仍持不同意见，认为"未曾预料的发明不受保护的做法与专利法的核心理念是相互矛盾的，因为专利法的核心理念是可预见性将阻碍可专利性。"法院还迅速消除了人们对于遗传研究可能会存在危险的关切。法院认为，无论其研究结果是否可以获得专利权，研究人员都会从事生物技术方面的工作，有关遗传研究的规定将是属于立法机构的一项任务。

Diamond v. Chakrabarty 案为新的生物技术领域打开了专利制度之门。在此后的 1/4 个世纪，美国生物技术产业在此观点下蓬勃发展，大量专利授予了各种各样的活生物体。举例来说，在联邦最高法院观点的引领下，USPTO 委员会 1987 年在 Ex parte Allen❶ 案中认为，某些要求保护的多倍体太平洋牡蛎构成了非天然存在的制品或组合物（所争议的牡蛎是不能繁殖的，其优点在于它一年四季可食用）。同一时期，USPTO 局长 Donald Quigg 发布了一项官方公告，指出非天然且非人类的多细胞活生物体是可以授权的客体❷。在按照该公告颁布的众多著名专利中，有一项专利授予了所谓的哈佛鼠❸。哈佛鼠是遗传工程的产物，该技术导致雌鼠中的一半产生肿瘤，这使它们特别适用于肿瘤研究。

最近几年，就遗传改性猪的培养方法已经提出了几项专利❹，该方法可以用来培育能够快速增重的品种；有几项专利涉及遗传改性奶牛❺，这些奶牛可以生产基本上与人奶相同的奶；还有几项专利涉及培养转基因矮小山羊的方法❻，读者可以想象这些山羊具有的多种用途。事实证明联邦最高法院对可授权主题的宽泛解释在海外也产生了影响❼，并且影响到与生物技术无关的

---

❶ 2 USPQ2d 1425（BPAI 1987），aff'd，846 F. 2d 77（Fed. Cir. 1988）（非先例的）。

❷ 1077 USPTO 官方公报 24（1987 年 4 月 21 日）。

❸ 专利 US4736866（1988 年 4 月 12 日）。

❹ 专利 US5573933（1996 年 11 月 12 日）。

❺ 专利 US6013857（2000 年 1 月 11 日）。

❻ 专利 US5907080（1999 年 5 月 25 日）。

❼ Commissioner of Patents v. President and Fellows of Harvard College 案，2002 SCC 76（加拿大最高法院判决）。

学科。

笔者注意到，为了避免产生对 Frankenstein 怪物授予专利权的想法，Donald Quigg 局长在 1987 年 USPTO 公告中明确指出，"将人类作为授予有限的、独占性的财产权的客体是受到宪法禁止的"。Donald Quigg 局长提到的是美国宪法第 13 条修正案，该修正案指出"美利坚合众国境内或受美利坚合众国管辖的任何地区内，不准有奴隶或强迫劳役存在，但作为对于依法判罪的人的犯罪惩罚除外"。局长还指出，对于要求保护可能包括人类在内的非植物多细胞生物体的权利要求来说，应在这些权利要求中限定"非人类"，以避免因违反美国专利法第 101 条款而遭驳回。

Diamond v. Chakrabarty 案中的观点后来扩展到所有除人以外的有生命的生物体，这并不是说该案例的推理是必然的或者它没有遭到人们的批评。法院在该案例中的主要任务是对法律的解释，即确定一种活的生物体是否属于"制品"或"组合物"的法律范畴。法院首先确认了术语"制品"是指"由原料或者制得的材料通过赋予这些材料新的形状、质量、性能或其结合而制造出来的有用的物品，而不管是通过人力还是通过机器制造得到"。人们也许会质疑是否有生命的物体也被术语"物品"或"材料"包括在内。随后，法院解释认为，术语"组合物"包括"两种或两种以上物质以及所有复合物品的所有组合物，不管它们是化学结合或机械组合的结果，不管它们是气体、流体、粉末或固体。"绝大多数人不愿意将他们对于有生命的物体的描述仅仅限定在由多种物质制成的组合物上。更重要的是，这种对术语"组合物"的宽泛解释将使美国专利法第 101 条中的术语"制品"或"机器"变得多余，这与长久以来确立的法律解释的原则是矛盾的。

最后，尽管法院依赖在专利法立法历史中的语言，声称"阳光下任何人造的东西均是可以授予专利权的"，但国会在起草美国专利法第 101 条时并没有使用如此宽泛的语言。相反，它提供了 4 种更狭义的专利客体类型：方法、机器、制品以及组合物，其中没有一项在逻辑上将有生命的生物体包括在内。Diamond v. Chakrabarty 案似乎成了这样一个案例，在该案例中，联邦最高法院将一个方销子放入一个圆孔中，但是对于受影响的行业来说却取得了巨大的成果。

Diamond v. Chakraberty 案在政策层面也受到了人们的攻击。人们一直质疑对有生命的发明授予专利权的道德问题。在 20 世纪 90 年代后期，一些发明人决定将生物技术授予专利权问题直接摆到 USPTO 和法院面前。细胞生物学家 Stuart Newman 博士与生物学活动人士 Jeremy Rifkin 最近一起提出了一项专利申请，要求保护一种用于将人类与动物胚胎细胞结合在一起以形成单胚胎的方法。他们随后将这种胚胎植入人或动物代理母亲体内，导致产生一种"妖怪"或者两种品种的混合体。Newman – Rifkin 的申请详细说明了该"妖怪"部分由鼠、黑猩猩、狒狒和猪形成。就在本书付梓之时，USPTO 基于几个理由驳回了该申请，其中包括基于美国专利法第 101 条中不授权主题的规定。不管这项申请的最终处理结果如何，Stuart Newman 和 Jeremy Rifkin 已经重新使得人们对有生命的生物体的可专利性范围和道德展开争论❶。

2.4 医学治疗方法

美国专利体系从未质疑发明人可以获得治疗装置专利。获得专利的这类装置有手术仪器、导尿管以及人造心脏等。但是，对于医学治疗方法专利则争议颇多。虽然有些人认为这类专利给人们提供了发明和发现新的治疗方法的动力，但也有人指出这类专利可能会限制病人获得拯救生命的技术，同时也可能会侵犯病人的隐私权，并且践踏在医疗行业广泛认同的行业公开文化和主流观点❷。

最早的与这类问题有关的司法实践之一，即 Morton v. New York Eye Infirmary❸案（以下简称"Morton 案"），该案涉及乙醚的使用。乙醚在被吸入后有致醉作用是一项公知技术。共同发明人 Jackson 和 Morton 发现，当吸入足够数量以后，乙醚还可以作为麻醉剂使用。他们的发明可以使病人在外科手术时，大大减轻痛苦。Jackson 和 Morton 获得了一项关于乙醚在外科手术中用途的方法专利。

在获悉这项发明成为"当代杰出发明"时，纽约巡回法院撤销了该专利。法院给出的过时且相当令人迷惑不解的语言使当代读者怀疑其无效理由的准确性。举例来说，法院指出该发明仅仅是一项天然产物，并且该发明没有新颖性，这两个理由事实上均是令人怀疑的无效理由。但是，话说回来，Morton 案的观点还指出，仅利用"动物天然功能"的发明是不可授予专利权的。19 世纪后续案例的判决均基于 Morton 案的这一观点，认为医疗方法不适宜获得授权❹。

---

❶ Barry S. Edwards，"……以及在他的农场上有一只山绵羊"：《转基因动物专利》，2 Minn. Intell. Prop. Rev. 89（2001）。

❷ Scott D. Anderson，没有救济的权利：无强制力的治疗方法专利，3 Marq. Intell. Prop. L. Rev. 117（1999）。

❸ 17 F. Cas. 879（No. 9865）（S. D. N. Y. 1862）。

❹ Ex parte Brinkerhoff，24 官方公报，再版于 27 J. Pat. Off. Soc'y 797（1945）（驳回痔疮治疗方法的专利申请）。

后来的司法观点对医学方法专利采取了一种更为开放的姿态。举例来说，在1954年，USPTO委员会在Ex part Scherer案❶中就批准了一项要求保护"通过压力注射法注射药物的方法"的专利。委员会基于一个令人质疑的理由认为它与Morton案有所不同，指出本发明涉及已知的方法和材料。在EX part Scherer案以后，医学工作者获得了多项医疗方法的专利，从施用胰岛素到治疗癌症。

传统上，获得治疗方法专利的专利权人很少对他人主张其专有权。但是在20世纪90年代早期，Samuel Pallin医生声称另一位外科医生侵犯了他的专利——白内障手术法❷。该诉讼导致了一场激烈的争论，质疑专利对医学伦理、病人治疗和职业自治的冲击。在受到美国医学会议事代表团关于医疗方法专利的责难以后，国会决定进行立法。结果在美国专利法第287条第（c）款中作出了规定。

美国专利法第287条第（c）款是一个复合条款，它限定了与医疗方法专利有关的权利范围。实际上，该条款剥夺了专利权人对于从事侵权的"医学活动"的医学工作者和相关健康护理人员所能采取的所有救济，包括金钱赔偿和禁令❸。"医学活动"一词被定义为"在人体上进行的治疗或外科手术方法"，而获得专利的产品、组合物和生物技术则被明确地排除在该定义以外❹。该法条的有效结果导致，虽然治疗方法仍然是可授权的法律客体，但权利人不能对可能侵权者主张医疗方法专利权。

美国专利法第287条第（c）款的实际作用取决于发明的性质。绝大多数可授权的医疗方法可能会涉及一种新装置或设备。在这些情况下，美国专利法第287条第（c）款的作用在很大程度上是象征性的。举例来说，假设手术师So医生发明了一种新的缝合物。在这种情况下，So医生可以获得一项专利，要求保护（1）新的缝合组合物本身和（2）使用该缝合物来封闭伤口的方法。虽然美国专利法第287条第（c）款适用于方法权利要求，但它明显不包括组合物权利要求。因此，So医生对于其他使用专利缝合物的人仍然可以主张其专有权。

另一方面，假设Bonn医生获得了一项专利，要求保护海姆里希氏操作法的一种变化方式。与海姆里希氏操作法相类似，Bonn医生的方法包括用拳头

---

❶ 103 USPQ 107（USPTO Bd. 1954）。
❷ Pallin v. Singer, 36 USPQ2d1050（D. Vt. 1995）。
❸ 35 U. S. C. A. 287（c）（2000）。参见Gerald J. Mossinghoff, 关于医学和外科手术方法专利的救济，78 J. Pat. & Trademark Off. Soc'y 789（1996）。
❹ 35 U. S. C. A 287（c）（2）（A）（2000）。

挤压窒息病人的脐部稍上方。在这种情况下，授权的方法不包括产品、组合物或生物技术，因此美国专利法第 287 条完全适用。Bonn 医生不能向医学工作者或者有关的健康护理人员要求获得专利侵权赔偿。有意思的是，由于美国专利法第 287 条（c）款只适用于有执照的医学工作者和相关的健康护理人员，所以 Bonn 医生可以向使用其授权技术的非专业人员获取常规的赔偿。当然，这种情况会使饭店顾客处于一种进退两难的境地，因为他们在决定是否先行拯救窒息的同伴时不得不考虑避免专利侵权。

2.5 涉及计算机的发明

涉及计算机发明的可专利性被证明是极具争议性的。许多报道的案例以及众多的法律文章和其他评论都探讨和争论对软件和其他计算机技术扩展专利保护的好处。目前在 USPTO 和联邦巡回上诉法院发生的事件已经超越了这一争论。当前对涉及计算机的发明提供宽泛的专利保护是毫无疑问的。尽管如此，回忆一下这个漫长的传奇过程的高潮点也是熟悉专利法发展的过程。过去对涉及计算机发明专利资格的争论可以在将来为确立这类专利保护的范围提供线索，并且为专利制度对新技术做出响应提供了普遍意义上的指导。

2.5.1 智力步骤原则

尽管古老的智力步骤原则在固态晶体管或者半导体芯片出现之前就已经发展很久了，但是在评价涉及计算机的发明时还是把该原则作为适当的起始点。根据智力步骤原则，主要以人的选择、解释或者决策的发明是不可授予专利的。例如，假设一种用来判断杏子是否符合从水果店购买的充分品质的"头和手（head and hand）"的改进方法。该方法可能包括诸如这样的步骤：挑拣杏子；将其拿到光亮处；旋转杏子；闻茎的味道，同时与记忆中的感觉，例如 NERF ®球的质地或者特定的花香来比较。由于这一过程是个人观察和识别的问题，任何特别的有形装置都没有使用，其将被判定为仅仅由智力步骤所构成，因此是不可授予专利的。

在一个有代表性的 In re Heritage❶ 案中，CCPA 审理了要求保护喷涂多孔、消声纤维板的方法。该方法要求保护单个板的连续喷涂方法。In re Heritage 案的申请解释说，技术人员应当定期地检测板子从而确保其保持期望的声学特性。CCPA 维持了 USPTO 对该申请驳回的决定，其具体解释为"根据预先确

---

❶ 150 F. 2d 554，66 USPQ 217（CCPA 1970）。

定的系统对使用涂层材料的数量进行选择的智力过程"是不可授予专利的。根据CCPA的观点,权利要求仅仅需要人的运算和判断,其作为单纯智力活动是不可授予专利的主题。

使用了智力步骤原则的CCPA和其他法院得出结论认为,这类发明只是抽象的思想和数学算法。因为这些专利的权利要求没有与不连续的物理装置相结合,法院作出适度的判决,通过在公众领域中保留这些普遍的原则将更加有助于技术进步。他们同时认识到,这类抽象概念不能体现完整的发明,并且授予和保护这类抽象对象的所有权是非常困难的。

智力步骤原则已不再是许多司法判决的焦点,并且在最近几十年该原则的命运渐渐变得不确定。在1970年的In re Musgrave❶案中,CCPA对智力步骤原则进行了有力的驳斥,尽管其判决对其他联邦巡回上诉法院没有约束。但是,就在两年后,联邦最高法院在Gottschalk v. Benson❷案中提到,"智力过程"是不可授予专利的。由于联邦最高法院的声明是那么简短,而且没有伴随对In re Musgrave案相反的讨论,遗留的法律状态相当不清晰。不管怎样,至少自1982年联邦巡回上诉法院创立以来,智力步骤原则始终没有扮演重要的角色。

但是在计算机革命的曙光到来时,智力步骤原则似乎体现出更加坚实的存在。这一法律状态证明对计算机产业来说是有问题的,因为计算机技术的来临导致了用电子方式执行以前由人的智力完成的过程步骤。当计算机领域的科学家不可避免地转向专利制度时,他们强调他们的发明包括了应用技术,不是抽象的智力步骤。起初没有说服USPTO和法院,因为仅仅能够由机器执行要求保护的方法步骤并不能使其具有可授予专利性。因此,政策关注到禁止对智力步骤、抽象思维或者数学算法授予专利权的原则首先被应用在计算机技术上。

2.5.2 联邦最高法院对涉及计算机发明的态度

这种早期态度的代表是1972年联邦最高法院在Gottschalk v. Benson❸案中的观点。在该案中,申请人要求保护一种将二进制编码的十进制数转换为纯二进制码的方法。该方法的步骤由一系列的移位数学操作组成,从而恰当地表达一个特定的数字。该申请包括的权利要求记载了由计算机执行的方法以及没有与任何特定有形装置有关的该方法抽象的执行过程。该方法在数据处理任务

---

❶ 431 F. 2d 882, 167 USPQ 217 (CCPA 1970).

❷ 409 U. S. 63 (1972).

❸ 409 U. S. 63, 93 S. Ct. 253, 34 L. Ed. 2d 273 (1972).

中具有广泛的应用,用法院的话说,其范围从"列车的运行到驾照的确认以及法律书籍的搜索"❶。

在一个含义模糊的判决中,法院支持 USPTO 对该申请的驳回决定。法院首先重申了传统要求:可授予专利性取决于"一个物体变换或者变形为一个不同的形态或者事物"❷。有争议的是,至少记载计算机完成这种数字转换方法的权利要求涉及了某种有形变换。该计算机的操作不是只处理这些代表数据的电子信号,也产生电子信号,从而命令该计算机执行特定的任务。法院也发现其硬件是不充分的,因此用自有的"坚果壳(nutshell)"风格在结束时给予了分析:

"不可能对思想给予专利保护,这一点是不容置疑的。如果将二进制编码的十进制数(BCD)转换为纯二进制码的公式在该案中被授予专利,那么所带来的实际影响是专利将保护通过计算得到的数量值或表达式。除非连接到数字计算机上,否则这里所涉及的数学公式不具有实质性的实际应用,这也就意味着如果该判决被批准的话,将完全对数学公式给予了专利保护,实际的影响将是对算法本身可给予专利保护。"❸

因此法院认为,使用计算机来计算数学公式不能将其从思想领域转换为工业领域。内部电路的操作不足以支持这些记载有计算机硬件的权利要求,因为除了在场的愚蠢专家或者大量的机械装置来快速地完成所要求的转换外,计算机反映的仅仅是公式所具有的含义。该计算机充其量仅等同于对该权利要求范围没有任何意义限制的名义上的装置。

但是,这种早期对于涉及计算机发明的专利的限制随着时间的推移而逐渐减弱。在 20 世纪 80 年代早期,USPTO 的审查员更多地认可涉及计算机的发明,并且法院似乎更愿意对授权的专利给予支持❹。在人们对计算机技术的无所不在以及它对于美国经济的重要性普遍认知的同时,有人猜测 USPTO 和法院对于这种不授予专利禁令的持续争论已感到厌倦,因为现在这种禁令已经不倾向于限制专利保护范围了。

第一次感觉联邦最高法院发生这种变化是在 1981 年有关 Diamond v. Diehr❺ 案中的观点。申请人 Diehr 要求保护借助于数字计算机控制橡胶模压机的

---

❶ 409 U.S. at 68.

❷ 409 U.S. at 70.

❸ 409 U.S. at 71-72.

❹ In re Deutsch, 553 F.2d 689, 193 USPQ 645(CCPA 1977); In re Chatfied, 545 F.2d 152, 191 USPQ 730(CCPA 1976).

❺ 450 U.S. 175, 101 S. Ct. 1048, 67 L. Ed. 2d 155 (1981).

方法。其中的计算机连续地监控模具的温度并且运用已知的 Arrhenius 公式❶来计算置于模具中的橡胶固化的时间量。当计算机计算出的时间与实际的模压时间相等时，就向装置发出信号开启模具❷。

USPTO 审查员的结论是通过计算机软件实现的方法步骤不属于可授予专利的法定主题。审查员进一步推理为，"其余步骤——将橡胶注入模具以及随后工艺过程的结束——对该方法来说是'常规的和必需的，不可能成为可授予专利的基础'"❸。但是 CCPA 推翻了这一驳回决定。随后批准了调卷复核令，联邦最高法院维持了 CCPA 的判决，认为申请人并没有试图寻求一个数学公式的专利权，而是涉及许多单独步骤的工业过程，这些步骤包括将橡胶注入模具、关闭模具、不断确定模具的温度、通过使用公式和数字计算机不断重新计算适当的固化时间以及在适当的时间自动开模❹。

许多观察家注意到，申请人 Diehr 提出的改进不是橡胶的制造过程，而是数学的计算。其中的有形步骤在很大程度上依赖于——读取温度和向模具阀门发出打开信号——这看起来是毫无意义的。允许根据权利要求中对这些步骤的少量记载而授予专利权似乎毫无根据，因为它们仅仅描述了由数学完成的有效技术内容。它们没有体现出对于所要求保护的公式范围的有意义的限制❺。同时，Diamond v. Diehr 案向 USPTO 和下一级法院发出信号，在适当的时候涉及计算机的发明可给予专利保护。

2.5.3 联邦巡回上诉法院对涉及计算机发明的态度

根据联邦最高法院的这些意见，在作为联邦巡回上诉法院前身的 CCPA 形成了两步 Freeman – Walter – Abele 检验法。第一次明确这种检验法是在 1978 年的 In re Freeman❻案的判决中，两年之后在 1980 年的 In re Walter❼案中对该检验法进行了修正。随后联邦最高法院作出了对 Diamond v. Diehr 案的判

---

❶ 作者不同意该公式为已知的这一观点。我们（政治学专业）中的任何人在看到 Diehr 案的观点时从未听到过这种说法。如果你对此感兴趣，该公式为：$k = Ae^{(-Ea/RT)}$。你可以对此进行更多了解，通过实际访问以下互联网网页：http://www.shodor.org/unchem/advanced/kin/arrhenius.html.

❷ 450 U. S. at 177–78.

❸ 450 U. S. at 181.

❹ 450 U. S. at 187.

❺ Richard H. Stern, Tales from the Algorithm War: Benson to Iwahashi, It's Déjà Vu All Over Again, 18 AIPLA Q. J. 371 (1991).

❻ 573 F. 2d 1237, 197 USPQ 464 (CCPA 1978).

❼ 618 F. 2d 758, 205 USPQ 397 (CCPA 1980).

决，法院再一次在 1982 年 In re Abele❶案的判决标准作了修订。联邦巡回上诉法院对这一检验法作了以下描述：

"首先判断权利要求中是否直接或间接地描述了数学算法。如果描述了数学算法，接下来判断所要求的发明是否作为一个整体除了该算法本身之外没有其他内容；换句话说，该权利要求是否直接针对的是数学算法，而该数学算法没有被应用或者没有被有形元件或方法步骤所限定，这样的权利要求不属于法定的保护主题。但是，当该数学算法应用在其他的法定保护的方法权利要求中的一个或者多个步骤中时，或者是应用在其他法定保护的装置权利要求中的一个或者多个单元中时，则满足美国专利法第 101 条的要求。"❷

应用 Freeman – Walter – Abele 检验法的代表性案子是 Arrhythmia Research Technology, Inc. v. Corazonix Corp. 案（以下简称"Arrhythmia 案"）❸。该发明涉及一种被称为心动过速的心律失常疾病。该疾病困扰着许多患有心脏病突发的病人和有关医学的电视剧中大量的主人公，并且该疾病实质上包括非正常的快速心脏搏动。可以通过某些药物对其进行治疗，但是会带来副作用。问题是要确定哪个心脏病突发的受害者具有心动过速的倾向从而可以选择性地进行治疗。基于进一步研究，Simson 医生了解到容易患心动过速的人的心脏呈现某种 tell – tale 信号，也就是说，他们的心脏电信号在心电图的"QRS"段被称为"晚电势（late potential）"。然后 Simson 医生使用了称为"Butterworth 滤波器"❹的信号处理技术来分离"QRS"段。然后将该处理的输出与已知的数据相比较；如果其小于预定值，就判断出病人具有心动过速的倾向。

USPTO 对该发明授予了专利权。作为授权的专利，Simson 医生的专利包括分析心电图信号的方法和装置两项权利要求。但是在专利侵权诉讼中，地区法院认为，根据美国专利法第 101 条，这两项权利要求是不可授予专利的。经过上诉，联邦巡回上诉法院推翻了不可授予专利的判决。通过使用 Freeman – Walter – Abele 检验法，联邦巡回上诉法院得出结论，所要求保护的发明包括数学公式。然后，法院进入 Freeman – Walter – Abele 检验法的第二步，用以判断所要求保护的发明的其他部分是否为法定保护的主题。对于方法权利要求，法院得出结论认为该发明包括将一个电信号转换为另一个电信号的实际步骤，这些步骤的特征和实体性使其落入美国专利法第 101 条所要求保护的范围。同

---

❶ 684 F. 2d 902, 214 USPQ 682 (CCPA 1982).

❷ Arrhythmia Research Technology, Inc. v. Corazonix Corp., 958 F. 2d 1053, 22 USPQ2d 1033 (Fed. Cir. 1992).

❸ 958 F. 2d 1053, 22 USPQ2d 1033 (Fed. Cir. 1992).

❹ 不要看这个名字，该方法并非涉及薄馅饼糖浆。

样的，产品权利要求描述了单独的机械单元的特定组合，其包括模数转换器、高通滤波器和微型计算机，这些都使得其具备专利资格。

在 Arrhythmia 案中，联邦巡回上诉法院实质上将 Simson 医生的发明看作是对人体心脏产生的电信号进行处理的发明。由此看来，Simson 医生的发明似乎落入了传统的可授予专利的技术类型，其包括的内容范围从使用信号处理方法的无线电接收器到电子变压器。因此发明很容易就实现了 Freeman – Walter – Abele 检验法的第二步标准。但是，Simson 医生的发明的不同特征描述方式可能会导致不同的结果。Simson 医生的发明也许仅仅被看作是（1）发现了用心动过速病人的心电图信号显示某种特征的科学原理，以及（2）使用已知的电子工程技术来对该原理进行可能的利用。在该案中，不允许科学原理获得专利的政策理由似乎使用了全部的力量来反对 Simson 医生发明的可授予专利性。

正如 Arrhythmia 这类案子所展示的那样，Freeman – Walter – Abele 检验法对有关美国专利法第 101 条专利资格的复杂问题没怎么回答。实际上，Freeman – Walter – Abele 检验法鼓励专利文件的撰写者通过在权利要求中包含某类装置而避开这一问题。例如，Simson 医生的发明对其权利要求中包括转换器和滤波器给予了肯定，而发明人在 Diamond v. Diehr 案中则记载温度计和炉门开关。这种名义上的装置暗示该权利要求记载的不仅仅是数学内容，因此可以实现 Freeman – Walter – Abele 检验法的第二步。由于 Freeman – Walter – Abele 检验法的鼓励，专利律师在撰写涉及计算机的权利要求时，对结合结构单元变得非常精通，因此构成了符合美国专利法第 101 条司法解释的具备专利资格的主题。

联邦巡回上诉法院看来好像意识到这些困难，没有通过修改 Freeman – Walter – Abele 检验法而是通过拒绝的方式作出反应。这一重要事件发生在 1994 年由全体法官出庭审理的 In re Alappat 案的判决中❶。In re Alappat 案涉及一种用于在示波器上显示平滑且连续曲线的装置，其中的示波器用来提供电流变化的可见图像。为了达到这一效果，Alappat 的发明执行了几种数学计算以便将所谓的"矢量表数据"转换为"像素发光强度数据"。更直接地说，Alappat 发明的作用是将一组数转化为另一组数❷。

从第一眼看来，将一个数据转换为另一个数据的发明刚好落入排除数学算法的范畴中。但是，Alappat 发明显然是期望以具体的计算装置的形式来撰写其权利要求以顺利地满足美国专利法第 101 条的要求。因此，Alappat 发明要

---

❶ 33 F. 3d 1526, 31 USPQ2d 1545 (Fed. Cir. 1994).

❷ 33 F. 3d at 1537 – 39, 31 USPQ2d 1551 – 53.

求了一个产品权利要求，其记载了几种用于执行减法和归一化的"装置（means）"。尽管 Alappat 发明尽了最大的努力，USPTO 还是因为其组成是数学算法而驳回了这样的权利要求。从得出的结论看，USPTO 有一部分的观点认为如果 Alappat 专利申请被授予专利权，其将覆盖用软件实现所要求的数学功能的通用计算机（例如法律专业学生使用的膝上电脑）。这种观点使得 USPTO 得出结论，Alappat 发明并不涉及诸如特定的计算机或者可编程计算器硬件的具体结构。实际上 USPTO 将 Alappat 发明看作抽象的数学原理，其与能够完成所要求功能的硬件平台无关。

通过上诉，联邦巡回上诉法院推翻了 USPTO 的判决。多数法官对 Alappat 发明的权利要求的巧妙撰写方式予以认同，并得出这样的结论，认为 Alappat 发明"不是那种可能被描述为'抽象思想'的无实质内容的数学概念"，而是产生有用的、具体的并且有形的结果的具体装置。❶ 法院进一步认定，Alappat 发明的权利要求覆盖了通用计算机的事实并不影响其专利性。联邦巡回上诉法院得出结论认为，软件通过"编程产生了新的装置，因为一旦通用计算机被编入程序按照程序软件的指令实现特殊功能，则该通用计算机实质上就成为了特殊用途的计算机"❷。

Alappat 发明并没有明确地否认 Freeman – Walter – Abele 检验法，但是显然联邦巡回上诉法院并没有采用其通常的两步分析法。任何计算机程序可以有效地构成新的硬件的观点意味着每个涉及计算机的发明都满足了 Freeman – Walter – Abele 检验法的第二步，表明该检验法是多余的。联邦巡回上诉法院在 1999 年的 AT&T Corp. v. Excel Communications, Inc. 案的判决中❸，联邦巡回上诉法院确定 Freeman – Walter – Abele 检验法几乎是废弃了。根据联邦巡回上诉法院在 AT&T Corp. v. Excel Communications, Inc. 案中的分析可以得出，对美国专利法第 101 条的分析不应该集中在权利要求是否记载了有形的限制上，而是应当确定所要求保护的发明是否得到了"有用的、具体的并且有形的结果"。按照联邦巡回上诉法院最新的观点，实际上任何可以获得实际结果的发明都是可授予专利的主题。

显然对于任何了解最新联邦巡回上诉法院意见的读者来说，"有用的、具体的并且有形的结果"这一标准是非常宽泛的。只有极少数试图寻求专利保

---

❶ 33 F. 3d at 1544, 31 USPQ2d 1557.

❷ 33 F. 3d at 1545, 31 USPQ2d 1558.

❸ 172 F. 3d 1352, 50 USPQ2d 1447（Fed. Cir. 1999），cert. Denied, 528 U. S. 946, 120 S. Ct. 368, 145 L. Ed. 2d（1999）.

护的涉及计算机的发明不能最低限度地实现一个功能或者有用的结果。因此，当今的计算机科学家和工程师们极少会碰到 USPTO 以不是法定主题来驳回的情形。

计算机技术使得专利制度离智力活动规则越来越远。正如大家所看到的，涉及计算机的发明也引发了印刷物和商业方法这两个传统上被排除在专利制度之外的主题朝着可授予专利权的方向发展，在接下来的部分笔者将转入这两个主题。

2.6 信息的表达

从传统上来说信息的表达是不包括在可授予专利的主题之内的。根据印刷物原则，记载在一个表面上起表达作用的信息被认为在美国专利法第 101 条所规定的范围之外。法院的观点认为，这类发明只是记载了抽象思想的形式。他们的理由是将信息记录在表面——本书中专利律师将此称作"基层（substrate）"的单纯行为——是不应该给予专利保护的。这一原则也起到了引导的作用，将作者创作的作品从专利法保护转到了版权法保护。

对于印刷物原则的重要例外出现在案例法中。如果发明包括了在信息和写有信息的表面两者之间产生功能性关系的物理结构，这样的发明是可授予专利的。在印刷物和印刷物例外之间的这条线并不清晰，并且在印刷物和可授予专利的发明之间，案例法反映的是极其细微的差别。例如，一种在支票/存款账户组合中非常有用的空白支票和存根系统被认为是不可授予专利的印刷物❶。但是，一种包括底面和可分离连接结构的火车票则被认定是唯一的物理结构并且因此适合专利保护❷。

尽管联邦巡回上诉法院并没有明显地推翻印刷物原则，其在 1983 年 In en Gulack 案中提出了这样的看法，认为该规定是"站在令人质疑的法律和逻辑的立脚点上"❸。之后在 In re Lowry❹ 案中联邦巡回上诉法院推翻了 USPTO 基于印刷物原则的驳回决定。Lowry 专利申请要求保护一种通过计算机程序访问存储数据的计算机存储器。根据联邦巡回上诉法院的观点，Lowry 的发明并不是印刷物的类似物，因为其包括"对存储在存储器中的信息赋予有形结构的

---

❶ In re Sterling, 70 F. 2d 910 (CCPA 1934).
❷ Cincinnati Traction Co. v. Pope, 210 F. 443 (6th Cir. 1913).
❸ In re Gulack, 703 F. 2d 1381, 217 USPQ 401 (Fed. Cir. 1983).
❹ 32 F. 3d 1579, 32 USPQ2d 1031 (Fed. Cir. 1994).

电子构件"。

USPTO 允许要求保护代码化机器指令专利的行为进一步表明印刷物原则逐渐消失。传统上软件采用方法的形式进行保护，如同计算机执行一系列指令。但是以存储有软件的计算机可读介质的形式，申请人也可要求保护作为工业制品的计算机程序。下面举例说明这种类型的权利要求：

"一种光盘，其包括一组计算机可读指令，该组指令包括：

从授权的计算机用户获得密码；

请求计算机用户提供密码；

将所述请求的答复与密码进行比较；以及

只对知道密码的用户，提供计算机访问。"

对这类权利要求唯一正式的处理来自 USPTO 申诉委员会对 In re Beauregard[1] 案作出的未公开决定。在该案中，USPTO 基于印刷物原则驳回了针对代码化计算机指令的权利要求。请求人 Beauregard 向联邦巡回上诉法院提出了上诉，但是法院并没有进行口头辩论的听证。在 In re Beauregard 案上诉的过程中 USPTO 的律师发生了改变，新的继任者很快提出动议撤销了驳回。根据该律师的观点，USPTO 目前接受"包含在例如软盘上的有形介质中的计算机程序属于可授予专利的主题"。在 Beauregard 案之后，计算机软件的发明人通常可以获得与传统的方法权利要求类似的针对代码化机器指令的权利要求。

2.7 商业方法

直到近些年，商业方法是否可以被授予专利权仍然没有完全确定。许多决定表明商业方法从本质上来说是不可授予专利的。早在 1868 年，USPTO 局长对此的解释为"……对交易活动的方法授予专利权是与法律精神相违背的"[2]。在 19 世纪法院仍然认为"通常商业交易方法"[3] 或者"单纯的交易契约"[4] 是不可授予专利的。

在这些决定中最为公众所知的大概是 Hotel Security Checking Co. v. Lorraine

---

[1] 53 F. 3d 1583, 35 USPQ2d 1383（Fed. Cir, 1995）.

[2] Ex parte Abraham, 1868 Comm'r Dec. 59, 59（Comm'r Pat. 1868）.

[3] United States Credit Sys. Co. v. American Credit Indemnity Co., 53 F. 818, 819（S. D. N. Y. 1893）.

[4] In re Moeser, 27 App. D. C. 307, 310（1906）.

Co.❶案，其涉及一种用来防止服务员和出纳造假的"现金登记和账户检查的方法和装置"。该系统采用的方式是追踪销售并且确保服务员在交易结束的时候上交合适的资金。联邦第二巡回上诉法院基于现有技术判决该专利无效，判决指出，该专利技术是"任何熟悉该交易的人都可能想到的"。法院进一步指出，无论如何"在对术语最广泛的解释中，这种与实现交易系统的装置相分离的系统不属于可授予专利权的技术"。

尽管如此，这些年来 USPTO 对许多可能存在争议的商业方法的发明给予了专利权❷。至少在 Paine, Webber, Jackson & Curtis v. Merrill Lynch❸案的司法意见中似乎也同意对商业方法授予专利权。在该案中，地方法院支持了用于组合式证券佣金/现金管理账户的数据处理方法的专利。该案的法院强调指出，该专利描述了一种在计算机上的操作方法，然而把这个理由扩展到广义的商业方法也是不确定的。

为了与其广义上可授予专利主题的观点相一致，联邦巡回上诉法院最终拒绝了对商业方法的排除。这就是在 State Street Bank v. Signature Financial Group❹案中著名的判决意见。Signature Financial Group 的专利权在诉讼中得到维持。该专利针对一种"轴辐式金融服务配置数据处理系统"，该系统描述了用于执行已知的"轴辐式（Hub and Spoke）"系统的投资结构的数据处理系统。该系统允许个人共有基金（"辐"基金）将其资产放入一个组织的如同合伙制的投资组合（"轴"基金）中。按照该专利，这一投资配置提供了控制投资规模的经济组合优势和合伙制的税收优惠。

对这一复杂的金融体系进行账目管理是困难的。实际上，由于"计算的复杂，计算机或者同等设备对于完成这一任务是必要的"。Signature Financial Group 授予专利权的系统的目的在于允许管理者"监视并记录金融信息流以及做出所有维持合伙人基金的金融服务配置所必需的计算"。此外，该系统追踪"在每日的'轴'基金和每个'辐'基金基础上确定的所有相关数据，从而为了'轴'基金以及每一个公共交易的'辐'基金的会计和税收的目的，来确定每年年底累计的收益、支出、资产获利或者损失"。关键在于，Signature Financial Group 的发明并没有体现在计算机技术或者数学计算的进步，可授予专

---

❶ 160 F. 467（2d Cir. 1908）.

❷ William D. Wiese, Death of a Myth: The Patenting of Internet Business Models After State Street Bank, 4 MARQUETTE INTELL. PROP. L. REV. 17, 30 – 33 (2000).

❸ 564 F. Supp. 1358, 218 USPQ 212 (D. Del. 983).

❹ State Street Bank and Trust Co. v. Signature Financial Group, Inc., 149 F. 3d 1368, 47 USPQ2d 1596 (Fed. Cir. 1998), cert. denied, 525 U. S. 1093, 119 S. Ct. 881, 142 L. Ed. 2d 704 (1999).

利性的基础是在其专利中 Signature Financial Group 所要求保护独特的投资组合。

在授权之后，Signature Financial Group 与竞争对手 State Street Bank 进入了许可谈判阶段，最终谈判没有成功。在这之后 State Street Bank 提交了反对 Signature Financial Group 的法律动议，试图将该专利无效。地方法院通过简易判决同意了 State Street Bank 的请求，判决基于两个理由❶。第一，法院采用了 Freeman – Walter – Abele 检验法作出了这样的结论：

"从根本上看，该发明是用于特定金融投资类型的会计系统，其要求保护用于完成一系列数学功能的装置。简单地看，除了输入数据、计算数据、输出数据和存储数据之外，其不涉及其他的有形变换或者变化。相同的功能可以通过拥有铅笔、纸张、计算器和档案系统的会计来完成，尽管这样看起来效率不高"。

然后法院通过"长期确立的商业'计划（plans）'和'系统'不可授予专利的原则"来支持其结论。法院判决指出，"对一个涉及必不可少的某种商业模式的会计系统授予专利等同于对商业本身给予专利，因为这种抽象的思想不论是作为商业方法或者是作为数学算法都是不可授予专利的"，因此该专利无效。

上诉后，联邦巡回上诉法院推翻了地方法官的观点。在由三位法官组成的审判小组撰写的决定中，Rich 法官认为所要求保护的专利不是抽象思想而是产生了"有用的、具体的并且有形的结果"的可编程机器，"这导致其成为法定的主题，尽管有用的结果是通过数字来表达的，如价格、利润、佣金、成本或损失"。按照法院的观点，"在确定权利要求是否包含法定主题的这一问题时，不应当将焦点放在权利要求直接针对的是方法、机器、制品或者物质组合这四个主题类型中的哪一个，而是放在主题中的必要的技术特征，特别是其实际的应用"。法院进一步宣称：

"今天，我们认为，这种代表抽象美金数目的数据通过机器中一系列的数学计算转换为最后的股票价格的过程包含了对数学算法、公式或者计算的实际应用，因为其产生了'有用的、具体的并且有形的结果'——最后的股票价格立即被确定用于记录和报告的目的，甚至被管理机构和接下来的交易所接受和依赖"。

然后联邦巡回上诉法院站到了地方法院对商业方法的否定意见上，选择

---

❶ State Street Bank and Trust Co. v. Signature Financial Group, Inc., 927 F. Supp. 502, 38 USPQ2d 1530 (D. Mass. 1996).

"抓住机会让这种错误思想的例外消失"。根据 Rich 法官的观点，从一开始对商业方法专利限制是不恰当的，并且不再适合 1952 年专利法案。在 State Street Bank 案的决定作出之后，商业方法遵照其他类型的方法进行同样的专利性分析。

无论联邦巡回上诉法院对 State Street Bank 案的审理结果是否恰当，法院的意见中包含了一些有意思的观点。首先，举例来说，法院解释所要求保护的发明实现了有用的结果，因其产生了"最后的股票价格"。事实上，诉讼专利的权利要求并没有真正包括"最后的股票价格"这样的词语，Signature Financial Group 的发明也没有对其进行计算。联邦巡回上诉法院进一步指出："在 Diehr 案和 Chakrabarty 案之后，即便需要，Freeman – Walter – Abele 检验法也很少用来确定法定主题的存在"。按照时间排列的顺序，这一说法显然是错误的。联邦最高法院是在 1980 年对 Chakrabarty 案和 Diehr 案作出判决的，而 CCPA 是在 1982 年对 Abele 案作出判决的。

同样有趣的是，将 Rich 法官在 State Street Bank 案中的意见与其在大约 40 年前发表的两次演讲来对比。在这些演讲中他指出：

"主题为'可授予专利的发明'的美国专利法第 101 条列举了发明获得专利的类型。当然，不是每一种发明都可以获得专利。虽然其可能对于个人、公众以及国防是非常重要的，但是对更有效的物质构造发明，以及教授物理、化学或者俄语的课程技巧是不可授予专利的发明，因为其在所列举的法定类型之外……还有一个被列在法定类型之外，但对我们这个时代来说最伟大的发明就是尿布服务（the diaper service）。"❶

这些早先的观点与 Rich 法官在随后对 State Street Bank 案的表述相矛盾，后来的表述认为 1952 年的法案将商业方法置于与其他类型发明相同的法定地位。由于 State Street Bank 案作出的判决结论，任何小孩的父母都会对此特别的感激，尿布服务被认为是实现了"有用的结果"并且因此构成了可授予专利的主题。

无论怎样，State Street Bank 案的判决促使许多以前从未依靠专利保护的产业进入了专利制度。由于与涉及计算机的发明的紧密关系，基于 Internet 的商业模式很快通过专利获得了保护。但是极少人相信在 State Street Bank 案中确立的宽松的可授予专利性标准之下，计算机硬件是个一成不变的要求。金融、保险和服务业也都转向专利制度的保护。当这些专利的所有者开始对他们的竞争对手展开法律诉讼时，人们应当更多地去了解有关这些专利的可实施性和范围。

---

❶ Giles S. Rich, Principles of Patentability, 28 GEORGE WASH. UNIV. L. REV. 393. 393 – 94 (1960)（based upon speeches delivered in September 1959 and December 1959）.

2.8 外观设计

美国法典第 35 编为外观设计专利提供了一系列简短的规定，其被记载在第 171~173 节中。"对于工业品的任何新的、原创的并且装饰性的设计"❶ 都可授予外观设计专利。物体表面的装饰、外观和形状构成了最典型的外观设计专利的主题。只有当外观设计具体表现在如家具、器具或者运动鞋这些工业品上时，才会被授予专利权。对外观设计专利性的主要限制是其必须主要是装饰性的。如果外观设计是通过产品的性能来限定的，那么将被确定为"主要是功能性的"，因而不适合外观专利保护❷。

举例来说，假设发明人 Tori Irons 发明了一种新的高尔夫球杆。该球杆的特点是具有圆滑的柄和宽角度的头。进一步假设 Tori Irons 试图寻求对球杆的外观设计专利保护。在判断是否适合进行外观设计保护的时候，USPTO 的审查员将考虑该高尔夫球杆的外观是否如 Tori Irons 所期望减少高尔夫球用户打高尔夫球的障碍。如果是的话，则该外观设计并不是直接针对装饰，授予其外观设计专利并不能促进装饰的艺术。在这种情况下，Tori Irons 应当寻求实用专利的保护。但是如果其设计主要是为了使球杆具有优美的并且令人舒适的外观，而球杆的作用则是次要的考虑，那么适合获得外观设计专利。

由于本书接下来的讨论将很大程度地限制在实用专利，因此在这里对外观设计专利进行进一步讨论。发明人必须向 USPTO 提交申请文件来获得外观设计专利的保护。外观设计专利一般遵从申请实用专利所有的规定，特别是新颖性和非显而易见性。判定其他的要求取决于"设计申请中所体现的这类物品的普通能力的设计人员"的评价❸。如果该申请最终被授予外观设计专利，则该授权的外观设计专利的文件是比较简单的，主要包括一个或者多个描述所述设计的附图。外观设计的期限是自授权日起 14 年❹。

被控侵权的外观设计是否造成对外观设计专利侵权的判断要从普通观察者的角度进行。正如 1871 年联邦最高法院对 Gorham Mfg. v. White 案的解释：

"如果在一个普通观察者的眼里所给予的关注如同一个购买者所给予的关注，那么两个设计实质上是相同的。如果相似之处误导了观察者，从而导致其

---

❶ 35 U.S.C.A §171 (2000).
❷ Best Lock Corp. v. Ilco Unican Corp., 94 F.3d 1563, 40 USPQ2d 1048 (Fed. Cir. 1996).
❸ In re Nalbandian, 661 F.2d 1214, 211 USPQ 782 (CCPA 1981).
❹ 35 U.S.C.A §173 (2000).

认为购买的是外观设计专利的产品,其实却是被控侵权的产品,那么该产品构成了对专利产品的侵权❶。"

下级法院对这一标准进行了重要的提炼。联邦巡回上诉法院的说法为,"被控侵权的外观设计必须盗用了授权专利装置中区别于现有技术的新颖性特征"❷。根据这一规定,被控侵权的外观设计必须包含授权外观设计专利中的新颖性特征才构成侵权。

联邦巡回上诉法院在 Avia Group International Inc. v. L. A. Gear California, Inc. 案的观点说明了这些标准的工作方式❸。该外观设计专利涉及一种运动鞋的鞋底。与现有技术鞋底的外观设计相比,该外观设计专利的突出之处在于其使用了通过旋涡效果围绕的枢轴点。在审查地方法院有关侵权行为的裁决时,联邦巡回上诉法院作出两点结论:(1)从普通观察者的角度来看,外观设计专利与被控侵权的设计具有总体的相似性。(2)被控侵权的设计结合了该外观设计专利新颖性的特征,即枢轴点和旋涡效果。

2.9 植 物

那个穿越疆土免费分发苹果种子的"Johnny Appleseed"的故事已经过去很久了。苗圃、种子公司和其他农业共同体目前既是很大的产业,同时也是专利制度中具备资格的参与者。然而植物育种专家与实用专利法律的关系一直是不稳定的。首先,即使是在人工条件下培育,植物似乎也很容易被划分为不可授予专利的自然产品❹。其次,不像其他类型的发明,植物不是特别适合于用书面专利文件进行描述。图表和文字的说明可以完全传达机械、化学或者电学技术的工作方式,但是植物育种专家通常是需要一个植物样本,从而能够使用它❺。尽管许多发明人已经设法跨越了这些障碍来获得涉及植物的实用专利,但国会还是颁布了两个特殊的法案与农业和工业领域的专利相对应。

第一个有关这方面的法案是"植物专利法案"(Plant Patent Act),其编订在美国法典第 35 编的第 161~164 节。被授权的植物专利可以是独特的并且新

---

❶ 81 U. S. 511, 528, 20 L. Ed. 731 (1871).

❷ L. A. Gear, Inc. v. Thom McAn Shoe Co., 988 F. 2d 1117, 1125, 25 USPQ2d 1913, 1918 (Fed. Cir. 1993).

❸ 853 F. 2d 1557, 7 USPQ2d 1548 (Fed. Cir. 1988).

❹ Mark D. Janis & Jay P. Kesan, U. S. Plant Variety Protection: Sound and fury…?, 39 Houston L. Rev. 727 (2002).

❺ Nicholas J. Seay, Protecting the Seeds of Innovation: Patenting Plants, 16 AIPLA Q. J. 418 (1989).

的植物品种，其通过嫁接、芽接和其他技术无性繁殖。被明确排除在植物专利法案之外的是块茎繁殖的植物或者处于未培养状态的植物❶。另一个相关的法案是"植物品种保护法案"（Plant Variety Protection Act），或者称作"PVPA"，其编订在 U.S.C.A §2321 和其后的部分。PVPA 对涉及有性繁殖的植物授予植物品种保护的证书，包括大多数种子繁育的植物。真菌和细菌不符合这一资格。这些植物必须是可以与已知品种清楚地区分并且稳定的，植物的这种区别特征必须是在合理可靠性程度下真实繁育的❷。

这两个法案之间的主要区别在于发明人对所要求保护植物的繁殖方式不同。导致植物遗传性地与其母体相同的无性繁殖构成了植物专利保护的基础。PVPA 则是基于对有性繁殖的保护，这种繁殖导致了与其母体特征结合的不同植物。

举例来说明这一区别。假设发明人 Joanie Peachpit 在其果园里种植了一棵独一无二的橘子树。这棵树结出颜色鲜艳并且味道甜美的无核橘子。Joanie Peachpit 对这棵树的培育自身是难以获得植物专利支持的，因为这棵树不能进行有性繁殖，其不符合 PVPA 的要求。但是如果 Joanie Peachpit 能够通过芽接母树或者其他技术以无性方式繁育这棵树，那么其可以寻求植物专利的保护。

进一步假设，Joanie Peachpit 进行大豆的试验，最终获得了一个在寒冷气候下生长良好的品种。由于大豆是有性繁殖的，Joanie Peachpit 可能获得 PVPA 资格的植物品种保护。但 Joanie Peachpit 必须表明她的大豆品种至少表现出独特的均衡和稳定的特性。

这两个法案的主要特点需要在这里特别指出。满足 USPTO 提出的新颖性和非显而易见性要求的被授予植物专利。申请人必须提交带有彩色附图的申请，彩色附图公开该植物可以通过视觉表现的所有区别特征。重要的是，"植物专利法案"要求申请仅需要包括"尽可能完整的"❸ 文字说明书。植物专利保护期限是从提交申请之日起 20 年❹，并且如果任何其他一方无性繁殖了该植物，或者使用、销售这种繁育的植物则构成侵权。

相比之下，PVPA 是由农业部管理的。植物品种授权证书的所有者获得的权利为"禁止他人销售、许诺销售、繁殖、进口、出口该品种，或者使用该品种从中产生（与开发相区别）杂交或者不同的品种"❺。PVPA 证书的期限

---

❶ 35 U.S.C.A. §161 (2000).
❷ 7 U.S.C.A. §2402 (a) (2000).
❸ 35 U.S.C.A. §162 (2000).
❹ 35 U.S.C.A. §§161, 154 (a) (2) (2000).
❺ 7 U.S.C.A. §2483 (a) (2000).

是 20 年（树木和蔓生植物为 25 年）❶。

PVPA 包括了对植物品种保护证书所有者获得排他权的两个特别限制。第一，PVPA 包括研究豁免权❷。这一规定允许证书获得者的竞争对手从事某种研究活动而免遭侵权责任。第二，PVPA 对农民给予了限制性权利，允许他们保存和销售由植物品种保护证书保护的种子❸。重要的是，实用性专利法规没有包括这些例外。使用受到保护的植物进行研究的竞争对手和保存从证书所有者那里购买的种子用于重新种植的农民，都可能成为实用性专利法规下的侵权者。因此，在 PVPA 下授予的权利比在实用性专利法规下具有更多限制。

从以往来看，植物育种者更愿意获得实用性专利保护而不是植物品种保护证书，因为 PVPA 提出了更多的限制权。但是，存在一些法律的不确定性，例如，获得特定植物法律保护的育种植物是否能获得实用性专利。在 J. E. M. AG Supply, Inc. v. Pioneer Hi-Bred International, Inc. ❹ 案（以下简称"J. E. M. v. Pioneer 案"）中，联邦最高法院解决了这一问题，判决认为受 PVPA 保护的植物也可以要求实用性专利保护。Thomas 法官反驳了这样的观点，这些观点认为国会制定了这种更为特殊法律的意图在于认为有生命的植物不是实用性专利的主题。他认为 USPTO 对植物授予实用性专利有很长的历史了，并且联邦最高法院自己的先例对美国专利法第 101 条解释也很宽泛。法院也认为，特别的法律权利或产权利益常常是多个法律保护的主题。例如，计算机软件既可以获得版权保护也可以获得专利保护。联邦最高法院作出结论认为，仅仅因为这些法律保护了不同的范围并不能表明它们无效或者相互矛盾。

J. E. M. v. Pioneer 案的一个作用是农民必须增强他们所种植的种子有可能获得专利保护的意识。他们也必须遵守所谓的"袋子标签（bag tags）"——对使用有专利权的种子设置条件的许可标签——否则存在成为专利侵权者的风险。❺ J. E. M. v. Pioneer 案也似乎把 PVPA 放在了次级知识产权法律的位置。如果他们也可以获得与实用性专利有关的更为牢固的权利，植物育种专家不太可能只单独要求植物保护证书。PVPA 冒着成为某种"低级专利"制度的风险，为实用性专利保护或者缺少商业价值的种子提供后备支持。

---

❶ 7 U. S. C. A. § 2483 (b) (2000).

❷ 7 U. S. C. A. § 2544 (2000).

❸ 7 U. S. C. A. § 2543 (2000).

❹ 534 U. S. 124, 122 S. Ct. 593, 151 L. Ed. 2d. 508 (2001).

❺ Monsanto Co. v. McFarling, 302 F. 3d 1291, 64 USPQ2d 1161 (Fed. Cir. 2002).

2.10 结束语

如果说专利法的历程传授给我们一件东西的话，那就是可授予专利主题的范围将不可避免地变得宽泛。这一趋势已经到了似乎很少有已知的限制来制约专利范围的程度。由于专利制度准备冲击的活动范围与人类经验本身一样宽广，所以我们有充分的理由质疑，为什么专利资格的法律变成了单向棘轮。美国专利制度结构方面的回顾对于提供这一历史趋势的解释大有帮助。

首先，大多数被控侵权者本身都是专利权所有人。尽管在专利侵权诉讼中的被告一般向法院提出声称的专利无效，但是无效的最好理由却不要危及被告自身的专利权。基于对这些动机的理解，可以很容易地看到，控辩制度提供的关于专利资格的意见交流并不充分。

其次，专利律师体系鼓励律师们去推动专利资格不断增强。专利律师体系与其他专业完全不同。例如劳动法律师行业，律师要么单独代表雇主，要么单独代表雇员。这样的体系引导对劳动法方面的问题产生健康的讨论。但是专利律师大多经常与特定的客户建立长期的关系，他们要么是坚持自己的专利反对竞争对手，要么他们自身是被控侵权的对象。其结果是，专利律师业的这种体系未能建立起一批人员，他们反对商业方法专利或者其他以前被认为是排除在专利制度之外的专利。

最后，专利资格的宽泛定义似乎对专利律师业、USPTO 和联邦巡回上诉法院都是最有利的。当新兴行业成为专利法许可的合适主题时，工作量将增加，管理权限将扩展。在这种私利的、行政的和司法体系内，明显缺少对公众利益的关注。

从另一方面来看，许多看似有道理的观点可能导致对可授予专利主题的宽泛主张的认可。美国经济的重点已经转移到在传统上可获专利的工业、机械和手工业之外。为什么法律不应该对这类转变的条件作出反应呢？如果创新者已经投入了巨大的智力和经济资源提出了新的和创造性的想法，为什么他们不应该被授予私有的权利而不管他们的学科呢？与专利制度有关的益处——鼓励创新、投资和从事交易——可能对于发展中行业的发明产生的推动力是相同的。也应当注意到，专利制度在许多领域存在争议，例如包括计算机软件、生物和商业方法领域，怀疑论者通常坚持指出专利制度造成的具体危害。

无论哪种观点，所有人都赞同确定适当的专利主题是很重要的，因为几乎没有其他的限制原则来约束被授予专利的私有权利的范围。正如在这本书后续章节中论述的那样，被控侵权者不需要从专利所有人那里得到专利权的发明，因为法律责任仅仅取决于专利法律文件中文本与被控侵权对象的比较❶。专利法也缺乏在版权法中公平使用豁免权这样有意义的尝试性使用豁免❷。作出把某个具体的领域纳入专利制度的决定是一个伟大的时刻，这样的决定将使得全部工业逐步持续纳入私有调节环境。当你阅读完这些内容并继续往下看时，你也许会停下来思考在传统上不涉及专利的行业，如服务业和金融业中专利制度的影响，并且考虑人类努力的每一个方面是否都适合专利保护，用 Thomas Jefferson 的话说，排除专利权是"令人窘的事情"。

---

❶ J. H. Reichman, Legal Hybrids Between the Patent and Copyright Paradigms, 94 Colum. L. Rev. 2432 (1994).

❷ Maureen O'Rourke, Towards a Doctrine of Fair Use in Paten Law, 100 Colum. L. Rev 1177 (2000).

第 3 章
实用性

3.1 基本概念

美国专利法第101条规定只对"有用的"发明授予专利。因不满足这一实用性要求而导致发明得不到授权的情形非常罕见。一项发明只要能够获得实用结果,哪怕只有一丁点儿,就满足了实用性要求❶。为了满足这一要求,专利申请只需表明其发明具有一项为所属领域技术人员相信的可实施的用途即可。尽管实用性要求在大多数领域很容易满足,但是在化学领域和生物领域实用性要求往往会构成取得专利权的障碍。在化学领域和生物领域,发明人有时合成新的化合物但却并不确知如何使用该化合物以获得任意一项实际工作成果。如果提交的专利申请请求保护这类化合物的话,它们可能会因缺乏专利法意义上的实用性而被驳回。

实用性概念在美国专利法体系中存在的历史非常悠久,例如 Story 法官 1817 年在 Lowell v. Lewis❷ 案和 Bedford v. Hunt❸ 案中向陪审团作出的解释就表达了这一概念。在 Lowell v. Lewis 案中,Story 法官谈及:

法律所要求的是,发明不应当诋毁或伤害到人们的幸福安康、良好的政策或良好的社会道德。因此,"有用的"一词所用于描述的对象决不应当是有危害的或不道德的……但是,如果发明没有出现这类严重缺陷,在此情形下,发明是否多多少少还有点儿用处,对于专利权所有人的利益至关重要,对于公众利益而言却并不是十分重要。如果发明没什么用处,则发明最终将无声无息,沉没在他人的轻视和漠视中。

---

❶ Mitchell v. Tilghman, 86 U. S. (19 Wall.) 287, 396, 22 L. Ed. 125 (1873).
❷ 15 F. Cas. 1018, 1019 (No. 8568) (C. C. D. Mass. 1817).
❸ 3 F. Cas. 37 (No. 1217) (C. C. D. Mass. 1817).

在 Bedford v. Hunt 案中，Story 法官进一步阐明，专利法"并不关注实用性的程度高低；它只要求发明能够使用，并且该使用是良好的社会道德和政策所不反对或不禁止的……"❶

这些早期论述指明了实用性要求的两个要点。第一个要点是发明实际要起作用，也就是说发明要具有在现实世界实际效果的用途，而不是一些仅仅"藏在那里"的神秘物体。这一观念通常称作"实际实用性"。第二个要点常常被称为"道德实用性"，意思是指对获得授权的发明专利的使用应当遵从公共秩序要求。正如后面我们将看到的，持续至今的实际实用性要求和 Story 法官勾勒出来的大体相似，而道德实用性则几乎从美国法律中消失不见了。下面就实用性要求的这两个要点展开讨论。

3.2 无法实施的发明

正如 Story 法官阐述的那样，任一发明只要能够有丁点儿作用，也就满足了实际实用性的要求。这一实用性要求并不是说发明一定要优于现有的产品和方法才能取得专利授权。Story 法官在距今约两个世纪之前就否定了这种"广义实用性"标准❷，而且 Story 法官的上述认识在专利法体系中沿用至今。简而言之，专利法希望发明人做出的发明与现有技术相比是新的、不同的，而不必是更好的。一旦授权专利公开之后，充满竞争的市场能够鉴别出一项发明是对已有装置的改进抑或低劣的二流货色。

刚介入专利体系的人可能会非常惊讶地发现，得到专利授权的发明居然未必优于所属技术领域的现有技术水平。人们大都看过吹嘘说某个产品拥有某某专利这类广告。一些外行人可能就会想，既然人家都有专利了，说明政府已经认可该产品，该产品一定比市场上其他同类产品要好。然而，懂行的人都知道，USPTO 依据美国专利法第 101 条评估实用性时并不评判授予专利权的发明的实用性程度高低❸。相反，USPTO 的审查员只要确定该发明可能被应用于一项在现实世界中的用途，就认为其满足了实用性要求。

因此，实用性要求在大多数技术领域所能起到的作用非常有限。实用性要求仅仅是滤除了那些极端不可信的发明，不让它们有获取专利授权的机会。正

---

❶❷　3 F. Cas. at 37.

❸　尽管一项发明不必优于所属技术领域的现有技术水平，也可以满足美国专利法第 101 条的要求或任意其他可专利性要求，但是，如果能够证明一项发明事实上优于现有技术可能有助于得出其具备美国专利法第 103 条所述非显而易见性的结论。参见本书第 5.5.3 节。

如人们所预料的,在专利侵权诉讼程序中很少有人把不满足实用性要求作为抗辩事由。被告方被指控使用了已授权专利的事实本身就表明该发明具有至少一项功能用途。

对实用性要求的异议更多地出现在 USPTO 进行的专利审批程序中。提到实用性要求,USPTO 一直都不允许对例如永动机❶、减缓人类衰老进程的方法❷,这类发明人声称的奇迹授予专利权。毋庸置疑,这类发明对人类非常有用,但是它们都存在一个致命缺陷——它们根本不可能实现! USPTO 还出版了供审查员使用的《实用性审查指南》。该指南指出,一项发明满足实用性要求的条件是,它应当具有所属技术领域的一个非常确实的已有用途,或者申请人披露了一个能够为本领域普通技术人员所相信的具体用途❸。此外,USPTO 不会承认那些信口开河、随便说说的用途,例如把一特定化合物用做镇纸或船舶压舱物。

重要的是,USPTO 的审查员不会去进行实验或操作测试设备。通常,USPTO 的审查员根据他们对科学技术原理的理解来评判申请人所请求保护的发明的实用性。如有必要,USPTO 的审查员会要求申请人提交测试结果或更详细的信息以解释发明具有其所声称的实际实用性,虽然联邦巡回上诉法院一直认为"从根本上讲没有必要为了证明任意发明的实用性而要求申请人提供临床证据"❹。

美国专利法第 101 条实用性要求和第 112 条所说"能够实现"要求之间存在一定的关联。正如本书第 6 章所论述的那样,美国专利法第 112 条第 1 款要求专利申请文件包含一个完整而清楚的说明书。说明书必须足够完整使得他人能够使用该授予专利权的发明。显然,一个人是无法就一项毫无用处的发明,描述出其是如何使用的。因此,就发明缺乏有用性的争辩通常是在美国专利法第 101 条实用性要求和第 112 条"能够实现"要求的背景下进行的❺。

当一项专利请求保护的发明主题涉及范围主题时,可能会引发更为复杂的实际实用性问题。有时,在专利请求保护的整个的发明主题范围内可能有个别发明主题不会产生有用的结果。于是问题就出现了,是不是整个专利请求都会因为缺乏实用性而不能成立呢?这种情形更多地出现在下述场合:一项专利请

---

❶ Newman v. Quigg, 877 F. 2d 1575, 11 USPQ2d 1340 (Fed. Cir. 1989).

❷ Ex parte Heicklen, 16 USPQ2d 1463 (BPAI 1990).

❸ 64 Fed. Reg. 71440 (Dec. 21, 1999).

❹ In Re Cortright, 165 F. 3d 1353, 1355 (Fed. Cir. 1999) (该案涉及一项治疗秃发的方法权利要求,该方法把一种原用于软化奶牛乳房的产品应用到人的头皮上来,该案判定该方法权利要求未必不可信,且因此满足实用性要求)。

❺ In re Brana, 51 F. 3d 1560, 34 USPQ2d 1436 (Fed. Cir. 1995).

求保护一组很宽泛的相关化合物（通常称作"同族化合物"），而属于该族类的一些具体化合物却是不起化学作用的。在这种情况下，法院采取逐案甄别的处理方式解决这种问题❶。

例如，假定一项专利请求保护一种制冷剂，其包括 20%～40% 的氯、20%～40% 的氟和 20%～60% 的碳。测试表明，尽管这三种成分的可能组合中的大多数是有用的制冷剂，但是 22% 氯、28% 氟和 50% 碳的特定组合事实上是一种惰性化合物——由该配方产生的物质除了占地，起不了任何作用。既然这样，法院很可能对那些不起作用组合的数目和那些起作用组合的数目进行通盘比较；看看该专利申请文件是否记载有在实际制造制冷剂时如何选择某个组合的内容；并且确定本领域技术人员是否知晓如何选择起作用的组合。如果不起作用的组合比较多，而且没有关于选择起作用组合的启示存在，那么，所请求保护的技术方案从保护范围整体上讲就不符合实用性要求。

通过简单明了的理论说明，可以解释实用性标准为什么如此宽松。如果一项发明不是特别有用，那么，即使有人就该发明申请并获得了专利，社会公众所需承担的代价也将会很低。很少有人会为了使用一项劣于现有技术的发明而支付高价钱。而且，社会公众可以通过已公开的专利文件了解尽可能多的发明，虽然许多发明并不能产生比现有技术更好的效果。对实用性所持的这种宽容态度，使得在后发明人能够接触大量的在先技术，一些在先技术当其用于另外不同的场合时仍然有可能会被判定为优胜的解决方案❷。例如，一些获得专利授权的发明可能劣于现有技术，因为它们会消耗大量电能。如果科学家对室温下的超导性不断加以改进——有可能到了这些耗电专利的保护期届满之后——那时候使用这些发明将变得更为切实可行。总之，最低限度的实用性要求，要求人们付出的是较小的短期代价，但却维护了人们潜在的长期利益。

就这一理论多说一句，有的人可能会争论说实用性要求毫无用处。如果获得授权的专利请求保护的是一种完全没有用处的发明，那么，显然永远都不会有人使用该发明，从而永远也不会有人侵犯该专利。而且，没有人会花钱买毫无作用、没有用途的东西，因此公众无需承受为该专利保护客体支付高额费用的负担。但是，这种观点仅当该获得专利权的发明在整个保护期内自始至终都缺乏实用性的情况下才是正确的。如果有人基于一项功能未知的发明获得了专

---

❶ Atlas Powder Co. v. E. I. du Pont De Nemours & Co., 750 F. 2d 1569, 224 USPQ 409 (Fed. Cir. 1984). 该案是作为美国专利法第 112 条可实现性案件判决的，但是其原理同样适用于实用性。后面在本书第 6.1.1 节将讨论该案。

❷ Vornado Air Circulation Systems Inc. v. Duracraft Corp., 58 F. 3d 1498, 1508, 35 USPQ2d 1332, 1340 (10 th Cir. 1995).

利权,那么,该专利的存在可能就会降低他人研究如何将该发明付诸实际应用的兴趣和动机。任何实际发现了该发明用途的人,一旦实施该发明将会面临专利侵权责任,因此该专利的存在有可能会阻遏有益产品进入市场。

例如,假定发明人 Fred Furst 获得了一项化合物专利,但实际上他并不知道该化合物有什么实际用途。后来,另一个发明人 Paula Post 发现该化合物可以治疗男性秃顶。在这种情况下,Paular Post 未经 Fred Furst 允许将不得售卖该化合物。当然,如果交易成本低,而且 Fred Furst 又愿意准予专利许可,那么双方很有可能达成交易(但是 Fred Furst 也可能情愿售卖另一种治疗男性秃顶的替代产品,而不愿意把专利许可给 Paular Post,因为那会给自己树起一个竞争对手)。如果 Paular Post 事先就知道了这一切,那么他可能就不会用该化合物进行试验了,并认识到在法律上自己没有权利去利用大量试验得来的研究结果。这些事实表明实用性要求是有用的,该要求有助于确定在技术发展进程中提交专利申请的最佳时间点。这类情况频频发生在化学和生物学领域,下面我们就谈谈这个话题。

3.3 化学和生物领域的实用性

在近来的实践当中,实用性要求在化学和生物学领域经常起到重要作用。在这些学科领域,发明人常常能够合成新的化合物或者发现新化合物的制备方法,但却搞不清该化合物究竟有什么具体用途。他们之所以能制备出这些化合物可能是基于他们掌握的相关化合物的性状知识,也可能只是因为他们想开发一组化合物,而将具体应用价值留待将来研究。但是,在该发明人制备出该化合物的时候,他可能根本就不掌握关于该化合物用途的任何具体知识。

审视实用性要求时,应当考虑化学家和生物学家有着强烈动机去寻求尽快得到对感兴趣化合物的专利保护。例如,对于药品化合物,食品及药物管理部门要求在其获准上市之前进行大量产品测试。在进一步投入时间和努力对药品化合物进行实验室测试和临床试验之前,虽然这时候对该药品化合物的具体特性还不甚明了,但是药物领域的投入者仍然迫切想要获得该市场前景看好的药品的专利权。但是,如果过早提交专利申请,例如刚一合成出来该化学物质就提交专利申请,化学家和生物学家将发现平常未起作用的实用性要求突然成了获取专利权道路上的巨大障碍。

联邦最高法院对 Brenner v. Manson 案的判决就遇到了这种情形❶。发明人

---

❶ 383 U.S. 519, 86 S. Ct. 1033, 16 L. Ed. 2d 69 (1966).

Manson 提交的专利申请请求保护一种制备已知类固醇化合物的新方法。虽然 Manson 所关注的具体化合物是本领域公知的化合物，但是化学家们在此之前还没有找到一种能够有效制备该化合物的方法。然而，因为本领域技术人员都知道另外有一种类固醇，与该已知类固醇化合物结构极其相似，且对老鼠身上的肿瘤有抑制效果，所以 Manson 的化合物制备新方法对于科学界而言是一种有意义的研究手段。

USPTO 上诉委员会维持了审查员对该申请的驳回决定。该委员会的维持理由是，因为 Manson 未能明确指出由他的新方法制备出来的类固醇化合物有什么用途，所以不满足实用性要求。在该委员会看来，Manson 只是提出了一个新方法，而通过该方法制备出的产品毫无用处。该委员会并没有因为相似化合物具有有益效果而改变看法，他们认为在不可预见的类固醇化学领域，化学结构上哪怕是一点点细微的改变，常常会导致化合物性能发生无法预见的显著不同。于是 Manson 向 CCPA 提起上诉，该法院推翻了 USPTO 上诉委员会的维持决定。CCPA 的主要理由在于，由 Manson 请求保护的方法会制备出那种让人们感兴趣的类固醇。依照 CCPA 的意思，由于该请求保护的方法能够制备出化合物，因而满足了实用性要求。

联邦最高法院发出调卷令调审该案后，又推翻了 CCPA 的判决。联邦最高法院接受了 Story 法官的观点，认为只要所请求保护的发明不是社会所反对的，就满足了实用性要求。至少对于科学研究手段的说法，联邦最高法院提出要求，一项发明在其完善到"在当前可行的形式中存在特定利益"这一程度之前，不应获得专利授权。联邦最高法院的主要关注点在于由例如 Manson 申请中的那些权利要求所限定的独占权益的范围大小。"在用方法权利要求的技术方案生产出有用的产品之前，人们难以精确勾画出该独占权益的范围界限……这样的专利权可能会阻碍整个领域的科学进步，而公众又不能得到与之相称的任何利益补偿"。该法院的结论指出，"专利不是狩猎执照。专利不是对研究探索的奖赏，而是对研究探索获得的成功结果的报酬。'专利体系是与商业世界而非智慧王国相关联的事物'。"

Brenner v. Manson 案的是非曲直引起广泛争议。正如 Harlan 法官在异议意见中指出的那样，现在没有用处的物质有可能以后被发现具有用途，这一点并不重要，因为对于已经获得专利权的产品和方法，人们也常常会发现它们还具有另外的、更有价值的用途。在这种情形下，发现它们一项新的具体用途，并不能排除或限制专利权人对那些具有另外用途的申请享有的财产权益。例如，化合物硝化甘油，最初用做炸药，后来人们发现它对心脏病治疗有帮助。如果一个发明人获得的是关于硝化甘油本身的专利（清楚地指出它用于爆破旧建筑物），那么，无论人们新发现什么用途（例如作为心脏病治疗药物的新用途），该发明人都将继续拥有对硝化甘油的独占权益。实际上，不管是作为基本研究手段，还是应用技术，任何发明都可能会成为在后改进发明的基础。

由于联邦巡回上诉法院在 In re Brana❶ 案中提出了对实用性的重要观点，使得 Brenner v. Manson 案的影响力正在逐渐减弱。像 Manson 一样，Brana 请求保护化合物并且声明它们可以用作抗肿瘤药物。科学界已经知道与其结构相似的化合物在体外测试和体内测试中都表现出了抗肿瘤活性，体外测试是在实验室中利用组织样品进行的，而体内测试则是利用老鼠作为测试对象❷。体内测试是利用细胞系技术实现的，通过细胞系技术使得老鼠体内产生淋巴细胞肿瘤。

USPTO 上诉委员会以缺乏实用性为由拒绝了该申请，但是受理上诉的联邦巡回上诉法院撤销了该委员会的裁定。USPTO 的拒绝理由包括，Brana 引证的测试都是针对在实验室动物体内诱发产生的淋巴瘤进行的，而非真实疾病。联邦巡回上诉法院对此的反应是，发明人无需等到动物或人体自然患病之后再去找寻诊治对策。USPTO 还提出，Brana 引证的不是临床测试结果，因而不能证明对活体动物疾病的实际疗效如何。联邦巡回上诉法院反驳说，证明实用性并不要求该化合物安全有效的测试结果，只要有证据表明其对标准实验动物有医疗效果即可。

令人难以置信的是，In re Brana 案判决意见没有讨论甚至没有引用 Brenner v. Manson 案判例。这个失误无疑表明，联邦巡回上诉法院想采取一种与联邦最高法院 Brenner v. Manson 案判例相比更为宽松的态度对待实用性要求。联邦巡回上诉法院曾经指出，在发明缺乏本领域已知用途时，申请人在专利说明书中必须给出一个特定的、可信的用途。无论如何，除了这一最低要求表述之外，没有哪个法院曾给出过一个如此明了的实用性标准。一项具体的化学品或药物发明究竟到什么程度才足以具备实用性要求，需要逐案考察确定。

虽然 Brenner v. Manson 案和 In re Brana 案相继引发了热烈的讨论，但是对于请求保护基因材料的申请，USPTO 仍然难以确定如何适用实用性要求。发明人通常在他们合成生物化合物不久就寻求对它们的专利保护。这些化合物包

---

❶ 51 F. 3d 1560，34 USPQ2d 1436（Fed. Cir. 1995）。

❷ "体外测试"的译文"in vitro"是拉丁文，其字面含义是"在玻璃器皿中，"指的是在试管中进行测试，或者更广义地讲指的是在实验室设备中进行测试。"体内测试"的译文"in vivo"是拉丁文，指的是在活体对象中，通常指化学品或药品的人体或动物测试。

括互补脱氧核糖核酸（cDNA），其对应于人体细胞使用的蛋白质，和表达序列标签（ESTs），其为对应于各个 cDNA 中的一小段 DNA 序列。因为这一新兴领域充满了高度的不可预测性，在人们发现 cDNA 片段和 ESTs 时通常并不知道它们有什么功能。然而，它们的潜在用途可能有极大的价值，来自私营企业、政府机构和高校研究单位等机构的科学家们已经对这类研究工具进行了市场开发，谋求商业利益。

　　这些基因材料的可专利性备受争议。虽然 Brenner v. Manson 案认定一项发明只有重大科学利益并不能使其符合实用性要求，但是 In re Brana 案以及联邦巡回上诉法院的其他判例意见则认为，对实用性要求应当有一个更为宽容的姿态。一些法学界和科技界评论人士也对此表示关注，认为对科学知识赋予独占权一般来说将会妨害人们继续致力于该项研究。他们还认为，cDNA 序列和 ESTs 的发明人依据他们付出的劳动所寻求的过于宽泛的专利权保护范围，已经超出了他们应得的比例。还有人主张，cDNA 序列的发明人与其他发明人一样，他们的付出也需要回报，如果只允许对最终产品授予专利将只会促进企业兼并❶。对于这些至关重要的技术是否应当得到法律保护，专利律师和科学界都在期待着司法界给出结论，该结论将有希望进一步厘清专利法实用性要求的准确外延。

3.4　不道德的、欺诈性的以及不可信的发明

　　历史上，也有法院使用实用性要求拒绝或无效那些被认定为其发明应用仅限于不道德的、欺诈性的或不适当目的的专利。例如，一些早期判例把其发明用于赌博或其他不良活动的专利判定无效。大多数这类严厉的判决意见出现在 19 世纪或 20 世纪早期。例如，那一时期很多法院都判定寻求专利保护的自动玩具赛马场❷、彩票抽奖装置❸，以及老虎机❹缺乏实用性，因为它们的功用有害人们的身心健康。那些设计用于误导消费者的发明同样会被判定为无效。后一类发明例如通过在烟叶上人为地制造斑点把品质低劣的烟草冒充高品质烟草的专利方法。联邦第二巡回上诉法院在判决意见中充满了严厉斥责的语气，

---

❶ Rebecca S. Eisenberg, Intellectual Property at the Public – Private Divide: The Case of Large – Scale DNA Sequencing, 3 U. CHI. L. SCH. ROUNDTABLE 557, 560 (1996).

❷ National Automatic Device Co. v. Lloyd, 40 F. 89 (N. D. Ill. 1889).

❸ Brewer v. Lichtenstein, 278 F. 512 (7th Cir. 1992).

❹ Schultze v. Holtz, 82 F. 448 (N. D. Cal. 1897).

认为该发明的唯一目的就是欺骗公众❶。人们把这一方面的实用性要求称作"道德实用性"。

现在的观点是,只要发明能够有一项合法用途,它就具有专利法意义上的实用性。即使该发明还可能被用于不法用途,但这并不会导致其失去可专利性。这种观点认为,公众道德习俗总是在不断变化,一度遭人诟病的赛马场、彩票抽奖和节育措施已经由非法境地转而为各州和社会公众广为认可。采纳这种观点还可以避免出现对具体技术的道德价值进行司法判决时的主观随意性❷。

同理,那些让制造商用便宜材质替代比较昂贵产品的发明现在也被认为具有实用性。联邦巡回上诉法院对 Juicy Whip, Inc. v. Orange Bang, Inc. 案的判决意见是这种当代观点的典范❸。通过阅读该案的判决意见,可以从中了解很多关于大型购物中心食品柜台里饮料展卖的知识。看起来,所谓"后混合式"饮料贩卖机是把饮料浓缩原浆和水分开放置,只是在售卖每份饮料之前才将这两种成分混合到一块儿。尽管"后混合式"饮料贩卖机容量很大、也很卫生,但是它无法向公众展示其饮料泡沫丰富、汁液新鲜的场景,而这种展示会刺激大家的购买欲望,从而有助于售卖促销。相反,"前混合式"饮料贩卖机中浓缩原浆和水是提前混合好的,它可以给顾客提供泡沫丰富的饮料,但是它存在储存容积受限和容易受细菌污染的问题。

原告 Juicy Whip 拥有一项专利,请求保护一种具有透明碗形容器的"后混合式"饮料贩卖机。依照该发明,该碗形容器中充满了一种看似售卖饮料的液体。该碗形容器的布置方式使之看起来好像它就是售卖饮料的源头,而事实上,在该碗形容器和饮料贩卖机之间根本不存在液体连接结构。相反,售卖的每杯饮料在卖出前即刻混合而成的。地区法院以缺乏实用性为由判定 Juicy Whip 的专利无效,理由是该专利发明的作用就只是为了欺骗消费者。该地区法院认为该发明的目的"是建立一种假象,让消费者相信他们购买得到的饮料就是碗形容器内的液体,而实际上并非如此"。

在上诉审理判决中,联邦巡回上诉法院推翻了该地区法院的判决,认为:改动一项产品使其看起来就像另一项产品这一事实本身,就构成了一种特定利益,足以使其满足法定的实用性要求。该上诉法院指出,许多有价值的产品,从方锆石(珠宝行业中一种比较便宜的钻石替代品)到合成织物,都是被设

---

❶ Richard v. Du Bon, 103 F. 868, 873 (2d Cir. 1900).
❷ Robert A. Choate Et Al., Cases and Materials on Patent Law 375-76 (3d ed. 1987).
❸ 185 F. 3d 1364, 51 USPQ2d 1700 (Fed. Cir. 1999).

计成具有与某种产品相似的外观,而事实上属于完全不同的产品❶。请求保护的"后混合式"饮料贩卖机不仅具有一般"后混合式"饮料贩卖机的特征,又模仿设计了"前混合式"饮料贩卖机的视觉外观,因此它满足了实用性要求。联邦巡回上诉法院还指出,仅仅因为一些顾客可能会误信他们买到的饮料直接来自该展示容器并不能破坏其实用性。联邦巡回上诉法院的观点是,实用性要求并不意味着让 USPTO 或法院把商业欺诈行为问题作为专利授权程序的一部分加以解决,这类问题应当留待诸如联邦贸易委员会或食品药品监督管理局之类的机构解决,或者也可以留给竞争者通过民事诉讼加以解决。

Juicy Whip, Inc. v. Orange Bang, Inc. 案的被告提出的实用性争辩让人觉得非常奇怪。被告被诉专利侵权,但是被告争辩该专利应当被无效,理由竟然是使用该饮料贩卖机是一种商业欺诈行为!事实上,如果该专利被无效掉,任何商家也就都可以自由使用这种饮料贩卖机了。这种尴尬情形的存在表明,很少被诉侵权者愿意作出这样一种抗辩,该案件整个事态的发展可以部分解释为什么在美国法律中很少引用道德实用性观点。

典型地,所谓的 TRIPS——一项重要的国际知识产权条约,允许其签约成员排除对那些违反道德观念的发明给予专利保护❷。TRIPS 第 27 条第 2 款规定,各成员可拒绝对某些发明授予专利权,如在其领土内阻止对这些发明的商业利用是维护公共秩序或道德,包括保护人类、动物或植物的生命或健康或避免对环境造成严重损害所必需的,只要此种拒绝授予并非仅因为此种利用为其法律所禁止。许多外国的专利法以及例如《欧洲专利公约》这样的地区协议❸都包含与 TRIPS 类似的条款。但是,经验表明,外国法院和专利局即使有也很少根据这些条款拒绝专利申请或无效已颁专利。即使在一些司法管辖区内有明文规定在判定可专利性时要考虑道德观念因素,但是国内外流行的观点还是认为专利体系不是评价新技术道德价值的合适载体❹。

---

❶ 但是请注意,大多数方锆石戒指和涤纶衬衫的购买者在购买的时候就知道这些物品并不是真正的钻石和丝绸,而从专利权人的机器购买饮料的消费者可能并不知道买到的饮料和可见容器中展示的根本不同。

❷ 参见本书第 1.5.3 节。

❸ Donna M. Gitter, Led Astray by the Moral Compass: Incorporating Morality Into European Union Biotechnology Patent Law, 19 BERKELEY TECH. L. J. 1 (2001).

❹ Cynthia M. Ho, Splicing Morality and Patent Law: Issues Arising from Mixing Mice and Men, 2 WASH. U. J. L. & POL'Y 247 (2000).

第 4 章
新颖性

4.1 导 言

新颖性是专利体系的核心价值所在。为了获得由该专利体系授予的专有权,发明人必须创造出新的东西。要求以新颖性作为一项专利的前提至少有两个重要的政策基础。首先,向一项公众已知的技术授予专利权不会获得任何收获❶,而这样的一项专利实际上还会对已知的装置和方法产生限制竞争和抬高价格的后果。因此,新颖性要求通过阻止个体独占使用而将这些公知技术保留在公共范畴。其次,新颖性标准通过避免技术人员从事重复性的开发活动而提高了效率。由于认识到只有进一步改进现有技术才能获得专利权,所以,为了获得所需的技术,研究人员将首先冲向图书馆,而不是实验室❷。

这里应当注意的是,新颖性要求并不是唯一建立在现有技术基础上的指标。新颖性还有非显而易见性要求作为补充。可以授权的发明不仅不能被一份对比文件严格公开,它还必须相对于作为一个整体的现有技术来说,在完成该发明时不是本领域内普通技术人员显而易见的。非显而易见性标准使得法院考虑根据熟练技术人员的知识来看现有技术的结合是否可以阻止发明获得授权。因此,为了获得一项专利,发明不仅应该是新的,而且相对于现有技术来说必须有非平凡或者非不言而喻的进步。实践中,新颖性出现在基于现有技术的分析的第一阶段,而非显而易见性在随后进行。非显而易见性将在本书第 5 章中进行说明。

确定新颖性需要进行两项不同的审查。首先,必须对现有技术的状况进行

---

❶ Pfaff v. Wells Electronics, 525 U. S. 55, 119 S. Ct. 304, 310, 142 L. Ed. 2d 261 (1998), reh'h denied, 525 U. S. 1094, 119 S. Ct. 854, 142 L. Ed. 2d 707 (1999).

❷ Brett Frischmann, Innovation and Institution: Rethink the Economics of US Science and Technology Policy, 24 Vermont L. Rev. 347 (2000).

评价，将其作为比较的基础。这一步骤需要确定技术领域中有哪些可获得的资料与新颖性审查有关。美国专利法对通常称为对比文件的材料进行了限定，这些材料可以用来根据美国专利法第 102 条判断要求保护的发明的新颖性。美国专利法第 102 条中典型的对比文件包括专利和出版物那样的文献材料以及在美国实际使用或销售该技术的证据。这些对比文件的总和构成了"现有技术"。一旦现有技术的总范围确定了，第二项审查是在现有技术中是否有任何一个对比文件与专利申请中公开的发明相同。如果相同，则所申请的发明缺乏新颖性并且不能授予专利权。

通过美国专利法第 102 条的审查并不是一件容易的事。这部复杂成文法的立法者将有价值却时常过时的在先成文法语言与复杂且有微妙差异的判例法概要组合在一起。即使对于当代首席专家来说，该法的起草工作也是困难的。此外，不能将该法与后续半个世纪的司法判例孤立阅读，因为后者几乎对其每一个词语都进行了解释。

但是，通过将该条款中 7 种情况分两组考虑，可以适当帮助我们全面理解美国专利法第 102 条。其中第（a）款、第（e）款、第（f）款和第（g）款项直接与新颖性有关，而第（b）款、第（c）款和第（d）款涉及一个相关但不同的问题，即人们所知道的"法定禁止"。这两种考虑的差异主要是时间上的问题。新颖性条款处理的是发生在专利技术发明日之前的事情。而法定禁止条款处理的是发生在专利申请日之前的事情。对发明过程的快速回顾将有助于使该区别更加清晰可见。

发明人并不总是在其发明形成概念以后立即申请专利。他们可能因为多种原因而推迟申请。举例来说，他们可能希望进一步完善该发明，他们可能想看看是否有谁愿意进行投资，以使发明商业化，或者他们可能不容易找到专利律师，后者可能很忙并且可能在好多个月中不能完成专利申请。因此，发明人可能在 2000 年 5 月 15 日发明了某样东西，但直到 2002 年 10 月 1 日才提出专利申请，差不多是在两年半以后。发生在 2000 年 5 月 15 日之前的有效事件会破坏新颖性——它们先于本发明并且证实在专利申请人完成发明之前该发明已经不是新的了。发生在 2002 年 10 月 1 日之前的那些事件是导致法定禁止的事件——它们可能在发明之后发生，但由于它们发生在提出专利申请日期之前，会导致发明由于政策原因而不被授予专利权。两种情况中的任何一种情况均会导致专利申请遭到拒绝，但逻辑不一样。

让我们首先考虑法定禁止并且快速回顾一下它所涉及的 3 个条款。通常，这些条款通过惩罚过分延迟的申请，来鼓励人们在完成发明工作以后合理及时地提出专利申请。与该目的相一致，这些法定禁止与发明人向 USPTO 提交申请的日期相联系。实践中，美国专利法第102条第（b）款是最重要的并且是经常引起法定禁止的根源。在美国专利法第102条第（b）款下，申请日前1年这个时间点被称为"关键日期"。在前面一段的例子中，它是2001年10月1日。如果在该关键日期之前发生了某些法定活动，例如专利申请中所述的装置被出售，或者描述该装置的文字材料被出版，则会"禁止"申请人获得专利。正如人们所设想的那样，由美国专利法第102条第（b）款产生的1年期限通常被称为"宽限期"。

其他两个法定禁止条款不是太重要并且很少引起诉讼。美国专利法第102条第（d）款规定的法定禁止是，如果相同的发明在外国提出申请后1年以内没有在美国提出申请，将被拒绝授予专利权，但这一条仅在外国申请获得专利授权时才适用。美国专利法第102条第（c）款是一个宽泛但几乎不用的条款，即在发明的申请人已经向公众作出放弃承诺以后，该条款将拒绝授予该发明专利权。

现在我们回到美国专利法第102条的第二组条款，我们会发现多个仅仅涉及新颖性要求的规则。新颖性条款要求如果某人不是一项技术第一个发明人就不能获得专利，不管是否存在另一项专利申请或者其何时提出。这组条款的关键在于发明日期。通过将较早的发明公开的内容认为是现有技术的一种形式，美国专利法第102条第（a）款和第（g）款执行了先发明原则。美国专利法第102条第（g）款还作为 USPTO 优先权争议（所谓抵触）的基础，它决定了多个相互竞争的发明人中谁应拥有专利。

美国专利法第102条第（e）款涉及一种特殊的情况，这种情况出现在另一方（可以称其为 Early）在专利申请人（可以称其为 Apollo）的发明日期之前提交了一份专利申请。Early 申请的内容一般不为 Apollo 或除 Early 及其律师以外的其他人知道，因为专利申请在它们提出以后至少要保密18个月。但是，如果 Early 的申请描述了但没有要求保护与 Apollo 要求获得专利的发明相同的发明并且 Early 的申请最终公开或者获得了专利，则美国专利法第102条第（e）款就会将 Early 的专利申请看成是现有技术，它将破坏 Apollo 申请的新颖性。

最后，美国专利法第102条第（f）款防止专利授予并非该发明真正发明人的申请人。如果以上这些条款看上去有点神秘或者甚至使人畏缩，那么也别担心。笔者在后面的几页中将会拆解这些条款的复杂性。

令人遗憾的是，世界上的专利法在其现有技术定义上没有呈现出很大的一致性。特别是美国一直走自己的道路，坚持特有的"先发明制"。在美国，当有多份专利申请要求保护相同的发明时，专利权授予证明是最早发明的申请人。而其他国家则采取"先申请制",专利权授予最早提出有效专利申请的人。虽然全世界的发明人一直攻击因先发明制而导致的界线问题,但美国目前还需要集中各方的政治意愿以使其专利法与全球标准相统一❶。

如前所述,一旦我们确定了所有可能引起新颖性或法定禁止问题的对比文件,第二步需要确定的就是,这些对比文件中的任何一个是否完全公开了所要求保护的发明。如果一项发明已经在现有技术的对比文件中被描述了,我们可以称它被公开(anticipation)了。公开的标准是严格的,所要求保护的发明的每一个元素必须被披露在一份现有技术的对比文件中。此外,该对比文件必须使得本领域内的技术人员能够将所公开的信息应用到实践中。

判断新颖性的两个步骤——确定现有技术的范围和确定是否有任何一份现有技术的对比文件完全公开了所要求保护的发明,可以以任何一种顺序进行。为了由基本概念出发进入更复杂的部分,本书从第4.2节开始回顾新颖性的基本标准。然后从本书第4.3节开始回顾美国专利法第102条第(b)款、第(c)款和第(d)款中的法定禁止。第4.4节通过说明美国专利法第102条中其他款项——第(a)款、第(e)款、第(f)款和第(g)款(每一项均涉及在先发明)而对这一章进行总结。

4.2 新颖性标准

有关新颖性的重要规定是直接的:除非一份现有技术的对比文件公开了所述权利要求的每一个元素并且使得本领域内的技术人员能够实现本发明,否则发明应被视为新的。

4.2.1 严格的相同性要求

"公开"要求在一份现有技术中披露了所要求保护的发明的每一个要素❷。虽然早期的案例提出较松的标准,允许法院一份对比文件包括所有要素的等同物时视为公开❸,但在最近的判决中,联邦巡回上诉法院已经严格坚持字面相同标准❹。正如该法院不久前所作的那样,"一份因公开而导致专利无效的判

---

❶ Charles L. Gholz,先申请制还是先发明制,82 J. Pat. & Trademark Off. Soc'y 891 (2000)。

❷ In re Robertson, 169 F. 3d 743, 49 USPQ2d 1949 (Fed. Cir. 1999)。

❸ RCA Corp. v. Applied Digital Data Sys., Inc., 730 F. 2d 1440, 221 USPQ 385 (Fed. Cir. 1984) (Kashiwa, J., dissenting)。

❹ 例如,PPG Indus., Inc. v. Guardina Indus. Corp., 75 F. 3d 1558, 1566, 37 USPQ2d 1618, 1634 (Fed. Cir. 1996)。

决要求一份现有技术的对比文件披露了专利权利要求中的每一个限定"❶。即使在所要求保护的发明与对比文件之间存在微小的或者非实质性的差异,也意味着没有公开,并且可以使我们得出发明满足新颖性的结论。但是,在这种情况下,值得注意的是,非显而易见性分析对于所述发明的专利性来说将是致命的❷。为了证明所要求保护的发明已经被公开,律师常常要构建所谓的"权利要求技术特征对照表",将权利要求与现有技术的对比文件进行对比。

因此,是否构成公开的判断包含一种比较,其中将申请人提出的专利权利要求书与某一份现有技术的对比文件进行对比。这种对比审查与法院在面对要求专利字面侵权时进行的分析是十分类似的,不同之处在于法院是将原告的专利权利要求书与被告的装置或工艺特征进行对比。两种审查的差异主要在于时间问题,这导致了一个经常被引用的专利法格言,即"如果(一项技术)时间在后就导致字面侵权,则如果时间在发明日期之前就会导致公开。"❸ 例如,假设一种未受专利保护的化合物的制造商得知竞争者已经就相同的化合物获得了专利。一方面,如果该制造商的早期行为构成该专利的现有技术,那么该专利将是无效的,因为它已经被公开。另一方面,如果制造商的行为不构成现有技术,则其继续制造该化合物就侵犯了该专利。

与用于判断非显而易见性的相关现有技术不同的是,用于判断公开的对比文件不需要来自所谓的"相似领域",即与所要求保护的发明主题相似的技术领域❹。虽然非显而易见性是基于熟练的技术人员的观点进行的,但新颖性审查是没有限制的。对比文件可能来自与发明人的技术领域不相关的技术领域,但它仍然会构成公开。

联邦巡回上诉法院在 In re Runion 案中模糊不清地判决为该原则的运用提供了一个有趣的例子❺。Runion 在 1990 年提出了一项专利申请,要求保护一种鸟喂食器,它由一个涂覆了一种耐磨物质如砂子的盘子组成。根据 Runion 的说法,该喂食器的粗糙表面可以自动修整从盘中吃食的小鸟鸟嘴。由于小鸡本能地会用它们的鸟嘴相互啄食,Runion 认为修整好的鸟嘴降低了伤害,从

---

❶ General Elec. Co. v. Nintendo Co., Ltd., 179 F. 3d 1350, 50 U. S. P. Q. 2d 1910, (Fed. Cir. 1999).

❷ Continental Can Co. USA v. Monsanto Co., 948 F. 2d 1264, 1267, 20 USPQ2d 1746, 1748 (Fed. Cir. 1991).

❸ Lewmar Marine Inc. v. Barient Inc., 827 F. 2d 744. 3 USPQ2d 1766 (Fed. Cir. 1987), cert. denied, 484 U. S. 1007, 108 S. Ct. 702, 98 L. Ed. 2d 653 (1988).

❹ Ex parte Lee, 31 USPQ2d 1105, 1110 n. 1 (Bd. Pat. App. &Int'f 1993).

❺ 899 F. 2d 1201 (Fed. Cir. 1993)(非先例性判决)。

而提高了家禽业的产量。

USPTO 拒绝了 Runion 的申请，原因在于 1915 年 USPTO 已经向 Wolff 的发明授予了一项美国专利。Wolff 的专利公开了一种用可食用的粗砂（vegetable grit）涂覆的盘子，形成了具有"粗糙或鹅卵石特征的"涂层。Wolff 认为面团不会粘连到这种表面上。因此，烘烤者只需要将该盘子反过来，就可以很容易地取出面包块。根据 USPTO 的意见，Wolff 的专利完全公开 Runion 所述的发明。

Wollf 的专利在 Runion 申请日之前 65 年就颁布了，因此显然可以成为美国专利法第 102 条第（b）款中所述的现有技术。但人们也许会质疑，Wolff 对比文件是否会有力地影响 Runion 的专利。Runion 要解决的问题是小鸡不能修整它们的鸡嘴以及它们啄食其同伴的不良习惯，该问题与 Wolff 所面对的面包粘连到烘烤器具上的问题是明显不同的，尽管他们的解决方案是相似的。烘烤相对于家禽业的人员来说是一个遥远的领域。家禽业农民在判断他们的需要是否可以通过现有技术解决时不可能查阅烘烤领域的文献。就差异性来说，Wolff 的专利似乎与 Runion 的专利截然不同。

虽然这些争论具有一定的说服力，但美国专利法长久以来一直尝试形成更严格的公开性审查。当所要求保护的产品已经公开在现有技术的对比文件中时，仅仅指出该产品可以一种新的方式使用是不足以合法地对该产品授予专利权的。这样的专利还会使那些使用了认为是属于公共领域内的技术的个体发生侵权危险。由于在这种情况下，如前面第 2.2.3 节中所述，后来者还可以针对已知产品或方法的新用途获得一项方法专利，因此，这种情况不是完全不公平的。

继续 In re Runion 案的故事，专业人员以及其他同情的读者会高兴地获知 USPTO 基于 Wolff 专利对 Runion 专利的否决并没有成立。联邦巡回上诉法院最终决定：在 Wolff 专利中所述的"可食用的粗砂"表面耐磨性不够，因而不能修剪鸟嘴。法院推翻了 USPTO 的驳回决定，不屈不挠的 Ruinion 最终获得了他的专利。感兴趣的读者可以在 USPTO 网站（www.uspto.gov）上找到第 5235934 号美国专利。

4.2.2 上位概念与具体概念

有时一项专利申请要求保护一组技术方案，例如一组化合物。USPTO 随后可能会获知现有技术的对比文件公开了该组化合物中的一种下位成员，例如在所述组中的一种具体的化合物。在专利法中，这类问题被说成是"上位概念与具体概念"问题，前者代表整个组或类，后者代表该组中特定的物质或化合物。上位概念与具体概念关系为专利中是否构成公开的分析造成了逻辑上的困难，但如下所述，这个问题已经得到了解决。

当现有技术字面上公开的具体内容落入所述上位概念的范围内时，认为所述的上位概念被公开。联邦巡回上诉法院在 Titanium Metals Corp. v. Banner 案中的意见说明了这种观念❶。已经转让给 Titanium Metals 的专利申请要求保护一种钛基合金，它基本上由 0.6%～0.9% 重量镍、0.2%～0.4% 重量钼、最高达 0.2% 重量铁、余量为钛组成，所述合金的特征在于在卤水环境中具有良好的耐腐蚀性。作为现有技术被引用的对比文件是一份以俄语撰写的文章。俄语文章包括一张图，它显示了一种由 0.75% 镍、0.25% 钼和 99% 钛组成的化合物。法院重申了专利法的一项基本原则，即当一项权利要求覆盖数种组合物时，如果其中一种属于现有技术，则该权利要求是"被公开的"。

当我们将该问题转过来并且试图决定现有技术中公开的上位概念是否是在随后的专利申请中要求保护的一种具体方案时，事情会变得更加难以理解一点。举例来说，假设在 1970 年，化学家 Nate Niumrod 要求保护一种制造可用于防弹背心的高强度合成纤维的方法。在其他步骤中，Nate Niumrod 专利要求保护一种聚合物的用途，该聚合物在低于 50℃ 的温度下用硫酸处理至少 5 分钟。Nate Niumrod 专利在 1987 年专利期届满。在 2005 年，发明人 Anne Archer 发现如果她使用一种特定的被称为聚酰胺的聚合物，采用浓度为 98% 的硫酸溶剂，并且精确地在 27℃ 下处理该化合物 12 分钟，那么她会获得异常优越的结果。该纤维令人意想不到地强于采用其他不同工艺制得的纤维并且生产成本也较低。问题在于 Nate Niumrod 的专利是否公开了 Anne Archer 的发明。

在这类案例中，一种看法是早期公开的上位概念可以自动认为包括了在该上位概念中的所有具体概念。根据这种推理，应认为 Anne Archer 的发明完全被失效的 Nate Niumrod 专利公开了。但是法院和 USPTO 没有沿着这个方向走下去。他们认为描述了上位概念的对比文件不一定公开了后来涉及具体概念的权利要求。特别是在生物技术和化学领域，上位概念有时包括数以百万计的具体概念，并且一份特定的对比文件不会表明任何特定的具体概念被公开❷。在现有技术公开上位概念的情况下，通常的审查方法是非显而易见性审查。在一个参数范围内选择最佳的数值通常属于普通技术人员的范畴❸。但当可能性的数量巨大或者该范围内的一种组合产生的结果出人意料时，发现最佳的具体概

---

❶ 778 F. 2d 775, 227 USPQ 773（Fed. Cir. 1995）.
❷ In re Deuel, 51 F. 3d 1552, 1558-59, 34 USPQ2d 1210, 1215-16（Fed. Cir. 1995）.
❸ L'Esperance v. Nishimoto, 18 USPQ2d 1534, 1539-40（Bd. Pat. App. &Int'f1991）.

念对于熟练人员来说并不是显而易见的。

4.2.3 能够实现的要求

联邦最高法院长久以来已经认识到除非现有技术的对比文件是"可实现的"——它包含"要求保护的改进之处的重要内容,其术语是完整的、清楚的和准确的,使得熟悉所属技术领域内的任何人能够制造、构建和实现发明并且其实际程度与从现有的专利中获得情报时所能够实现的相同",否则就不能算公开❶。用简洁的语言来说,这意味着现有技术的对比文件不仅仅应公开技术革新的结果,它还必须提供如何实现该结果的信息。只有当在先者的努力确实已经丰富了技术领域,这种所谓的"能够实现性"要求才会导致公开,才能否定发明的专利性。因此,像技术预测或推测性的猜想那样的参考文献一般不能起公开的作用。虽然口号"将我发射,Scotty"已经鼓励了数以百万计的狂热的星际迷,但是《星际迷航》电视连续剧并没有对个人远距离运送装置产生任何推动作用。由于 Kirk 船长、Spock 以及 Enterprise 船员中的其他成员在与 Romulans、Gorn 和可怕的 Horta 之间进行争斗时,没有解释实际工作中远距离运送装置是如何工作的,因此没有满足能够实现的公开要求。

对比文件必须能够实施而导致公开专利的要求作为一项政策是完全明智的。专利体制鼓励对下游产品而不是上游思想的开发。如果现有技术的对比文件仅仅是理论上的或者是推理性的,没有解释所述主题实际上是如何实现的,那么社会就不会获得一种可操作的技术。事实上,专利的目的应鼓励大家将早期的理论实际投入到实践中。

Titanium Metals 案也可以用来说明能够实现的要求。在该案中,现有技术的俄语文章没有说明如何合成所述的钛合金。它也没有公开该化合物具有特殊的耐腐蚀性。法院很快就驳斥了 Titanium Metals 案关于该俄语文章不可实现的争辩。专家证言认为熟练的冶金学家很容易制得该化合物。事实上,该专利申请者本身也认为熟练人员可以制备所述的合金。此外,该俄语文章没有提及该化合物的耐腐蚀性能这一点并不重要。根据法院的观点,国会不会仅仅因为某人发现了已知合金的一些有用性能就批准对该已有合金授予专利权。

Titanium Metals 案中的观点最初似乎是令人费解的。外语出版物中一张图中的一个点就可以使申请无法获得专利,这似乎不是一种好的结果,特别是由于美国专利申请人发现了该合金的一种很有价值的性能时更是那样。但是,该申请人并不是不能获得任何专利。Titanium Metals 案可以自由地寻求方法专利

---

❶ Seymour v. Osborne, 78 U. S. (11 Wall.) 516, 20 L. Ed. 33 (1870).

保护，其发明可以要求保护"一种已知……组合物的新用途"❶。而且由于人们不太了解钛合金领域，或许该俄语文章确实包含了导致 Titanium Metals 专利申请公开的进一步描述。

4.2.4 固有的和偶然的公开

在偶然公开的情况下可能会出现比较困难的政策问题和一些细微的区别。假设一项化合物专利所有人对其竞争对手提出侵权诉讼。对手会通过挑战该专利的有效性而应诉。如果结果显示该专利被（现有技术）公开了，则它因缺乏新颖性而失效。因此，被诉的侵权者进行辛苦的检索并且最终发现在若干年前第三方已经秘密地合成了专利中的化合物。那么，第三方无意识地未得到人们赏识的技术可以被认为是公开吗？从技术来说，毫无疑问该化合物已经在早期就发明出来了。但是，这种现有的努力并不能说成是丰富了公有领域，因为其他人不能从原始发明人的努力中获利。

在 1880 年，联邦最高法院在 Tilghman v. Proctor 案❷中说明了这种情况。该案例涉及 Tilghman 的方法专利，即一种由脂肪体制造脂肪酸和甘油的方法，该方法通过高温和高压下的水作用而实现。由该方法制得的脂肪酸可以用于制造蜡烛和肥皂。被控侵权人声称存在几种不同的文件公开该技术，这些公开涉及从蒸汽汽缸到水气压计。在这些早期装置的操作过程中，均有可能如 Tilghman 后来所要求保护的那样形成脂肪酸。但是，在每一种情况下，该技术效果都是其他目的所附带的并且没有为早期的发明人所认识到。法院认为这些早期的运用不能破坏 Tilghman 专利的新颖性。"如果这些脂肪酸是偶然且无意识地制得的，而且该操作过程是为了得到其他且不同的结果，没有令人激动的关注，甚至不知道做了什么或者如何做的，那么说它公开了 Tilghman 的发现，这种说法是令人可笑的"。

CCPA 在 In re Seaborg 案中的决定将这些原则运用到更加先进的技术上❸。在该案中，申请人要求保护一种新的元素——锔，它是通过核反应形成的。USPTO 基于现有技术 Fermi 专利而驳回了该申请。Fermi 专利描述了几种核反应的操作过程，但它没有明确公开锔。USPTO 的结论说使用 Fermi 的方法必然导致形成锔。

上诉时，Seaborg 争辩说实际上没有证据证明使用 Fermi 反应器会产生锔。

---

❶ 35 U.S.C.A. 101 (2000).
❷ 102 U.S. 707, 26 L. Ed. 279 (1880).
❸ 328 F. 2d 996, 140 USPQ 662 (CCPA 1964).

根据 Seaborg 的说法，理论计算发现 Fermi 反应器最多会产生微量的镅，这些镅会被数吨高放射性的铀燃料稀释。Seaborg 认为未经确认的、无法辨别的镅的存在不应视为公开。CCPA 同意上述观点并且推翻了 USPTO 的驳回决定。Smith 法官认为"即使在 Fermi 方法中产生了所要求保护的产物，但该产物是以极小的数量和在无法测出其存在的情况下制得的"。

其他一些被称作"固有公开"的案例在不同的情况下获得了不同的结果。联邦巡回上诉法院在 Continental Can Co. v. Monsnto Co. 案❶中的决定可以说明这种情况。所述的专利要求保护一种塑料瓶，该塑料瓶具有结实的带肋的底部结构。该专利的权利要求要求其底部结构的肋是空心的。被告基于现有技术 Marcus 专利提出专利无效抗辩，该专利也公开了一种结实的塑料瓶。表面上，Marcus 对比文件的确没有明确说明瓶子底部的肋是否是空心的。被告声称 Marcus 对比文件的肋是通过注吹成型方法形成的，因此它们必定是空心的。初审法院作出了有利于被告的即决判决，认为该专利由于被 Marcus 对比文件公开而无效。

上诉时，联邦巡回上诉法院撤销了该即决判决并且发回重审。由于真正的争议在于 Marcus 对比文件是否固有地公开了空心肋，因此它认为初审法院简单地判定该专利被公开了是不合适的。联邦巡回上诉法院提供了一些指导手册供初审法院去遵照执行，指出固有性不一定是可能性或概率性问题。猜测或可能对已知技术作出轻微改进不是固有性。相反，通过固有性而存在的主题必须确定无疑地形成对比文件技术公开内容的一部分。该法院还进一步指出固有性应从本领域普通技术人员的视角来判断。

这些案件告诉我们，如果偶然的技术效果是零星的并且是未被人们赏识的，则这些偶然的技术效果不能破坏后来专利的新颖性。这类情况通常是由于过错或异常情况而短暂形成的技术，原因在于"黑暗中的灵光一现是不足以揭示一项发明的"❷。但是，如果技术效果是始终如一地获得的并且可以检测和可重复，那么即使该效果对于有意获得的结果是偶然的并且没有完全为发明人所认识，通过固有性原则，它也具有公开作用。

4.3　影响新颖性的现有技术：法定禁止

为了证明所要求保护的发明缺乏新颖性，存在一份单独的、可实现的、完

---

❶ 948 F. 2d 1264, 20 USPQ2d 1746（Fed. Cir. 1991）.

❷ United Chromium, Inc. v. International Silver Co., 60 F. 2d 913, 917（2d Cir. 1932）.

全公开的对比文件是必需的,但这还不是充分条件。该对比文件还必须符合美国专利法第 102 条所定义的"现有技术"的要求。由于它们是整个专利体系的基础,因此美国专利法第 102 条中所谓的"法定禁止"条款是一个合适的起点。正如笔者前面所述,在该法条中存在三个与法定禁止有关的段落:美国专利法第 102 条第(b)款中的公开使用、销售、专利文献以及印刷出版物禁止,美国专利法第 102 条第(c)款中的公开放弃禁止以及美国专利法第 102 条第(d)款中延迟美国申请禁止。笔者将按照字母顺序对它们进行思考。

4.3.1 第 102 条第(b)款介绍

在三种法定禁止中,美国专利法第 102 条第(b)款到目前为止是最常用的条款。当"发明在美国申请日期之前已经在本国或外国被授予专利权或者公开在印刷出版物中或者在本国公开使用或销售超过 1 年"时,美国专利法第 102 条第(b)款将拒绝授予专利权。该法条主要集中在所谓的"关键日期",它定义为专利申请提出日期前 1 年。当发明在该关键日期之前在美国处于公开使用或者销售或者在世界任何地方被授予专利权或公开在印刷出版物中时,美国专利法第 102 条第(b)款则会取消其专利性。

美国专利法第 102 条第(b)款以限制法条的性质起作用。它可以因专利申请人本身的行为而引发,也可以因其他人的行为而引发。因此,一旦发明人发表了一篇描述其发明的文章或者从事了美国专利法第 102 条第(b)款中所限定的其他活动,他必须在 1 年以内向 USPTO 提出专利申请,否则他将丧失其美国专利权。此外,发明人还必须注意其他人的活动。如果另一个体也完成了相同的发明并且在关键日期之前进行了美国专利法第 102 条第(b)款中所述的活动,则也会引起法定禁止。

联邦巡回上诉法院已经确定美国专利法第 102 条第(b)款具有下列目的:

首先,如果由于长时间的销售行为,使得公众有理由认为某发明是任何人都可以免费获得的,那么就应该有一项政策防止有人将该发明从公众那里拿走。其次,存在第二项政策有助于新发明向公众及时和广泛地公开。发明人被迫及时提出申请,否则会由于在前销售而承担可能丧失其专利权的风险。第三项政策是防止发明人实质上超出法律规定的 20 年期限商业开发其发明独占权。销售禁止迫使发明人选择是在销售行为后及时请求专利保护,还是在没有专利保护的情况下与竞争者冒险竞争。第四项也是最后一项确定的政策是给发明人一段合适的时间(法律规定为 1 年)来决定专利是否值得投资。这对公众是有利的，因为这样会使对公共利益没多大益处的发明的专利申请降到最少❶。

遗憾的是，相比于美国对发明人拖延行为的宽大仁慈，世界上主要的专利立法在宽限期方面与美国差异颇大。事实上，美国专利法与《欧洲专利公约》中的"绝对新颖性"条款是完全相反的。在欧洲专利体制下，即使在申请日前一天公开发明也会禁止专利授权❷。日本体系位于中间，它提供了6个月的宽限期，该宽限期仅适用于发明人自己的行为❸。根据日本专利法，第三方在申请日前任何时间的公开均会形成禁止。因此，虽然根据美国专利法第102条第（b）款申请日前的行为不会妨碍发明人获得美国专利，只要它们是在"关键日期"之前，但是这会严重危及在国外获得专利权，这一现实要求人们最好及时提出专利申请。

对于宽限期的认识存在不同的观点。宽限期支持者认为，由于发明人时常工作在"公开或死亡"规则下，他们面临其结果可能公开的压力，这种公开通常远远早于撰写和提出专利申请的时间。因此，宽限期与科技界的习惯是一致的并且有助于更加适时地公开发明。此外，当发明人在提出专利申请之前不长时间无意间公开了其发明时，它还可以避免失败的前景。最后，据说宽限期还有利于那些需要在"真实世界"环境中进行试验的发明。与其相反，欧洲"绝对新颖性制度"的支持者认为，宽限期增加了法律的不确定性。他们指出发明人在进行商业活动一整年还可以延迟提出专利申请，这种情况是不合理的，因为这减缓了发明人进入专利体系。根据"绝对新颖性"制度支持者的观点，在现有规定下，教育人们获得专利是最有效的避免失败的途径❹。

虽然关于宽限期是否合理存在不同的观点，但绝大多数人认为在美国专利法第102条（b）款中选择1年期限是随意的。1年期限不是神圣不可更改的。事实证明，在1939年以前，美国法定的宽限期为2年。如前所述，日本专利法仅为专利申请人的申请前使用提供了宽限期，期限设定为6个月。至少我们应该感谢该法律目前给我们在计算方面提供了方便。

---

❶ General Electric v. United States，654 F. 2d 55，61–64，211 USPQ 8678，873–75（Ct. Cl. 1981）（全体法官审理）。

❷ Convention on the Grant of European Patents，1973年10月5日，Art. 54（2），13 I. LM. 286（1974）。

❸ William LaMarca，Reevaluating the Geographical Limitation of 35 U. S. C. A. §102（b），22 Univ. Dayton L. Rev. 25. 43–44（1996）。

❹ 关于Jan E. M. Galama（2000年4月30日）与Joseph Straus（2000年5月8日）在欧洲专利法中是否引入宽限期的专家观点的比较。

回到细节，美国专利法第 102 条第（b）款逐条记载了造成法定禁止的 4 种情况，前提是它们发生在关键日期之前。其中两种涉及发生在"本国内"的情况——发明是否"公开使用"或"销售"。其他两种涉及发明在专利和印刷出版物中描述，如果它们发生在"本国或外国"，就会造成禁止。需要记得我们在此前讨论过的严格一致性要求。在美国"销售"的东西或者公开在法国印刷出版物中的东西必须与申请人提出的发明完全相同，才能形成专利性障碍。由于美国专利法第 102 条第（b）款中所列 4 种公开事件中的每一种已经成为司法审查的对象，因此需要确定各种术语的详细的、有些不同于直觉的含义。因此必须更细致地研究它们。

4.3.2 第 102 条第（b）款中的"公开使用"

造成法定禁止的一种情况是专利申请人或者其他任何人在申请日前在美国国内公开使用所述技术 1 年以上。"公开使用"概念起源于联邦最高法院 1829 年在 Pennock v. Dialogue 案中的观点❶。原告的专利涉及一种制造用于输送空气和流体的橡胶软管的方法。发明于 1811 年已经完成，但发明人 7 年以后才申请专利。与此同时，发明人已经许可第三方在市场上出售该软管并且取得了相当大的销售额。发明人后来针对竞争者主张其专利权。被告声称该专利根据 1793 年的专利法第 1 节应被撤销，该法条指出一项发明必须是"在申请之前不为人知或者未使用的"才可以获得授权。

在联邦最高法院的书面决定中，法官 Story 作出了支持被告的判决。Story 认为词语"申请前不为人知或者未使用"不是指发明人自己的认知和使用。由于发明人必然知道他自己的劳动成果，所以第 1 节的字面解释将会导致所有专利申请均遭驳回。此外，Story 认为，当发明人只是雇用其他人来帮助构思或使用该发明时，或者在没有取得发明人允许的情况下他人使用该发明时，国会不会拒绝授予专利。与其相反，法院认为该法条的真实含义在于拒绝向"申请日以前已经为公众所知或使用的"发明授予专利权。正如法官 Story 所指出的，如果发明人在申请专利之前就将发明投入公开使用或者为公开使用而将其销售，……法律将禁止向其授予专利权。

随后美国专利法将首次出现在 Pennock v. Dialogue 案中的"公开使用"概念编入法典。法院对该术语作了宽泛的解释，认为即使是导致微不足道的、公开的有限使用也会引起"公开使用"禁止。这类活动在专利用语中称为"非

---

❶ 27 U. S. 1, 7 L. Ed. 327（1829）.

告知性使用"。Egbert v. Lippmann❶ 案很好地说明了这一点。在该案例中，Samuel H. Barnes 在听取了年轻女朋友 Frances Lee 和 Cugier 小姐的抱怨以后，发明了一种经过改进的胸衣弹簧（或"钢片"）。Samuel H. Barnes 在 1855 年送给 Frances Lee 一套并且在 1858 年送给她另一套。Frances Lee 将该弹簧装在几件胸衣中很长时间，甚至在原来的胸衣穿坏后将它们插入其他不同的胸衣中。后来 Samuel H. Barnes 和 Frances Lee 结婚。在 1863 年，Sturgis 先生时常走访这对夫妇并听取了 Frances Lee 对该胸衣弹簧工作原理的说明，就像在 Samuel H. Barnes 家里进行了一次奇妙的餐桌谈话。不管怎样，最后在 1866 年提出了一项专利申请并且依程序被授予了专利权。在 Samuel H. Barnes 去世以后，Frances Lee 再次结婚，她对另一位胸衣弹簧卖主提出了专利侵权诉讼。在被控侵权人提出的抗辩中有一条是 Samuel H. Barnes 胸衣弹簧在关键日期之前已经公开使用，因此该专利是无效的。

联邦最高法院认为 Frances Lee 对胸衣弹簧的使用属于专利法意义上的"公开使用"。法院认为"公开使用"的标准可以因发明人将一个专利产品作为礼品赠予某个人而得到满足。法院注意到"某些发明由于其特殊性质而导致其在公众眼睛不能看到或观察到的情况下被人们使用"。法院进一步认为"如果发明人出售的机器中的一部分包含了其发明并且允许它没有限制地使用，则该使用属于公开使用"，因此涉案专利是无效的。

法官 Miller 对此持不同观点，他认为大多数人的观点似乎将术语"公开"从法条上去掉了："如果说将不显眼的弹簧插入到一对胸衣中，并且仅有一位女士使用、被其外衣覆盖着，而且相对公众的视线来说，始终处于隐蔽状态的这种情况属于公开使用这种钢片的话，我就不知道公开使用与秘密使用的界线在哪里了。"虽然异议者对该法条的观点起初似乎是有说服力的，但现代技术不断地证明多数人的观点是正确的。正像 Egbert v. Lippmann 案中的胸衣弹簧那样，从生物学到电子学领域内的发明经常显示出非告知性的特征。举例来说，属于公众范畴的成员不知道新型电子线路的内部工作情况，即使是在他们收听由这些线路作为一部分构成的收音机以后。Egbert v. Lippmann 案中的相反观点会使得美国专利法第 102 条第（b）款中的公开使用条款与这类技术领域内的发明人没有关系，并且将该法条的范围限定在普通使用者就能构思出相对简单的机械发明。一个更好的不同意理由是，表面上受到冒犯的法院（它辛苦地发现 Samuel H. Barnes "在他的权利上沉睡了 7 年"）自身不愿意暗示在 Samuel H. Barnes 与 Frances Lee 之间存在保密的关系。更现代的一个观点是

---

❶ 104 U.S. 333, 26 L. Ed. 755 (1881).

Frances Lee 事实上并不是"公众"中的一员,而是 Samuel H. Barnes 的一个同事和有创造力的(以及浪漫的)合作者。

对一项发明在先秘密使用的处理还导致了对术语"公开使用"的一些牵强解释。虽然美国专利法第 102 条第(b)款没有区分专利申请人和第三方,但法院在确定秘密使用的现有技术的影响时却在这两类行为人之间进行了区分。特别是,法院认为,秘密行为如果是申请人自己进行时,则构成美国专利法第 102 条第(b)款中的"公开使用"。但是对于同样的使用,当由第三方来进行时,将不作为针对不相关申请人的现有技术。为此,法院尝试在构成美国专利法第 102 条的两项主要政策——维护公共领域和保持法定专利期限之间寻求平衡。

联邦巡回上诉法院在 Gore v. Garlock❶ 案中的早期观点列举了第三方秘密使用的典型案例。Gore 获得了一项专利,包括用于制备快速拉伸结晶的、未烧结的聚四氟乙烯(通常以商标"特氟隆"为公众所知)的方法权利要求。在后来的强制执行诉讼中,竞争者获知生活在新西兰的 John Cropper 更早发明了相同的技术。在关键日期之前,John Cropper 向马萨诸塞州公司送交了一封描述其发明的信并且将其机器出售给了 Budd。Budd 员工被要求保守 John Cropper 机器的秘密,随后 Budd 实施了这种方法。

如果 Budd 和 John Cropper 的行为被认为是公开使用了发明,则它们将使得该专利无效,因为它们发生在关键日期之前。但是联邦巡回上诉法院将 Budd 和 John Cropper 的商业行为描述为秘密的,它们不是美国专利法第 102 条第(b)款所述的"公开使用"。首席大法官 Markey 认为,如果说 Budd 已经出售了某物,那么它是拉伸后的特氟隆,而不是用来生产它的方法。此外,Budd 使用该机器没有丰富公共领域,因为观察该机器的人不能确定诸如拉伸速度或拉伸后的材料特性的参数。法院认为"在先的发明人通过出售其产品而获利但他压制、隐藏或者不让公众获得其方法,而在后的发明人及时申请了专利申请,公众将获知其公开的方法,在这两个发明人之间,法律应倾向于后者"❷。

法官 Learned Hand 在 Metallizing Engineering Co. v. Kenyon Bearing & Auto Parts 案❸中的决定表明,当申请人自己进行秘密使用时,法院就会形成一种不

---

❶ W. L. Gore & Associates v. Garlock, Inc., 721 F. 2d 1540, 220 USPQ 303 (Fed. Cir. 1983), cert. denied, 469 U. S. 851, 105 S. Ct, 172, 83 L. Ed. 2d 107 (1984).

❷ 721 F. 2d at 1550, 220 USPQ at 310.

❸ 153 F. 2d 516, 68 USPQ 54 (2d Cir.), cert. denied, 328 U. S. 840, 66 S. Ct. 1016, 90 L. Ed, 1615 (1946).

同的认识。该案例的技术涉及一种用于重建机器部件（被称为"金属化机器部件"）的方法。发明人 Meduna 将该方法作为一种商业秘密来保护。由于 Meduna 将其方法保密，公众仅可以观察到被修理的部件。最后，他于 1942 年 8 月 6 日提出了专利申请，但在关键日期之前一直在实施该方法。在随后由 Meduna 提起的专利侵权诉讼中，地方法院认为 Meduna 隐藏的方法没有构成法定的"公开使用"。

在上诉时，联邦第二巡回上诉法院推翻了初审法院的判决。法官 Hand 确定了在下列两种情况下秘密使用的区别："（1）对发明人有竞争力的机器和方法的专利权的影响；（2）另一人的在先使用而造成的对本领域的贡献。"❶ 法官 Hand 同意在第二种情况下，第三方的秘密使用根据美国专利法第 102 条第（b）款的先前规定是不构成"公开使用"的，因为它没有丰富公开的技术知识。引用其在 Gillman v. Stern 案中的早期观点，法官 Hand 认为在第三方使用的案例中，关键问题是"没有向本领域公开发明的在先使用是否属于该法条适用的情形，并且这个问题已经有了答案，那就是不属于。"❷

但法官 Hand 继续解释说在发明人进行的秘密使用中会导致一种不同的政策。他认为秘密使用使得发明人可以在超出宽限期的情况下延迟提出专利申请并且因此而"延长了保护时间"❸。对于秘密开发其技术超过宽限期的发明人，Hand 认为如果超出了宽限期，他将丧失其权利，"不管公众对该发明获知多少。"❹

Hand 的观点需要进行进一步讨论。法律目前将该专利期限限定为自向 USPTO 提出专利申请之日起 20 年。美国专利法第 102 条第（b）款还给发明人提供了 1 年宽限期特权，在此期间，发明可以在提出申请前进行公开使用。因此从起初的商业化到一项专利的期满，其最长期限是 21 年。但是，在提出申请之前作为商业秘密实施该技术好多年的发明人将破坏这种制度，因为这可能实际上推迟专利期满的日期。宣告发明人的秘密使用属于美国专利法第 102 条第（b）款中"公开使用"的一种，可以防止这种滥用。实质上，这种制度设计将迫使发明人在专利法和商业秘密法之间作出选择，选择合适的法律制度来保护工业上可以实施的发明❺。当秘密商业使用者不是发明人时，这种政策考虑就不存在了，因此，术语"公开使用"更自然的解读主要应存在于像

---

❶ 153 F. 2d at 520, 68 USPQ at 58.
❷ 153 F. 2d at 519, 68 USPQ at 58.
❸❹ 153 F. 2d at 520, 68 USPQ at 58.
❺ 关于商业秘密的更多内容，参见本书第 13 章。

Gore v. Garlock 案中这样的第三方使用的情况下。

总之,如果专利申请人或者专利权人进行并非仅仅是非告知性的而是完全秘密的使用,这些活动仍然满足美国专利法第 102 条第(b)款意义中的"公开使用"要求,但对于其他人来说,非告知性的使用可能会构成"公开使用",但秘密使用不会构成"公开使用"。由于非告知性的使用和秘密使用的分界线不总是那样明显,第三者使用的情况常常取决于该使用的特定形式。

Baxter International v. COBE Laboratories, Inc. 案提供了这种情况的一个例子❶。Baxter 起诉 COBE 侵犯其专利,该专利涉及一种用于将血液分离成血液成分的未密封的离心分离机。COBE 反过来主张 Baxter 专利无效,因为该离心机在关键日期之前已经"公开使用"。更进一步地说,Suaudeau 博士在 Baxter 申请专利之前在国家健康研究所(NIH)工作期间已经使用相同的离心机达 1 年以上。

联邦巡回上诉法院大多数法官认为 Suaudeau 博士的早期使用足以使 Baxter 的专利无效。法官 Lourie 认为 Suaudeau 博士的实验室位于 NIH 大院的公共建筑中,在那里,同事和其他参观者可以不受限制地观察该离心机,而且 Suaudeau 博士也没有采取措施来保守该离心机的秘密。结果可以适用美国专利法第 102 条第(b)款的"公开使用"。

法官 Newman 坚决不同意上述决定。在他看来,Suaudeau 博士的实验室的工作相当于秘密的第三方使用,这种使用不应导致美国专利法第 102 条第(b)款的禁止。法官 Newman 认为 Suaudeau 博士的实验室使用是内部的和秘密的,因此即使对于最勤奋的现有技术研究人员来说也是难以发现的。该异议预测,上述决定的结果将因存在"秘密的现有技术"而使"任何已经授权的专利产生永久的乌云"。

这个存在异议的决定产生了许多有价值的观点。但是,与其他毫无疑问构成现有技术的使用相比,像 Suaudeau 博士那样的使用对于从事发明创造的人来说不是更难确定的。正如我们后面将要学习到的那样,即使只有一篇以模糊文字撰写的并且仅仅存在于与世隔绝的海外实验室中的文章也会引发美国专利法第 102 条第(b)款中的"印刷出版物"禁止❷。Baxter v. COBE 案中的观点还可以作为美国专利法第 102 条第(b)款中的一个目的,即鼓励及时提出专利申请。考虑到非秘密的但模糊的使用可能会破坏专利性,发明人因此应被鼓励及时到 USPTO 提出专利申请。

---

❶ 88 F. 3d 1054,39 USPQ2d 1437(Fed. Cir. 1996)。

❷ 参见第 4.3.5.2 节。

4.3.3 第 102 条第（b）款中的"销售"

美国专利法第 102 条第（b）款中所述的另一种破坏专利的事件是发明在提出专利申请之前被任何人在美国"销售"1 年以上。这种事件不同于"公开使用"，尽管法院的观点有时没有仔细地区分开这两种情况。该法律语言仅仅说发明"在销售"，但不一定是售出。因此即使是一次许诺销售也就足以禁止专利性❶。销售禁止可以由任何人引发❷，只要该销售活动发生在美国即可。

即使销售当事人没有意识到该发明是商业活动的主题，也会引发销售禁止。联邦巡回上诉法院 1999 年在 Abbott Laboratories v. Geneva Pharmaceuticals 案中的决定可以说明这种情况❸。在该案例中，品牌药物制造商 Abbott 起诉 Geneva 和其他两家仿制药公司侵犯第 5504207 号美国专利。第 5504207 号专利涉及一种化合物，叫做特拉唑嗪盐酸盐，可用于治疗前列腺疾病和高血压。特拉唑嗪盐酸盐以 4 种无水结晶形式存在❹，第 5504207 号专利的权利要求 4 具体要求保护晶型 IV 的无水物。作为根据美国专利法第 102 条第（b）款挑战 Abbott 专利有效性的一个理由，Geneva 指出了一家不涉及该诉讼的公司——Byron Chemical Company 的行为。Byron Chemical Company 在第 5504207 号专利申请日前超过 1 年已经在美国至少 3 次销售了晶型 IV 的特拉唑嗪盐酸盐。

初看起来，第三方在关键日期之前在美国完成销售所述发明将导致直接适用美国专利法第 102 条第（b）款禁止。但是，专利权人 Abbott 提出了一种有意思的争辩。似乎在该诉讼前，实际上没有人知道 Byron Chemical Company 已经销售后来在第 5504207 号专利中要求保护的特殊晶形的特拉唑嗪盐酸盐。该销售活动只是笼统地说是无水特拉唑嗪盐酸盐，而没有具体地说出售第 IV 种结晶无水物。只是在多年以后，为了第 5504207 号专利诉讼而对这些样品进行试验才发现授予专利的化合物在申请专利之前已经销售了好几年。在这些事实下，Abbott 争辩说美国专利法第 102 条第（b）款销售禁止是不适用的。根据 Abbott 的说法，由于当事人完全不知道他们所售化合物的真实本性，因此不应认为该化合物已经是专利法意义上的"销售"。

地方法院拒绝了 Abbott 的争辩，并且在上诉时联邦巡回上诉法院也维持了该决定。根据法官 Lourie 的说法，许诺销售无需确定一项发明的全部特征才能

---

❶ Intel Corp. v. United Stateds Int'l Trade Comm'n, 946 F 2d 821, 20 USPQ2D 1161（Fed. Cir. 1991）.
❷ J. A. Laporte, Inc. v. Norfolk Dredging Co., 787 F. 2d 1577, 299 USPQ435（Fed. Cir. 1986）.
❸ 182 F. 3d 1315, 51 USPQ2d 1307（Fed. Cir. 1999）.
❹ "无水"晶体是不含有任何水的一种晶体。

引起销售禁止。销售交易的当事人不需要知道所有这些特征的意义。如果许诺销售的产品本身具备了权利要求中的所有限定，则销售禁止就能适用。

虽然美国专利法第102条第（b）款要求"发明"在美国国内销售，但法院已经对该法条进行了解释，要求销售行为是针对该发明的具体方案，而不是该发明中更为抽象的专利权❶。因此，许诺许可专利权或者将专利权从雇员转移到雇主不会引起销售禁止。但是销售禁止适用于涉及该发明商业具体方案的销售行为。

联邦巡回上诉法院已经认识到销售禁止的一种值得注意的例外。销售禁止必须涉及的是独立的和没有关联的当事人。如果当事人是相互有关系的，法院就会忽视该销售行为，前提是"卖方控制了买方，从而使得发明仍然没有进入公众之手"❷。确定销售禁止是否适用于相关当事人之间交易的有关因素包括：是否需要除当事人以外的人进行测试、所需参照对比的数量、发明的开发进展程度、是否已经付费及其依据、是否需要保密，以及是否发生技术改变❸。

美国专利法第102条第（b）款下经常出现的一个问题是当发明还没有具体形成时，销售行为是否会引起销售禁止。某些观点，如 Timely Products Corp. v. Arron❹ 案，认为或者推定如果发明在销售时还没有处于"可用"状态，则销售禁止就不能适用。其他一些观点，其中最著名的是 UMC Electronica Co. v. united States❺ 案中的有争议的观点，认为不需要严格地要求发明"付诸实施"才能适用销售禁止。在这些相对的观点之间进行选择需要权衡这样的常识，即某样东西如果还没有被构建出来，它是不可能被出售的；需要知道日常的商业活动，例如软件工业的"雾汽软件"现象❻，以及向发明人提供一种确定的标准以确定他们何时必须提出专利申请。

联邦最高法院最近在 Pfaff v. Wells Electronics❼ 案中的观点解决了"付诸

---

❶ Moleculon Research Corp. v. CBS, Inc., 793 F. 2d 1261, 229 USPQ 805（Fed. Cir. 1986）.

❷ Ferag AG v. Quipp Inc., 45 F. 3d 1562, 33 USPQ2d 1512（Fed. Cir.）, cert. denied, 516 U. S. 816, 116 S. Ct. 71, 133 L. Ed. 2d 31（1995）.

❸ Continental Can Co. v. Monsanto Co., 948 F. 2d 1264, 20 USPQ2d 1746（Fed. Cir. 1991）.

❹ 523 F. 2d 288, 187 USPQ 257（2d Cir. 1975）.

❺ 816 F. 2d 647, 2 USPQ2D 1465（Fed. Cir. 1987）, cert. denied, 484 U. S. 1025, 108 S. Ct. 748, 98 L. Ed. 2d 761（1988）.

❻ "雾汽软件"已经被人们定义为"新的计算机硬件或软件产品，它们在制造商向公众宣告时还没有上市准备"J. Thomas McCarthy，知识产权桌上百科全书（1995年第二版）.

❼ 525 U. S. 55, 119 S. Ct. 304, 142 L. Ed. 2d 261（1998）, reh'g denied, 525 U. S. 1094, 119 S. Ct. 854, 142 L. Ed. 2d 707（1999）.

实施"问题，而该问题涉及美国专利法第 102 条第（b）款的销售禁止。Pfaff 是一种计算机芯片插孔专利的发明人。在关键日期之前，Pfaff 同 Texas Instruments 的代表描述了其发明构思。尽管 Pfaff 还没有设计出哪怕是一个原型，但 Texas Instruments 代表为该插孔设了一个大购买订单。第三方制造商在关键日期之后最终制造出了产品。在授予芯片插孔专利以后，Pfaff 针对一位竞争对手提起诉讼，后者抗辩称由于销售禁止，该权利要求是无效的。

法院同意被告的看法，认为销售禁止在这些事实下是适用的。法官 Stevens 采用了两步测试法来确定发明是否属于美国专利法第 102 条第（b）款意义上的销售禁止。"首先，该产品必须是商业许诺销售的主题"。法院相信这项测试符合发明实体的真实意愿，因为发明人"不仅能够理解而且能够控制首次商业出售发明的时间"。在本案中，Pfaff 在关键日期之前已经接受了 Texas Instruments 购买订单。

该测试的第二部分是"发明必须是能够获得专利保护的"。法院认识到，至少有两种途径来满足该条件。发明已经具体设计出来了，在专利法语言中是"实际上付诸实施"。或者，必须满足下列条件：该发明的附图或其他说明充分详细，以使熟悉本领域的人员能够实施本发明。Pfaff 在关键日期之前将详细的工程说明和附图交付给制造商就证明他已经满足了第二要求。

联邦最高法院希望其 Pfaff 检验可以排除联邦巡回上诉法院早期的"全部事实和状况"方法的不确定性。但是，Pfaff 检验的后续处理告诉人们，当法学家宣告一种生硬的规则时，他们必须全面考虑其后果。有趣的是，当 Pfaff 的事实向法院提供了大量的机会来考虑该检验的第二部分时，该检验的第一部分似乎不需要讨论了❶。在呈现给联邦最高法院的事实中，Pfaff 在其制造出发明原型机之前就出售了该插孔，更不用说他们对插孔进行试验以验证它们是否起作用。Pfaff 杰出的技术才能及其对合同伙伴的信任给法院大量的机会来讨论当发明还处于早期草图设计研究时该发明是否"可以获得专利保护"。

Pfaff 的事实没有提供太多的内容来讨论新的构成要件，即该产品必须是商业许诺销售的主题。由于对 Pfaff 在关键日期之前接受了购买订单没有任何疑问，联邦最高法院能够将该检验的第一部分很快通过，并且快速转移到"可以获得专利"的问题上。Pfaff 案例的决定由于没有讨论与之冲突的联邦巡回上诉法院判例法而引人注目，该判例法就该检验的第一部分提出了对立的观

---

❶ Linear Tech. Corp. v. Micrel Inc., 275 F. 3d 1040, 1048, 61 USPQ2d 1225, 1229 (Fed. Cir. 2001).

点：没有上升为正式许诺销售的商业行为仍然会引起销售禁止❶。

后续的决定已经暗示说明 Pfaff 商业许诺销售构成要件的主张已经变成通常会失败的明线规则，即策略性的推动行为也会延伸到限制规则中。在销售禁止章节中，Pfaff v. Wells Electronics 案的观点似乎鼓励发明人从事无数刚好不能构成正式许诺销售的行为，从而规避销售禁止政策。举例来说，在后续的一件案例中，集成电路的发明人在关键日期之前向消费者发布广告、数据表格以及促销信息，并且已经从销售代表那里收到了产品样品请求❷。联邦巡回上诉法院认为这些活动不会引起销售禁止，因为其中没有一项活动构成了许诺销售。毫无疑问，这些行为暗示说明销售禁止的政策尤其与专利期限的操作和竞争者的信赖利益有关。正如 Pfaff 检验那样简单，由于无法赢得更多的认同，即将这种发明列入公有领域，会给创新政策以不适当的权重，这样会影响健全的专利法。

4.3.4　第 102 条第（b）款的"在本国内"

根据美国专利法第 102 条第（b）款，发明处于"公开使用"或"销售"的事实只有当这些事件发生"在本国内"才有意义。该排除背后的政策似乎是基于这样一个判断，即发生在海外的有关使用和销售的信息对于美国发明人来说是非常难以获得的。很明显，"在本国内"限制不会适用于专利文献和印刷出版物。结果，美国发明人被认为知道文献信息，而不管该信息是从哪里获得的。

评论员们已经对在美国专利法第 102 条第（b）款保留地理上的区别是否明智提出了质疑❸。虽然该法律文字可能的动机在于获得国外活动证据存在困难，但现代通信和运输的便利可以减轻该问题。最近制定的专利法，最著名的《欧洲专利公约》就没有从地域上对现有技术进行限定。此外，美国专利法第 102 条第（b）款中"在本国内"的限制似乎对于那些以美国为基地的技术团队的成员来说也是少有的带有歧视性的例子。那些并不影响外国行为人在其本国市场内从事活动的行为将会对美国发明人产生不利影响，这看起来似乎是美

---

❶　RCA Corp. v. Data Gen. Corp., 887 F. 2d 1056, 12 USPQ2d 1449, 1454 (Fed. Cir. 1989)（明确的许诺要求不是指在合同意义上的"明确许诺"，只是排除"关于可能的销售所作的不明确的或模糊的讨论"）。

❷　Linear Tech. Corp. v. Micrel Inc., 275 F. 3d 1040, 1044, 61 USPQ2d 1225, 1226 – 27 (Fed. Cir. 2001)。

❸　President's Commission On The Patent System, To Promote The Progress Of …Useful Arts In An Age Of Exploding Technology 2, 3 (1966).

国专利政策一个错误的结果。

Ex parte Thomson❶案正是令人困惑的决定之一，其作者似乎已经意识到对专利法中地理差别的这些批评，因为他们均没有顾及美国专利法第102条中"在本国内"的词语。在 Ex parte Thomson 案中，USPTO 申诉委员会维持了对一种被称为 Siokra 的棉花栽培品种❷的驳回决定，理由是美国专利法第102条第（b）款中的印刷出版物禁止。该委员会引用3份技术文献，每一份均在被驳回的专利申请日前公开1年以上。根据该委员会的意见，这些公开文献建议熟练的棉花种植人员购买 Siokra 种子并且使用常规的育种技术来获得所要求保护的栽培品种。

USPTO 申诉委员会推理的难点在于仅仅依靠植物本身的书面说明书不能使其他人生长出准确想要的植物。为了繁殖该植物还需要该植物的实际样品。由于所引用的文献不能提供可以实施的公开内容，美国专利法第102条第（b）款中的"印刷出版物"禁止不能适用❸。"公开使用"禁止也就不能适用，因为没有记录证据证明 Siokra 实际上已经生长在美国国内。该植物有文献记载的使用实际上似乎限于澳大利亚，该国家显然不是美国专利法第102条第（b）款意义上的"在本国内"。结果，即使 Ex parte Thomson 案的决定执行了合理的政策——拒绝向在关键日期之前美国国内感兴趣的当事人可以获得的发明授予专利权，但是按照美国专利法的实际条款来说，这似乎是一个错误的决定。

4.3.5 实验使用

实验使用的概念进一步完善了美国专利法第102条第（b）款中"公开使用"的含义。如果一种使用被判定为实验性的，则它就不是美国专利法第102条第（b）款意义上的"公开使用"。实验使用原则还适用于在关键日期之前处于"销售"的发明，尽管先前的案例较少说明这种情况。

实验使用原则本质上是为发明人提供了除了1年宽限期以外的另一个"弥补时间"。在判决实验使用的案例时，法院必须平衡两条对立的政策。首先，美国专利法第102条第（b）款的主要焦点在于允许发明人有足够的时间来决定发明是否与其所设想的目的相适应并且值得申请专利。其次，关心的是法定专利期限的完整性。过分宽泛地适用实验使用原则会使发明人延误专利申请，

---

❶ 24 U.S.P.Q. 2d 1618（PTO BPAI 1992）.

❷ "栽培变种"是一种植物，它由一种天然品种开发出来并且通过栽培而维持。

❸ 参见第4.2.2节。

结果推迟了专利的届满。

1877 年，联邦最高法院在 City of Elizabeth v. American Nicholson Pavement Co. ❶ 案中的观点仍然是最有意义的实验使用案例。在该案例中，Nicholson 发明了一种改进的木质道路。在 1848 年，Nicholson 将该道路铺设在其公司拥有的部分收费道路上。该道路对公众开放并且持续使用到 1854 年，在那一年，Nicholson 提出了一项专利申请。在这段时间里，Nicholson 定期地检查该道路，以确定其在各种交通和天气条件下的稳定性。Nicholson 后来对新泽西州 Elizabeth 市提出了诉讼，后者铺设了涉嫌侵权的道路。

法院认定，由于 Nicholson 的使用是实验性质的，因此它不是美国专利法第 102 条第（b）款中的"公开使用"。法院认为相对于不太精细的技术而言，公共利益更加支持"完美且经过适当试验的"发明提出专利申请。如果发明人作出"真诚的努力以使其发明达到完美，或者查明是否它符合所需的目的"，那么法院认为不应适用公开使用禁止。

Elizabeth 市可能会受到预先准备好的批评。人们可能会奇怪，为什么法定的宽限期不足以使 Nicholson 达到试验目的，特别是他似乎在 7 年时间里没有对其道路作出一点变化。此外，在实验室或者在更加隔离的环境，例如在员工可以接受保密协定的工厂中进行实验就可以满足 Nicholson 的目的。如果法院被 Nicholson 建设长久道路的愿望感动的话，那么似乎每一个专利申请人都愿意强调稳定性是其发明目的所在。也许，弱化每一个专利申请人对长短不一的宽限期的要求可以使现代专利案中很少发生实验使用。

最近，联邦巡回上诉法院的判例已经要求在确定发明是否是实验使用时，应当对其全部情况进行分析。法院认定的实验有下列多个考虑因素：

（1）原型的数量以及实验持续的时间；

（2）实验期间记录或报告的关注情况；

（3）存在保密协议；

（4）专利权人接受的任何商业好处；

（5）发明人对实验的控制；

（6）根据发明的具体特征对实验类型进行适应性调整；以及

（7）该发明是否能够通过隐藏技术或其他手段使实验在公众不能接触的情况下进行 ❷。

---

❶ 97 U. S. 126, 24 L. Ed. 1000（1877）.

❷ Lough v. Brunswick, 86 F. 3d 1113, 39 USPQ2d 1100（Fed. Cir. 1996）。reh'g denied, 103 F. 3d 1517（Fed. Cir. 1997）.

联邦巡回上诉法院在 Lough v. Brunswick Corp. ❶ 案中运用了这 7 种因素。该案例中的原告是修船工 Steven Lough，他在佛罗里达码头工作。在观察到船用马达的上部密封部件存在持续腐蚀问题以后，他在 1986 年发明了一种经过改进的装置。然后，Steven Lough 在 1988 年 6 月 8 日提出了专利申请并于 1989 年 7 月 18 日获得专利。后来 Steven Lough 对 Brunswick 提出了侵权诉讼。陪审团在确认 Steven Lough 的发明在 1987 年 6 月 8 日关键日期之前没有公开使用以后，判给了 Steven Lough 损害赔偿 150 万美元。

在上诉时，联邦巡回上诉法院作出了改判。联邦巡回上诉法院一开始认为没有一方对获得专利的发明在关键日期之前已经公开并且可得到的事实存在争论。似乎 Steven Lough 在 1986 年春天已经设计出 6 个可以使用的发明原型。然后他将这些原型安装在自己的船上、安装在他的雇主以及码头顾客的船上，并且将其他原型送给朋友，以便安装在他们自己的船上。该案的中心问题是这些使用是否是实验性的。Lough v. Brunswick Corp. 案合议庭认为它们不是实验性的。联邦巡回上诉法院认为 Steven Lough 既没有要求也没有收到对这些原型操作性能的任何评价；没有对其所说的试验保存记录；在其他人安装以后没有对密封部件进行检查；而且最终在所述的试验期间没有对该密封部件继续进行任何监督和控制。由于 Steven Lough 不能适用实验使用原则，他的专利被判定无效。

联邦巡回上诉法院还重申任何声称的实验必须针对发明的技术特征❷。为了预测发明是否带来市场上的成功而进行的试验不能构成美国专利法第 102 条第（b）款意义上的实验使用。在联邦巡回上诉法院早先的一个 In re Smith❸ 案中，有 76 位顾客获得了"Carpet Fresh"地毯除臭剂样品。在消费者家中使用"Carpet Fresh"以后，有人向这些消费者询问他们对该产品的反映。联邦巡回上诉法院认为该试验构成了"公开使用"并且拒绝适用实验使用原则。根据法院的观点，该试验最主要的目的在于确定潜在的顾客是否会购买"Carpet Fresh"以及他们愿意付多少钱购买，而不是对该产品的技术方面进行分析。In re Smith 案的决定告诉我们，消费者市场试验一般是不符合实验使用原则的，不能否定美国专利法第 102 条第（b）款"公开使用"禁止的适用。

---

❶ 86 F. 3d 1113, 40 USPQ2d 1100（Fed. Cir. 1996）.
❷ In re Smith, 714 F. 2d 1127, 218 USPQ 976（Fed. Cir. 1983）.
❸ 714 F. 2d 1127, 218 USPQ 976（Fed. Cir. 1983）.

4.3.6 专利与印刷出版物

美国专利法第 102 条第（b）款拒绝向在关键日期之前已经在世界任何地方被"授予专利"或者公开在"印刷出版物"中的发明授予专利权。正如术语"公开使用"和"销售"那样，法院和 USPTO 对每一个术语均进行了详细解释。为了达到对美国专利法第 102 条第（b）款的合适理解，有必要对该解释过程进行一下回顾。回顾这些术语还有第二个原因。这些术语中有几个也会出现在美国专利法第 102 条的其他部分中，特别是第（a）款、第（d）款和第（g）款中。由于法院对第 102 条中这些术语的解释是一致的，所以在这里引入它们有助于随后的阅读。

4.3.6.1 第 102 条第（b）款的"授予专利"

根据美国专利法第 102 条第（b）款，在申请日前已经被"授予专利"达 1 年的发明将会禁止申请美国专利。与术语"授予专利"有关的问题一般是由在国外获得授权的专利而引起的。全球法律制度产生了大量外来的知识产权，它们明显不同于我们熟悉的国内专利。法院被允许确定这些权利中的哪一种构成美国专利法第 102 条意义上的"专利"。

联邦巡回上诉法院在 In re Carlson 案中的观点是有说明意义的❶。USPTO 知道有几项现有技术与 Carlson 要求保护的双腔瓶有关。其中一份是所谓的 Geschmacksmuster（GM），一项德国外观设计登记。GM 的登记从它放到德国地方政府办公室时开始生效。外观设计登记的列表随后不久在德国联邦公报中出版。公报对该设计、存放制品的类别、存放的设计的识别码、登记人的姓名和地址、登记的日期和时间以及登记的设计的城市位置提供了概括性的说明。

在 USPTO 基于 GM 的一部分而驳回 Carlson 的设计专利要求以后，他上诉到联邦巡回上诉法院。Carlson 指出，根据美国专利法第 102 条，"外国保护的具体方式必须是这样一种形式，即它将该受到保护的设计完全公开在能够广泛传播的一种传播媒体中"。Carlson 辩称公报登记不符合这个标准，不应将 GM 视为美国专利法第 102 条第（a）款意义上的"授予专利"。

法官 Clevenger 代表由三名法官组成的合议庭撰写判决，同意 USPTO 的驳回决定。法院认为公报登记足以提醒读者已经有大量瓶子设计进行了登记。感兴趣的读者就会赶到合适的德国政府部门以获得实际的设计，可以是本人去，也可以由代理人去。虽然意识到让一个美国申请人查阅到特定的 GM 存在困难，但法院仍然认为这个责任已经由法律强加了。

---

❶ 983 F. 2d 1032, 25 USPQ 2d 1207 (Fed. Cir. 1992).

正如 In re Carlson 案所指出的那样，与外国权利有关的第二个复杂情况是确定发明已经被"授予专利"的准确日期。在美国，这个分析简单明了。美国专利授权日与 USPTO 官方公报中出版的授权通知是同一天。这个日子也是该专利的排他权生效的时间，它还是感兴趣的公众成员可以获得该专利说明和审查历史完整复制件的时间。在外国专利体系中，这些事件可以发生在不同的时间。当部分事件发生在申请人在美国提出申请之前 1 年而部分事件发生在不足 1 年时，关键日期的选择就成为专利性的关键。

一项发明是否成为美国专利法第 102 条意义上的已经"授予专利"的发明需要进行个案分析。但目前盛行的观点是当政府授予申请人正式的法定权利时，该发明就是获得授权了❶。

4.3.6.2 印刷出版物

术语"印刷出版物"已经有了大量的解释。一份文献不需要正式排版或者出版就可以作为美国专利法第 102 条意义上的现有技术来源。相反，法院已经考虑了"在数据贮存、取回和发布技术方面正在发生的进展"❷。无论在什么地方，任何公众可以获得的文件均构成美国专利法第 102 条意义上的"印刷出版物"。因此，类似手写通知、会议散发的文件或者广告通知那样的文件均可以构成印刷出版物❸。另外，在保密情况下发放给少量人的文件不属于印刷出版物❹。

一份出版物的有效日期是公众可以获得它的日期。不管实际上是否有人已经阅读过其内容，该文件均构成美国专利法第 102 条意义上的现有技术。该印刷出版物无须以英语撰写才能成为有效的现有技术。

联邦巡回上诉法院在 In re Hall 案中的观点提供了这些原则的指导性运用。在该案例中，USPTO 引用了德国弗莱堡大学图书馆收藏的一份博士论文作为授权禁止文件，该论文在申请人申请专利之前超过 1 年已经撰写完。虽然申请人争辩说该对比文件是无效的，因为不知道其精确的归类和上架时间，但是法院认为普通的商业操作并不总是要求获得这些信息。令法官 Baldwin 感到满意的是弗莱堡大学图书馆的常规操作已经使得公众在关键日期之前可以获得该博士论文。

申请人接着争辩说即使归类了，在一座大学图书馆里的一份论文也不应构

---

❶ In re Monks, 588 F. 2d 308, 200 USPQ 129 (CCPA 1978).
❷ In re Hall, 781 F. 2d 897, 228 USPQ 453 (Fed. Cir. 1986).
❸ In re Wyer, 655 F. 2d 221, 210 USPQ 790 (CCPA 1981).
❹ Northern Telecom, Inc. v. Datapoint Corp., 908 F. 2d 931, 15 USPQ2d 1321 (Fed. Cir. 1990).

成现有技术。根据申请人的观点,弗莱堡大学论文不足以使感兴趣的技术人员获得其技术内容。联邦巡回上诉法院同意印刷出版物必须是公众可以获得的,但法院认为弗莱堡大学论文已经足以使勤奋的、对本领域感兴趣的技术人员获得其技术。放置于德国大学图书馆书架上无名位置的未出版的外文论文应作为国内申请人的现有技术,这可能会使部分读者困惑。而基于这样一种明显的理念,国会采用了美国专利法第102条,即美国发明人有责任认识到已经被有形载体记录下来的的技术,即使该技术是记录在国外的。在技术融合和获取信息渠道不断增加的年代,这种判断似乎是合理的。

  3年以后,联邦巡回上诉法院在 In re Cronyn 案中采取了不同的做法❶。该案例中争议的对比文件是一份高级论文,它存放在 Reed 大学图书馆中,该大学是位于俄勒冈波特兰的唯一一所本科生学院。虽然该图书馆是对公众开放的,但该论文既没有被按常规归类,也没有被标引。而是像所有学生论文一样列在特定的索引卡上以供公众查阅,在学院主图书馆和化学系存放盒中均如此。在确定"传播和公众可获得性"(作为一份现有技术的对比文件是否"出版"的有关标记)时,法院认为本案例没有满足后一种标准。这些论文分别提交且仅通过作者的姓标注个人卡片的事实导致得出这样一个结论,即这些论文"还没有以一种有意义的方式归类或标引"。将 In re Cronyn 案和 In re Hall 案对比,可以看出关于一份特定的对比文件是否达到"印刷出版物"水平的认定是与事实非常相关的。

  法院和 USPTO 还未对网络张贴是否构成美国专利法第102条意义上的"印刷出版物"作出规定。但数位评论家根据对该术语不断发展的司法趋势已经得出结论,认为网络张贴也符合"印刷出版物"的定义❷。其他人则表达了这样的关注,认为网络张贴没有充分标引以满足公众可获得性的要求❸。笔者认为网络张贴作为"印刷出版物"的地位应该在个案基础上解决。一方面,通过主要搜索引擎就可以定位的信息应具有美国专利法第102条意义上的"印刷出版物"地位。另一方面,诸如及时消息或发给某个同事的电子邮件那样的张贴,即使存档了也缺乏作为"印刷出版物"特征的公众传播和可获得性特点。

---

 ❶ 890 F. 2d 1158, 13 USPQ2d 1070 (Fed. Cir. 1989).
 ❷ Neal P. Perotti, 网络信息可以作为印刷出版物吗, 42 IDEA249 (2002); G. Andrew Barger, 迷失在网上空间:发明人、计算机侵权和"印刷出版物", 71 U. Det Mercy L. Rev. 353 (1994).
 ❸ Max Oppenhermer, In Vento Scribere:The Intersection of Cyberspace and Patent Law, 51 Fla. L. Rev. 229 (1999).

4.3.7 第102条第（c）款中的"放弃"

引起法定禁止的第二个条款是美国专利法第 102 条第（c）款，当申请人"已经放弃该发明"时，该法条会禁止授予专利权。就定义上来说，人们不能放弃某件还不存在的东西。因此，该法条不涉及在发明之前的行为。毫无疑问，该放弃问题只能是基于发生在发明已经完成之后、还没有提出申请之前的行为。

在开始阶段，读者应当记住的是，美国专利法第 102 条第（c）款不是指对发明的具体实物的处理，例如通过将一个发明模型扔到附近的垃圾堆里。相反，它是指有意识地将发明让与公众。一旦发明人已经将该技术捐献给公众，他将被禁止获得专利权。过去联邦最高法院的观点认为下列情况将导致放弃：发明人清楚地将发明奉献给公众，他可以通过有意识地放弃或者表明其没有寻求专利保护愿望的行为来实现❶。条件是其他人必须能够合理地依赖发明人的放弃❷。

人性往往如此，几乎没有人会直接将其可以获得专利的发明让与公众而不寻求任何补偿。结果是，现阶段很少见到有意义的先例涉及美国专利法第 102 条第（c）款。也许唯一涉及该法条的情形是发明人发表一个明确的公开声明，声明将一项技术奉献给公众。如果发明人的债权人随后要求改变想法并且提出了专利申请，则美国专利法第 102 条第（c）款可以发挥作用。

重要的是，不要将美国专利法第 102 条第（c）款中的"放弃"术语的运用与专利法中该术语的其他运用相混淆。特别是，美国专利法第 102 条第（g）款涉及"放弃、压制或隐藏"发明本身的个体，例如在开发一种工作模型之前将某项工程的工作搁置不动。而美国专利法第 102 条第（c）款涉及放弃获得一项专利的权利。该法条也不是要阻止发明人从 USPTO 撤回专利申请，上述撤回行为也被称为"放弃"。美国专利法允许发明人从 USPTO 撤回其专利申请，这不一定会损害他们最终获得一项专利的权利。较早放弃申请的发明人可以自由地再次提出申请。虽然这些申请人会失去其较早申请日期的好处并且因此而将他们自己暴露在受美国专利法第 102 条第（b）款或第（d）款禁止的危险下，但如果所有的情况均没有表明发明被放弃给公众，则他们就不会受美

---

❶ Beedle v. Bennett, 122 U. S. 71, 7 S. Ct. 1090, 30 L. Ed. 1074（1887）; Agawam Woolen Co. v. Jordan, 74 U. S.（7 Wall.）583, 19 L. Ed. 177（1868）; Kendall v. Winsor, 62 U. S.（21 How.）322, 16 L. Ed. 165（1858）.

❷ Mendenhall v. Astec Indus., Inc., 13 USPQ2d 1913, 1937（E. D. Tenn. 1988）, aff'd, 887 F. 2d 1094（Fed. Cir. 1989）; Macbeth‑Evans Glass Co. v. General Electric Co., 246 F. 695（6 th Cir. 1917）.

4.3.8 第102条第（d）款中延迟的美国申请

该法条中包含的最后一条法定禁止是美国专利法第102条第（d）款。当出现下列情况时，它会禁止授予美国专利：（1）发明人提出了外国专利申请后超过12个月才在美国提出申请，并且（2）在美国申请日期之前该申请已经获得了外国专利。这些要求是结合在一起的：这两个条件必须同时满足才能适用美国专利法第102条第（d）款并且禁止授予专利权。通过鼓励及时申请美国专利，美国专利法第102条第（d）款可以确保美国专利保护期限不会超过对应的外国专利的失效日期❶。

有一个例子可以说明美国专利法第102条第（d）款的适用情况。假设发明人Orlanth发明了一种新的加工鲱鱼的方法，他在2002年5月25日在瑞士专利局提出了专利申请。在2003年8月1日成为授权的瑞士专利。如果Orlanth在2003年8月1日（瑞士授权日）还没有向USPTO提出美国专利申请，则将会引起美国专利法第102条第（d）款禁止。值得注意的是，如果Orlanth在2003年5月30日提出美国专利申请，则不会引起该禁止，即使那时已经有点超出他的瑞士专利申请日期1年以上，原因在于那时还没有授予瑞士专利权。类似地，如果瑞士专利局由于与鲱鱼有关的发明对其国民的重要性而飞快地行动并且在2002年6月15日（仅仅在其提出瑞士专利申请后3个星期）向Orlanth授予了专利，则他仍然可以直到2003年5月25日才提出美国专利申请，因为此时提出是在其外国申请后不满12个月。

评论家们常常对美国专利法第102条第（d）款颇有微词❷。由于发明人可以选择仅在美国提出专利申请，因此，通过美国专利法第102条第（d）款的禁止似乎不太可能达到其政策目的，即确保美国市场与外国市场在同一时间没有专利存在。更多的说法是美国专利法第102条第（d）款几乎只是针对外国发明人。以美国为基地的个体很少会遇到美国专利法第102条第（d）款的问题，因为世界各地的发明人一般均会首先在他们本国提出专利申请。另外，虽然该法条与TRIPS第27条（该条款要求"……可以在不歧视发明所在地的情况下获得专利"）的内容相一致，但实际上美国专利法第102条第（d）款破坏了外国发明人的国民待遇原则。

---

❶ Ex parte Mushet, 1870 Comm'r Dec. 106.

❷ Donald S. Chisum，外国行为：对美国专利法中专利性的影响，11 Int'l Rev. Indus. Prop. & Copyright L. 26（1980）.

应用美国专利法第 102 条第（d）款的指导性判决是联邦巡回上诉法院在 In re Kathawala 案中的决定❶。Kathawala 是抑制胆固醇化合物的发明人，他在美国、希腊和西班牙提出了专利申请。这三份申请基本上包括相同的说明书但含有不同的权利要求。希腊专利要求保护化合物、药物组合物、使用方法及其制备方法。美国专利除了方法权利要求以外包含其余全部权利要求。西班牙专利只要求保护制备该化合物的方法。不仅美国专利申请是在希腊和西班牙专利申请之后 1 年以上提出的，而且在美国申请日期之前，这两份外国专利申请实际上均被授予了专利权。

在向联邦巡回上诉法院申诉 USPTO 适用美国专利法第 102 条第（d）款禁止时，Kathawala 提出了两条值得注意的争辩意见。第一条是，Kathawala 声称由于西班牙专利仅包含制备方法权利要求而该方法权利要求没有在美国专利申请中要求保护，因此在美国要求保护的发明按美国专利法第 102 条第（d）款意思在此之前并没有在外国"获得授权"。Kathawala 还争辩说希腊专利的权利要求是无效的，因为在授予专利时，希腊专利法实际上不允许针对药物的专利。

联邦巡回上诉法院几乎毫无异议地拒绝了这些争辩。根据法官 Lourie 的说法，不应对美国专利法第 102 条第（d）款进行限制性的解读。Kathawala 的西班牙专利申请公开并且提供了要求保护其发明所有方面的机会，包括化合物本身，这就足够了。根据法院的说法，允许拖沓的发明人在国外获得专利太长时间以后就相同"发明"的其他方面获得美国专利将会使这项法律政策失效。法院还拒绝了 Kathawala 有关希腊专利的争辩，拒绝对希腊可专利性法律进行推测。由于 Kathawala 已经将它们放在其中，使得希腊和美国专利均包括针对相同主题的权利要求，而根据美国专利法第 102 条第（d）款，它们的有效性与保护主题是否可"授予专利"无关。

不仅 In re Kathawala 案的法院不愿意考虑希腊专利法的做法是令人吃惊的，而且其对保护主题的大量观点似乎也是成问题的。专利领域内几乎没有人会说公开的但没有要求保护的主题是受到专利保护的，因为正如笔者将要在后面一章中详细论述的那样，权利要求书而不是说明书才是专利权人权利的范围。也许 In re Kathawala 案是一个显而易见的例子。但假如将 In re Kathawala 案中的观点延伸，申请人必须特别留意他们如何利用外国专利登记制度。在部分专利体系中，外国专利局可能没有全面审查其是否符合专利法，导致较短的处理时间并且快速授予外国专利权，这些外国专利权可能会因为美国专利法第

---

❶ 9 F. 3d 942，28 USPQ2d 1785（Fed. Cir. 1993）.

102 条第（d）款反过来禁止其获得更有价值的美国专利。

4.4　影响新颖性的现有技术：在先发明

美国专利法第 102 条的其余规定，即第（a）款、第（e）款、第（f）款和第（g）款，并不关注发明人是在哪一天向 USPTO 提交了专利申请。这些条款关注的是现实中发明人究竟是在什么时间发明了其寻求专利保护的主题。所有这些条款都基于这样一个前提，即应当由发明这项特定技术的最早的人来获得该专利。当笔者写下这些文字的时候，美国正面临着越来越大的转向先申请制的压力，先申请制为世界上绝大多数国家或地区所奉行。按照先申请制，人们只基于申请日评价新颖性。虽然面临压力，但是，至少在未来若干年，美国仍将笃定遵循先发明制。就如同前面对第（b）款、第（c）款、第（d）款三个法定禁止条款所做的一样，下面笔者有必要分别对第（a）款、第（e）款、第（f）款和第（g）款加以详细描述，以便大家加深理解。

4.4.1　第 102 条第（a）款的在先发明

美国专利法第 102 条第（a）款规定了为美国专利制度所独有的先发明制。一项发明，如果"在专利申请人完成发明以前，该发明在本国已为他人所知晓或使用，或者在本国或外国已经取得专利或在出版物中已经公开"，则该项发明不能得到授权。根据这一规定，为了获得专利，申请人必须证明在公开日（the date of an anticipatory reference）之前事实上已经完成了其所请求保护的发明。例如，假设 Connie Cool 教授于 2003 年 12 月 1 日提交了一份专利申请，请求保护一种新的制冷技术。USPTO 的审查员在审查过程中发现，一个叫 Charlie Chilly 的人早在 2003 年 10 月 12 日就已经在使用 Connie Cool 教授请求保护的这种相同的制冷技术。由于 Charlie Chilly 开始使用这一技术的日期与 Cool 教授的申请日相比，只提前了不到 1 年，因此，不适用美国专利法第 102 条第（b）款这一禁止性条款。但是，如果想获得专利，Connie Cool 教授仍需要证明她就专利申请主题做出发明的日期要早于 Charlie Chilly 开始使用的日期。这里有两个概念至关重要：美国专利法第 102 条第（a）款中术语"知晓或使用"的含义，以及足以证明发明日期的确切的活动。下面逐一加以讨论。

假设，Charlie Chilly 可能一直是在秘密使用这一制冷技术，以防别人知晓。这样可以依据美国专利法第 102 条第（a）款破坏 Connie Cool 教授申请的新颖性吗？从字面上看，第 102 条第（a）款只要求在先发明是"为他人所知晓或使用"；与美国专利法第 102 条第（b）款不同，美国专利法第 102 条第

(a) 款并不包含"公开地"这一修饰性字眼儿。尽管如此，法院在解读美国专利法第 102 条第（a）款时，还是认为其中的"知晓或使用"要求最早的第一发明人的发明具有某些形式的公众可及性，只有这样才会拒绝在后的第二发明人的专利申请。我们再来回顾一下 Learened Hand 法官的意见，他在 Gillman v. Stern 案中的判决意见堪称这一观点的典范❶。

在 Gillman v. Stern 案中，一个姓 Wenczel 的人获得了一项关于缝制织物的气动机械装置的专利。该专利后来卷入了一场侵权诉讼。被控侵权的一方获悉第三方 Haas 早已经在使用实质上相似的机器。因为 Wenczel 是在 1931 年提交的专利申请，当时法定禁止条款的宽限期是 2 年，所以 Haas 在 1929～1930 年使用这种气动机械装置不会引发法定禁止条款的适用。套用现代用词，当时法院面临的问题就在于，Haas 的在先使用是否会让这种缝制机械装置沦为美国专利法第 102 条第（a）款所述"为他人所知晓或使用"的境地。如果是，那就意味着 Wenczel 不是第一发明人，那么依照美国的先发明制，他的专利将归于无效。但是，关键事实在于，Haas 把这种缝制机械装置当作商业秘密来保护。Haas 只是售卖缝制好的织物，而不售卖这种缝制机械装置，并且他生产出来的织物看起来和用其他设备生产出的产品是一模一样。

在详细讨论了一番在先判例之后，Learened Hand 法官得出结论，认为一个将其技术作为商业秘密加以保护的发明人不应当判定为专利法意义上的第一发明人。像 Haas 那样的发明人选择了不让自己的技术为公有知识领域添砖加瓦，因而他们的成果就不应当损害在后的专利申请人。与 Haas 相反，Wenczel 通过其专利说明书的公开，为现有技术领域的知识扩充做出了贡献。Gillman v. Stern 案的要点在于，其他人的商业秘密不能构成影响新颖性的现有技术。

在判词中，Learened Hand 法官进一步指出，专利法区分了秘密使用和不告知使用两种情形。Learened Hand 法官认为，已经有在先判例赋予了不告知使用以现有技术的地位。对此，Learened Hand 法官评述指出，这种赋予极可能引发副作用，导致社会公众以后无法从不告知使用中获益。

Gillman v. Stern 案的判决结果的意义在于，其在解读美国专利法第 102 条第（a）款时，和美国专利法第 102 条第（b）款一样，都认为秘密使用不构成现有技术，而不告知使用构成现有技术。例如，像 Gore v. Garlock 案的判决意见对在第三方秘密使用情形下何谓"公开地使用"所作的解释与此见解一致。两起案例的见解如此一致，但实际上可能是由于某种疏忽造成的。Learened Hand 法官在随后 Metallizing Engineering 案中坦率地承认自己以前混淆了美国专

---

❶ 114 F. 2d 28，46 USPQ2d 430 (2d Cir. 1940)。

利法第 102 条第（a）款和第（b）款，并且以在 Gillman v. Stern 案中多次提到的"公开地使用"这一术语为例作为说明。尽管如此，之后的一些案例的判决意见仍然采信 Gillman v. Stern 案例的推理过程并认同其结论。

National Tractor Pullers Association v. Watkins❶ 案就是这样一个不寻常的实际发生过的案例，该案法院采用 Gillman 规则作出了判决。该案中，原告主张基于美国专利法第 102 条第（a）款，宣告用于拖拉机拉力赛中的专利装置的专利权无效。原告指出，有第三方在更早的某个时间绘制出了一些图稿，这些图稿就绘制在原告母亲家厨房的一张餐桌布的背面。这些图稿从来没有对外展示过，图稿中所绘的装置也从来没有实际制作出来。法院判决认为这些图稿不构成现有技术，并指出"《美国法典》第 35 编第 102 条第（a）款所记载的现有技术应当是现有的公开知识，也就是说，有理由相信其能够为公众所接触得到"。

但是，请注意，只要存在这种公众可及性，哪怕只有一点点儿，都会让一个在先发明构成美国专利法第 102 条第（a）款所述的现有技术。如果发明人没有刻意隐瞒其发明或把发明当作商业秘密加以保护，那么通常法院会判定该发明具有公众可及性，足以构成现有技术。联邦第五巡回上诉法院对 Rosaire v. Baroid Sales Division, National Lead Co. 案（以下简称"Rosaire 案"）的判决就是一个典型示例❷。该案涉及授予 Rosaire 和 Horvitz 关于石油勘探方法的两项专利。Horvitz 把自己的利益份额出让给了 Rosaire，Rosaire 后来起诉 National Lead 公司侵犯了其专利权。被控侵权一方的辩护理由包括，由于一个叫 Teplitz 的人在先完成了发明，所以这两项专利的专利权是无效的。Teplitz 在之前不但构思出了这两项专利方法，而且把它们应用于得克萨斯州油田，应用日期早于 Rosaire 和 Horvitz 所声称的完成发明的最早日期。重要的是，"在油田的这一应用是在常态下进行的，没有刻意隐瞒，不排斥公众接近，并且没有下达保密指令给执行应用工作的员工"。

联邦第五巡回上诉法院判定 Teplitz 的活动足以构成美国专利法第 102 条第（a）款所述的现有技术。该法院认为，"这些应用工作是公开进行的，并且员工的工作方式一如往常，"因此该应用活动足以构成现有技术。因此，Rosaire v. Baroid Sales Division, National Lead Co. 案及其以后的一些案件确立了一项基本规则：在先发明只要不是保密的，就可以认定其在美国专利法第 102 条第（a）款意义上"为他人所知晓或使用"。即便公众对在先发明的可及程度实际

---

❶ 205 USPQ 892（N. D. Ill. 1980）.

❷ 218 F. 72, 104 USPQ 100（5th Cir. 1955）.

上非常小，甚至为零，这一规则依然成立。只要感兴趣的人加以尝试或努力就可以获取在先发明信息，就足以认定这种信息在美国专利法第102条第（a）款意义上"为他人所知晓或使用"，而至于事实上是否有人进行了尝试或努力在所不论。

Rosaire案的判决结果颇具争议。专利制度的目标之一是向公众传播新的产品和方法。在Rosaire案中，尽管Teplitz的工作没有保密，但却极具隐蔽性。在Rosaire和Horvitz这一研发团队与Teplitz之间，实际上是前者做出了向公众披露其发明的努力，披露方式是提交专利申请，专利申请包含了有关技术细节及其如何具体实施的详尽信息。无效Rosaire和Horvitz的专利，事实上违背了专利制度的这一目标。

Rosaire案的判决结果可以从下述事实得到更好的解释，法院提到了这一事实，只是没有加以重点阐述。Teplitz的雇员们不负有对石油勘探方法的保密义务。他们可以自由地把有关石油勘探方法的信息散播给新雇员或在油田工作的其他同事。抽象点讲，专利法从不强求第一发明人为了保护他们使用自己发明的权利而付诸积极努力。虽然Teplitz不是这起专利侵权诉讼的被告，但是他很可能会成为下一个被告。现行规则认为，所有类似Teplitz这样的发明人，没有就他们的发明提交过专利申请，也没有开展过宣传运动，就把他们的发明奉献给了公有领域。但是，专利法对于那些蓄意隐瞒其发明的人另眼看待。在Gillman和National Tractor Pullers这类案件中，专利法更乐意把专利权赋予那些公开披露发明的人，而非那些把自己的发明隐藏起来的在先发明人。

美国专利法第102条第（a）款的另一个关键点在于如何确定申请人的发明日期。遗憾的是，美国专利法第102条第（a）款没有详细阐述究竟什么性质的活动可用于以确定申请人的发明日期。该款条文仅仅提到了"专利申请人完成发明"，而没有进一步的定义。但是，1952年的专利法起草者在制定美国专利法第102条第（a）款时涉猎了与在先法律相关的大量判例。它给出了与专利法所述"发明日期"有关活动的详细定义。该定义涉及了三个专业术语：构思、付诸实践和不懈努力。

为了便于理解，下面给出这三个术语的定义。构思是在精神层面上的发明活动。当发明人产生了"一种明确的、持久不变的完整、可操作的发明想法"的时候，构思就诞生了，"随后可以做的事情就是运用到实际中去"❶。通常，构思过后，就要付诸实践了。事实性付诸实践（actual reduction to practice）是

---

❶ Burroughs Wellcome Co. v. Barr Labs., Inc., 40 F.3d 1223, 1228, 32 USPQ2d 1915, 1919 (Fed. Cir. 1994), cert. denied, 516 U.S. 1070, 116 S. Ct. 771, 133 L. Ed. 2d 724 (1996).

证实一项发明适于实现其发明目的的过程❶。事实性付诸实践的内容包括构建工作模型以及一些必要的实验工作。推定性付诸实践（Constructive reduction to practice）的内容包括向 USPTO 提交专利申请。最后，不懈努力指的是发明人要表明他朝着将发明付诸实践的方向做出了持续不断的、合理的努力。

这些概念有助于笔者界定美国专利法第 102 条第（a）款所述"发明"的时间点。事实性付诸实践是以简单直接的方式证实发明人在公开日（the date of a reference）之前完成了发明。也就是说，如果发明人能够表明他在有效公开日之前就已经构造出了一个可行的验证性发明模型，那么该对比文件将不再被视为美国专利法第 102 条第（a）款意义上的现有技术。

但是，即便申请人在参照日期之前未能把发明付诸实践，他仍然有机会排除该对比文件，使其不构成美国专利法第 102 条第（a）款意义上的现有技术。首先，他必须证实他是在公开日之前完成发明构思的。其次，他必须表明自己从该公开日起一直不懈努力直至付诸实践。这里的付诸实践可以是事实性付诸实践，也可以是推定性付诸实践❷。

毫无疑问，利用在有效公开日之前发生的事实性付诸实践来证实发明人拥有发明，这符合专利法的要求。但是，构思加不懈努力可以让发明人避开美国专利法第 102 条第（a）款的对比文件，这乍看上去可能令人困惑不解。关于此事，设计专利制度的时候就已经考虑过了，尽管每个人都可以想出好的想法，但却不是每个人都有很多钱。相比之下，不管发明人是打算构造一个工作模型，还是选择提交专利申请，付诸实践总是需要他调用众多资源。但是，无论是事实性付诸实践，还是推定性付诸实践，只要发明人朝着将发明付诸实践的方向不懈努力，就不能仅仅因为有人在该发明人把发明付诸实践之前完成了同一发明而依照美国专利法第 102 条第（a）款否定该发明人发明的可专利性。因此，这一条款实际上在倡导为财务状况参差不齐的发明人群体提供平等的获得专利权的机会。

值得注意的是，在 1952 年专利法第 102 条第（g）款中，美国国会清楚地表述了构思、付诸实践和不懈努力这三个概念。虽然没有明确地在美国专利法第 102 条第（a）款中使用这三个术语表述，但在判定该条款中的发明日期时这三个概念非常有用。在后面的第 4.3.2 节中介绍美国专利法第 102 条第（g）款时，笔者会再次深入探讨构思、付诸实践和不懈努力这三个概念。

值得关注的还有，美国专利法第 102 条第（a）款仅适用于他人而不涉及

---

❶ Coffin v. Ogden, 85 U.S. (18 Wall.) 120, 21 L. Ed. 821 (1873).
❷ Mahurkar v. C. R. Bard, Inc., 79 F.3d 1572, 38 USPQ2d 1288 (Fed. Cir. 1996).

发明者本人的活动。显然，一个人无法比自己更早完成发明，因此依照美国专利法第 102 条第（a）款确立的先发明制，现有技术只能是源自专利申请人（在其发明申请尚且处于 USPTO 审批流程中时）或专利受让人（在打侵权官司时）之外其他人的知识、使用、专利或出版物。例如，假定 Barleybean 博士于 2004 年 3 月 1 日在美国境内使用了一种把大虾制成罐头的方法。然后，他于 2004 年 6 月 1 日向 USPTO 提交了一份专利申请。由于不是"他人"所为，所以 Barleybean 博士的该在先使用不能算作美国专利法第 102 条第（a）款所指的现有技术。当然，如果 Barleybean 博士公开使用其发明的日期早于其申请日 1 年以上，那么将会触犯美国专利法第 102 条第（b）款的禁止性规定。

美国专利法第 102 条第（a）款关于程序性的一个重要方面涉及在 USPTO 如何使用《美国联邦法规》第 131 条。《美国联邦法规》第 131 条允许专利申请人宣称一个比现有技术公开日更早的发明日期。伴随这个宣称，专利申请人通常还需要提交一份翔实的证据，例如佐证其发明活动早于公开日的图稿或实验记录。由于发明人在提交专利申请时不必证明他们开始发明活动的日期，所以在后就需要《美国联邦法规》第 131 条规定的这样一个程序。反之，只有当专利审查员提出一份非常相关的现有技术时，发明人才会以这种事后声明方式宣称他们的发明日期是某年某月。使用《美国联邦法规》第 131 条，依照通俗地说法就是发明人"发誓（其发明日期）早于"对比文件的公开日；或者说，发明人"提早了"其发明日期。

有一个简短的例子可以很好地解释美国专利法第 102 条第（a）款和《美国联邦法规》第 131 条是如何工作的。假定专利审查员发现了一篇技术期刊论文，其公开日期比某发明申请的申请日早 1 个月。该论文完全公开了该申请所请求保护的发明，因而如果它可以用作美国专利法第 102 条第（a）款所指现有技术的话，该论文就可以预见该申请，破坏该申请的新颖性。注意，由于该论文是在美国专利法第 102 条第（b）款规定的 1 年宽限期之内公开的，所以对该申请不适用该禁止性条款。

然而，审查员可以依据美国专利法第 102 条第（a）款拒绝授予该申请专利权。但由于不知道申请真实的发明日期，审查员只好假定申请人是在申请日同一天完成的发明。当然，审查员发出的美国专利法第 102 条第（a）款拒绝意见从性质上看是一种"挑衅"。申请人可以提交《美国联邦法规》第 131 条的宣誓证词，用以表明其在有效公开日之前所做的发明活动。尤其是，申请人必须表明：(1) 他在该期刊论文公开日期之前就已经有了事实性付诸实践；或者 (2) 他在该期刊论文公开日期之前就已经有了构思，并且从该期刊论文公开日期起一直不懈努力直至在后的付诸实践。该在后付诸实践可以是涉及模型构造与实验的事实性付诸实践，也可以是基于专利申请申请日的推定性付诸实践。如果审查员认可了申请人的宣誓证词，那么他将会撤销之前作出的拒绝意见。

依其所述，《美国联邦法规》第 131 条仅适用于美国专利法第 102 条第（a）款和第（e）款。《美国联邦法规》第 131 条不适用于美国专利法第 102 条第（b）款那样的禁止性条款，对于那些禁止性条款而言最重要的是专利申请的申请日。而且，不要把使用《美国联邦法规》第 131 条混淆于美国专利法第 102 条第（g）款抵触程序。如果两份专利或专利申请请求保护同样的发明主题，那么利益处于敌对状态的双方发明人需要通过一个先后次序抗辩程序（priority contest）来确定究竟谁应当得到专利权。

下面给出了一个使用美国专利法第 102 条第（a）款和《美国联邦法规》第 131 条的假设性例子。假定 Quark 博士于 2003 年 3 月 1 日构思出了一种制造防碎玻璃的新型机器。之后，他不懈地致力于构造其工作模型，最后于 2003 年 5 月 15 日构造出了工作模型。之后，Quark 博士于 2003 年 12 月 12 日向 USPTO 提交了专利申请。在审查过程中，USPTO 的审查员发现了一篇芬兰专利申请，该申请于 2003 年 4 月 20 日公开，而且充分预见了 Quark 博士申请所请求保护的发明。因为这篇芬兰专利申请的公开日期距离 Quark 博士提交申请的申请日早了不到 1 年，所以不适用美国专利法第 102 条第（b）款。但是，USPTO 的审查员可以依据这篇芬兰专利申请和美国专利法第 102 条第（a）款拒绝 Quark 博士的申请。在这种情形下，申请人可以对审查员的拒绝意见进行辩解。通过在专利法技术意义上证明自己在这篇芬兰专利申请公开日期之前已经发明了这种玻璃制造机器，Quark 博士仍有机会推翻该拒绝意见。

在这个例子中，假如他所有的发明活动日期都能够得到合理证实，Quark 博士就能够推翻审查员根据美国专利法第 102 条第（a）款作出的拒绝意见。因为 Quark 博士直到 2003 年 5 月 15 日还没有把自己的发明付诸实践，而这时候那篇芬兰专利申请差不多已经公开一个月了，所以仅凭这个付诸实践的日期是无法推翻美国专利法第 102 条第（a）款的拒绝意见。但是，Quark 博士可以提交如下证据：（1）他于 2003 年 3 月 1 日完成了发明构思，这个时间早于那篇芬兰专利申请的公开日期——2003 年 4 月 20 日；和（2）自 2003 年 4 月 20 日（那篇芬兰专利申请的公开日期）起至 2003 年 5 月 15 日的事实性付诸实践止，他一直不懈努力。收到《美国联邦法规》第 131 条的宣誓证词，即这些证据后，USPTO 的审查员将会撤销其在先作出的拒绝意见，而且，如无其他驳回理由，将授予 Quark 博士专利权。

细心的读者可能会纳闷，为什么 USPTO 的审查员不对那篇芬兰专利申请所涉发明的发明日期作进一步探查呢？毕竟，有那么一个人——假定他是芬兰人——发明了与 Quark 博士一模一样的玻璃制造机器，而且可以基本确定芬兰人完成该发明的日期要早于其申请日期。极有可能是由于行政流程的原因导致那篇芬兰专利申请公开日期延后了，那么，USPTO 的审查员为什么不可以往赫尔辛基打个电话核查一下情况呢？核查一下那篇芬兰专利申请是在什么时间向芬兰专利局提交的申请，或者，采取更有效的做法，了解一下那个芬兰人是在什么时候实际完成了这项发明。直接答案就是，仅仅是发明一个机器或提交一份申请，这类活动未必能够让公众获悉到该机器的发明内容。此外，虽然这类活动表明了这项玻璃制造技术是"为他人所知晓或使用"，但是没有证据表明这项技术的知识或使用出现在了美国境内，而这是美国专利法第 102 条第（a）款规定所要求的。美国专利法第 102 条第（a）款所考虑的外国对比文件仅仅是专利和出版物。因此，审查员依照美国专利法第 102 条第（a）款进行审查时，有关那篇芬兰申请可用的最早的日期就是其公开日期。

4.4.2　第 102 条第（g）款的在先发明

美国专利法第 102 条第（g）款包括两个子条款。第 2 个子条款——美国专利法第 102 条第（g）（2）款清楚地表述了专利权归于最先完成发明的人这一原则："如果不出现下列情况，任何人有权获得专利……在该申请人完成发明之前，本国另有发明人做出了该发明……"接下来，美国专利法第 102 条第（g）（2）款针对这一原则规定了一个非常重要的例外情形。如果最先完成发明的发明人"放弃、抑止或隐藏"了其发明技术，那么依照美国专利法第 102 条第（g）（2）款，他也就实质上丧失了他的特殊地位。美国专利法第 102 条第（g）（2）款接下来的规定是"判定发明的先后次序时，不仅应考虑发明构思的时间和发明付诸实践的时间，而且要考虑先于他人完成构思但却在后付诸实践的发明人所做出的合理的不懈努力"。

美国专利法第 102 条第（g）款通过其两个子条款，实现了专利制度的两个主要目的。类似美国专利法第 102 条第（a）款，美国专利法第 102 条第（g）（2）款也提供了一个现有技术来源，所说现有技术由于其可预期专利申请因而可以作为拒绝该申请的依据。美国专利法第 102 条第（g）款的第二项功能，记载在美国专利法第 102 条第（g）（1）款中。这个条款还提供了一种解决所谓"发明先后次序"争端的机制。在此，一方当事人寻求的结果不仅仅是不让他人就某项技术获得专利权，而是希望自己获得专利权。我们需要先——介绍这些概念，而后对美国专利法第 102 条第（g）款的条文和实践进行详细介绍。

4.4.2.1 第102条第（g）款的现有技术

就像美国专利法第102条第（a）款一样，美国专利法第102条第（g）（2）款也定义了用于证明一项发明缺乏新颖性的现有技术。在这些情形中，举证一个美国专利法第102条第（g）款对比文件的举证方并不是为了捍卫自己的发明，而是主张他人已经获得授权的专利应当无效。这种努力通常包括对声称最先完成了发明的第三方的确认和证明。从这个意义上讲，美国专利法第102条第（g）款的作用与第102条第（a）款相同。

但是，美国专利法第102条第（g）款与第102条第（a）款至少有两点显著不同。第一，美国专利法第102条第（g）款仅适用于"在本国做出的"发明。而依照美国专利法第102条第（a）款，专利和出版物可以是源自"本国或外国"。第二，我们已经注意到，法院曾经把美国专利法第102条第（a）款作如下解读，认为能够用作一项已授予专利权的发明的现有技术的知识或使用必须在该授予专利权的发明做出的同时具有公众可及性❶。但是，美国专利法第102条第（g）款不能作如此解读。相反，如联邦申诉法院（the Court of Claims）在 International Glass Co. v. United States 案中所述，"依照美国专利法第102条第（g）款规定的现有技术仅仅要求该发明被完成了，即得到构思并付诸实践，并且没有放弃、抑止或隐藏"❷。因此，依照美国专利法第102条第（g）款，一个完全处于保密状态的发明也可以用作现有技术反对在后发明人。但是，值得注意的是，这种保密的发明人可能会被认为"放弃、抑止或隐藏"了处于争论焦点的发明，"放弃、抑止或隐藏"的典型形式例如保密发明人把技术当作了商业秘密。在这种情形下，这些在先的、保密的发明将不被看作现有技术。笔者将在下面第4.4.2.8节讨论导致发明被认定为"放弃、抑止或隐藏"的行为种类。

下面给出几个描述第102条第（a）款与第102条第（g）款之间区别的例子。第一个，假定 Terra 教授于2004年3月1日发表了一篇文章，描述了一种微型推土机。尽管这篇文章详细地描述了该推土机及其结构，Terra 教授却从来都没有实际制造出一个工作模型来。在对 Terra 教授的文章一无所知的情况下，Gaia 博士于2004年4月1日提出了一份专利申请，请求保护同一种推土机。

基于这些事实，专利审查员引证了 Terra 教授的文章，根据第102条第（a）款而非第102条第（g）款，认为 Gaia 博士的申请不能得到授权。之所以适用第102条第（a）款，是因为该发明记述在了一份出版物上。但是这份出

---

❶ 参见第4.3.1节。
❷ International Glass Co. v. United States, 408 F. 2d 395, 161 USPQ 116 (Ct. Cl. 1969).

版物只有当其出版日期早于 Gaia 博士"发明"推土机的日期，才能够推翻 Gaia 博士申请的新颖性。Gaia 博士可能在 Terra 的文章发表后提交一份《美国联邦法规》第 131 条的"在后誓词"，证明其相关行为（付诸实践，或者是"构思＋不懈努力"）的日期早于该文章发表日期。但是，需要注意的是，之所以不适用第 102 条第（g）款是因为它要求发明"是在本国由其他发明人做出的……"尽管 Terra 教授写了文章，她却从来都没有把发明付诸实践，既没有事实性付诸实践（构建一个工作模型），也没有推理性付诸实践（提交一份专利申请）。

另一个例子，假定 Terra 教授于 2004 年 3 月 1 日构造了一个硅藻土❶过滤器工作模型。Terra 教授只是对一名实验室助理披露过这项发明，该实验室助理签有一份保密协议，而且事实上 Terra 教授和她的实验室助理都没有对外披露过这一发明。在对 Terra 教授的发明一无所知的情况下，Gaia 博士于 2004 年 4 月 1 日发明了同样的过滤器，并且于 2004 年 4 月 15 日提出了一份专利申请，请求保护同样的过滤器。

在这种情况下，可以适用第 102 条第（g）款，但不适用第 102 条第（a）款。Terra 教授的活动可以作为第 102 条第（g）款所述的现有技术，因为 Terra 教授在 Gaia 博士之前在美国"做出了"或发明了这种过滤器。❷ 但是，第 102 条第（a）款不适用，因为即使按照 Gillman v. Stern 案例对第 102 条第（a）款的最宽泛解读，Terra 教授也还是没有把她的发明披露给公众。

4.4.2.2 第 102 条第（g）款的优先地位

第 102 条第（g）款的第二项功能，见第 102 条第（g）(1) 款所记载。这一条款还提供了一种解决所谓"发明先后次序"的争端机制。在这类案例中，声称自己更早一些完成发明的人不但努力不让他人得到关于某一技术的专利权，而且还想着要把这些专利权据为己有。

我们先来搞清楚为什么会发生需要判定发明优先地位这样的事情。当竞争对手在全球范围内竞相发展有价值的技术时，他们常常在大致相同的时间开发类似的或相同的发明。在这种情况下，美国专利制度采用了"赢者通吃"的政策。只有最先开发了某一技术的一个人或一些人才可以得到专利。这种政策通过第 102 条第（g）款确立的规则得以实现，通过第 102 条第（g）款可以

---

❶ 硅藻是一种单细胞海洋生物，硅藻土是由硅藻化石遗骸组成的超细土壤，因而非常适合用做过滤器，可以滤除那些极其微小的微粒。硅藻土过滤器能够让您家泳池内的水变得非常纯净！

❷ 笔者之所以说第 102 条第（g）款"可以"适用，是因为笔者还必须考察一下 Terra 教授在构建模型之后是否"放弃、抑止或隐藏"了其发明。

判定哪一个发明人或发明人群体是专利法意义上的第一发明人。

乍一看,第102条第(g)款作为优先地位规则的功能和其作为破坏新颖性的现有技术来源的功能两者之间容易混淆。Merges教授提出了一个有助于区分理解这两项功能的思考框架。他建议同学们把专利优先地位争论看作参与竞夺的各方发明人都在企图击败另一方的权利要求的新颖性。专利法意义上的第一发明人,一旦她清除了通往专利之路上的最后一道障碍,即,她的对手请求依照第102条第(g)款享有一个更早的发明日期,她就会得到专利。❶

应当注意到,直到1999年,第102条第(g)款只包括一段,内容大体上和现在的第102条第(g)(2)款相同。1999年美国发明人保护法案(the American Inventors Protection Act of 1999)把原先的第102条第(g)款改写为第102条第(g)(2)款,并且增加了内容全新的第102条第(g)(1)款。这一立法变动的目的就在于厘清在抵触程序中确定发明优先地位的规则。这一新的、扩充版的第102条第(g)款更加清楚地表明该法条既是现有技术的一个来源,又是解决抵触问题的一个机制。

大多数第102条第(g)款优先地位竞争是在USPTO通过所谓的"抵触程序"加以解决的。专利抵触程序是一个复杂的行政处理程序,通常的结果是把发明优先地位判定给一方当事人。很少有人会走遍这些程序。有估算表明,只有不到0.25%的专利会进入抵触程序。❷ 但是,这一统计数据容易使人产生错误印象,实际上是因为抵触程序的案子花费高昂,以至于人们只有对那些商业利益巨大的申请才会提请进入抵触程序。❸ 无论如何,因为许多第102条第(g)款案例都涉及抵触问题,所以这里有必要对抵触程序及其相关术语作个简单介绍。

抵触问题可能出现在两份在审申请之间,也可能出现在一份在审申请和一份已经授权且保护期尚未届满的专利之间。第135条规定,USPTO在"一项专利申请与在审申请或保护期尚未届满的专利发生抵触"的情况下,才可以启动抵触程序。如果审查员发现有两份申请相互冲突,她可以不考虑双方申请人行为而直接宣告两者构成抵触。另外,一旦申请人发现存在与其请求保护发明相同的已授权专利或在正式授权之前公布的申请,他可以请求启动抵触程序。

---

❶ Robert Patrick Merges, Patent Law And Policy 395 (2d ed. 1997).

❷ Clifford A. Ulrich, The Patent Systems Harmonization Act of 1992: Conformity at What Price? N. Y. L. SCH. J. INT'L & COMP. L. 405, 415 (1996).

❸ Gerald D. Malpass, Jr., Life After the GATT TRIPS Agreement – Has the Competitive Position of U. S. Inventors Changed?, 19 HOUSTON J. INT'L L. 207 (1996).

专利抵触程序一般涉及一些特定技术术语。许多判例都提到了"在先"当事人和"在后"当事人:"在先当事人是占有最早有效申请日的一方……其他任意当事人就是在后当事人"。❶ 抵触还用到一个概念"争点(count)",它指的是抵触双方提出的重合的权利要求。抵触的争点限定出了双方争论的焦点;每一方当事人都主张是自己最先发明了该争点的发明内容。

当请求启动抵触程序的申请被提出了之后,主审审查员先进行初步判定,判定"申请人藉以获得不利于专利权人的结论的基础是否属实,如果属实,就可以宣告构成了抵触"。❷ 如果主审审查员初步判定该申请满足要求,那么该申请就被转呈给审查长官,由他确定是否应当把抵触程序继续进行下去。❸ 如果审查长官认定其发明在先的表面证据确凿,就会让抵触程序继续进行下去。❹ 但是,如果审查长官判定其缺乏确凿的初步证据,那么他虽然会宣告构成抵触,但却会"给出一个针对该观点申明理由的书面裁定,要求申请人在设定期限内解释为什么不应该进入对申请人不利的简易判决程序"。❺ 如果审判长官发出了这样一个要求解释理由的裁定,那么申请人"可以针对裁定提交答复,答复可以是解释为什么不应当进入简易判决的任何理由"。❻

如果继续进行抵触程序,接下来就是申请人提交初步声明。这些声明包括当事方对他们确信可以在抵触程序中确立的各种发明活动的日期的主张。在初步声明提交过后,当事方可以向专利上诉与抵触委员会提出各种动议,提出那些在抵触程序中可能引发争议的问题。❼ 接下来是抵触程序的初审阶段,当事方都有机会提交宣誓证词、申诉以及证据,证据例如实验记录和出版物。初审之后是最后的听证,由专利上诉与抵触委员会的三人小组主持进行,包括当事人之间的口头辩论。然后由专利上诉与抵触委员会宣布其裁定结果,通常是裁定抵触双方之一在先完成了发明。这时候,败诉一方当事人可以向联邦巡回上诉法院提起上诉。

当然,抵触问题也可以通过其他途径解决。一方当事人可以种种理由主张专利无效;例如,专利请求保护的主题是不应获得授权的主题。采用这种途径往往十分少见,让一份申请或专利无效常常是作为一种有效的防卫手段在使用;当然,无人得到专利权对于抵触的一方当事人而言有时候也是一个不错的

---

❶ 37 C. F. R. § 1.601 (m).
❷ 37 C. F. R. § 1.601 (b).
❸ 37 C. F. R. §§ 1.609 & 1.610 (a).
❹❺ 37 C. F. R. § 1.617 (a).
❻ 37 C. F. R. § 1.617 (b).
❼ 37 C. F. R. § 1.633.

结果。虽然国会认为串通商定有可能阻碍竞争,但当事人达成和解的确是解决抵触问题的一种可选择途径。《美国法典》第 35 编第 135(c)条规定,当事人应当提交就终止抵触达成的协议副本。所提交的协议应当接受公众监督。

偶尔也会发生 USPTO 和申请人都没有发现一份申请与其他申请或专利事实上构成了抵触的情形的存在,其结果就是 USPTO 对外颁发了两份请求保护相同发明创造的专利。专利法第 291 条(条目为"抵触的专利")针对这种有可能出现的罕见情形给出了解决办法。抵触专利的所有人可以向联邦地方法院提出民事诉讼,由法院对他们各自的专利权进行裁决。

4.4.2.3　在国外发生的发明活动

在详细解读第 102 条第(g)款之前,我们有必要考察一下有关在国外发生的发明活动的特别规则。过去,第 104 条规定发明人不得依据在国外的活动来确定关于构思、付诸实践或不懈努力的日期。第 104 条接下来规定了唯一的例外情形,就是该人"是由于与美国国内执行的业务或者代表美国执行的业务有关联而在国外服务"。尽管可以论证一番是由于从国外获取有关发明活动的证据的可信度不高因而制定了第 104 条,但是事实上第 104 条把外国发明人排斥于先发明制之外。根据《巴黎公约》和美国专利法第 119 条第(a)款,在国外的发明人通常只能享有外国专利申请的优先权日。❶

由于国际上对第 104 条强烈反对,美国国会对这一条款进行了两次修正。在 1993 年,相应于《北美自由贸易协定》(the North American Free Trade Agreement Act,NAFTA),对第 104 条作了修正,承认在《北美自由贸易协定》成员内的发明活动的证据效力。对第 104 条所作的 NAFTA 修正的生效日期是 1993 年 12 月 8 日。在 1994 年,相应于乌拉圭回合协议法案(the Uruguay Round Agreements Act,URAA)对第 104 条作了修正,承认在世界贸易组织成员方的发明活动的证据效力。尽管乌拉圭回合协议法案立法过程中 URAA 没有明确第 104 条修正的生效日期,但是人们通常认为其生效日期是 1996 年 1 月 1 日。❷

最后,我们来谈谈 1999 年美国发明人保护法案(the American Inventors Protection Act of 1999)。这一法案把原先第 102 条第(g)款改定为第 102 条第(g)(2)款,并且增加了第 102 条第(g)(1)款。新增的第 102 条第(g)

---

❶ Fujikawa v. Wattanasin, 93 F. 3d 1559, 1561, 39 USPQ2d 1895, 1896 (Fed. Cir. 1996).

❷ Thomas L. Irving & Stacey D. Lewis, Proving a Date of Invention and Infringement After GATT/TRIPS, 22 AIPLA Q. J. 309, 313 (1994).

(1)款规定"在抵触程序中"发明人可以确定"在第104条允许的限度内"的发明活动的日期。这一关于第104条的明确表述,使得抵触各方能够引入发明活动的日期,无论该发明活动发生在美国国内,还是在《北美自由贸易协定》成员内和世界贸易组织成员。由于世界上大多数国家都是世界贸易组织的成员,所以这就意味着实际上任何地方发生的发明活动都应当可以用于确定第102条第(g)(1)款所说的发明优先地位。

关于抵触就说这么多了。第102条第(g)款还可以用作现有技术的来源,如第102条第(g)(2)款所详细规定的那样。细心的读者读到第102条第(g)款时会发现,第102条第(g)(2)款还要求"发明是在本国(美国)做出的"。尽管第102条第(g)(1)款认可对第104条所作的NAFTA修正和WTO修正的扩大范围的证据效力,但是第102条第(g)(2)款并不认可。如果当外国发明人寻求把符合第104条规定的发明活动的日期应用到第102条第(g)(2)款的实体法时,却发现这些日期在这里没有现有技术效力,那么,对于这些外国发明人而言,去证明发明活动的日期符合第104条规定此时还有什么用呢?在这个问题成为司法决议案或进一步立法改革的主题之前,给予外国发明活动的日期以现有技术地位是不可能的。❶

介绍了抵触程序和外国发明活动之后,笔者现在可以对有助于确立第102条第(g)款所述发明的一些行为进行深入探讨。

4.4.2.4 构思

构思就是在发明人的头脑中形成明确的、持久不变的关于完整、可操作、随时都可以付诸实践的发明想法的过程。构思应当包括所请求保护的发明的全部技术特征。❷ 构思完成后,它应当让所属领域普通技术人员无须过度试验即可实施其发明。❸ 尽管构思是一种纯粹的思维活动,但法院认为发明人不能仅仅依靠他们自己未经证实的证词确立他们的构思日期。相反,发明人必须提供关于构思日期的证据,例如模型、文件记录以及他人证词。笔者将在后面的第4.4.2.7节对证据事项加以详细介绍。

Oka v. Youssefyeh❹案涉及抵触问题,由联邦巡回法院作出判决,判决书中给出了对构思的要求。"在先"当事人Oka在日本发明了一种酶抑制剂化合物,该化合物是该案的"争点"。因为当时美国专利法第104条禁止引入那些

---

❶ Harold C. Wegner, TRIPS Boomerang: Obligations for Domestic Reform, 29 VAND. J. TRANSNAT'L L. 535, 549 (1996).

❷ Kridl v. McCormick, 105 F. 3d 1446, 41 USPQ2d 1686 (Fed Cir. 1997).

❸ Sewall v. Walters, 21 F. 3d 411, 30 USPQ2d 1356 (Fed. Cir. 1994).

❹ 849 F. 2d 581, 7 USPQ2d 1169 (Fed. Cir. 1988).

在美国国外发生的发明活动的证据，所以 Oka 只能根据美国专利法第 119 条第（a）款，凭借他的日本申请的申请日——1980 年 10 月 31 日，建立其优先权。

"在后"当事人 Youssefyeh 在美国工作。他希望根据美国专利法第 102 条第（g）款取代 Oka 作为第一发明人。他需要表明自己在 1980 年 10 月 31 日之前就已经完成了发明构思。如果 Youssefyeh 能够提供初步证据，并且表明自己在适当时期不懈努力，他就能成为美国专利法第 102 条第（g）款意义上的第一发明人。

联邦巡回上诉法院判定 Youssefyeh 在 1980 年 10 月最后一周内完成了发明构思。在那时，Youssefyeh 所做的工作实际上就是在合成一些处于双方当事人"争点"范围内的化合物。该法院拒绝接受 USPTO 专利上诉与抵触委员会认定的更早日期——1980 年 10 月 10 日，Youssefyeh 在这一天掌握了一种制造处于双方当事人"争点"范围之外的化合物的方法。首席法官 Markey 认同一项普遍原则，即在化学领域，构思得到了一个上位概念范畴内的某一下位概念，则可以认为完成了对该上位概念的构思。而 Youssefyeh 本人甚至也承认他在 1980 年 10 月 10 日发明的化合物事实上是一个处于另一上位概念范畴内的下位概念。

判定 Youssefyeh 在 1980 年 10 月最后一周完成发明构思之后，该法院遇到了抵触优先地位的问题。根据在先判例可以确定"10 月最后一周"所对应的实际日期，即 1980 年 10 月 31 日。实际上，由于 Youssefyeh 的构思日期和 Oka 提交申请日期是同一天，这时候，双方当事人就打成了平手。审判长 Markey 于是从程序角度入手判决这个案子。因为 Oka 是"在先"当事人，所以就推定他应当获得专利权。如果 Youssefyeh 不能提供证据证明他完成构思的日期更早一些，就认定 Oka 是在先发明人。尽管这个结果看起来好像有些问题，但是，因为根据 USPTO 的抵触程序处理规则，举证责任仅由"在后"当事人负担，所以说，它实际上还是非常公正的。毫无疑问，Oka 应该是在提交日本申请之前完成了发明构思，而且，如果不是美国专利法第 104 条不采信他在日本的发明活动的话，他应当可以证明自己是事实上的第一发明人。

4.4.2.5 付诸实践

发明人可以通过以下两种方式把发明付诸实践：（1）提交专利申请（推定性付诸实践）；（2）起码要构建出发明的实际工作模型（事实性付诸实践）。如果是推定性付诸实践，所提交的申请"必须是关于抵触'争点'发明的申请，而且它必须包含了足以使所属领域技术人员无须付出创造性劳动而能够实现'争点'发明的披露内容，所述'争点'发明由'争点'包含的各项限定

条件定义"。❶

推定性付诸实践的这种规则给许多人以强烈冲击，他们都认为这是一种奇特的政策选择。术语"付诸实践"从字面上看，指的是现实世界中的工程实践，而不是向专利商标局递交申请。但是，专利法并未要求申请人构建工作模型以适用先发明制。而推定性付诸实践理论与下述要求是一致的：专利申请说明书对于所属领域技术人员而言应当是充分公开的，充分公开其所请求保护的发明是如何实现的。要求发明申请在提交时充分公开发明内容，这就确保了发明技术是可以实现的。

事实性付诸实践包括构造物理模型，其包含所请求保护发明的所有技术要素。模型不必十分完美，不必完美到可以进行商业开发的地步。只要模型以有效方式表达了发明的技术内容，即使存在一些所属领域技术人员易于克服的轻微缺陷，也不会妨碍事实性付诸实践的成立。❷ 法院还要求发明人证明发明能够执行其设定功能。这种证据典型地包括一些试验和实际使用情况。Scott v. Finney❸ 案对于专利法课程教师和论文作者而言是个有伤风化的幽默，但该案表明了联邦巡回上诉法院对达到事实性付诸实践要求的试验数量的成熟观点。

Scott 是"在后"当事人，提交了一份关于阴茎植入物的专利申请，比 Finney 提交类似申请晚了 1 年。该植入物使用了由可操纵阀连通的两个囊。为了证明他在 Finney 的发明日期之前就已经把该发明事实性付诸实践，Scott 提交了一盘录像带。该录像带显示在手术台旁 Scott 模拟已经被植入麻醉病人体内的原型的操作。有专家证词表明录像带所演示的阴茎原型能够有足够的硬度达成性交目的。但是，USPTO 专利上诉与抵触委员会对此并不认同，坚持 Scott 必须"在一段适当时间内提交在实际应用条件下的试验证明或者接近实际的模拟应用条件下的试验证明"。❹

Scott 向联邦巡回上诉法院提起上诉，该法院推翻了 USPTO 专利上诉与抵触委员会的结论。该法院认为 USPTO 专利上诉与抵触委员会采用的付诸实践判断标准过于僵化。❺ 该法院认为，"不必用试验去证明发明总是具有功效的、根本没有失败的可能性，但是需要通过试验证明发明具有一定的、能够发挥功效的成功概率。"❻ 而且，所需试验的性质种类取决于"发明的特点以及它要

---

❶ Travis v. Baker, 137 F. 2d 109, 58 USPQ 558（CCPA 1943）.
❷ Hildreth v. Mastoras, 257 U. S. 27, 34, 42 S. Ct. 20, 66 L. Ed. 112 (1921).
❸ 34 F. 3d. 1058, 32 USPQ2d 1115（Fed. Cir. 1994）.
❹ 34 F. 3d at 1060 – 61, 32 USPQ2d at 1117.
❺ 我们讲这个幽默是有伤风化的，而不是说它非常巧妙。
❻ 34 F. 3d at 1062, 32 USPQ2d at 1118.

解决的技术问题"。❶ 对于复杂的发明，需要进行精确的模拟实际工作状态的实验室试验，而对于比较简单的发明，只要把它构造出来，就足以证明它能够顺利工作。Scott v. Finney 案中作为"争点"的发明是一种比较简单机械装置，属于上面所说的后一种情形。基于录像带和专家证词，Scott 给出了"令人信服的证明，证明其发明能够解决它所针对的问题"。❷

联邦巡回上诉法院的另一判例，DSL Dynamic Sciences Ltd. v. Union Switch & Signal, Inc. ❸ 涉及一种更普通的技术，在对达到事实性付诸实践要求的试验数量上持同一观点。这一上诉案件是由对请求保护"连接装配装置"的专利申请构成抵触引起的，该装置使得铁路机动车车辆连接器既可以连接各种设备，也可以连接其他铁路机动车车辆。Union Switch 公司声称在 DSL 公司可以确立的最早日期——1983 年 9 月 9 日之前，该发明就已经事实性付诸实践了，因而认为自己应当是抵触争论中的胜者。

为了证明付诸实践，Union Switch 公司提交了在 1983 年 4 月、5 月进行试验的证据，期间发明人在运行的火车上测试了其发明的原型样机。但是，DSL 公司争辩说这些试验不足以证实其事实性付诸实践。DSL 公司注意到，该进行试验的原型样机是固定在列车最末一个车厢上，而不是运货车厢上。DSL 公司认为，该发明的目的是要用在运货车厢上，而且运货车厢能为原型样机提供的工作条件要比列车最末一个车厢苛刻得多。DSL 公司还指出，Union Switch 公司在 1985 年出售给第三方的一些连接装配装置其性能表现不尽如人意。DSL 公司的态度是，既然在 1985 年这些连接装配装置是不能工作的，那么 Union Switch 公司在 1983 年就已经把该发明付诸实践了的说法就是站不住脚的。

USPTO 和地方法院都把专利权给了 Union Switch 公司，而且联邦巡回上诉法院作出的判决也对此予以维持。Rich 法官判定，尽管 DSL 公司在连接装配装置要应用在运货车厢上而非列车最末一个车厢上这一点上是正确的，但是 Union Switch 公司所做的试验充分模拟了在运货车厢的工作条件。Union Switch 公司所做的大量试验是在长距离、高速度和剧烈振动条件下进行的，这证明其发明能够实现设定的目的。此外，联邦巡回上诉法院并未采信关于 1985 年售出装置性能不尽如人意的证据。Rich 法官解释"我们认为一项发明已经付诸实践，并不要求它就一定达到了在商业上也能令人满意的程度。"

4.4.2.6 不懈努力

第一个产生了发明构思，但却不是第一个把发明付诸实践，这样的发明人

---

❶ 34 F. 3d at 1062, 32 USPQ2d at 1119.

❷ 34 F. 3d at 1063, 32 USPQ2d at 1119.

❸ 928 F. 2d 1122, 18 USPQ2d 1152 (Fed. Cir. 1991).

只要证明自己朝着把发明付诸实践的方向一直在做"合理的不懈努力"就可以赢得优先地位。对于这样的发明人他就得"在他人产生发明构思之前"开始这种不懈努力,直至把发明付诸实践为止,在这个时间段内他需要处于不懈努力状态。但是,在他人产生发明构思之后,甚至在他人把发明付诸实践之后,才开始进行不懈努力,对于赢得优先地位则毫无帮助。这种有关不懈努力的标准,是对第一发明人获得专利权的利益和社会公众及时获取发明公开内容的利益进行折中平衡的结果。❶

应当注意到,美国现行专利制度不会触发关于不懈努力的竞赛。❷ 当双方发明人进行优先地位角逐时,只需要考虑其中一方的不懈努力。这一方就是最先完成发明构思但却在他人之后把发明付诸实践的一方。第一个完成发明构思并且第一个把发明付诸实践的发明人,无须证明其付出了不懈努力,即可在优先地位的角逐中胜出。但是,如果第一个把发明付诸实践的发明人,迟迟不肯对其发明进行商业开发或者提起专利申请,那么,该发明人就会被认定为"放弃、抑止或隐藏"了其发明。关于"放弃、抑止或隐藏"将在第4.4.2.8节加以讨论。

关于什么样的发明活动可以构成不懈努力,这需要个案考虑。总的来说,法院对此进行判断时把握的尺度非常严格。发明人必须证明"在考虑了所有伴随出现的情况之下,发明活动是一个持续的过程,没有显著中断,并且这一过程进展速度应当是在合理限度内的"。❸ 具体地讲,发明人必须证明他在美国专利法第102条第(g)款规定的整个时间段内一直不懈努力或者有免责理由。虽然早先的一些案例判决把发明人发明活动的失误,包括贫穷、疾病以及雇佣要求等作为正当理由❹,但是,现今更多的案例判决很少会考虑与发明本身无关的免责理由。

Gould v. Schawlow❺ 案准确地反映出了这种新姿态。Gould 是抵触中的"在先一方",第一个完成了发明构思,但却在后付诸实践。抵触中的另一方 Schawlow 于 1958 年 7 月 30 日提交了专利申请,并且基于这个日期构成了他的推定性付诸实践的日期。为了赢得优先地位,Gould 必须证明他早在 Schawlow 的专利申请日即 1958 年 7 月 30 日之前就开始不懈努力,直至 Gould 的推定性

---

❶ Griffith v. Kanamaru, 816 F. 2d 624, 2 USPQ2d 1361 (Fed. Cir. 1987).
❷ Steinberg v. Seitz, 517 F. 2d 1359, 1364, 186 USPQ 209, 212 (CCPA 1975).
❸ Diasonics, Inc. v. Acuson Corp., 1993 WL 248654, *16 (N. D. Cal. 1993).
❹ Courson v. O'Connor, 227 F. 890 (7 th Cir. 1915); Christie v. Seybold, 55 F. 69, 77 (6 th Cir. 1893).
❺ 363 F. 2d 908, 150 USPQ 634 (CCPA 1966).

付诸实践之日即 1959 年 4 月 6 日为止❶。Gould 提供充足证据表明其做出了大量发明努力,这些证据包括:离开哥伦比亚大学到私营公司任职,起草许可协议,与同事进行探讨,以及光盘形式存储的试验笔记。尽管如此,法院还是认为这些不足以证实 Gould 做出了不懈努力。法院认为,Gould 未能把他的各项努力和具体时间关联起来,并且许多证词缺乏证据支持。Gould v. Schawlow 案表明,发明人要想证明不懈努力比较难,法院只采信那些具有确切时间的翔实的发明活动证据。

有时,发明人希望证实的是其推定性付诸实践的日期,而非事实性付诸实践的日期。由于只有提交专利申请才会构成推定性付诸实践,所以问题的焦点常常转化为专利代理人是否进行了不懈努力。很可能因为联邦法官更能理解这种对法律实践的要求,法院在涉及不懈努力争议的案件中,显然对专利代理人要比对发明人更为宽容些。专利代理人接受一个发明人的代理委托,不排斥他同时去处理其他案件。专利代理人仅仅需要证明他处理案子时做出了合理限度的不懈努力即可。通常,如果专利代理人依照案子接手次序对案子进行处理,那么,法院将认定他符合不懈努力标准。❷

4.4.2.7 佐证

发明人只有在能够提供佐证的前提下,才可以让人信服他的确完成了各种发明活动——构思、付诸实践和不懈努力。之所以需要佐证是为了防止欺诈❸。尤其是构思这种纯粹的思维活动,认可未经证实的发明人证词,无异于变相鼓励人们作伪证,而且会把对方置于对发明人证词无法反驳的境地❹。联邦巡回上诉法院曾经明智地指出,"仅仅由所谓的发明人提供的未经证实的证词……不足以证明……他在先完成了发明构思"。❺

联邦巡回上诉法院采用所谓的"合理原则"分析法来确定发明人是否能够证实他提供的证词。这种分析法要求检查所有相关证据以便对发明人的可信度作出正确判断❻。佐证证据通常包括试验笔记和证人证词。只有发明人的证词才需要佐证。如果发明人为了证明发明活动提交了物证,那么法官可以根据

---

❶ Gould 第一个完成了发明构思,他需要证明自己在 Schalow 付诸实践日期之前开始进行不懈努力,直至 Gould 自己把发明付诸实践为止。

❷ Bey v. Kollonitsch, 806 F. 2d 1024, 231 USPQ 967 (Fed. Cir. 1986).

❸ Berry v. Webb, 412 F. 2d 261, 267, 162 USPQ 170, 174 (CCPA 1969).

❹ Price v. Symsek, 988 F. 2d 1187, 26 USPQ2d 1031 (Fed. Cir. 1993).

❺ 988 F. 2d at 1195.

❻ Holmwood v. Sugavanam, 948 F. 2d 1236, 1239, 20 USPQ2d 1712, 1714 (Fed. Cir. 1991).

物证进行事实认定❶。判定发明人证词是否能够得以确切证实的考虑因素包括：

（1）佐证证人和宣称在先使用者的关系；
（2）事件发生和初审审判两者之间的间隔时间；
（3）佐证证人与正在审判的案件之间的利益关联度；
（4）佐证证人证词是否前后矛盾或可疑；
（5）佐证证词的程度和翔实性；
（6）佐证证人对授予专利权的发明主题以及在先使用的了解程度；
（7）基于当时的技术状况考虑发生在先使用的可能性；
（8）发明对业界的影响，以及实施发明的商业价值。❷

联邦巡回上诉法院在 1998 年关于 Wooodland Trust v. Flowertree Nursery, Inc.❸ 案的判决中考虑了这些因素，该案涉及未经证实的有关在先使用的口头证词问题。Wooodland Trust 拥有一项专利，请求保护防止植物冻死的方法和装置。他于 1983 年提交专利申请，USPTO 于 1988 年授予其专利。当 Wooodland Trust 提起侵权诉讼时，Flowertree Nursery 公司提出的一个抗辩理由使该专利无效。Flowertree Nursery 公司认为，两家苗圃公司——其中一家为 Hawkins 所有，而 Hawkins 同时拥有 Flowertree Nursery 公司——早在 20 世纪六七十年代就曾使用过该项专利技术。除了法院没有采信的两张没有日期标识的照片外，Flowertree Nursery 公司没能再提交出其他关于这一在先使用的书面证据。反之，包括 Hawkins 的亲戚、朋友及商业合伙人在内的四名证人对此提供了口头证词。地方法院采信了这些口头证词，并且根据美国专利法第 102 条第（a）款判定 Wooodland Trust 专利无效。

上诉重审时，联邦巡回上诉法院推翻了原判。在全面回顾了相关的联邦最高法院判例之后，Newman 法官认为，使用利益相关人的口头证词证明专利无效是不可取的。由来已久的一些联邦最高法院判例表明，即使是最诚实的证人在回忆案情时都有偏袒亲友的倾向，尤其是当这些事情据称发生在很多年之前的时候。Newman 法官发现在当今商业社会背景下这一结论更具说服力，在商业社会中人们的商业活动常常伴随各种书面记录。鉴于该案缺少这类记录，并且考虑到证人和当事人之间的亲密关系、当事人宣称的在先使用日期和证人提供证词的日期相隔久远，所以联邦巡回上诉法院认定被诉侵权一方未能以确实

---

❶ Mahurkar v. C. R. Bard, 79 F. 3d 1572, 38 USPQ2d 1288 (Fed. Cir. 1996).
❷ Price v. Symsek, 988 F. 2d 1187, 1195 n. 3, 26 USPQ2d 1031, 1037 n. 3 (Fed. Cir. 1993).
❸ 148 F. 3d 1368, 47 USPQ2d 1363 (Fed. Cir. 1998).

可信的证据证明 Wooodland Trust 专利无效。

4.4.2.8 专利授予第二发明人

美国专利法第 102 条第（g）款规定，第一发明人如果"放弃、抑止或隐藏"其发明，则会丧失其优先地位。这段话最早出现在 1952 年专利法中，由此美国国会把已有的关于优先地位的判例法编入了法典。在这些早期的典型判例中，有的第一发明人是把技术作为商业秘密加以抑制，有的第一发明人则仅仅是由于疏于管理而抑制了技术。后来，有第二个人独立地发明出了同样的技术。再后来，常常是因为专利授予了第二发明人，第一发明人才知道有第二个人完成了同一发明。由于受到第二发明人的"刺激"，第一发明人于是提交专利申请，并且要求得到作为实际第一发明人的发明优先地位。

在这类案件中，法院会拒绝给予第一发明人以优先地位。第二发明人为技术公开披露做出了贡献，其行为符合专利制度的价值取向。如果第二发明人不这样做，第一发明人可能根本就不会公开他的发明，他可能会继续把发明束之高阁，也有可能以商业秘密的方式实施发明，并且无限期地从中牟利。虽然这里使用了三个单词，但实际上"放弃、抑止或隐藏"表达的是同一个概念。

Dunlop Holdings, Ltd. v. Ram Golf Corp.❶ 案给联邦第七巡回上诉法院提出了一个有意义的问题，即什么样的行为会构成放弃、抑止或隐藏。该案是由 Dunlop 公司主张其对一种名叫 Surlyn 材料的专利权引发的，Surlyn 材料被用于高尔夫球表面覆层。被诉侵权方 Ram Golf 公司是通过第三方 Butch Wagner 获悉这种材料及其使用方法的。早在 Dunlop 公司发明日期之前，Butch Wagner 就已经做出了同一发明，并且把大量采用了发明材料的高尔夫球分发给朋友以及潜在客户试用。但是，Butch Wagner 确实采取措施隐匿了他用于高尔夫球表面覆层的确切材料，并且至少一名所属技术领域专家在进行了通盘检查之后无法确定该覆层的材料成分。

尽管不是实际上的第一发明人，Dunlop 公司仍然要求在法律上被视作第一发明人。Dunlop 公司认为，Butch Wagner "放弃、抑止或隐藏"了 Surlyn 材料在高尔夫球表面覆层中的使用，因为 Butch Wagner 没有向公众披露他的高尔夫球表面之所以如此耐用的原因。初审法院没有接受这一申辩，并且根据美国专利法第 102 条第（g）款无效了 Dunlop 公司的专利。

在随后的上诉审理中，联邦第七巡回上诉法院维持原判。Stevens 法官当时给出了三个理由，解释为什么 Butch Wagner 的公开、不告知使用表明了他没有"放弃、抑止或隐藏"其发明。首先，因为该改进了覆层材料的高尔夫球

---

❶ 524 F. 2d 33, 188 USPQ2d 481 (7 th Cir. 1975).

专利法原理（第 2 版）

进入了商业市场，所以公众仍然能够获取 Butch Wagner 发明所带来的好处。其次，潜在的竞争对手可能会通过反向设计破解该发明内容。最后，Stevens 法官把 Butch Wagner 这样的发明人看作造福大众的人，这样的人对他自己的发明进行市场开发，不应当受到在后发明人专利的阻碍。

有评论人士批评 Dunlop Holdings, Ltd. v. Ram Golf Corp. 案的判决结果。证据表明竞争对手并不能够像法院认为的那样确定高尔夫球表面覆层材料的成分。许多竞争对手尽可能长时间地把他们的发明当作秘密加以保守，他们这样做凭什么可以排斥他人在后提出专利申请呢❶？而且，Dunlop Holdings, Ltd. v. Ram Golf Corp. 案支持了这样一种主张，即一旦有人对发明进行了商业开发，那么，即使他人不能通过检测或反向设计手段破解该发明技术，也不会构成"放弃、抑止或隐藏"发明。

联邦巡回上诉法院多次对美国专利法第 102 条第（g）款中"放弃、抑止或隐藏"作出解读，其中包括一件有趣的案子，即 Apotex USA, Inc. v. Merck & Co., Inc. 案。❷ 原告 Apotex 拥有两项专利，两项专利是关于稳定固体剂型的依那普利钠的制造方法，依那普利钠是一种治疗高血压的药物。被告 Merck 制造依那普利钠，用作本公司生产的一种抗高血压药物的活性成分。这种抗高血压药物在美国的商品名是 Vasotec；而在其他一些国家又称作 Renitec。Merck 从 1983 年开始一直在生产这种抗高血压药物，而且事实上还拥有若干项与依那普利钠有关的美国专利和加拿大专利。但是，Merck 并不拥有关于 Vasotec 制造方法的专利。

Merck 至少在两个场合下披露了其 Vasotec 制造方法中使用的成分。1992 年，Merck 在加拿大出版的一篇专题文章中指出依那普利钠用于制造 Vasotec。早在四年前，1988 年版的一本法国医药词典 Dictionnaire Vidal 也曾经披露依那普利钠用于制造 Vasotec。

此外，Merck 在一次起诉 Apotex 侵犯专利权的诉讼期间，解释了 Vasotec 的制造方法。1991 年，Merck 在加拿大起诉 Apotex 专利侵权。在 1994 年初审过程中，Merck 的一名职员解释了 Vasotec 的制造方法。据信，在这次初审的证词聆讯期间，Apotex 的一名职员 Bernard Sherman 博士构思出了一种制造依那普利钠的新方法。随后，Apotex 获得了两项保护 Sherman 方法的专利。

此后，Apotex 在美国伊利诺依州北区地方法院起诉了 Merck。Apotex 认

---

❶ Martin J. Adelman, Patent Law Perspectives § 2.3 [8-4] at 2-270.2 to 2-270.3 (2d ed. 1992).

❷ 254 F. 3d 1031 (Fed. Cir. 2001).

为，Merck 制造 Vasotec 的方法侵犯了这两项 Sherman 方法专利。经过简易审判，初审法院判定 Apotex 的两项专利无效，理由是 Apotex 不是该专利方法实际上的第一发明人。

Apotex 提起上诉，主要争辩理由有两点。第一，Apotex 认为 Merck 未能证明它没有"放弃、抑止或隐藏"其发明。Apotex 认为，依照美国专利法第 102 条第（g）款规定，Merck 应当根据其在美国境内的活动来证明它没有"放弃、抑止或隐藏"其发明。第二，Apotex 辩称，即便可以考虑那篇加拿大专题文章、法国医药词典以及加拿大初审情况，也没有披露关于 Merck 制造方法的关键信息。Apotex 认为，Merck 事实上"放弃、抑止或隐藏"了其发明。

联邦巡回上诉法院拒绝接受 Apotex 的两点争辩意见。第一，Lourie 法官指出，美国专利法第 102 条第（g）款中"本国"一词仅仅适用于"做出该发明"的国家。因此，用于否定所谓发明人"放弃、抑止或隐藏"其发明的指控证据，不应局限于美国境内活动。具体到该案，加拿大专题文章、法国医药词典以及加拿大初审情况，都可以用来否定证据。

第二，Lourie 法官推断 Sherman 完成其制造方法专利的发明不会早于 1994 年。法院面临的问题是，Merck 是否采取了一些步骤使得发明早在 1994 年之前就已经为公众所知悉。Lourie 法官认定，加拿大专题文章、法国医药词典以及加拿大初审这些披露让公众在 Apotex 开始其方法专利研发之前就已经知晓了该发明。

Apotex 认为这些披露不足以证明 Merck 制造方法得到了公开，联邦巡回上诉法院不同意这一观点。Lourie 法官注意到，Sherman 曾经承认一名有经验的化学家可以根据那篇加拿大专题文章结合对 Vasotec 药片的检测分析结果确定出制造 Vasotec 的方法。Merck 的披露加上 Sherman 的供述，使公众可以得到该发明。因此，不能说 Merck 在美国专利法第 102 条第（g）款的意义上"放弃、抑止或隐藏"了其发明。联邦巡回上诉法院维持了初审法官关于 Apotex 专利无效的简易审判结果。

Apotex USA, Inc. v. Merck & Co., Inc. 案对于讨论美国专利法第 102 条第（g）款中所谓"放弃、抑止或隐藏"的含义非常有意义。与在先判例一样，该案的判决结果同样认为，那些把产品实际散发给公众的人不大可能"放弃、抑止或隐藏"任何与该产品有关的发明。假定在该案中的制造方法连本领域专家也无法轻易确定，那么，联邦巡回上诉法院是否仍然能够得到上述结论呢？

Paulik v. Rizkalla 案是另一个有关美国专利法第 102 条第（g）款的重要判

例。❶ Rizkalla 是抵触中的在先一方，于 1975 年 3 月 10 日提交了专利申请。Paulik 实际上早在 1970 年 11 月就已经把发明付诸实践了，而且当时还向他所在公司负责专利事务的部门提交了一份发明内容公开文档。该专利事务部门最初并不想就此申请专利，但是到了 1975 年一二月份他们又开始起草专利申请文件。Paulik 的发明申请提交于 1975 年 6 月 30 日。USPTO 专利上诉与抵触委员会把发明优先权判给了 Rizkalla。该委员会认为，Paulik 的行为是美国专利法第 102 条第（g）款所述的"放弃、抑止或隐藏"发明的行为，因此不能得到发明优先地位。

Paulik 向联邦巡回上诉法院提起上诉，全体法官出庭审判推翻了上述委员会判决结果。法院成员多数意见认为，发明人在多年沉寂之后恢复其发明活动不构成放弃。发回的意见中提到，如果 Paulik 能够"证明早在 Rizkalla 可得到的最早日期之前就恢复了其发明活动并且不懈努力地着手进行申请提交工作，"那么他就应当得到优先地位。执笔撰写多数意见的法官 Newman 指出，在优先地位的争论中，如果因为不考虑他们最初的工作情况和他们恢复工作的情况而作出与此相反的结论，会打击发明人"投身那些搁置时间'太长'的项目的积极性"❷。

Friedman 法官执笔的异议意见强调指出，多数意见的认识与美国专利法第 102 条第（g）款的文字规定有差距。异议意见指出，该条款只是规定"放弃、抑止或隐藏"发明的人丧失优先地位，没有规定任何补救途径。此外，Paulik 是因为蓄意抑止其发明才导致其成为抵触中的在后一方，所以异议意见质疑 Paulik 是否应当得到优先地位。最后，异议意见指责多数意见使得抵触程序变得更为复杂。

作为术语，美国专利法第 102 条第（g）款中"不懈努力"和"放弃、抑止或隐藏"这些词有其特定的法律含义。不懈努力限于发明人最先形成发明构思但在他人之后付诸实践的情形。而发明人"放弃、抑止及隐藏"发明，关注的是第一个把发明付诸实践的人的所作所为。但是，实际上，很难区分发明人的行为和意图究竟属于哪一种情形。

4.4.2.9 第一发明人抗辩

某人是一种商业方法的"在先发明人"，他人在后获得了该商业方法的专利，如果该专利权人提起专利侵权诉讼，则"在先发明人"可以依据 1999 年的第一发明人抗辩法案（The First Inventor Defense Act of 1999）进行侵权抗辩。

---

❶ 760 F. 2d 1270, 226 USPQ 224 (Fed. Cir. 1985).

❷ 760 F. 2d at 1276, 226 USPQ at 228.

被告必须在该专利有效申请日1年之前就已经把该商业方法付诸实践,并且在该申请日之前就已经在美国境内使用了该商业方法。

推动这一法案在美国国会通过的原因在于,各州的商业秘密法律法规和联邦专利法体系之间的关系错综复杂。商业秘密法保护法人或个人的有商业价值的信息不受他人非法损害侵夺。一些发明人完成发明之后,乐于对其发明创造采用商业秘密的形式加以保护,而不是申请专利保护,其原因之一可能在于,他认为其发明的主题不属于可授予专利权的类型。例如,客户清单或数据编码,通常可以得到商业秘密保护,但不能得到专利保护。另外可能的原因有,他不相信专利体系能够提供有效保护,或者他认为自己可以把发明的秘密状态维持足够久,比专利能够提供的保护期限还要长。❶

非常重要的是,应当注意到专利体系从一开始就不利于那些商业秘密持有者。依照沿袭已久的专利法规定,发明人在其发明维持秘密使用超过1年以上,之后才去 USPTO 提交专利申请,是没有获取专利的机会的。❷ 这一政策主要是为了保证专利保护期限长短一致。专利法设定的专利保护期限是自申请日起20年。❸ 如果商业秘密持有者先是秘密使用其发明很长时间,然后才去提交专利申请,实际上是向后推迟了专利保护期届满的日期,这样会扰乱专利保护体系。

另外,既定的专利法原则规定,在先的秘密使用不能对抗在后发明人的专利。❹ 而且,如果在先发明人对其发明维持秘密使用,而另外有一人在后独立完成了该发明并且得到了专利授权,那么,在先发明人这时就面临着被判定侵权的可能。这一政策的考量着重在于:公开的专利文献充分公开了发明的内容,传播大众,推动社会技术进步,而商业秘密则不然。在披露发明给大众的在后发明人和维持秘密使用的在先发明人之间,专利制度青睐前者。

尽管已经有了上述这些原则,当20世纪90年代末人们开始关注商业方法的可专利性时,专利和商业秘密之间的关系还是重新成为了瞩目焦点。由于商业方法长久以来被认为属于不授权主题,所以,商业方法的发明人传统上一直依赖商业秘密保护。直到最近,还有人给那些做出新的商业方法发明的发明人

---

❶ David D. Friedman, et al., Some Economics of Trade Secret Law, 5 J. ECON. PERSPS. 61, 64 (1991).

❷ Metallizing Eng'g Co. v. Kenyon Bearing & Auto Parts, 153 F. 2d 516, 68 USPQ 54 (2d Cir.), cert. denied, 328 U. S. 840, 66 S. Ct. 1016, 90 L. Ed. 1615 (1946).

❸ 35 U. S. C. A. § 154 (2000).

❹ W. L. Gore & Assocs. v. Garlock, Inc., 721 F. 2d 1540, 220 USPQ 303 (Fed. Cir.), cert. denied, 469 U. S. 851, 105 S. Ct. 172, 83 L. Ed. 2d 107 (1984).

建议不要申请专利保护。这种建议，在以前确实还是有道理的。

1998 年联邦巡回上诉法院就 State Street Bank and Trust Co. v. Signature Financial Group❶ 案作出的判决，改变了人们的传统认识。一方面，在该案的判决意见中，联邦巡回上诉法院推翻了长久以来商业方法不能获取专利授权的禁止性规定。因此，金融业、保险业以及服务业这些行业都行动起来了，开始为他们的业内发明（多涉及商业方法）寻求专利保护。另一方面，精通专利法的专家们意识到，这一重大改变对那些在该案判决之前做出商业方法发明的发明人是非常不公平的。这些发明人当中的许多人已经对他们做出的发明维持秘密使用了很多年。因而，他们的这些发明也就不能再获得专利保护——由于他们长时间使用这些发明，虽然是秘密使用，但仍然会触犯美国专利法第 102 条第（b）款这一法定禁止性规定。而且，由于商业秘密并不能构成对抗他人专利申请的现有技术，在后发明人还有可能就相同的发明创造获得专利保护。在此情形下，事实上"在先发明"了一项商业方法的商业秘密持有者，会发现自己将被判定为侵权者，居然是侵犯了他人"在后发明"的商业方法专利。

1999 年第一发明人抗辩法案折中了上述原则，给商业方法的"在先发明人"提供了一个对抗在后专利权人的侵权抗辩事由。根据美国专利法第 273 条，该侵权抗辩成立需要三个条件：第一，被告在该商业方法专利申请日 1 年之前就已经把该商业方法付诸实践；第二，被告在申请日之前就使用了该商业方法；第三，付诸实践和使用都是出于善意（合乎正派和诚实的标准），即被告是独立完成该商业方法，而不是以不正当手段从专利权人处获取的。

放眼未来，很可能会把第一发明人抗辩扩展到更为宽泛的专利保护主题。在这点上，第一发明人抗辩将逐步演化为一种在其他国家颇为流行的规则。❷ 这些条款通常被认为构建起了"在先使用权"。与 1999 年第一发明人抗辩法案构建的非常有限的机制不同，国外的在先使用权并不局限于商业方法。反之，在先使用权适用于任意种类的发明。1999 年第一发明人抗辩法案在施行过程中积累下来的经验，将为美国国会在决定是采信适用面更广的在先使用权制度还是维持现行政策体系的决策中提供帮助。

4.4.3　第 102 条第（e）款的美国专利申请公开

美国专利法第 102 条第（e）款规定比较复杂，用于判断已公开的专利申

---

❶ 149 F. 3d 1368, 47 USPQ2d 1596 (Fed. Cir. 1998), cert. denied, 523 U. S. 1093, 119 S. Ct. 851, 142 L. Ed. 2d 704 (1999).

❷ The Advisory Commission On Patent Law Reform, A Report to the Secretary of Commerce 48 (1992).

请和已授权专利的现有技术地位。根据美国专利法第102条第（e）（1）款，某项发明在已公开的美国专利申请中披露了但没有作为权利要求提出，依其申请日构成现有技术。美国专利法第102条第（e）（2）款情况类似：某项发明在已授权专利中披露了但没有作为权利要求提出，依其申请日构成现有技术。

首次接触美国专利法第102条第（e）款，有必要先回顾一下 USPTO 的一些工作流程。目前，USPTO 是自申请日起18个月后对在审专利申请进行公布。但不是公布所有的专利申请。具体讲，如果申请人确定自己不再就其发明寻求国外专利权，那么 USPTO 就不会公开其美国申请。因此，一些专利申请是自申请日起18个月后进行公布。而另一些专利申请在此时根本就不会公布，只有在这些申请获得 USPTO 专利授权的情形下，才会公开其发明内容。

美国专利法第102条第（e）款的目的是定义已公开专利申请和已授权专利可以相对于他人发明当作现有技术的时间点。笔者对美国专利法第102条第（a）款和第（b）款的讨论表明，专利法通常不允许那些公众接触不到的对比文件（references），例如商业秘密，具有影响他人获取专利的效力。因此看来，已公开专利申请和已授权专利用作现有技术的最恰当日期应当是它们在 USPTO 实际公布的日期。

然而，在1926年著名的 Alexander Milburn Co. v. DavisBournonville Co. ❶ 案的判决意见中，Holmes 法官得出了一个不同结论。他认为专利说明书披露的发明内容应当在其申请日具备现有技术地位。随后国会把 Alexander Milburn 判例法则纳入法典成为美国专利法第102条第（e）（2）款，因此，有必要回顾一下 Holmes 法官的判决意见，这有助于大家了解专利法为何采纳了这样一个看似错误的结论。

在该案中，Clifford 于1911年1月31日提交了一份专利申请，该申请披露了一种焊接与切割设备，但是没有把该设备作为权利要求提出来。1911年3月4日，Whitford 提出专利申请，请求保护 Clifford 已经公开但却没有作为权利要求提出来的这样一种设备。Whitford 显然缺乏足够的证据证明有早于其专利申请日的任何发明日存在。专利商标局于1912年2月6日授予 Clifford 专利，而后于1912年6月4日公布 Whitford 专利。之后，一名被控侵犯 Whitford 专利的侵权者辩称，Clifford 在其专利申请中披露了该设备，因此 Clifford 专利申请可以预期 Whitford 的发明。注意，因为 Clifford 没有像 Whitford 那样对这种焊接与切割设备提出权利要求，所以不存在竞夺发明优先地位的问题，不能适用美国专利法第102条第（g）款。

---

❶ 270 U. S. 390, 46 S. Ct. 324, 70 L. Ed. 651 (1926).

在联邦最高法院审理的过程中，Whitford 主张，Clifford 专利在其公布日之前不能构成现有技术。Whitford 认为，Clifford 申请在其申请日根本就没有向公众披露，因为在其公布日之前 Clifford 申请在 USPTO 一直处于保密状态。Whitford 的说法毫无疑问是正确的，尽管如此，Holmes 法官还是不予认同。Holmes 认为，Clifford 提交了专利申请，"Clifford 为了让自己的发明公之于众，做了他所能做的全部"❶。Clifford 接下来只能是等待 USPTO 批准他的申请。这种情形下，不应当以 USPTO 处理申请上的时间迟延剥夺申请内容的现有技术地位。

Holmes 法官的推理存在一些明显缺陷。在他撰写该案判决意见时，美国专利法第 102 条第（b）款前身所规定的宽限期是 2 年❷。假设 USPTO 处理申请速度足够快，能够在申请当天授予专利，那么，Whitford 只需在 1913 年 1 月 31 日之前提交申请就可以避开 Clifford 申请这篇对比文件引起的麻烦。而根据美国专利法第 102 条第（a）款的早期版本，Clifford 的申请也不构成现有技术，这是因为他的在先知识或使用完全处于私密状态。❸

但是，Alexander Milburn Co. v. DavisBournonville Co. 案的判决结果及其上升为美国法典第 35 编第 102 条第（e）款，不失为明智的折中选择。每天向 USPTO 提交的发明申请成百上千。这些专利申请有效反映了当时的技术发展水平。USPTO 在进行可专利性判断时如果无视这些已提交申请，那就太反常了，尤其是 USPTO 审查员们还都很擅长分类、检索与专利相关的文献。

在 Holmes 法官作出 Alexander Milburn Co. v. DavisBournonville Co. 案判决意见的时候，USPTO 还在对专利申请维持保密。根据 1999 年美国发明人保护法案（The American Inventors Protection Act of 1999），现在 USPTO 将会在其申请日起 18 个月后对在审专利申请进行公布，除非申请人确认他不再向国外提交相同的专利申请。当美国国会考虑制定对专利申请进行有条件公布的相关规定时，它选择采用了 Alexander Milburn Co. v. DavisBournonville Co. 案的推理思路。因此，根据美国专利法第 102 条第（e）(1) 款，已公开专利申请依其申请日构成现有技术。因此，美国专利法第 102 条第（e）(1) 款认可了在审申请具有现有技术效力但却不为公众所知的 18 个月期限。

USPTO 以下述方式适用美国专利法第 102 条第（e）款。如果审查员发现了一篇已授权专利披露了一件在审申请中所请求保护的发明，但没有把它作为

---

❶ 270 U. S. at 400.

❷ Rev. Stat. § 4486, as amended March 3, 1897, ch. 391, 29 Stat. 692.

❸ 参见第 4.3.1 节。

权利要求提出来，那么，他可以依据美国专利法第 102 条第（e）款作出拒绝意见。作为回应，申请人可以提交《美国联邦法规》第 131 条的宣誓证词。❶该宣誓证词需要表明发明人在该已授权专利的申请日之前进行了大量的发明活动。申请人必须表明（1）在该已授权专利的申请日之前事实性付诸实践，或者（2）在该已授权专利的申请日之前完成了发明构思，并且自该申请日起直至最后付诸实践期间一直不懈努力。

另外，假定审查员遇到的是两份由不同发明人提交的同处于在审状态的申请。❷ 进一步假设，其中在先申请披露的发明主题可以预期在后申请。因为审查员负有在这个阶段对申请内容保密的义务，所以审查员必须等到下述两种情形之一发生时才可以依据美国专利法第 102 条第（e）款发出拒绝意见：在先申请公布后，依据美国专利法第 102 条第（e）(1) 款对在后申请发出拒绝意见；或者，对于那些 USPTO 不予公布的在先申请，待其相应授权专利公布后，依据美国专利法第 102 条第（e）(2) 款对在后申请发出拒绝意见。❸

美国专利法第 102 条第（e）款与美国专利法第 102 条第（g）款的区别在于，发明必定是在专利说明书中披露了，但没有作为权利要求提出来。当两项专利或申请请求保护同一发明时，发明人会进行优先地位竞夺，这可以通过抵触程序或者通过法院加以解决。如其条文所述，美国专利法第 102 条第（e）款指的是"另一人的"专利或申请。因此，美国专利法第 102 条第（e）款并不适用于同一发明人拥有的发明或申请。

美国专利法第 102 条第（e）款明确表明其仅适用于美国专利。对于外国专利，它们可作为现有技术的有效日期是它们对外公布的第一天。虽然在国外不同的专利体系有不同的规定，但是通常在外国专利局专利文件对外公布的第一天是指（1）外国专利实际授权公布之日，或者（2）由外国专利法条款规定的一个较早一些的日期，即在审专利申请公布的日期（在大多数国家，是自申请日起 18 个月期满公布）。例如，假定 Nanuck 博士于 2004 年 5 月 1 日提交了一份加拿大专利申请。加拿大专利局于 18 个月之后即 2005 年 11 月 1 日公布了该申请，并最终于 2006 年 9 月 12 日授予 Nanuck 博士加拿大专利。因为不适用美国专利法第 102 条第（e）款，所以依照美国法律规定该加拿大专利可以用作现有技术的第一天是 2005 年 11 月 1 日，即加拿大专利局公布 Nanuck 博士该申请的日期。

---

❶ 参见第 4.3.1 节。
❷ USPTO 允许审查员对包含有相同发明人或所有权人的申请作出暂行拒绝意见。
❸ Manual of Patent Examining Procedure § 706.02 (f)。

法院在解读美国专利法第 102 条第（e）款适用于"在美国提交"申请这一要求时非常严格。即便一份专利申请依据美国专利法第 119 条第（a）款和《巴黎公约》享有外国优先权，其相应得到的授权专利具有现有技术效力的时间也只能是其实际的美国申请日。❶

下面的例子解释了美国专利法第 102 条第（e）款的基本工作原理。假定 Gizmo 教授于 2004 年 7 月 7 日完成了一种新型 X 射线装置的发明构思，并于 2004 年 10 月 13 日进行了事实性付诸实践，而且于 2005 年 2 月 28 日向 USPTO 提交了申请，请求保护该装置。审查过程中，USPTO 审查员发现了一篇已授权美国专利，专利权人是 Gizmo 教授的竞争对手 Nefarious 博士。Nefarious 博士的专利披露了 Gizmo 教授申请请求保护的新型 X 射线装置，但没有就该装置提出权利要求。Nefarious 博士专利的授权公布日是 2007 年 3 月 17 日，相应申请的申请日是 2004 年 11 月 1 日。进一步假定，因为 Nefarious 博士只寻求美国专利，所以 USPTO 并没有在其申请日起 18 个月后公开其当时还处于在审阶段的申请。

根据这些事实，USPTO 审查员可以基于 Nefarious 博士专利对 Gizmo 教授发出美国专利法第 102 条第（e）款拒绝意见。假定 Gizmo 教授能够提出有关她所进行的发明活动日期的充足佐证，那么，她可以提交《美国联邦法规》第 131 条的宣誓证词，表明她在 Nefarious 博士专利的申请日（Nefarious 博士于 2004 年 11 月 1 日提出申请）之前就已经把发明付诸实践了（Gizmo 教授于 2004 年 10 月 13 日进行了事实性付诸实践）。如果 USPTO 审查员对此不予反对的话，Gizmo 教授将获得专利。

细心的读者可能会对 Nefarious 博士此时所处情形感到困惑。毕竟，USPTO 没有就 Gizmo 教授申请一事与 Nefarious 博士进行沟通接触，而 Gizmo 教授将要得到的专利有可能和 Nefarious 博士所披露的完全一样。笔者对此的解释是，因为 Nefarious 博士没有明确就该 X 射线装置提出权利要求，仅仅是在他的专利中作出了披露，所以笔者不认为他对新型 X 射线装置这一发明拥有充分权利。根据这一观点，Gizmo 教授后来提出了对新型 X 射线装置的权利要求，对于 Nefarious 博士也是无关紧要的。当然，如果 Nefarious 博士曾经明确提出对新型 X 射线装置的权利要求，那么，USPTO 会宣告两者构成抵触并且只把专利授予其中的第一发明人。如果 Gizmo 教授已经就新型 X 射线装置得到了专利，而 Nefarious 博士后来又想得到对新型 X 射线装置的专利权，那么，Nefarious 博士可以向 USPTO 提交一份"重新颁发专利的申请"重新颁发明确提出对新型

---

❶ In re Hilmer, 359 F. 2d 859, 149 USPQ 480（CCPA 1966）. 参见本书第 12.1.4 节。

X射线装置的权利要求。但是，Nefarious博士只有符合一些特定条件，才能启动重新颁发程序，有关重新颁发程序详见本书第7.5.3节。

在笔者结束对美国专利法第102条第（e）款的讨论之前，应当注意到，这一条款参引了美国专利法第351条第（a）款。因此，美国专利法第102条第（e）款间接引用了专利合作条约（PCT）。在本书第12章对PCT有详细讨论，为了帮助对这一阶段的理解，这里稍作介绍。简而言之，PCT允许申请人向一家有资质的专利局提交一份"国际申请"，同时指定所有他希望得到专利保护的签约国。根据条约规定，这份单个申请具有与向这些指定签约国分别提交申请相同的法律效力。因为有超过100个国家加入了PCT，所以提交一份国际申请就等同于提交了多个国家申请。所有国际申请都在其申请日起18个月届满时对外公布。

在加入PCT时，美国把Alexander Milburn法则扩展适用到了国际申请。经过2002年对美国专利法第102条第（e）款的修正后，基本的现有技术认定规则如下所述。指定了美国并以英语公布的国际申请公开文本，适用美国专利法第102条第（e）（1）款，因此依其申请日具备现有技术效力。同理，根据美国专利法第102条第（e）（2）款规定，美国专利可以依其国际申请的申请日具备现有技术效力，只要该国际申请指定了美国并且是以英语公布的。这两条都遵从了Alexander Milburn法则，就和在美国提交的非PCT申请一样。

4.4.4 第102条第（f）款有关发明来历的规定

美国专利法第102条第（f）款是第102条中有关丧失新颖性规定的最后一款，该款防止把专利授予那些"自己不是请求专利保护主题的发明人"的申请人。如果一个人是从别人那里获取的发明，那么，出于简单正义和一般常识，他的申请不应该得到专利。因此，美国专利法第102条第（f）款提出了一个基本要求，规定只有真正的发明人才可以申请专利，这一基本要求与美国专利法第101条和宪法本身规定一致。关于发明来历的案件，其表面证据成立的前提是要证明另外有人在先完成了对请求专利保护的主题的发明构思，并且要证明该发明构思确为申请人或专利权人所获悉。❶

法院使用美国专利法第102条第（f）款的机会不是很多。因为如果能够搞清楚发明来历，知道是另外有人首先发明了请求专利保护的主题，那么，在这种情况下，对这类案子通常也可以适用美国专利法第102条第（a）款。在

---

❶ Price v. Symsek, 988 F. 2d 1187, 26 USPQ2d 1031（Fed. Cir. 1993）; Campbell v. Spectrum Automation Co., 513 F. 2d 932, 185 USPQ 718 (6 th Cir. 1975)。

专利问题上敌对的当事人通常会找到更符合美国专利法第102条第（a）款的专利无效证据，这一条款不会涉及令人头疼的通知书往来和文件复印问题。美国专利法第102条第（f）款用于那些确实无法适用美国专利法第102条第（a）款的案子。尤其是，美国专利法第102条第（f）款不局限于"在本国"完成构思的发明，法院也不会像对待美国专利法第102条第（a）款那样要求其发明为公众知晓。❶

  例如，假定Nefarious博士于2004年5月27日在墨西哥观光胜地昂塞纳达的一处游泳池边上正在喝饮料。Nefarious博士不经意间听到了Gizmo教授对研究伙伴就其最新发明所做的一番口头描述。Nefarious博士立刻赶回了美国，于2004年5月29日提交了一份专利申请，请求保护的正是Gizmo教授的发明。在这种情形下，不能适用美国专利法第102条第（b）款这一禁止性条款，这是因为Gizmo教授的发明在美国既没有"销售"也没有"公开使用"。也不能适用美国专利法第102条第（a）款，这是因为Gizmo教授的发明在美国并不"为他人所知或使用"。基于这些情况，假定Gizmo教授能够证明Nefarious博士请求保护的发明是从她那里获取的，那么，可以适用美国专利法第102条第（f）款，并依此作出对Nefarious博士专利申请的拒绝意见。

---

❶ OddzOn Products, Inc. v. Just Toys, Inc., 122 F. 3d 1396, 43 USPQ2d 1641 (Fed. Cir. 1997).

第 5 章
非显而易见性

5.1 简 介

根据美国专利法第 103 条第（a）款,"如果请求专利保护的主题和现有技术之间的区别仅在于,所要求保护的主题在该发明做出时对于本领域技术人员而言是显而易见的,则该发明不应获得专利权"。美国专利制度采用了"非显而易见性"这个不易理解的术语来表达这种要求。正如我们将要看到的,"非显而易见性"源于"发明"的历史性和短暂性标准。在实践中,非显而易见性是可专利性需要满足的最重要条件。专利申请人和 USPTO 审查员之间的大多数对话一般都与非显而易见性有关,并且非显而易见是被控侵权人在法院侵权诉讼中最常用的有效辩护理由。

美国专利法第 103 条第（a）款要求法官和 USPTO 审查员判断发明人的成果是否足以具备与现有技术相区别的专利价值。为解决这个问题,非显而易见性的分析过程也采用与新颖性标准相同的方式进行。首先,必须确认与评价非显而易见性相关的技术类型。除一些情况外,与非显而易见性相关的现有技术通常与新颖性的现有技术相同。应该注意的是,不仅必须将属于美国专利法第 102 条下的对比文件视为美国专利法第 103 条第（a）款的现有技术来源,而且对比文件必须与专利或专利申请所要求保护的发明领域相近似。此外,美国国会制定了一条特别规定,专门用于解决合作研究成果的现有技术状况问题,该规定被编入美国专利法第 103 条第（c）款。非显而易见性的现有技术将在第 5.2 节中进行讨论。

一旦认定了合适的现有技术,则请求保护的发明相对于那些对比文件必须是非显而易见的。第 5.3 节将讨论这一问题。美国专利法第 103 条第（a）款要求,相关技术领域中的普通技术人员或工程人员所拥有的知识,才是作为判断非显而易见性的衡量标准。与新颖性标准不同,在分析非显而易见性时,可以综合考虑多篇对比文件。然而，正如本章将要讨论的，普通技术人员必须有动机结合这些对比文件，同时能预见到这种结合能够产生合理预期的成功。

国外所采用的"创造性"标准与非显而易见性非常类似，但却不完全相同。例如，《欧洲专利公约》第56条提出"相对于现有技术的状况，如果对于本领域普通技术人员来说不是显而易见的，则发明应被认为具备创造性"❶。正如我们看到的，尽管术语之间含义相近，但美国专利律师对"发明"历史标准留有集体不良记忆，因而在美国国内"创造性"这一术语应当避免使用。此外，为反映出非显而易见性的分析是基于现有技术，而不是"事后诸葛亮"，美国专利制度不赞成在描述非显而易见性时采用现在时。当讨论和撰写有关美国专利法第103条第（a）款的问题时，合适的做法是使用"would have been obvious"这样的语言❷。

对于刚接触专利制度的人而言，应该关注非显而易见性要求所产生的影响。非显而易见性允许USPTO和法院对一项专利作出拒绝或无效的决定，即使该专利保护的是一种从未出现的产品或从未实施过的方法。因此，美国专利法第103条第（a）款反映了"并非所有新发明都应该授予专利"的政策。

笔者和法官曾提供过大量关于这项"附加新颖性"要求的司法理由。最为明显的是，非显而易见性在现有技术状况周围产生一个"非专利"区域。美国专利法第103条第（a）款允许普通技术人员完成一些常规工作，例如材料的直接替代、部件与技术流程的合理化改变及随技术成熟而发生的非主流的正常改进，而不必担心会侵犯专利❸。因为普通技术人员必然要每天从事这类工作，为这些常规工作取得的结果而支付专利费用似乎不尽合理。

非显而易见性还考虑到USPTO以及希望专利无效的相关利益个体当事人在判断上的实际局限性。正如我们知道的，为证明请求保护的发明缺乏新颖性，必须提供能够公开该发明每个技术特征的现有技术对比文件。然而，找到与请求保护的发明完全相同的在先公开出版物、专利、公开使用或提供销售的证据有时很困难。在现代全球社会中存在太多可供USPTO审查员和相关利益个体在海量技术信息中寻找的资源。如果可以找到一些可结合的对比文件，显示该发明是显而易见的，则至少有些可能说明该发明也并非真正意义上的

---

❶ 《欧洲专利公约》（Convention on the Grant of European Patents），1973年10月5日，13 I. L. M. 268（1974）。

❷ Panduit v. Dennison Mfg.，774 F. 2d 1082，1088 n. 7，227 USPQ 337，340 n. 7（Fed. Cir. 1985），因其他原因撤销判决，475 U. S. 809，106 S. Ct. 1578，89 L. Ed. 2d 817（1986），发回重审（on remand）810 F. 2d 1561，1USPQ2d 1593（Fed. Cir. 1987）。

❸ Martin J. Adelman Et Al.，Patent Law：Cases And Materials 310（2d ed. 2003）。

"新颖"。

为说明非显而易见性是可专利性的要求,经济学研究已经提出了一些更具理论性的理由。法律经济学家强烈主张,一个最佳的专利制度只能授权给由该专利制度本身激发出来的发明。如果普通的市场能力就能提供足够的动力发明和公开新的技术,则专利的授权便不是促进创新的必要因素。在这种情况下,公众不应该承受由于专利的授权而带来的不便。尽管专利制度不能尝试去辨别个体发明者的动机,但它的确应当成为非显而易见性的代表。由此看来,非显而易见性的要求鼓励人们从事于那些不能确定能够成功的工作,因为他们需要扩展现有技术的水平❶。

5.2 非显而易见性的现有技术

美国专利法第103条第(a)款要求专利界对"请求专利保护的主题与现有技术之间的区别"进行判断。但是,法律对术语"现有技术"毫无定义。为填补这个空白,法院宣布所有与判断美国专利法第102条新颖性和法定禁止有关的材料都应该被视为也是非显而易见性的现有技术❷。

然而,针对美国专利法第102条的现有技术与针对美国专利法第103条非显而易见性要求的现有技术,两者之间的范围有一个重要区别。当涉及非显而易见性问题时,还必须考虑技术是否属于"相似领域",即与请求保护的发明或与所要求保护的主题所要解决的问题相关的技术领域。专利法还排除了对某些因合作研究成果而产生的现有技术的考虑。根据美国专利法第103条第(c)款,在发明的时间里,当现有技术和请求保护的发明均属同一团体,则它们在非显而易见性的分析中可以不予考虑。这些主题将在下面内容进行讲述。

---

❶ 参见 Rebecca Eisenberg,专利和科学的排他发展:独占权和实验用途(Patents and the Exclusive Progress of Science: Exclusive Rights and Experimental Use), 56 U. CHI. L. REV. 1017(1989)。

❷ 美国专利法第102条第(c)款或第102条第(d)款下可获得的主题是否也可应用于美国专利法第103条第(a)款仍没有结论性意见。这可能是由于这两项条款相对很少使用。CCPA 在 In re Bass 案,474F. 2d 1276, 1290, 177USPQ178, 189(CCPA 1973),和联邦巡回法院在 OddzOn Products, Inc. V. Just Toys, Inc. 案,122 F. 3d 1396, 1403, 43USPQ2d 1641, 1645-46(Fed. Cir. 1997),都在声明中陈述,这两项条款都不是美国专利法第103条第(a)款的来源,也不是美国专利法第103条第(a)款的现有技术。这个结果对于美国专利法第102条第(c)款来说是有问题的。如果发明人确实向公众放弃了一件发明,合理的专利政策将认为他的贡献也应当应用于技术的明显变型。并且,根据联邦巡回法院在 In re Kathawala 案,9 F. 3d 942, 28 USPQ2d 1785(Fed. Cir 1993)中外延解释与美国专利法第102条第(d)款禁止条例一致,事实是,美国专利法第102条第(d)款范围内的外国专利不能引入美国专利法第103条第(a)款可能就无足轻重了。

5.2.1 相似领域

事实上,属于美国专利法第 102 条下任何一项条款的对比文件都并不足以使其适用于非显而易见性的评价。技术还必须从与请求保护的发明所属技术领域足够密切相关的领域中产生。这些领域被称为"相似领域"。这个原则符合美国专利法第 103 条第 (a) 款中应从"本领域普通技术人员"角度判断非显而易见性的要求,其并不适用于新颖性的判断。因此,虽然某技术领域的普通技术人员被假定可以获知所有的技术知识,包括现有技术的状况,但这些技术知识仅仅是在所属领域技术人员的能力和经验范围之内被应用。

一个简单的例子可以阐明这个原则的基本含义及其延伸的其他类型的问题。假设 Cutler 教授设计发明了一种制造永久无须磨削的刀片的新方法,并且对他的发明请求专利保护。如果 USPTO 审查员发现了一份在前授权的刀片生产方法的法国专利,以及一份在前公开于《Alabama Knife Blade Production Journal》的科技论文。审查员可根据上述两份对比文件的结合启示,得出 Cutler 教授的发明是显而易见的结论。上述两份对比文件与 Cutler 教授的发明显然均来自与 Cutler 刀片制造相同的技术领域。现在,假设第二篇对比文件刊登在《Alabama Toy and Game Technology Review》,其中描述了如何在用于万圣节儿童服装的 Freddy Kruger 恐怖型手套上制作锐利刀刃。在使用这篇对比文件分析显而易见性之前,审查员应该能够确信玩具制造是刀片生产的"相近技术"。否则,该对比文件不能用于美国专利法第 103 条。

联邦巡回上诉法院 1992 年在 In re Clay❶ 案中的结论充分表明了其对相似领域的观点。Clay 的申请涉及精炼液态烃产品在储存罐中进行储存的方法,其中储存罐在其底部与出口端之间有一个空区(Dead Volume)。该方法包括先把一种凝胶溶液放入储存罐的空区,随后让溶液胶凝。根据 Clay 的申请,添加凝胶降解剂可以容易地将凝胶从罐中移出。USPTO 以美国专利法第 103 条第 (a) 款拒绝了 Clay 的申请,部分原因是 Syndansk 对比文件。Syndansk 对比文件提示一种类似的凝胶引入地下、天然的带油结构中,以便在提取过程中形成更好的槽油流体。Marathon 石油公司同时拥有 Syndansk 专利和 Clay 专利申请。

Lourie 法官第一个提出判断现有技术是否相似的两项标准。第一项判断标准是"现有技术是否与发明同属相同技术领域,而不用考虑所解决的技术问题"❷。如果是肯定的,那么该现有技术应被视为相似,符合美国专利法第 103

---

❶ 966 F2d 656, 23 USPQ2d 1058 (Fed. Cir. 1992).

❷ 966 F.2d, 659, 23 USPQ2d, 1060.

条第（a）款的要求。然而，即使没有满足第一步标准，如果对比文件"与发明人所要解决的特定问题合理相关"❶，则仍然视为相似的。这种对比文件"逻辑上讲会使发明人在考虑问题时引起他的注意"❷。

　　根据 Lourie 法官的观点，Syndansk 对比文件不符合上述任何一项测试标准。从技术领域来讲，Syndansk 对比文件致力于在天然地下结构的无约束、不规则体积中，在极端操作条件下使用凝胶。而 Clay 相反是在大气环境下处理人造储存罐空间的受约束体积。而且，就问题的相关性而言，法院认为 Syndansk 对比文件解决的是从岩石中除去，而 Clay 是从储存罐中除去油。由于 Clay 所要解决的问题涉及了不同的结构和工作条件，本领域普通技术人员不会从 Syndansk 专利中得到解决 Clay 所要解决的技术问题的信息。

　　虽然第二项标准看似决定正确，但审理 In re Clay 案的法院似乎只是口头上赞成了相似性测试的第一方面。Clay 和 Syndansk 发明均涉及在油提取中使用凝胶，并且被同一公司所拥有，表明两者属于相同的技术领域。从对于相同事实引出了各自的理由这一点上看，联邦巡回上诉法院也似乎没有区分相似领域的第一项标准与第二项标准。

　　尽管 In re Clay 案倾向于拓宽法院考虑相关性的现有技术范围❸。但仅在 In re Clay 案两年以后，联邦巡回上诉法院就在 In re Paulsen 案中作出了一个具有代表性的决定❹。在该案中，法院认为现有技术"枢轴和锁定部件在桌面电话表、钢琴盖、橱柜、清洗机柜、木制家具柜或者存放立体声磁带分体外壳中的应用"，与设计便携式计算机的枢轴和锁定部件关闭装置解决的问题是相似的。根据法院的意见，该专利申请所要解决的技术问题并不只是计算机领域特有的。而是涉及它们如何连接和保护蚌壳开合式便携计算机的两个部件，是简单的机械技术领域的一个公知问题。

　　回顾美国专利法第 102 条，一篇对比文件描述请求保护的发明的所有技术特征，这是新颖性的必要条件而非充分条件。一篇现有技术的对比文件还必须能够解释本领域普通技术人员如何把发明付诸于实践。这个标准定义为"能够实现"的要求❺。重要的是，对于美国专利法第 103 条的非显而易见性没有这种要求。即使对比文件本身没有完全公开技术如何实施，它仍可以用于所有

---

❶ 966 F. 2d, 659, 23 USPQ2d, 1060.

❷ 966 F. 2d, 659, 23USPQ2d, 1061.

❸ Twin Disc, Inc. v. United States, 231 USPQ 417, 427 (Cl. Ct. 1986).

❹ 30 F. 3d 1475, 31 USPQ2d 1671 (Fed. Cir. 1994).

❺ 参见第 4.2.3 节。

提示显而易见的内容❶。

例如，假设发明人 Knies 博士提交了一项专利申请，请求保护可拆卸的汽车座椅与婴儿车的组合。USPTO 审查员发现一篇杂志文章，作者是 Goldman，并且于 Knies 专利申请日期 1 年多之前公开，该文章简要描述了可拆卸的汽车座椅／婴儿车组合的构思。Goldman 对比文件视为美国专利法第 102 条第（b）款"公开出版"的现有技术。然而，Goldman 对比文件以概略方式描述了可拆卸的汽车座椅／婴儿车的组合，并没有具体对两个特征部件如何实际结合并固定在汽车内部地板等内容进行详细描述。结果，Goldman 对比文件不符合能够实现的要求，审查员不能使用美国专利法第 102 条第（b）款作出新颖性驳回。

然而，审查员可以在美国专利法第 103 条非显而易见性的分析内容中使用这篇 Goldman 对比文件。假设审查员发现了其他两篇对比文件。一篇对比文件描述了常规座椅和婴儿车结合能够实现的内容。另一篇对比文件也描述了使用与 Knies 所用相同的机械方式把可拆卸的座椅固定在汽车内部地板能够实现的内容。虽然这两篇对比文件描述了 Knies 发明的所有技术特征并且是能够实现的，但它们没有提出这两篇对比文件应当结合。审查员能够通过引用 Goldman 文献来证明有将这两篇对比文件结合的动机，从而用美国专利法第 103 条进行驳回——即使 Goldman 的技术方案本身无法实现。

5.2.2　第 103 条第（c）款

美国国会于 1984 年对美国专利法第 103 条进行了修订，加入了一条新的条款，就是现在的美国专利法第 103 条第（c）款❷。在随后的 1999 年修订中，在考虑美国专利法第 103 条第（a）款的非显而易见性要求时，如果满足某些条件，美国专利法第 103 条第（c）款将排除第 102 条第（e）款、第（f）款和第（g）款引出的现有技术。具体说，符合美国专利法第 102 条第（e）款、第（f）款或第（g）款下的现有技术以及请求保护的发明，必须是在发明被做出时，它们被同一个团体所拥有或者是经过合同转让给了同一个团体。

了解美国专利法第 103 条第（c）款的历史，将有助于理解这条技术性很强的条款。美国国会颁布了美国专利法第 103 条第（c）款是为响应 CCPA 在

---

❶ Symbol Technologies, Inc. v. Opticon, Inc., 935 F. 2d 1569, 19 USPQ2d 1241（Fed. Cir. 1991）.

❷ 1984 年专利法修改稿，Pub. L. No. 98 – 622, § 104, 98 Stat. 3385.

In re Bass 案中的决定❶。该案中，共同发明人 Bass、Jenkins 和 Horvat 申请了一项关于用于梳理机（该机器可以清洁和拉直织物纤维，使其纺成线团）的气控系统的专利。他们的有效申请日是 1965 年 10 月 11 日。USPTO 以显而易见为由驳回了他们的权利要求，该驳回结果在上诉后得到 CCPA 维持。USPTO 提及用于证明发明是显而易见的对比文件包括两篇专利文件：一篇是授权给 Bass 和 Horvat 的专利，该专利的申请日期为 1965 年 8 月 23 日；另一篇是授权给 Jenkins 的专利，其申请日是 1964 年 10 月 13 日。

申请和现有技术的专利对应的发明人姓氏不一致，当他们请求新的专利权时，现有技术的专利中，一篇授予 Bass 和 Norvat，另一篇授予 Jenkins。这就意味着 USPTO 和 CCPA 引用了这些发明人自己在先的研究成果，来对抗他们在后申请的显而易见性。通常来说，专利法清楚表明，发明人自己的在先发明创造不能用于预见自己的在后专利申请。例如，在美国专利法第 102 条第（g）款中，发明必须被"另一个人"做出才构成现有技术。然而，审理 In re Bass 案的法院认为，本案中使用的反对方法是允许的，因为传统的专利法原则将共同发明人的每个新的组合按截然不同的"发明团体"看待。即使这些组合中包括相同的单个发明人，这条规则也是适用的。按照这条规则，由 Bass、Jenkins 和 Horvat 组成的团队，与只由 Bass 和 Horvat 组成的团队，应当被视为不同的发明团体。每组自然人本质上获得了它自身的法律身份；他们作为一个整体构成了技术的"发明人"。按这个观点，In re Bass 案中争论的两篇现有技术专利，就法律技术而言，属于不同发明人的成果，而不是同一发明人寻求目前的专利，因此是相关的现有技术。

无论 In re Bass 案在大多数发明由个体车工在其车库做出的背景下多么有价值，但在当今世界中，在大部分技术的研发都由合作团体进行的情况下，In re Bass 案的做法受到质疑。合作通常是由众多的科研人员参与协作性研究和开发工作，致力于不同计划的发明团队的组成也可能不断变化。在这种情况下，适用 In re Bass 的规则将会导致严峻的后果和有失公正的显而易见性结论，因为这样会导致驳回，即使仅仅出现人员的细微变化。在一个成果很多且相互合作的研究部门，发明人会发现他们自己可能会因"内部"导致的显而易见性的问题而无法获得专利权，这种"内部"导致仅仅是由于他们同事之间的工作，甚至是他们自己。

美国国会通过制定美国专利法第 103 条第（c）款来解决 In re Bass 案所关注的问题，在美国专利法第 102 条第（e）款、第（f）款和第（g）款的非显

---

❶ 474 F. 2d 1276, 177 USPQ 178（CCPA 1973）.

而易见性分析中排除了针对合作研究和开发背景下的现有技术。虽然美国专利法第 103 条第（c）款的作用不好理解，但一个实例可以对其做出较为清楚地说明。假定两位发明人，Roger 和 Joy，各自为 Coif 公司工作。作为劳动合同的一部分，Roger 和 Joy 同意把自己开发的发明转让给 Coif 公司。2002 年 11 月 1 日，Roger 构思了一种新的电磁发生器。他立即告知 Joy 自己的想法。经过在实验室辛勤的努力，2002 年 12 月 22 日 Roger 将发明付诸实践。2003 年 2 月 12 日，Coif 公司以 Roger 的名义提出了专利申请。Roger 的专利于 2004 年 1 月 19 日授权。

2003 年 4 月 10 日，Joy 发现她可以在 Roger 电磁发生器的基础上进行改进。由于她的工作负荷，直到 2003 年 5 月 3 日她才开始着手设计。在没有进一步与 Roger 交换意见的情况下，Joy 终于在 2003 年 6 月 1 日完成了她对电磁发生器的改进。无论怎样，Joy 的发明是基于 Roger 的工作所作的改进，假设相对于 Roger 电磁发生器而言其改进是显而易见的。总之，Coif 公司在 2003 年 10 月 1 日以 Joy 的名义提交了专利申请。

在这些事实下，Roger 专利不能作为对抗 Joy 专利申请的现有技术。这里，没有触及美国专利法第 102 条第（b）款和第（d）款的法定禁止❶。也没有迹象表明 Roger 的发明出现了属于美国专利法第 102 条第（a）款意义中的"被他人知晓或使用"的情况，产生公知公用的司法条件❷。如果美国专利法第 103 条第（c）款不能用，则 Roger 的专利就会构成美国专利法第 102 条第（e）款的现有技术，因为 Joy 的发明日（2003 年 4 月 10 日）晚于 Roger 的申请提交日（2003 年 2 月 12 日）。在没有第 103 条第（c）款的情况下，Roger 专利也可以起美国专利法第 102 条第（f）款的现有技术的作用，因为 Joy 的发明是将 Roger 的发明进行明显变型而获得的。此外，没有美国专利法第 103 条第（c）款，根据美国专利法第 102 条第（g）款 Roger 的发明也是可以使用的，因为 Roger 构思并且将其发明付诸实践早于 Joy 的构思之日。然而，这两篇专利均已属于（或者将被转让给）Roger 和 Joy 的雇主 Coif 公司。因此，在发明经过转让的合同下，美国专利法第 103 条第（c）款使得在非显而易见性的审查中排除了美国专利法第 102 条第（e）款、第（f）款和第（g）款的现有技术，因此 Roger 的专利不能被用作对抗 Joy 申请的现有技术对比文件。

---

❶ 第 102 条第（b）款不适用，因为 Roger 和 Joy 专利申请所要求保护的发明，在其各自申请日之前的 1 年以上，没有在美国公开使用或销售，也没有在世界任何地方的专利或公开出版物中描述。第 102 条第（d）款不适用，因为假设事实是没有寻求或获得外国专利。

❷ 参见第 4.4.1 节。

美国专利法第 103 条第（c）款是狭义的法律条款。如果对比文件是可被用作现有技术的其他情况，例如属于美国专利法第 102 条第（a）款或第（b）款的情况，则其归于美国专利法第 103 条第（a）款。而且，应当记住美国专利法第 103 条第（c）款只针对非显而易见性。它不影响在可预期性判断中作为现有技术使用。

5.3 非显而易见性审查

在确认了适用于所要求保护的发明的可用现有技术之后，裁判者必须接着判断发明对于本领域普通技术人员来说是否显而易见。现行的处理非显而易见性问题的法律框架是丰富的历史传承的产物。如果不了解历史，要全面掌握非显而易见性的标准是困难的。因此，本章首先回顾最高法院处理非显而易见性的判例及其历史前身、发明的标准。然后，本章再详尽阐述联邦巡回上诉法院所宣布的非显而易见性的现代标准。

5.3.1 发明的历史标准

联邦最高法院在 1850 年 Hotchkiss v. Greenwood 案中的判决意见被证明是开创性决定❶，在该决定中法院考虑了基于现有技术的超越新颖性的专利性要求。该专利涉及一种由陶土或陶瓷结构的圆形把手。虽然有金属或木头制成的其他类似把手，但请求专利保护的圆形把手据称"物美价廉"❷。在根据陪审团裁决的初审败诉后，专利权人上诉到联邦最高法院。在上诉中，主要的争论是陪审团意见是否恰当，陪审团认为如果其声称"仅仅是一种材料对另一种材料的替代"以致"通过熟知业务的普通技工的能力，而不需要其他的独创性和技能就能构造这种把手"，则专利是无效的❸。法院支持陪审团的意见并指出，除非构造把手所需要的知识超过熟知业务的普通机械工人所拥有的知识，否则将不具有构成每个发明基本要素所需的技能和独创性的程度。换言之，这种改进是技术熟练的技术工人的工作，而不是发明者的工作❹。

虽然 Hotchkiss 标准需要以"技术熟练的技术工人"所具备的能力作为参考点，但也使用了"发明"和"独创性"这些修辞语。"独创性"看起来是许

---

❶ 52 U. S. 248, 11 How. 248, 13 L. Ed. 683（1850）.
❷ 同上，264.
❸ 同上，265.
❹ 同上，267.

多法院提出的一个较主观的标准,具体说是有利于那些在"创造天才的闪现"中构思发明的罗曼蒂克型发明人的标准❶。随着时间的流逝,后者的观点似乎更为盛行。法院要求发明人证明"实质性的发现和实质性的发明"❷,"新的、意想不到的和令人兴奋的事物"❸,甚至是"难以触摸的事物"❹。Learned Hand 法官由此评论到,所谓的"发明"标准就像"存在于那些不必要的法律概念中的短暂的、不可捉摸的、随性的和模糊的幽灵"❺。

在经济萧条时期,出现了反垄断情绪,从而导致针对专利产生了极端的公众和司法怀疑论。在这个时期,法院开始采用日益严格的"发明"标准,这也是大部分专利所缺少的。1941 年,联邦最高法院宣布"从 Hotchkiss v. Greenwood 案开始,……如果改进是为了获得专利的特权地位,则必须具有超越本领域普通技术人员工作的独创性……即,无论其有用性如何,新设备必须能反映出创造天才的闪光,而不仅仅只是其职业的技能"❻。直到 1949 年,大法官 Jackson 有些受挫后转而评述到"唯一有效的专利是法院认为还不能够从实践经验中得出(to get its hands on)的那些专利"❼。这个动向的顶峰发生在一年后,即在联邦最高法院 1950 年对 Great A & P Tea Co. v. Supermarket Equipment Corp. 案的判决中❽。

Great A & P Fea Co. 专利涉及一种在杂货店或其他商店使用的收银柜台。两家下级法院支持该专利,但联邦最高法院批准了调卷令,并最终驳回了该专利。根据 Jackson 大法官自己的意见,所争议的发明请求保护的是已知要素的组合,因而必须在所谓的"协同"测试下判断。"已知要素的结合或协作必须做出某些贡献;只有当整体在某些方面比其部件的总和更优越时,原有设备的叠加才有可专利性"。然而,这种对"非常规或令人意外的结果"的要求看似会使每个专利都难以得到授权,因为几乎每项发明都可以看成是原有要素的组合。专利界从这个不利的判例上寻求救济办法,最终促成了 1952 年美国专利法第 103 条非显而易见性标准的颁布。

---

❶ Cuno Eng'g Corp. v. Automatic Devices Corp., 314 U.S. 84, 91, 62 S. Ct. 37, 86 L. Ed. 58 (1941).

❷ Bradley v. Eccles, 122 F. 867, 870 (C. C. N. D. Y. 1903).

❸ Thurber Corp. v. Fairchild Motor Corp., 269 F. 2d 841, 849, 122 USPQ 305, 311 (5 th Cir. 1959).

❹ McClain v. Ortmayer, 141 U.S. 419, 427, 12S. Ct. 76, 35 L. Ed. 800 (1891).

❺ Harries v. Air King Products Co., 183 F. 2d 158, 162, 86 USPQ 57, 61 (2d Cir. 1950).

❻ Cuno Engineering Corp v. Automatic Devices Corp., 314 U.S. 84 (1941).

❼ Jungersen v. Ostby & Barton Co., 335 U.S. 560, 572, 69 S. Ct. 269, 93 L. Ed. 235 (1949).

❽ 340 U.S. 147, 71 S. Ct. 127, 95 L. Ed. 162 (1950).

5.3.2 非显而易见性的现代标准

由于对"协同作用"以及"天才的闪现"这些难以达到的标准感到不满,从而导致美国国会在1952年的专利法中纳入了发明的法律基础。美国专利法第103条第(a)款不是历史的"发明"标准,而是建立在本领域普通技术人员知识上的客观的非显而易见性标准。为强调这一点,美国专利法第103条第(a)款的最后一句规定"可专利性不应受发明完成方式的影响"。这句话意味着推翻了需要发明以"天才的闪现"方式实现的判例。方法上坚持不懈的研究和数月的反复试验也许与创造力瞬间爆发一样容易产生一项可授权的发明❶。事实上,联邦巡回上诉法院已经认为经过长时间研究才得到所要求保护的发明实际上是支持了而不是否定了非显而易见性的结论❷。

虽然1952年的专利法在1954年1月1日就生效了,但联邦最高法院在很多年里都没有机会对美国专利法第103条第(a)款进行解释。直到1966年,联邦最高法院才将精力转向了这项新的法律条款。在那一年,联邦最高法院发布了三个重要意见,专利律师通常将这三个意见简称为"三联案"。Graham v. John Deere、Calmar Inc. v. Cook Chemical Co. 和 United States v. Adams 这三件诉讼案都因建立了进行非显而易见性分析的框架而著名,这个框架通常被称为"Graham 要素"。

5.3.2.1 Graham 要素

在 Graham v. John Deere 案中❸,法院对非显而易见性要求符合宪法规定的框架、发明标准的司法性发展以及美国专利法第103条的影响和非显而易见性的要求,都给出了长篇阐述。在最常被引用的段落中,法院提出了常被援引的"Graham 要素":

"虽然专利的有效性最终是一个法律问题,……但是美国专利法第103条有助于一些基本事实的审查。依据美国专利法第103条,需要确定现有技术的范围和内容;确认现有技术和所针对的权利要求之间的区别;以及相应技术领域的普通技术水平……。诸如商业成功、长期存在但未能解决的需求、他人的失败等辅助考虑因素可以用来帮助了解寻求专利保护的主题的来源背景状况。作为显而易见性或非显而易见性的表征,对这些因素的审查是有关联的❹。"

下面,扼要说明 Graham 检验标准中所要求的对四个事实问题的确定:

---

❶❷ In re Dow Chemical Co., 837 F. 2d 469, 5 USPQ2d 1529 (Fed. Cir. 1988).
❸ 383 U.S. 1, 86 S. Ct. 684, 15 L. Ed. 2d 545 (1966).
❹ 同上,17-18。

(1) 现有技术的范围和内容；

(2) 现有技术与所针对的权利要求之间的区别；

(3) 相应领域普通技术水平；

(4) 辅助考虑因素（例如商业成功）。

非显而易见性的结论取决于对这些事实的审查，但最终是一个法律问题。

在宣布了美国专利法第103条非显而易见性分析的框架后，法院着手处理手边的案件。William T. Graham专利涉及一种犁的结构，这种犁碰到土壤中的阻碍物如岩石时不会损坏。1950年，他获得了第'811号专利，该专利涉及一种带有弹簧夹的犁。该装置的特征在于有固定在犁框架中H形梁下层凸缘上的上层平板。一个铰接板可转动地安装在上层平板上，犁柄的一端弹性地且摩擦性地支撑在上层平板和铰接板之间。梨柄上有一个允许杆通过并延伸的开口。在杆的周围放置一个螺旋弹簧并且该螺旋弹簧位于上层平板上。当犁碰到阻碍物时，梨柄向下移动，阻止螺旋弹簧拉伸并且使铰接板旋转。这个旋转动作让犁越过阻碍物同时增加了柄的回弹力。

3年后，1953年，William T. Graham获得了第二项专利，该专利是他最终在与John Deere公司的诉讼中所主张的成为联邦最高法院非显而易见性分析的主题。这项专利就是第'798号专利，它是对其早期成果的改进。两项发明的不同之处在于：（1）第'798号发明是以箍筋和柄与铰接板螺栓连接为特征，（2）第'798号发明是将柄设置在铰接板的下面。这些区别将磨损点从上层平板的底部转移到了铰接板的箍筋顶部，而箍筋是一个更容易更换的部件。专利权人还争辩，当犁遇到阻碍物时，这种颠倒允许犁柄伸缩离开铰接板。

William T. Graham败诉了。两个审理诉讼的下级法院认定第'798号专利无效，联邦最高法院最终维持。Clark大法官的结论是在两篇对比文件的提示下第'798号专利是显而易见的：William T. Graham本人的第'811号专利❶和一篇未出现在专利局审查员面前的对比文件，即Glencoe Manufacturing Company在市场上出售的一种设备。Glencoe设备包括一个箍筋，法院认为任何本领域的普通技术人员都将会立刻寻求将梨柄和平板颠倒，以便于改善伸缩性。因此，法院根据美国专利法第103条得出，第'798号专利是显而易见的结论。

Graham v. John Deere案的判决将第二个案件Calmar, Inc. v. Cook Chemical

---

❶ 根据美国专利法第102条第（b）款，William T. Graham自己的早期第'811号专利成为诉讼中第'798号专利的现有技术。更具体说，专利局于1950年1月10日授予第'811号专利权，在第'798号专利的申请日1951年8月27日之前的1年以上。结果，即使第'811号专利出自Graham自己的成果，但专利商标局和法院恰当地认定第'811号专利适于显而易见性分析，因为它符合美国专利法第102条第（b）款的定义。

Co. 引入其中。这起诉讼起源自两个前合作方 Calmer 和 Cook Chemical 之间的冲突。其中的技术问题是如何在运输过程中防止喷雾杀虫剂瓶泄漏。为防止运输过程中发生泄漏,现有技术经常把抽吸装置从杀虫剂瓶上卸掉。消费者需要从瓶子上去掉盖帽,然后装上抽吸装置以便于喷出杀虫剂。显然,这种设计对于包装来说是困难的,除此之外抽吸装置也会被偷去。因此,制造杀虫剂的 Cook Chemical 请求制泵商 Calmer 研发一种防漏泵。

Calmer 经历了几次失败后,Cook Chemical 决定自己进入泵制造市场。最终,Cook Chemical 开发出诉讼专利中所描述的发明,即所谓的 "Scroggin 专利",通过在运输过程中增加微型唇边以帮助密封杀虫剂。实质上,Scroggin 发明了一种用手指操作的防漏型喷雾器顶部。这种设计允许消费者简单除去顶盖并且立即开始杀虫。由于十分方便,Calmer 随后也在市场上销售与 Cook Chemical 类似的产品。Cook Chemical 将其前供应商告上法院,诉其专利侵权。

初审法院判决 Scroggin 专利有效并且被侵权,联邦第八巡回上诉法院予以维持。联邦最高法院却撤销判决,认为 Scroggin 专利相对于三篇现有技术专利是显而易见的,这三篇现有技术分别是 Lohse、Mellon 和 Livingstone 的专利。Lohse 和 Mellon 的专利都提示了与 Scroggin 相似的运输—喷雾器的用途。审查员没有检索到 Livingstone 专利,该专利涉及一种被设计用于覆盖和保护浇灌口的密封装置,该密封装置无需使用垫圈或衬垫便可起作用。法院驳回了对 Livingstone 专利应当不被视为非相似领域的争辩:"封闭设备与用于液体容器的浇灌喷口是如此紧密相关的技术,因此至少是非常相关的对比文件"❶。

法院随后考虑了 Scroggin 专利权利要求的适当保护范围。回顾该专利的审查历史,或审查员与申请人之间的对话记录,法院发现审查员最早基于 Lohse 和 Mellon 专利作出拒绝意见。在答复中,Scroggin 同意对保护范围进行限制,将其发明的范围限制至两个技术特征。在法院看来,Mellon 专利提示了第一个特征"顶盖边缘与容器盖之间的空间"。Livingstone 专利提示了第二个技术特征"在颈圈中增设边棱来代替衬垫或垫圈达到密封作用"。最后,法院未被辅助考虑因素能支持 Scroggin 申请专利性的理由说服。该专利停留在有限的进步,业已被 Livingstone 公开并且可被进行专利检索的任何人获得。因此,法院的结论认定 Scroggin 专利根据美国专利法第 103 条是显而易见的。

---

❶ 根据美国专利法第 102 条第(b)款,William T. Graham 自己的早期第'811 号专利成为诉讼中第'798 号专利的现有技术。更具体说,专利局于 1950 年 1 月 10 日授予第'811 号专利权,在第'798 号专利的申请日 1951 年 8 月 27 日之前的 1 年以上。结果,即使第'811 号专利出自 Graham 自己的成果,但专利商标局和法院恰当地认定第'811 号专利适于显而易见性分析,因为它符合美国专利法第 102 条第(b)款的定义。

虽然 Graham v. John Deere 案和 Calmar, Inc. v. Cook Chemical Co. 是极为公知的案例，直至今天仍被认为具有权威性，但是它们在特定专利的法律适用方面似乎存在一定问题。在两起案件中，法院似乎都没有特别关注其刚刚宣布的进行非显而易见性分析的分析框架。不仅没有回过头来确定所需要的事实问题，也没有任何讨论，例如本领域技术水平这样一些 Graham 要素。在 Graham v. John Deere 案判决意见中，关于"第'798 号专利的所有要素均已经在 Glencoe 结构中存在"的陈述表明法院相信这与新颖性案件几乎没有差别。在 Calmar, Inc. v. Cook Chemical Co. 案中，法院虽然明确地提到了长期存在但未能解决的需求这一"辅助考虑因素"，但却迅速作出了这个因素在支持专利权人方面没有分量的结论。

虽然存在这些不足之处，但也许因为它是"三联案"中得到维持而不是撤销的唯一一个案件，United States v. Adams❶ 案的判决是专利律师最喜欢的联邦最高法院对非显而易见性的决定。在"三联案"的最后部分涉及 Adams 的发明，在电池中使用了氯化亚铜和镁。这种电极之间的结合以前从未放置在一块电池中。但是，现有技术的确提示了锌和氯化银作为电池中的电极材料。现有技术还公开了氯化亚铜和氯化银以及镁和锌都是等价的电极材料。然而，Adams 电池具有比现有技术更理想的特性，这种理想结果的程度甚至让本领域专家最初对其所声称的性能表示怀疑。

作为战时工作的一部分，Adams 向美国政府报告了关于他的电池。政府最后在没有告知他的情况下使用了 Adams 的电池设计。多年后，Adams 得知他的电池被使用并对之前的政府行为提起诉讼，将联邦政府告上联邦申诉法院（Court of Federal Claims）并且索要使用其发明的赔偿。申诉法院判定专利有效并且侵权成立。

在授予调卷令后，政府最初基于 6 篇对比文件向联邦最高法院争辩 Adams 的发明是显而易见的，因而其专利是无效的。Niadudet 的论文和 Hayes 的专利提示了具有锌为正极、氯化银为负极的电池，其可以在纯水的电解液中使用。Wood 的专利描述了用镁替代锌作为正极的可能性，而 Codd 的论文中指出镁在理论上讲是一种理想的电极。Wensky 的专利提示了一种具有锌和铜电极的电池，加入氯化亚铜作为电解质溶液中的盐。最后，Skrivanoff 的专利描述了使用镁正极、涂有包括氯化亚铜在内的化合物的负极，及碱性氯化铬酸盐或硫酸加强的高锰酸盐的电解质。然而，一位为 Adams 出庭的专家作证，当他尝试装配 Skrivanoff 电池时，他首先遭遇着火，然后是爆炸。

---

❶ 383 U. S. 39, 86 S. Ct. 708, 15 L. Ed. 2d 572（1966）.

在处理了一些预审问题之后，法院断定 Adams 所要求保护的发明相对于政府提供的 6 篇对比文件来说不是显而易见的。虽然法院注意到在请求保护的发明与现有技术之间存在结构极其相似之处，但是法院被 Admas 电池的很多优点所打动。Adams 电池可以在干燥环境下保存，并且可以在普通水或盐水中活化。无论获取电流的速率如何，Adams 电池在极端温度下也操作良好，并且可提供恒定的电压。考虑辅助因素，例如专家们最初的怀疑和最终的肯定，以及 USPTO 在浩瀚的电池技术中找到一篇相关对比文件的不可能性也支持了 Adams 专利的非显而易见性。

我们结束"三联案"时，应当再次注意的是，它们包括了现代专利法的中心思想。此外，联邦巡回上诉法院给予它们重大意义。受到争论的是，联邦最高法院自身没有领会"三联案"的重要性，因为在随后的案件中，20 世纪 60 年代和 70 年代审理的案件，例如 Anderson's – Black Rock v. Pavement Salvage Co. ❶案和 Sakraida v. Ag Pro, Inc❷案，联邦最高法院似乎使用了其早先的"发明"标准。然而，在专利的上诉统一到联邦巡回上诉法院后，法院选择按照 Graham 检验标准进行非显而易见性分析。事实上，联邦巡回上诉法院只是不理会这些介入的意见，不作任何评论，而是坚持 Graham 检验标准。

5.3.2.2　本领域普通技术人员

美国专利法第 103 条第（a）款要求从"本领域普通技术人员"的角度评价非显而易见性。联邦巡回上诉法院提供了下列在确定本领域普通技术水平时需要考虑的因素：

（1）发明人的教育程度；

（2）本领域遇到的问题类型；

（3）现有技术解决这些问题的方法；

（4）做出发明的快速性；

（5）技术的复杂性；和

（6）本领域现役工人的教育水平❸。

令人惊奇的是，几乎没有司法意见真正触及了本领域普通技术水平的具体定义。例如，无论是 Graham v. John Deere 案的意见，还是其他意见，包括"三联案"，都没有明确告诉我们本领域普通技术人员的水平是一个高中毕业

---

❶ 396 U. S. 57, 90 S. Ct. 305, 24 L. Ed 2d 258 (1969).

❷ 425 U. S. 273, 96 S. Ct. 1532, 47 L. Ed. 2d 784 (1976).

❸ Environmental Designs, Ltd. v. Union Oil Co., 713 F. 2d 693, 696, 218 USPQ 865, 868 (Fed. Cir. 1983), 调卷令被拒绝, 464 U. S. 1043, 104 S. Ct. 709, 79 L. Ed. 2d 173 (1984).

生还是一个具有从事博士后研究并且有 10 年工作经验的博士。在实践中,"本领域普通技术人员"似乎更多的是为提醒法官让他们自己站在普通技术人员的立场而设计的,而不是强迫去发现一个具体事实。

然而,事物往往是公平的,被控侵权人通常寻求证明本领域的技术水平。在具有很多专家实践者的成熟领域中,很多发明都是常规的。相反,专利权人宁愿本领域普通技术水平都是初学者的水平,这样对于初学者来说很少是显而易见的。

5.3.2.3 结合的动机

虽然非显而易见性结论可能是基于一篇现有技术对比文件做出的,但大部分非显而易见性分析涉及多篇对比文件。联邦巡回上诉法院已经详细说明了根据多篇对比文件的提示可以结合形成所要求保护的发明的情况。最重要的要求是必须提供给本领域普通技术人员一些理由、启示或动机,导致将对比文件结合,以一定合理的、可能的成功方式形成所要求保护的发明。在 Pro – Mold & Tool Co. v. Great Lakes Plastics, Inc. 案中❶,联邦巡回上诉法院解释了"理由、启示或动机"可以来自以下三个来源之一:

(1) 对比文件本身;

(2) 本领域普通技术人员的知识;或

(3) 所要解决问题的性质,引导发明人去注意可能与解决该问题相关的对比文件。

然而,应注意的是,对比文件结合的启示不需要是直接的,暗含的启示就足够了。正如联邦巡回上诉法院所提出的,"不需要现有技术包含明确表达如何将已知要素结合实现所要求保护的发明的启示"❷。

一个实例将解释说明对比文件结合的"理由、启示或动机"的要求。假设 Gadget 教授发明了一种割草机—金属探测器的组合装置。Gadget 推断房屋拥有者在他们周期性割草时希望搜索"被埋的金银财宝"。2005 年 1 月 1 日,Gadget 教授提交了专利申请,请求保护该组合体。在审查过程中,USPTO 审查员找到一篇 2003 年 3 月 21 日的 Journal of Beachcombing 上的文章,完全公开了 Gadget 所用的金属探测器。USPTO 审查员还找到了一篇 2002 年 12 月 13 日授权的德国专利,其详尽公开了 Gadget 所要求类型的割草机。由于两篇对比文件都是在 Gadget 申请的申请日前一年多便能被公众获得,它们完全符合美国专利法第 102 条第(b)款现有技术的要求。对比文件还来自相似领域,因

---

❶ 75 F. 3d 1568, 37 USPQ2d 1626 (Fed. Cir. 1996).

❷ Motorla, Inc. v. Interdigital Tech. Corp., 121 F. 3d 1461, 1472, 43 USPQ2d 1481 (Fed. Cir. 1997).

而根据美国专利法第 103 条可以作为被考虑的对比文件。然而,如果没有更多的对比文件,USPTO 审查员还不能以显而易见性作出正确驳回的结论。必须有某些理由、启示或动机去将杂志文章和德国专利所公开的内容结合起来。如果审查员发现了第三篇对比文件,说教科书上通常提示在割草机上可以安装金属探测器,那么审查员就能以显而易见性合适地驳回 Gadget 的申请。

在强调这个要求的过程中,联邦巡回上诉法院力求防止使用"事后诸葛亮"。发明人的详细说明不应该作为判定非显而易见性的蓝图❶。"必须注意避免通过使用诉讼中的专利作为指导,穿过现有技术文献的迷宫而产生的事后诸葛亮,将正确的对比文件以正确的方式结合来获得诉讼中权利要求的结果。"❷为达到类似但并不抽象的效果,联邦巡回上诉法院建议在非显而易见性分析中,"必须把发明作为一个整体考虑"❸。正确的非显而易见性分析是从整体上对请求保护的发明作出判断,而不是将不同对比文件的提示拼凑在一起,以零碎的方式匹配不同的权利要求特征。

尽管这些政策的目标是值得赞许的,但是有时联邦巡回上诉法院似乎太过于要求对现有技术对比文件结合的理由、启示或动机进行查究。例如,联邦巡回上诉法院 1999 年在 In re dembiczak 案中的意见❹。Dembiczak 的发明由塑料垃圾袋或草袋组成,当填满时,可以变成像万圣节的南瓜外形。USPTO 驳回了该申请,驳回是基于(1)描述了儿童手工业作品的对比文件(其用 Jack - O - Lantern 的面孔装饰纸袋)和(2)常规的塑料袋两者的结合。根据 USPTO 的意见,用塑料袋替换纸袋形成所要求保护的发明,是常规的设计选择。但是,联邦巡回上诉法院不同意并且作出了撤销决定。根据 Clevenger 法官的意见,USPTO 委员会没有对将儿童手工作品与常见的垃圾袋或草袋结合的具体理由、动机或启示作出任何详细的说明。

就联邦巡回上诉法院而言,在诸如 In re Dembiczak 案件中,法院的推理似乎过于机械。去一趟大多数杂货店的收银柜台,就会发现"纸或塑料"是可供选择的包裹材料中非常常规的选择。在很多领域中,实践者很少愚蠢到需要一步一步地指示才能完成基本的任务。然而在这里以及其他案例中❺,联邦巡回上诉法院仿佛要表明,除非现有技术中存在对发明的精确指示,否则一项发

❶ Interconnect Planning Corp. v. Feil, 774 F. 2d 1132, 1138, 227 USPQ 543, 647 (Fed. Cir. 1985).
❷ Grain Processing Corp. v. American Maize - Products Co., 840 F. 2d 902, 907, 5 USPQ2d 1788, 1792 (Fed. Cir. 1988).
❸ Rockwell Int'l Corp. v. United States, 147 F. 3d 1358, 47 USPQ2d 1027 (Fed. Cir. 1998).
❹ 175 F. 3d 994, 50 USPQ2d 1614 (Fed. Cir. 1999).
❺ In re Sang - Su Lee, 277 F. 3d 1338, 61 USPQ2d 1430 (Fed. Cir. 2002).

专利法原理（第2版）

明不是显而易见的。还值得注意的是，Graham v. John Deere 案中为作出拒绝显而易见性的决定，没有要求结合对比文件的理由、动机或启示。更糟糕的是，目前的联邦巡回上诉法院正在接近这样一种风险，即将非显而易见性的要求削弱至与新颖性审查差不多的地步，只不过是在多篇对比文件的基础上进行的。虽然避免"事后诸葛亮"是一个值得追求的目标，但是法院和 USPTO 也应该确保为意义深远的非显而易见性要求保留一块健全的公共领域。

5.3.2.4　显而易见性初步认定的案件

联邦巡回上诉法院经常提到显而易见性的"初步认定"案件。初步认定的案件是 USPTO 专利审查的程序工具❶。在审查过程中，USPTO 审查员承担对初步认定的案件作出显而易见性或者一些其他拒绝可专利性理由的责任。如果审查员提出这种主张，则随后的责任就会转移至申请人。一旦申请人举出了反驳证据，审查员就必须根据案卷记录的总体确定发明的可专利性❷。显而易见性初步认定的案件通常包括证明现有技术的提示给予本领域普通技术人员对所要求保护的发明的启示❸。

5.3.2.5　非显而易见性的不利框架

联邦巡回上诉法院曾告诫，当进行非显而易见性审查时，不要使用两种不同的框架。第一种是所谓的"Winslow 场景"。这个标准最早被 CCPA 描绘在 In re Winslow 案中❹，它要求裁决者想象"发明人在自己的商店工作，假设他知道作为现有技术的对比文件悬挂在他周围的墙壁上"。然后裁决者判断发明人是否容易实现包括所要保护的主题的组合。

这种想象法的难度在于，想象出发明人实际拥有仅仅最相关的现有技术，容易得出所要求保护的发明是显而易见性的结论。Rich 法官在 In re antle❺ 案中认识到这个困难，其中他注意到"Winslow 场景"忽略了一个事实，即有用的对比文件会散布在大量无用资源旁边，甚至可能是远离解决方法的对比文件。"Winsolw 场景"另外的问题是它模糊了非显而易见性审查应当从本领域普通技术人员的角度，而不是从实际发明人的角度进行判断这个事实。

第二个不利框架是"明显可以尝试"标准，有时也称为"明显可以实验"❻。"明显可以尝试"情形存在于当现有技术对比文件引起试图获得所需结

---

❶　In re Piasecki, 745 F. 2d 1468, 223 USPQ 785（Fed. Cir. 1984）.
❷　In re Oetiker, 977 F. 2d 1443, 24 USPQ2d 1443（Fed. Cir. 1992）.
❸　In re Rijckaert, 9 F. 3d 1531, 20 USPQ2d 1955（Fed. Cir. 1993）.
❹　365 F. 2d 1017, 151 USPQ 48（CCPA 1966）.
❺　444 F. 2d 1168, 170 USPQ 285（CCPA 1971）.
❻　In re Dow Chemical Co., 837 F. 2d 469, 5 USPQ2d 1529（Fed. Cir. 1988）.

果的本领域技术人员兴趣的时候,而不是明确提示如何获得结果,对比文件只是引导进一步实验❶。在没有启示表明很多可能性中的哪个更具成功性,仅仅因为发明人可以尝试众多可能选择中的每一个直至最终达到成功结果,就得出所要求保护的发明是显而易见的结论是不恰当的❷。

例如,假设一份对比文件给出了一大类化合物对达到特定的技术效果是有用的。然而,这类化合物具有上百万单个物质,并且对比文件没有给出哪个化合物证明是成功的。这样的对比文件与美国专利法第 103 条第(a)款并没有关系,它只是使每个具体的化合物"明显可以尝试",而对于本领域技术人员来说不是显而易见的。

5.3.3 辅助考虑因素

在 Graham v. John Deere 案件中,法院特别提到"诸如商业成功、长期存在但未能解决的需求、他人的失败等辅助考虑因素可以用来帮助了解寻求专利保护的主题的来源背景状况"❸。法院认为,辅助因素"注意力集中在经济和动机上,而不是技术问题上,因此比起专利诉讼中经常存在的高度技术性事实,辅助因素更容易司法处理"❹。相信辅助考虑因素能够为相关产业参与者如何理解所要保护的发明提供客观的证据❺。

审理 Graham v. John Deere 案的法院评述到,辅助考虑因素是"显而易见或非显而易见性的表征",在特定的案件中,这些表征"可能是相关的"❻。按理说,联邦巡回上诉法院比联邦最高法院措辞本身更热衷于使用它们❼。根据联邦巡回上诉法院的做法,似乎更偏好"非显而易见性的客观证据"这个标签❽,认为术语"辅助"不是表示考虑的重要程度。而是表示需要考虑辅助因素的时间应该是随后的,相对于其他 Graham 要素关注"发明完成之时",辅

---

❶ In re Eli Lilly & Co., 902F. 2d 943, 14 USPQ2d 1741 (Fed. Cir. 1990).

❷ In re O; Farrell, 853 F. 2d 894, 7 USPQ2d 1673 (Fed. Cir. 1988).

❸ 383 U. S. at 17–18.

❹ 同上,at 36.

❺ Heidelberger Druckmaschinen AG v. Hantscho Commercial Products, Inc., 21 F. 3d 1068, 30 USPQ2d 1377 (Fed. Cir. 1994).

❻ 383 U. S. 18.

❼ Robert P. Merges,商业成功和专利标准:创新的经济视角(Commercial Success and Patent Standards: Economic Perspectives on Innovation),76 CAL. L. REV. 805 (1988).

❽ Minnesota Mining & Mfg. Co. v. Johnson & Johnson Orthopaedics, Inc. 976 F. 2d 1559, 24 USPQ2d 1321 (Fed. Cir. 1992).

助因素关注的是发明被引入市场之后❶。因此，联邦巡回上诉法院指示，辅助因素必须在每个案件中予以考虑，无论是在法院还是在 USPTO❷。

由于辅助因素应当提供证明价值，因此其提出者必须建立证据和所要求保护发明的优点之间的"关联"❸。这种关联要求意味着必须证明商业成功和所要求保护的发明之间具有足够的合法和实际关系❹。在下面关于常见的辅助考虑因素的评论中，将同时介绍满足这种关联要求的证明类型。

5.3.3.1 商业成功

美国联邦巡回上诉法院将发明在商业上的成功视为体现非显而易见性的强有力证据。在这样一种情形下，假定市场向其他人提供了充足的动机去完善发明，并且他们没有做成，则证明是非显而易见的。商业上的成功可以发生在国外❺，甚至被侵权者所享有❻。然而，应当注意的是，仅仅证明专利权人售出大量商品，推测体现了所要求保护的发明，这种证据不足以证明发明拥有了商业成功❼。商业上的成功必须是归因于发明本身的特点，而非诸如广告、卓越的销售技巧或其他商业化技术特点等因素，以便满足关联的要求。

美国联邦巡回上诉法院在 Hybritech, Inc. v. Monoclonal Antibodyies, Inc. 案的判决中反映了这些原则❽。该被授予专利权的发明包括使用单克隆抗体的"三明治"免疫分析法。抗体是免疫系统中的一个组成部分，而单克隆抗体是经过特别纯化且具有特异性的抗体，单克隆抗体能够识别和结合被称之为抗原的特异性外来分子。该授权发明使用了这项技术作为诊断工具，可使医生辨别特别感染的病原体。

当 Hybritech 向竞争对手提出侵权诉案后，地区法院宣告该专利权无效，原因之一是其不具有美国专利法第 103 条中的非显而易见性。经过上诉，联邦巡回上诉法院作出相反的判决。法官 Rich 认为现有技术中的对比文件，按照

---

❶ Truswal Sys. Corp. v. Hydro–Air Eng'g, 813 F.2d 1207, 1212, 2 USPQ2d 1034, 1038 (Fed. Cir. 1987).

❷ Custom Accessories, Inc. v. Jeffrey–Allan Industries Inc., 807 F.2d 955, 1 USPQ2d 1196 (Fed. Cir. 1986).

❸ Ashland Oil, Inc. v. Delta Resins & Refractories Inc., 776 F.2d 281, 227 USPQ 657 (Fed. Cir. 1985), 调卷令被拒绝, 475 U.S. 1017, 106 S.Ct. 1201, 89 L.Ed.2d 315 (1986).

❹ Demaco Corp. v. F. Von Langsdorff Licensing Ltd., 851 F.2d 1387, 7 USPQ2d 1222 (Fed. Cir. 1988).

❺ Lindemann Maschinenfabrik GmbH v. American Hist & Derrick Co., 730 F.2d 1452, 221 USPQ 481 (Fed. Cir. 1984).

❻ Syntex (U.S.A.) Inc. v. Paragon Optical Inc. 7 USPQ2d 1001 (D. Ariz. 1987).

❼ In re Baxter Travenol Labs., 952 F.2d 388, 21 USPQ2d 1281 (Fed. Cir. 1991).

❽ 802 F.2d 1367, 231 USPQ 81 (Fed. Cir. 1986).

他们最好的眼光考虑，至多仅仅是引导出在免疫分析法中应用单克隆抗体的实验。为得出这个结论，法院还考虑了许多辅助性因素，包括 Hybritech 诊断试剂盒在商业上取得的成功。根据联邦巡回上诉法院的观点，这种市场上的成功是由所要求保护的发明本身的技术优势带来的。记录显示 Hybritech 诊断方法与许多其他竞争者竞争，以便争取得到能做出快速、准确且安全的诊断的高级医学专业人士的信任。法官 Rich 做出结论"这不是一种通过夸张广告就可以被售出的商品"。

假定 Macrosoft——一家在个人计算机操作系统方面拥有巨大市场份额的软件公司，开始销售数据压缩软件。Macrosoft 提交了一项专利申请，并且在对审查员否定其非显而易见性的答复中，争辩其有数百万的销售量。然而，可能的情形是许多消费者只是出于 Macrosoft 的一般信誉，连同操作系统一起购买了该数据压缩软件，以确保程序能够随 Macrosoft 操作系统运行，或者是无法抗拒 Macrosoft 的广告游说。发明所要求保护的特征和商业成功之间没有任何关联，Macrosoft 显著的销售业绩不能成为其可专利性的衡量标准。

5.3.3.2 仿制

如果其他人仿制了授予专利权的发明，那么法院会推断该发明并非显而易见❶。否则，仿制者本可以仿制一个不侵权的现有技术，或者可以开发他们自己的不侵权技术。虽然仿制可能是一种高级形式的奉承，其他动机也可能会刺激仿制者。例如，仿制者可能有理由认为发明是不可获得专利权的，因为它缺乏新颖性或可能是显而易见的。在这些情况中，这个辅助因素在分析的过程中不能起衡量作用。

假设，例如一个发明人的新型燃料过滤器被授予专利。大量具有充足资源的汽车制造商精确仿制了该被授权的过滤器。如果专利权人可以证明在公共领域内可获得很多不同的过滤器，并且可以容易地开发出非侵权的替代品，那么法院可能会认定仿制支持了非显而易见性的结论。

5.3.3.3 许可

存在授权发明的许可说明其他从业者相信发明是非显而易见的❷。否则，他们可向法院或 USPTO 质疑其专利的有效性。为了强调关联性要求，法院将确保竞争者们不会仅仅是为避免费用大的诉讼而签一份相对廉价的许可，将其作为较大的交叉许可协议的一部分，或者作为不能支持发明非显而易见性的其他原因。

---

❶ Diamond Rubber Co. v. Consolidated Rubber Tire Co., 220 U.S. 428 (1991).

❷ Eibel Process Co. v. Minnesota & Ontario Paper Co. 261 U.S. 45 (1923).

研究一下 Hypothetical Pervasive Polymers, Inc.（以下简称"Pervasive Polymers"）——一家在聚合物领域占有 70% 市场份额的公司。没有一家其他公司在该领域的市场份额超过 2%。在侵权诉讼期间，Pervasive Polymers 争辩其已将主张的专利许可给 20 家不同的竞争者。20 家对于专利许可来说是个令人佩服的数字，但假设事实进一步表明这些许可不只涉及作为诉讼主题的专利，而是整个 Pervasive Polymers 业务的逾 2000 项专利。除此之外，许可的条件是要求极合理的专利权使用费。在这种情况下，Pervasive Polymers 的传播迅速的许可行为不可能在非显而易见性的分析中占有分量。与巨大的 Pervasive Polymers 业务中的其他专利相比，在没有进一步证据的情况下，法院不能假定，被许可人请求使用的就是所主张的专利。被许可人或许仅仅希望他们较大的对手不去管他们。另外，如果许多竞争对手是为实施特定专利的主题而付了较高的专利权使用费，那么这种证据与非显而易见性相关。

5.3.3.4 长期迫切的需求

有时，工业上面临技术难题，虽然努力改变窘境却仍得不到解决。若所要求保护的发明能解决该问题，则证明该发明是非显而易见的❶。所表明的需求必须与所要求保护的发明解决的问题有关，才能满足关联性要求。

例如，假设半导体工业花了几十年的时间寻找大批量生产低价晶体管的途径。将晶体管包装在塑料中的构想被认为大有前途，但受各种技术问题阻碍很多年。如果一项授权的发明通过提供一种将晶体管包装在塑料中的低成本方法解决了这些问题，那么这个长期迫切需要的辅助因素就证明发明不是显而易见的❷。

5.3.3.5 赞许和怀疑

本领域技术人员对是否能得到所要求保护的发明表示怀疑的情形有时能支持案件的非显而易见性❸。其他人起初怀疑发明是否能够带来其声称的技术效果，或认为发明提出的解决方案是不合逻辑的或不可能的，这样的证据能够支持所要求保护的发明可获得专利。另外，本领域技术人员对所要求保护的发明的优点的认识，从产品评价到工业成果的变化，同样可以证明发明是可授权的❹。例如，在一件案例中，不同跨国公司代表都认为一项专利产品是"神奇

---

❶ Graham v. John Deere, 383 U.S. 17-18.

❷ Texa Instruments, Inc. v. U.S. Int'l Trade Comm'n, 988 F. 2d 1165, 26 USPQ2d 1018 (Fed. Cir. 1993).

❸ Environmental Designs, Ltd. V. Union Oil Co., 713 F. 2d 693, 218 USPQ 865 (Fed. Cir. 1983).

❹ Akzo N.V. v. U.S. Int'l Trade Comm'n, 808 F. 2d 1471, 1481, 1 USPQ2d 1241, 1247 (Fed. Cir. 1986).

的""令人着迷"和"不同寻常的"——实实在在的高度赞誉,证明所要求保护的发明不是显而易见的❶。赞许与怀疑必须与所要求保护的发明的技术特征相关,才能满足关联性要求。

有时,对发明的怀疑甚至出现在构思发明之前。在这类案例中,专利律师们常说现有技术的"提示误导"发明人意识到的解决方式。这种教导的信息会阻碍本领域的普通技术人员追随发明人所采取的途径。现有技术"教导偏离"的存在支持所要求保护的发明的非显而易见性❷。例如,在 Arkie Lures, Inc. v. Gene Larew Tackle, Inc. 案中❸,授权发明由盐浸渍的黏性鱼饵组成。一些鱼显然会被盐所吸引,但是在本发明之前,没有盐味的鱼饵取得过商业化成功。在发明开发过程中,制造者告诉发明人盐对于黏性诱饵来说不是理想的添加剂,因为盐会降低黏性强度,导致质地粗糙,并且在制造的过程中可能会引起强烈的爆炸!联邦巡回上诉法院结论是发明满足美国专利法第 103 条第(a)款标准,引用的事实是发明人坚持与常规认识相背离的做法成为发明非显而易见性的潜在证据。

5.3.3.6 他人的在先失败

曾试图获得所要求保护的发明的本领域技术人员的在先失败也可以支持非显而易见性❹。例如,假设许多学识渊博的科学家团队先前曾试图发明一项获得室温超导的方法,但失败了。最终,一个发明人发现了获得这个效果的方法。发明人成功之处正是其他人未能尝试成功的,这个证明可以支持发明人案例的非显而易见性。因为工业需求经常激励个体去研究和实验,他人的在先失败与另一个辅助因素——长期迫切的需求,通常一同被纳入非显而易见性的分析当中。

这个辅助因素似乎呈现出非显而易见性的有力证据。他人在先失败的证据看起来是对现实社会能力的真实反映,而不是假想本领域技术人员在过去的年代里做了什么。通过证明他人的在先失败,专利的支持者提供了直接的事实证据,其他一些辅助因素,如商业成功和长期迫切的需求,仅仅是假设。

然而,他人的在先失败与非显而易见性审查的相关性可能产生误导。非显而易见性的标准是从假想的本领域普通技术人员的角度来判断,他不是一个真实的个体。本领域技术人员与真实的个体之间的一个显著不同是前者被判定为

---

❶ W. L. Gore & Associates, Inc. v. Garlock, Inc., 721 F.2d 1540, 220 USPQ 303 (Fed. Cir. 1983) (拉伸 PTFE 的方法专利,凭借 Teflon 商标而公知)。

❷ Arkie Lures, Inc. v. Gene Larew Tackle, Inc., 119 F.3d 953, 43 USPQ2d 1294 (Fed. Cir. 1997).

❸ 119 F.3d 953, 43 USPQ2d 1294 (Fed. Cir. 1997).

❹ Graham v. John Deere, 383 U.S. 17–18.

知晓本领域所有内容。这样的知识是不可能属于任何真实的人,甚至是发明人的多学科团队。所以,应当对他人的在先失败的证据仔细审查,以便确保不会使显而易见的分析朝着可授予专利权不公平地倾斜。

5.3.3.7 预料不到的效果

法律不要求发明具有可被授权专利权的预料不到的效果。但是,如果认定发明确实能够表明具有优越和预料不到的特性,则能够说明非显而易见性❶。例如,假设制造商通过在普通玻璃上涂敷一层化学保护层来生产"安全玻璃"。本领域长期以来在玻璃涂敷的保护涂层越厚,涂敷后的玻璃强度越高的惯性思维下操作。发明人通过证明使用较薄的涂层可以导致汽车玻璃的强度急剧增强,借助于显示预料不到的技术效果,支持了她的案件具有专利性。

使用这个辅助因素的策略性基本原理是简单明了的,使某一特定领域的普通技术人员感到意外的某些事物不可能是显而易见的。需要从本领域普通技术人员的角度来判断效果是否是预料不到的。

5.3.4 化学和生物技术领域的非显而易见性

非显而易见性法律条款对化学和生物技术领域的发明与对其他领域的发明一样,具有同样的效力❷。然而,这些领域的特殊技术特点导致出现了非显而易见性的独特问题,从而产生了很多针对这一应用科学分支的特定原则。探究化学和生物技术中的三个方面的特别重要的非显而易见性判决将是有帮助的。首先,笔者将讨论使用结构类似作为化学显而易见性的证据,着重强调 In re Dillon 判例❸。其次,笔者将转向涉及基因材料的非显而易见性问题,特别是众所周知的 In re Deuel 判例❹。最后,笔者将研究 In re Durden❺ 与 In re Ochiai❻ 两个判例中讨论的产品与方法权利要求之间的关系。

5.3.4.1 结构类似作为显而易见的证据

在针对化学发明作出显而易见性判断时,经常遇到的一个问题是新合成的化合物可能具有与本领域公知的化合物非常类似的结构。换言之,所要求保护的和现有技术的化合物可能具有几乎相同的化学结构式。但是,两个化合物可

---

❶ American Hoist & Derrick Co. v. Sowa & Sons, 725 F. 2d 1350, 220 USPQ 763 (Fed. Cir. 1984).

❷ In re Johnson, 747 F. 2d 1456, 1460, 223 USPQ 1260, 1263 (Fed. Cir. 1984).

❸ 919 F. 2d 688, 16 USPQ2d 1897 (Fed. Cir. 1990), 调卷令被拒绝, 500 U. S. 904, 111 S. Ct. 1682, 114 L. Ed. 2d 77 (1991).

❹ 51 F. 3d 1552, 34 USPQ2d 1210 (Fed. Cir. 1995).

❺ 763 F. 2d 1406, 226 USPQ 359 (Fed. Cir. 1985).

❻ 71 F. 3d 1565, 37 USPQ2d 1127 (Fed. Cir. 1995).

能表现出非常不同的性能、技术效果或特征，因为在化学领域中，微小的结构变化都可能产生大的实际结果。这种类型的新合成化合物是否应当根据美国专利法第 103 条第（a）款判定是非显而易见的，长期以来都是法院感到头疼的问题。这个问题同样出现在 USPTO 的实践中。对于初步认定的案件而言，除它们的结构外，还必须考虑现有技术和所要求保护的化合物的化学特性，达到这种程度是很重要的。

1990 年，联邦巡回上诉法院在 In re Dillon 案中全体出庭法官着手处理了这些问题❶。Dillon 请求保护含有可用作燃料添加剂的四－原酸酯的组合物，该组合物可以降低燃料排放物。USPTO 基于现有技术中已经公开了结构类似的四－原酸酯而驳回了她的申请。现有技术提示这些化合物应当添加到燃料中，但是为了获得脱水的效果，不是为了控制污染。多数人通过的判决认为当"通过结合对比文件或其他方式，证明所要求保护的和现有技术的主题之间存在结构类似，此处现有技术给出了制作所要求保护的组合物的理由或动机"时，便构成了显而易见性的初步认定案件。申请人或专利权人随后拥有反驳初步认定案件的责任，并且可以提交所要求保护的化合物具有预料不到的新特性或改进特性的证据。非显而易见性的最终问题取决于对所要求保护的化合物的结构和所有特性的考虑。

法官 Newman 的不同意见严厉评判了多数人同意的判决。根据不同意见，In re Dillon 案多数意见有效认定结构类似的化合物初步认定是显而易见的。不同意见陈述到，案例法很多年前提出了这个原则，即已知的"Hass－Henze 原则"❷，但是在后来的决定中（特别是 In re Papesch 案❸）摒弃了这个原则。法官 Newman 提倡初步认定显而易见性标准不仅应当考虑化学结构，还要考虑它们的特性。

一个实例有助于阐明 In re Dillon 案中的多数意见和不同意见之间的区别。假设 Mikalos Myrmex 合成了一种特别的化合物，可用于杀灭火蚁。Mikalos Myrmex 及时提交了专利申请请求保护该化合物，他将其称之为"化合物 M"，并且公开其作为火蚁毒药的用途。在现有技术的检索中，USPTO 审查员发现

---

❶ 919 F. 2d 688，16 USPQ2d 1897（Fed. Cir. 1990），调卷令被拒绝，500 U. S. 904，111 S. Ct. 1682，114 L. Ed. 2d 77（1991）。

❷ In re Henze，181 F. 2d 196，85 USPQ 261（CCPA 1050）；In re Hass，141 F. 2d 122，60 USPQ 544（CCPA 1944）（建立的原则是，在所要求保护的化合物与现有技术化合物结构类似的案例中，所要求保护的化合物不能获得专利权，除非申请人可以证明所要求保护的化合物拥有现有技术化合物所不具备的特性或优点）。

❸ 315 F. 2d 381，137 USPQ 43（CCPA 1963）。

一项现有技术专利，其公开了与化合物 M 结构类似的化合物。这篇早期专利解释所要求保护的化合物——笔者将其称为"化合物 P"——作为抗细菌剂使用。

按照 In re Dillon 案多数意见采用的标准，化合物 M 初步认定是显而易见的。化合物 M 和化合物 P 的结构类似会导致它们具有相似特性的推测。因此，具有本领域中普通技术水平的发明人可能有动机去制作一种与化合物 P 类似的化合物，以期望新的化合物也能够对其他生物有害，如火蚁。Mikalos Myrmex 可以随后通过证明，例如，化合物 P 不能杀死火蚁，或化合物 M 具有比化合物 P 更优越的消灭火蚁效果来反驳初步认定的案件。

然而，按照 In re Dillon 案不同意见提倡的标准，程序会进展得更快。按照法官 Newman 倡导的标准，化合物 M 根本就不会初步认定是显而易见的。因为现有技术中没有给出化合物 P 可用于杀死火蚁的启示，审查员不能基于该现有技术的专利作出显而易见的拒绝决定。

假若多数意见和不同意见解决问题方式之间的区别是微妙的，那么刚参与辩论的人可能会问究竟在争论什么。毕竟，Dillon 能够获得使用四-原酸酯化合物降低燃料排放物的方法的权利保护，即使她的产品权利要求是显而易见的。同样，在我们的例子中，即使 USPTO 鉴于化合物 P 不愿意给化合物 M 本身授予专利权，但 Mikalos Myrmex 总是可以获得化合物 M 用于杀灭火蚁的方法专利权❶。

答案在于化学领域的人们领悟到产品权利要求比方法权利要求更有价值。毕竟，如果 Mikalos Myrmex 获得了化合物 M 的产品权利要求，则他能够禁止他人任何目的的制造、使用、销售、许诺销售或进口化合物 M。然而，方法权利要求只能防止他人制造、使用、销售、许诺销售或进口化合物 M 用于杀死火蚁目的。类似 In re Dillon 的案件体现了一个政策性问题："Dillon 在世界上是应当授予化合物的产品保护，还是限于较弱的方法保护？"In re Dillon 案中多数意见的方式是试图通过更多地考虑发明人实际做出贡献的相对适度的技术进步，来调和发明人对绝对专利保护的期望。

5.3.4.2 非显而易见性和基因材料

联邦巡回上诉法院涉及基因材料非显而易见性的案例法被证明是特别有争议的，正如 In re Deuel 指导判例❷中的意见。其中，Thoms F. Deuel 和他的同事（合称"Deuel"）的发明涉及用于编码人和牛肝素结合生长因子（HBGFs）

---

❶ 参见第 4.2.2 节。
❷ 51 F. 3d 1552, 34 USPQ2d 1210 (Fed. Cir 1995)。

的 DNA 分子。HBGFs 是一类蛋白质，可用于组织修复。Deuel 的发明可以对牛和人 HBGF 的 cDNA 进行纯化和测序❶。Deuel 还预测了牛和人 HBGF 的完全氨基酸序列。

Deuel 按照下述步骤完成他的发明：

（1）从牛子宫组织中分离和纯化出牛 HBGF；
（2）检测牛 HBGF 中的前 25 个 N-末端氨基酸；
（3）从牛 HBGF 的部分氨基酸序列中推导一组简并 DNA 探针；
（4）筛选用于与探针杂交的牛 cDNA 文库；
（5）克隆所得的牛基因；
（6）预测牛 HBGF 的氨基酸序列；
（7）筛选用于与步骤（3）推导出的探针杂交的人 cDNA 文库；
（8）克隆所得的人基因；
（9）预测人 HBGF 的氨基酸序列。

修改时，Deuel 的专利申请由四项编号（4）～（7）的权利要求组成。每一项都撰写成独立权利要求的形式❷。这些权利要求如下：

（4）一种经纯化和分离的 DNA 序列，由 168 个氨基酸的编码人肝素结合生长因子的序列组成，具有如下氨基酸序列：（序列省略）；

（5）人肝素结合生长因子的纯化和分离 cDNA，具有如下核苷酸序列：（序列省略）；

（6）一种经纯化和分离的 DNA 序列，由 168 个氨基酸的编码小牛肝素结合生长因子的序列组成，具有如下序列：（序列省略）；

（7）牛肝素结合生长因子的纯化和分离 cDNA，具有如下核苷酸序列：（序列省略）。

USPTO 审查员在审查过程中仅仅依据两篇现有技术的对比文件。第一篇对比文件，Bohlen 公开了肝素结合脑促组织分裂原（HBBMs）的部分氨基酸序列。HBBMs 与 HBGF 是同源的（即结构类似），并且这两种物质均是肝素结合蛋白。但是，HBBMs 是在与 HBGFs 不同的体组织中发现的：Deuel 是从子宫组织中纯化出 HBGF，而 Boheln 的对比文件宣称 HBBMs 具有"脑特异性"。第二篇对比文件，Maniatis 的一本手册，其中包括克隆基因的通用方法。

---

❶ cDNA 或 "互补 DNA"，通过将基因组 DNA 的信使 RNA 转录进行反转录而形成的，David Freifelder & George M. Malacinski, Essentials of Molecular Biology 278 (2d ed. 1993).

❷ 关于独立权利要求和从属权利要求之间的区别，参见第 6.2.2 节。

Maniatis 提示了如何利用 DNA 探针筛选 DNA 或 cDNA 文库，以便分离 DNAs 或 cDNAs。然而，Maniatis 没有描述如何分离特定的 DNA 或 cDNA 分子。

根据 Bohlen 和 Maniatis 对比文件，USPTO 审查员以显而易见为由驳回了权利要求（4）～（7）。审查员的结论是，运用这些对比文件，克隆 HBGF 的基因对本领域普通技术人员而言是显而易见的。更具体说，Bohlen 公开了一种肝素结合蛋白及其 N－末端序列。Maniatis 公开了克隆基因的方法。按照审查员的说法，本领域普通技术人员根据 Bohlen 有动机去克隆 HBGF（这是一种有用的蛋白）的基因，以便允许其重组生产。审查员进一步推论本领域普通技术人员基于 Bohlen 公开的 N－末端序列能够设计一种基因探针，然后按照 Maniatis 的方法筛选 DNA 库，以分离编码 HBGF 的基因。

Deuel 将审查员的决定上诉到专利上诉和抵触委员会，该委员会维持了审查员的决定。委员会陈述的问题是"无论如何，蛋白质的部分氨基酸序列的知识，与提到克隆通用方法的对比文件结合，使得发明作为整体，例如基因，成为初步认定是显而易见的。"在认定克隆技术是常规技术的前提下，委员会得出结论"当将蛋白质的序列放于公共领域时，基因也处于公共领域"。由于对专利上诉和抵触委员会的决定不服，Deuel 上诉到联邦巡回上诉法院。

法官 Lourie 开始注意到，在化学领域中，显而易见性初步认定的案件常常是通过所要求保护的化合物与现有技术的化合物之间的结构类似而建立的。法官 Lourie 指出，本案中无论是 Maniatis 还是 Bohlen 都没有公开任何与 Deuel 所要求保护的发明相关的 cDNA 分子。结果，法官 Lourie 陈述到："USPTO 有关有动机尝试去做 Deuel 工作的理论，实现起来事实上相当于对发明的臆测和不允许的事后诸葛亮"。法官 Lourie 认为现有技术提供的不过是一种寻找某些基因的一般动机，这并不足以使得 Deuel 所具体请求保护的基因是显而易见的。

法官 Lourie 接下来提出了依据专利法中的非显而易见性解决遗传密码冗余码的后果。他陈述到：

"蛋白质与核苷酸之间的遗传密码关系不能解决被引用对比文件的缺陷。现有技术公开的蛋白质的氨基酸序列不能必然地致使编码蛋白质的特定 DNA 分子是显而易见的，因为遗传密码的冗余码允许人们假设出大量的编码蛋白质的 DNA 序列。这些 DNAs 中没有一个特定的 DNA 可以是显而易见的，除非现有技术中存在某些提示导致获得这种特定 DNA，并且指示其应当案例被制出❶。"

在常被引用的 In re Deuel 案例意见的语句中，法官 Lourie 陈述到："在没

---

❶ 51 F. 3d, 1558－59, 34 USPQ2d, 1215.

有其他的现有技术提示所要保护的 DNAs 的情况下,存在分离 cDNA 或 DNA 分子的通用方法与特定分子本身是否是显而易见的问题基本上无关。"法官 Lourie 随后对什么类型的现有技术足够使 USPTO 得出显而易见的结论提出了一些建议:

"现有技术对某一特定化合物的方法或作为方法产物的明显变体的公开,当然是另一回事,但这引出了专利法第 102 条新颖性以及第 103 条显而易见性的问题。此外,当有现有技术启示了所要求保护的化合物时,存在或缺乏制作该化合物的能够实施的方法是任何专利性判断中必定考虑的一个因素。然而,必须存在对所要求保护的化合物有所启示的现有技术,才能提出显而易见初步认定的案件……❶"

法官 Lourie 总结到,由于现有技术的对比文件没有提示或启示所要求保护的 cDNA 分子,应当撤销 USPTO 对权利要求 5 和 7 的驳回。他接下来转向权利要求 4 和 6,其包含了编码人和牛 HBGFs 的 DNA 序列。法院同样推翻了 USPTO 的驳回决定。法官 Lourie 注意到 Bohlen 对比文件中仅仅公开了部分氨基酸序列。根据法官 Lourie 的意见,USPTO 只有在现有技术描述或更全面启示蛋白质的全部氨基酸序列的情况下才能得到显而易见的结论。

In re Deuel 案例意见吸引了很多持怀疑态度的评论者的批评,这些评论者相信联邦巡回上诉法院准许生物技术领域的发明得到专利权过于仁慈。一些观察家坚持认为联邦巡回上诉法院裁定编码蛋白质的 DNA 序列为非显而易见性是错误的,因为法院关注于 Deuel 专利申请中所要求保护的化学结构❷。"法院并不认可所涉及技术的特异性,而是注重于旧时代化学家所熟悉的标准,他们设计新化合物的主要方式是分子修饰——结构相似性❸。"法院的结论是因为蛋白质与核酸在化学性质的不同,因此它们不能被认为结构类似。

然而,诸如 DNA 这样的分子与蛋白质通过它们之间的信息转移而相关❹。一些评论者声称联邦巡回上诉法院的推论是有错误的,因为法院将 DNA 和蛋白质比作化学案例中简单有机化合物的结构。虽然传统化学实践是根据它们的结构来区分化合物的,但是生物技术不能必然要求同样的推论。

---

❶ 51 F. 3d, 1559, 34 USPQ2d, 1215-16.

❷ Anita Varma & David Abraham, DNA is different: Legal Obviousness and the Balance Between Biotech Inventors and the Market, 9 Harvard Journal of Law and Technology 53 (1996).

❸ Phillipe Ducor, Recombinant Products and Nonobviousness: A Typology, 13 Santa Clara Computer & High Technology Law Journal 1, 43 (1997).

❹ Sara Dastgheib - Vinarov, A Higher Nonobviousness Standard for Gene Patents: Protecting Biomedical Research from the Big Chill, 4 Marquette Intellectual Property Law Review 143 (2000).

对 In re Deuel 批评的第二个基础是联邦巡回上诉法院关注于"遗传编码冗余码对 DNA 显而易见性的结果，阻碍了对 cDNA 分子准确结构的考虑和构想❶"。法官 Lourie 总结到由于遗传编码中的冗余码，不计其数的可能的 DNA 序列都可以编码蛋白质。结果，联邦巡回上诉法院作出结论，本领域普通技术人员如果不实际去做 Deuel 所进行的实验，是不能确定 DNA 序列的。

然而，虽然知道了蛋白质序列并不能立即获知相应的 DNA 序列，但很多评论者相信本领域普通技术人员通过使用标准技术可以很容易地确定 DNA 序列❷。具体说，生物技术领域的技术人员可以利用常规杂交工艺使用 cDNA 或基因组文库，来填补蛋白质和编码该蛋白质的相应 DNA 序列之间的信息空白。联邦巡回上诉法院被控无视如果蛋白质序列是已知的，则 DNA/RNA 序列可以容易得到的事实。

一些观察家相信，在 In re Deuel 案之后，当某些发明涉及基因材料时，非显而易见性的标准可能会被明显降低。一名分析者说，In re Deuel 案的判决意见可以被缩减至一句简单的陈述："专利法第 103 条不适用于新提取的天然 DNA 序列❸"。另一名评论家解释到"这个判决的后果是，即使申请人通过使用'显而易见'的科学方法发现 DNA，仍然可以对这个 DNA 分子授予专利权"。❹

另外，In re Deuel 案在今天可能没那么重要。Deuel 提交他的申请在生物技术产业非常早的时代。In re Deuel 案中争论的现有技术对比文件是在 20 世纪 80 年代出版的。自那时起，生物技术产业经历了很多巨大的进步。最值得一提的是 2000 年 6 月 26 日，美国总统比尔·克林顿和英国首相托尼·布莱尔宣布人类基因组项目的第一阶段已经完成❺。依据 In re Deuel 案时期的现有技术中获得的信息，虽然他们的宣布很大程度是象征性的，但这确实证明了经过测序的人类 DNA 的数量急剧增加的真实性。

其他测序成果同样进展迅速，包括果蝇、线虫和细菌基因组❻。非人类

---

❶ Phillippe Ducor, The Federal Circuit and In re Deuel: Does §103 Apply to Naturally Occurring DNA?, 77 J. Pat. & Trademark Off. Soc'Y 871, 886 (1995).

❷ Sara Dastgheib-Vinarov, A Higher Nonobviousness Standard for Gene Patents: Protecting Biomedical Research from the Big Chill, 4 Marquette Intellectual Property Law Review 155 (2000).

❸ Phillippe Ducor, The Federal Circuit and In re Deuel: Does §103 Apply to Naturally Occurring DNA?, 77 J. Pat. & Trademark Off. Soc'Y 871, 883 (1995).

❹ Lisa A. Karczewski, Biotechnological Gene Patent Applications: The Implications of the USPTO Written Description Requirement Guidelines on the Biotechnoligy Industry, 31 McGeorge Law Review 1043, 1057 (2000).

❺ Richard J. Berman, Gene Sequences, National Law Journal B7 (2000.9.4).

❻ Green Genes: The First Plant Genome: The First Plant Genome Has Just Been Announced, The Economist (2000.12.16).

DNA 的测序是很有意义的，因为 DNA 在物种之间可被保留。就此，来自一个物种中的序列可以提供关于不同物种的基因组的信息❶。由于每个 DNA 序列都要进入公共领域，因此碰到同源链的可能性增加❷。

还有很多不值一提的进步。DNA 分离、测序和克隆技术的数量业已增加，这些方法的速度和准确性同样如此❸。例如，鉴于目前人工合成短链 DNA 以及改进荧光检测技术的能力，创建一个合适的探针比早期要容易得多❹。虽然 In re Deuel 案的推论中陈述这些基因分离方法本身不能使 DNA 序列显而易见，但结合其他现有技术，它们与显而易见性分析是相关的。

结果，虽然一些人相信 In re Deuel 案的影响是非常重要的，但是它的影响在很大程度上是历史性的。现有技术显著增加，超过 In re Deuel 案中可用的对比文件的集合。因此，In re Deuel 案的反响可能仅仅在那些若干年前提交的生物技术专利申请中才能感受到。

5.3.4.3 产品和方法权利要求

涉及化学和生物技术的方法权利要求同样产生令人费解的问题。通常的案例是，本领域技术人员一旦被告知最终产品的确切组成，他们就能通过使用公知的常规方法，很容易制出这种新化合物或生物技术产品。但是，在不知道新产品的特定特性时，他们缺乏动机去实施这个方法。

根据专利法，涉及这种制造方法的权利要求是否显而易见是所面对的问题。一种认识是，由于方法被用于制得新的和非显而易见的产品，该方法必然也具有新颖性和非显而易见性。但是另一方面，如果使用常规的方式下的方法来制得产品，或许我们应当视该方法为新的但不必然是非显而易见的。在合适的情况，相同的推理不仅适用于最终产品，而且适用于起始物料。

利用简单类推的方式可以把注意力集中在这个问题的核心上❺。设想一个植物学家团队联合发明了一种新类型的水果杂交品种，例如神奇的"苹果莓"，他们向 USPTO 提交了专利申请，请求保护这种苹果莓及制作苹果莓派的

---

❶ Green Genes: The First Plant Genome: The First Plant Genome Has Just Been Announced, The Economist (2000.12.16).

❷ Rick Weiss, Surprises Abound as Scientists Genetically Decode a Plant, Seattle Times (2000.12.14).

❸ Michael Lasalandra, Scientists joyfully announce gene sequencing completion, Boston Herald (2000.6.27).

❹ Andrew Pollack, DNA Chip May Help Usher In New Era of Product Testing, New Times Abstracts (2000.11.28).

❺ Robert Patrick Merges & John Fitzgerald Duffy, Patent Law and Policy: Cases and Materials 838 (3d. ed 2002).

方法。显然，申请人的苹果莓派配方是有新颖性的。在该发明之前的确不可能存在苹果莓派发明的现有技术。但是，对于这种仅仅是馅料的替换，就应当赋予植物学关于制作水果派的方法专利吗？以非显而易见性为由拒绝植物学家的方法，相当于政策判定它不应当获得专利权。

联邦巡回上诉法院在 In re Durden 案中处理了这些问题❶。其中，申请人提交了一项申请，请求保护肟化合物、杀虫用的氨基甲酸酯化合物，以及使用这种肟化合物作为起始物料生产氨基甲酸酯化合物的方法。USPTO 对肟化合物和氨基甲酸酯化合物授予了专利权，但根据现有技术专利对方法予以驳回。

在上诉过程中，申请人承认"要求保护的方法中除去使用了新的和非显而易见的初始物质的事实，以及制得了新的和非显而易见性的产品这些事实外，其他都是显而易见的"。联邦巡回上诉法院认为需要解决的问题相当于"某一化学方法，其他方面是显而易见的，仅仅由于所用的具体起始物料和所获得的产品之一或二者具有新颖性和非显而易见性，是否可获取专利权"。法院维持了驳回决定，结论是：

"当然，当在一种方法中使用以前未知的起始物料，然后经过常规的处理或反应生产了也同样是新的产品时，虽然取得的结果是预料中的，但这时旧的方法变成了新的方法。但是，它并非必然意味着整个方法变成符合第 103 条的非显而易见。简言之，当考虑'作为一个整体'时，尽管具体的起始物料或所得的产品，或二者是现有技术中所未曾记载的，一种新的方法可能仍然是显而易见的❷。"

In re Durden 案证明了对于重组生物技术工业的实践者来说存在繁赘的判例。泛泛来说，重组技术涉及宿主细胞的更变，以便其能产生所期望的蛋白质。所得的产品，包括红细胞生成素、干扰素和组织型纤溶酶原激活物（tPA），与天然存在的产物完全相同或相似。因此，这些有价值的蛋白质产物通常不适合获得专利权，且本身不能获得专利权❸。生物学家希望请求保护转化型宿主细胞，作为能够制造理想的蛋白质的"机器"。他们还寻求保护制造最终产品的方法。然而，生物学家发现 USPTO 明显反对这种方法。基于 In re Durden 案，很多审查员拒绝了这种权利要求，因为由转化型宿主细胞获得理

---

❶ 763 F. 2d 1406, 226 USPQ 359（Fed. Cir. 1985）.
❷ 763 F. 2d, 1410, 226USPQ, 362.
❸ 参见第 2.3.1 节。

想的蛋白质产物的方法，是本领域普通技术人员公知的。这种老套的技术甚至可以应用于本身是具有专利性的起始物料的那些宿主细胞❶。

美国国会通过颁布1995年的生物技术方法专利法作出了响应❷。这次立法增加了第103条第（b）款，即申请人可以选择采用的复杂条款。第103条第（b）款规定使用或导致新的、非显而易见物质组合物的"生物技术方法"，如果（1）发明人提交一项申请或多项申请，同时请求保护方法和物质的组合物；并且（2）方法和物质组合物在发明完成之时被同一人拥有，则应当被认为是非显而易见的。术语"生物技术方法"被煞费苦心地定义为使法条与同时期的生物研究联系在一起，包括诸如"产生细胞系的细胞融合方法，其中细胞系能表述特定的蛋白，如单克隆抗体"的方法。

在美国国会颁布第103条第（b）款后仅几周，美国联邦巡回上诉法院在In re Ochiai❸案的判决意见表明，这次立法的成果可能是不必要的。Ochiai申请的权利要求6提到了头孢烯化合物（具有抗生素特性）的制备方法。虽然由该方法制成的头孢烯化合物是新的和非显而易见的，但USPTO推论权利要求6中所述的方法是显而易见的。许多现有技术对比文件提示了使用极其相似的方法生产与Ochiai所要求保护的稍有不同的最终产品。USPTO结论是In re Durden案的判决强制驳回了权利要求6。

在上诉过程中，联邦巡回上诉法院撤销了USPTO的驳回。法院的理由是所要求保护的起始物料在Ochiai提交申请之前，对于本领域普通技术人员而言是未知的。法院随后作出结论，虽然所要求保护的方法与现有技术的提示极为相似，但现有技术从未提供实现该方法的任何启示或动机。按照Ochiai合议组的意见，"相似性……不必然导致显而易见"。法院区别了In re Durden案，指出其体现的内容并不比应用通用规则时多，通用规则规定"第103条要求将所要求保护的方法和现有技术进行事实充分比较，而不是其他规则自身的机械应用"。由于非显而易见性案例涉及复杂的实际问题以及"单一法律体制对不同权利要求和技术领域的应用产生具体化结果"，以理性之人可能都不会完全同意具体的非显而易见性的判定结果。

USPTO局长通过公告对In re Ochiai案作出响应，这个公告更像是一种补救。认可In re Ochiai案的裁决，但局长不鼓励使用美国专利法第103条第

---

❶ Jeremy（Je）Zhe Zhang, In re Ochiai, In re Brouwer 和1995年的生物技术方法专利法：Durden遗传的终结？（In re Brouwer and the Biotechnplogy Process Patent Act of 1995：The End of the Durden legacy?），37 IDEA：J. L. & TECH. 405, 415（1997）.

❷ Pub. L. 104-41, 109 Stat. 351.

❸ 71. F. 3d 1565, 37 USPQ 1127（Fed. Cir. 1995）.

(b)款，附带宣布 USPTO 不会发布该法条的实施细则。另一方面，欢迎希望采用该法条的申请人起诉局长。公告还要求审查员"必须将提及制作或使用非显而易见产品的方法权利要求中的语言作为实质性限定来处理"。

虽然很难与 In re Durden 案相一致，In re Ochiai 案却被大多数评论者顺利地接受。然而，它与国会架构美国专利法第 103 条第（b）款意图的一致性可能受到质疑。美国国会颁布美国专利法第 103 条第（b）款作为一条狭义的法律条款，解决单一领域的特殊问题。可应用于所有技术的更广义措辞的提议已被考虑，并且已经被拒绝。例如，由于 Ochiai 的申请涉及化学技术，它不能被认为属于最终颁布的法律条款中的"生物技术方法"。显然，In re Ochiai 案的判决在相当程度上开创了美国国会精心制定的、作为对现行案例法的狭义例外。

5.3.5 小 结

下面的例子汇总了笔者在本章中讨论的关键的非显而易见概念。假设发明人 Bramer 于 2005 年 7 月 1 日提交了一项请求保护一种电路的专利申请。该电路可用作家庭立体声设备的数字信号处理器。它由两条分支电路组成：放大器，与之相连的滤波器。

USPTO 审查员在 2006 年 2 月 15 日开始对 Bramer 的申请进行审查。审查员很快锁定两篇相关的对比文件。第一篇是 Hass 在杂志上发表的文章，公开时间是 2003 年 3 月 21 日，该文章描述了与 Bramer 所要求保护的相同的放大器，并描述了该放大器可用于高压电源系统中。第二篇是一篇美国专利，2006 年 2 月 1 日授权给 Cline。Cline 专利的申请日是 2005 年 4 月 1 日，其中描述了，但没有请求保护与 Bramer 请求保护的相同的滤波器。Cline 的专利也涉及家庭立体声设备。

虽然 Hass 和 Cline 的对比文件描述了 Bramer 发明中的部件，但审查员认为没有一篇文献启示要将两个部件进行结合。因此，审查员引用了第三篇对比文件，一本作者是 Jones、于 1997 年 9 月 1 日出版的工程学教科书。Jones 的书涉及了信号处理电路的设计，一般性讨论了将放大器与滤波器结合来处理数字信号的可取性。根据美国专利法第 102 条这些对比文件是可以使用的，审查员依据美国专利法第 103 条第（a）款形成显而易见性初步认定案例。

虽然 Bramer 针对审查员的拒绝可以做出多种选择，但特别建议两个选择❶。第一，Bramer 可以尝试证明至少一篇审查员引用的对比文件不是用于非

---

❶ Bramer 还可以修改申请的权利要求，缩小权利要求以规避现有技术对比文件的结合教导。当然，Bramer 也可以放弃申请。

显而易见性的相关的现有技术。如果 Bramer 可以排除三篇对比文件中任意一篇是现有技术，则审查员必须撤回全部非显而易见性拒绝意见。Hass 和 Jones 的对比文件属于美国专利法第 102 条第（b）款规定的现有技术，因为它们在 Bramer 临界日期 2004 年 7 月 1 日之前公布（他提交专利申请之前 1 年）。但是，Cline 专利仅可用作属于美国专利法第 102 条第（e）款规定的现有技术。Bramer 可以通过提交《美国联邦法规》第 131 条的宣誓书使日期提前于 Cline。他必须证明他在 Cline 的申请日 2005 年 4 月 1 日之前就发明了所要求保护的主题❶。

Bramer 还可以就 Hass 对比文件构成非相似领域进行争辩。Brame 可以争辩高压电源设备与家庭立体声设备不是相同的技术领域，Hass 与 Bramer 所面临的具体问题也不是合理相关的。这个争辩的成功取决于 Bramer 事实记录的进一步进展情况。

如果 Bramer 不能消除任一篇对比文件作为现有技术，那么他的第二个选择就是对非显而易见性提出实质性争辩。用专利界的语言，这种对判断标准的争辩称为"抗辩"。这些争辩一般来说要援引专家的意见，本领域普通技术人员鉴于现有技术不能发现所要求保护的发明是显而易见的。Bramer 还可以提交任何辅助因素的证据，支持他的发明的非显而易见性。假如现有技术与所要求保护的发明之间有紧密的关系，Bramer 试图抗辩审查员的驳回似乎不太可能成功，但是必须要在完全考虑了 Graham 检验标准和美国专利法第 103 条第（a）款的情况下才能判定他的争辩。

---

❶ 参见第 4.4.1 节。注意美国专利法第 103 条第（c）款不能用于消除 Cline 对比文件，因为 Cline 专利和 Bramer 的申请不是被同一人拥有或经转让合约转让给同一人。如果 Cline 和 Bramer 两人都为同一公司工作，则 Cline 对比文件就可停止用作非显而易见性的现有技术。关于这点，参见第 5.2.2 节。

第 6 章
专利申请文件

专利与其他知识产权的不同之处在于，它们只在正式申请程序和政府审查后才产生。绝没有普通法专利或者通过法律操作后立即就产生的专利。个人必须向 USPTO 提交书面申请以确保在其发明中的权益。这些申请最终成为授权专利申请文件，形成个人专利权基础的文献。美国专利法第 112 条（由 6 个未编号段落组成的条款）详细列举了每个专利申请文件的内容。这些段落中前两段对于专利方案具有重要意义。

美国专利法第 112 条第 1 款要求专利申请文件公开发明。专利界通常把公开或者描述发明的部分称为"说明书"或者"描述"。美国专利法第 112 条第 1 款对说明书规定了三个要求。首先，说明书必须能够使本领域技术人员制造和使用发明。其次，说明书必须包含发明的"书面描述"，足以表明发明人在他提交申请时已经完成发明。最后，说明书必须详细描述发明人认为的"最佳方式"。下面笔者将在第 6.1 节仔细分析这三个要求。

美国专利法第 112 条第 2 款要求说明书"以一项或者多项这样的权利要求结尾，其中的权利要求具体指出并明确声明申请人认为是其发明的主题"。尽管权利要求书在法律上构成说明书的一部分，然而专利从业者通常把说明书和权利要求书称为专利申请文件的不同部分。这是因为权利要求书是在专利申请文件中规定了专利权人拥有财产权利确切范围的最重要部分。美国专利法第 112 条第 2 款包含了有关确定性的要求即权利要求书应该足够清楚以至于他人知道专利权人的权益范围。

美国专利法第 112 条其余款项也涉及权利要求书。美国专利法第 112 条第 3 款至第 5 款规定了所谓"从属权利要求"语义的解释标准。我们会在本章后面看到，从属权利要求引用前面独立权利要求的内容，并接着继续进一步限定。此外，美国专利法第 112 条第 6 款涉及权利要求格式的特殊类型即"装置加功能"的权利要求。在下面第 6.2 节中将阐述针对专利权利要求的各个详细规则。

6.1 说明书

每份专利申请文件必须包括详细描述发明的说明书。然而专利法没有要求说明书的具体格式，USPTO 颁布了实施细则，此实施细则规定了某些必要的部分和这些部分的撰写顺序。这些组成部分包括名称、摘要和发明的详细书面描述❶。"当对于理解要求保护的主题是必要时"，还应该包括附图❷。然而，专利法规定说明书要满足三个基本要求：能够实现、书面描述和最佳方式。下面将详细论述每个基本要求。

6.1.1 能够实现

美国专利法第 112 条第 1 款规定，说明书必须"使所属领域或者最相关领域的技术人员能够制造和使用"要求保护的发明。一些评论家把"能够实现"这一要求看成在发明人和公众之间反映或者体现的一种契约❸。作为由专利获得的排他权的交换，发明人必须丰富其技术，从而使他人可实现其发明。发明具体实施方式的详细实例结合对操作模式或者技术原理一般性描述就足以满足"能够实现"的要求。

6.1.1.1 Wands 因素

在传统上，法院把"能够实现"的要求理解为专利权人必须公开足够信息，从而使得本领域技术人员在没有过度实验的情况下实现所述发明❹。法院把"能够实现"的要求建立在普通技术人员为实现所述发明所需进行的实践和合理努力的基础上。在 In re Wands❺ 案中，联邦巡回上诉法院引用了在确定专利是否提供足够细节来满足"能够实现"要求时需要考虑的多个因素，这些因素包括：

(1) 需要的实验次数；
(2) 提供方向或者指导的多少；
(3) 可操作实例的有无；
(4) 发明的性质；
(5) 现有技术的状态；

---

❶ 37C. F. R. §1.77.
❷ 35 U. S. C. §113（2000）.
❸ Orin S. Kerr, Rethinking Patent Law in the Administrative State, 42 Wm. &Mary L. Rev. 127（2000）.
❹ In re Vaeck, 947 F. 2d 488, 20 USPQ2d 1438（Fed. Cir. 1991）.
❺ 858 F. 2d 731, 8 USPQ2d 1400（Fed. Cir. 1988）.

(6) 本领域技术人员的相对技术水平;
(7) 技术的可预知性或者不可预知性;
(8) 权利要求的范围。

例如,假定著名软件巨头 Gil Bates 与 Steve Hobbes 获得一个有关计算机化存货控制系统的专利。在要求保护发明的内容中包括一种协调供应商、仓库管理员和零售商的计算机程序。再假定专利申请文件没有公开用特殊程序语言描述的软件代码的详细逐行列表。相反,Gil Bates 与 Steve Hobbes 只公开了用英语表达的高级流程图和更抽象的描述。

只要 Gil Bates 与 Steve Hobbes 公开的内容允许熟练的电脑程序员在合理时间内通过一般努力就可以开发出功能性软件,则认定该专利能够实现。尽管在 Gil Bates 与 Steve Hobbes 说明书中完整逐行地披露程序将使主题更明确,然而只要该描述能够使本领域普通技术人员实践该发明,则不需要逐行描述这种程序。不同程序员以不同方式设计出公开软件的细节与 Gil Bates 和 Steve Hobbes 是否满足能够实现的要求没有关系。同样,高级熟练的计算机科学家能够开发出比在说明书中描述的软件更高级的软件对"能够实现"要求也没有任何影响❶。

Gil Bates 与 Steve Hobbes 实例也表明,专利不需要公开本领域技术人员所熟知的信息。由于专利说明书针对本领域的技术人员,因此为了简明的目的,不需要且最好不从最初级原理开始描述直到要求保护的技术❷。联邦巡回上诉法院也认为,专利说明书不需要形成详细的产品文件,不需要披露有关尺寸、公差和大批量生产的其他参数的精确制造数据❸。

Wands 因素之一涉及技术的可预知性。对于在像机械或者电子等可预知领域工作的发明人来说,"能够实现"的要求不会经常出现大问题。利用公知的自然法则和这些学科的知识,熟练技术人员不仅能构想出替代实施方案,而且也能在没有困难的情况下预见其特性。然而,在例如生物技术和一些化学分支等不可预知领域中,法院在判断具体公开内容是否支持写得较宽的权利要求时

---

❶ Northern Telecom, Inc. v. Datapoint Corp., 908 F. 2d 931, 15 USPQ2d 1321 (Fed. Cir. 1990); White Consolidated Indus., Inc. v. Vega Servo – Control, Inc., 713 F. 2d 788, 218 USPQ 961 (Fed. Cir. 1983)。

❷ Hybritech Inc. v. Monoclonal Antibodies, Inc., 802 F. 2d 1367, 231 USPQ81 (Fed. Cir. 1986), cert. denied, 480 U. S. 947, 107 S. Ct. 1606, 94 L. Ed. 2d 792 (1987)。在这方面,专利说明书与一般的法律论文完全不同。在论文中,假定读者什么也不知道,同时在前面要用大量篇幅来介绍法律领域基本知识,而在最后几段提出新观点。

❸ Christianson v. Colt Industries Operating Corp., 822 F. 2d 1544, 3 USPQ2d1241 (Fed. Cir. 1987)。

要更严格些。在这些不太确定的领域中，发明结构的较小变化可导致明显不同的特性。

例如，功能性化合物非常微小的变化可使其对于特定用途没有活性或者没有用处。同样，在不可预知技术领域的专利说明书必须提供更多的实例，以支持写得较宽的、概括的权利要求。相反，说明书必须适当详细地说明在权利要求整个范围内如何实施发明❶。

在涉及生物技术的 In re Wright❷ 案例中清楚地说明了在能够实现的分析中技术预知性的影响。Wright 提交了一个申请，要求保护抗 RNA 病毒的活体、非致病疫苗的制造工艺及其使用方法。然而，Wright 的说明书描述非常窄，只详细描述了赋予小鸡抵抗布拉格鸟类肉瘤病毒免疫力的重组疫苗的应用，这项开发无疑使捷克共和国的小鸡高兴，但没有向希望抵御其他病毒的人提供任何指导。联邦巡回上诉法院判定允许涉及具体公开工艺的权利要求，但不允许描述保护活性生物体抵抗 RNA 病毒方法的较宽的权利要求。法官 Rich 推断，截至 1983 年 2 月申请日时，根据该领域的技术水平，Wright 的申请仅仅为熟练技术人员提供了进行超长实验的建议。根据法院意见，Wright 抗鸟类 RNA 病毒特定毒株的成功不能推知所驳回的权利要求主题的合理预期成功。换句话说，说明书中没有足够的信息来告知他人如何制造抵御布达佩斯猫病毒或者维也纳犬病毒。❸

最后一个 Wands 因素说明"权利要求的范围"与"能够实现"有关。一份具体的说明书是否能够实现必须结合要保护什么来理解。法院经常认为，授权主题必须能够在具体权利要求的整个范围内实现❹。因此，在一些情况中，权利要求范围比公开内容更宽，从而权利要求因不能实现而被驳回。

在久远的 1854 年联邦最高法院在 O'Reilly v. Morse 案中的判决中说明了上述原则❺。在此案中的 Morse 为电报发明人 Samuel Morse。此电报专利最终的权利要求为：

"第八，我不打算将自己限制在上述说明书和权利要求中所描述的具体机器或者机器部件；我的发明精髓是称之为电磁的电流原动力的用途，这种电磁为了在任何距离形成或打印可读文字、字母或者符号而开发，我声明我是这种

---

❶ PPG Industries, Inc. v. Guardian Industries Corp., 75 F.3d 1558, 37USPQ2d 1618 (Fed. Cir. 1996).
❷ 999 F.2d 1557, 27 USPQ2d 1510 (Fed. Cir. 1993).
❸ 这些是仅用于说明目的而虚构的病毒。
❹ In re Wright, 999 F.2d 1557, 27 USPQ2d 1510 (Fed. Cir. 1993).
❺ 56 U.S. (15 How.) 62 (1854).

原动力新应用发明的第一发明人或者发现人。"

法院裁定该权利要求无效。

实际上,如果专利权人的第8项权利要求被维持,则对于任何说明书只需描述"他已经发现,通过使用电磁原动力,他可在任何距离打印可识别文字"。笔者认为,没有专利可能在那样的说明书基础上获得授权。另外,此权利要求没有从提交的说明书中得到支持。权利要求在说明书之外,专利权人的要求超出了说明书范围。

此驳回决定在今天可根据"能够实现"要求而作出:Samuel Morse 权利要求远远超出了他所发明的东西。

最近的 In re Fisher 案判决具有类似的情形❶。在 In re Fisher 案中,申请人就其申请被 USPTO 驳回向 CCPA 提起上诉。Fisher 的申请公开了一种用于治疗关节炎的促肾上腺皮质激素(ACTH)的生产方法。根据申请文件,Fisher 方法使 ACTH 产生明显提高的药效。具体地说,现有技术方法制造的产品具有每毫克 0.5 个国际单位的 ACTH 活性,Fisher 方法制造的药物具有每毫克 1.11~2.30 个国际单位的 ACTH 活性。

然而,Fisher 专利的权利要求书比公开的药效范围宽得多。权利要求书只描述 ACTH 生产方法为"每毫克含有至少 1 个国际单位的 ACTH 活性",没有具体药效上限。在实际术语中,这意味着如果他人开发一种制备每毫克 5 个国际单位 ACTH 活性的方法并开始实施该方法,则此人将被裁定为侵犯 Fisher 专利的权利要求。即使 Fisher 专利没有以任何方式解释如何制造超过每毫克 2.30 个国际单位 ACTH 活性的产品,此权利要求书的开放式措辞也将导致侵权判定。就像 Samuel Morse 一样,Fisher 要求的保护似乎也远远超过他所发明的,或者至少要求的保护超过他在专利申请文件中愿意向公众说明的。

在上诉后,CCPA 认定 Fisher 的权利要求书被驳回是合理的。法院断定,发现如何实现大于 1 个国际单位药效的发明人不应获得对所有具有大于 1 个国际单位药效的组合物的专利权,后者包括具有远远超过由其提示得到的药效的未来可能组合物。正如联邦巡回上诉法院在几年前总结的那样,因此,"'能够实现'要求确保公众的知识由该专利说明书充实到至少与权利要求书的范围相当的程度。权利要求书范围必须小于或者等于'能够实现'的范围。'能够实现'的范围又是在说明书公开内容加上本领域普通技术人员在没有过度

---

❶ 427 F. 2d 833, 166 USPQ 18 (CCPA 1970).

实验情况下所知道的范围。"❶

遗憾的是，没有精确的公式让我们根据专利说明书来确定具体的权利要求是否存在"过宽范围"。大多数专利包括比公开的具体操作实例较宽的权利要求书。法院知道，把专利保护范围限制到那些具体实施例的范围将使专利保护没有意义，因为有经验的竞争者能够设计出略微偏离它们结构细节的产品。另外，允许发明人获得过宽的、上位的权利要求可能赋予了与专利贡献不成比例的权利，阻碍了未来的创新。正如 Wands 因素所指出的那样，"能够实现"要求提供了具体的起始点，然而遗憾的是，没有提供用于评估具体权利要求超出适当范围的便于应用的规则。

6.1.1.2 有关"能够实现"的审查时机

说明书必须在发明人提交申请时能够实现。在确定在先申请或者专利是否满足"能够实现"要求时，不应考虑此后现有技术的进步❷。在涉及 Gordon Gould❸ 提交的有关激光技术的著名系列申请之一的 Gould v. Hellwarth 案中，不常见的事实体现了上述原则。此上诉是因在 Gould 和 Dr. Hellwarth❹ 之间声称存在抵触而引起的。抵触的诉项涉及一种控制激光发射的装置所谓"Q-开关"。

有趣的是，没有一方提交抵触所共有的发明活动的通常证据。在双方仅仅依靠他们的申请日的情况下，人们可以猜想到较早提出的一方 Gould 将胜诉。然而 Hellwarth 提供了另外的理由，即尽管"Q-开关"公开内容本身是充分的，但截至 Gould 的 1959 年申请日，Gould 或者任何其他人都没有制造出可操作的激光。因此，Hellwarth 声称 Gould 的申请没有满足"能够实现"要求。这个争辩对于 Hellwarth 来说是明智的，因为他在休斯航空器公司、贝尔实验室和其他单位已经制造出可操作的激光之后的 1961 年提交了专利申请。

抵触委员会支持 Hellwarth，在上诉后 CCPA 维持了原决定。法官 Lane 在为法院写的决定中认为，Gould 的申请没有包含足以构成激光的一组参数。尽管 Gould 把红宝石列为可能的激光介质，但缺少证明例如红宝石晶体型号、尺寸和取向的精确、必要数据的预言。1960 年以前，包括美国技术界领军人物的众多参与者都没有制造出激光，这个事实进一步支持了 Gould 申请提供了不充分指导的结论。此结果看起来苛刻，特别是因为我们知道一旦产业最终制造

---

❶ National Recovery Technologies, Inc. v. Magnetic Separation Systems, Inc., 166 F. 3d 1190, 1195 - 96, 49 USPQ2d 1671 (Fed. Cir. 1999).

❷ In re Goodman, 11 F. 3d 1046, 29 USPQ2d 2010 (Fed. Cir. 1993).

❸ 472 F. 2d 1383, 176 USPQ 515 (CCPA 1973).

❹ 关于"抵触"实践的讨论，参见第 4.4.2.2 节。

出可使用的激光,则 Gould 的"Q-开关"实际上运行很好。但是 Gould 的宽权利要求确实清楚描述了激光活性,这在 1959 年更多地是进入推理想象的王国而不是科学现实。

6.1.1.3 操作实例和预言实例的作用

专利说明书一般要描述所谓的"操作实例",这些实例与发明人实际获得的结果相对应。然而,说明书也可包含模拟或者预测的说明。这种"纸上实验"在专利法中称为"预言实例",只要实际上帮助本领域普通技术人员实现发明,这种"纸上实验"有助于满足"能够实现"要求。

在 Atlas Powder Co. v. E. I. du Pont De Nemours & Co. 案❶中更有争议的一个宣判意见更宽泛地以实例说明了"能够实现"要求中的预言实例和操作实例的作用❷。Atlas 获得了要求保护一种防水爆炸剂的专利,并寻求用它来对抗 DuPont 公司。权利要求请求保护由成分如盐、燃料和乳化剂形成的乳化液的混合物。专利申请说明书于是提供了每种成分的大量具体实例,其中这些成分能够以各种不同方式组合来形成上千种不同乳化液。

DuPont 公司在抗辩中提出该专利不满足"能够实现"要求因而无效。似乎如果不加区别地选择特定的盐、燃料和乳化剂,则形成的混合物将不一定获得具有期望性能的爆炸物。实际上,DuPont 公司声称在 Atlas 说明书中公开的 40% 的组合成分不能生产出合格产品。此外,尽管 Atlas 科学家已经进行过大约 300 次实验,与此同时使乳化液更完善,但 Atlas 也描述了实际上并没有进行的另外一些实验。

最初,大量失败和预言实例结合在一起将暗示不"能够实现"的结论,因为这需要他人投入过度实验。然而联邦巡回上诉法院仍然维持联邦地方法院关于 Atlas 专利包含能够实现内容的裁定。两个法院都认定,在期望有更好结果而略微进行改变的情况下,预言实例与实际实验有紧密的联系。法官 Baldwin 进一步解释:专利不需要描述最佳结果来满足能够实现要求,但必须提供足够描述来使发明能够实现预期目的。由于所述组分的组合在大多数情况下能够实现,因此 Atlas 专利满足此要求。此外,联邦巡回上诉法院认为,熟练的化学家知道如何修正不合要求的组分来形成优良的乳化液。总之,在该可预测领域中的技能容易填平 Atlas 专利公开内容中的任何空白。

6.1.1.4 展品和生物样品

尽管以前的专利实践要求申请人随同说明书一起准备模型或者展品,然而

---

❶ 750 F. 2d 1569, 224 USPQ 409 (Fed. Cir. 1984)。

❷ 从重要法院意见的事实中还可能示例说明了法学教师形成不良双关语(puns)的趋势。

USPTO 目前特别不鼓励这种提交。虽然 USPTO 保留要求申请人提交用于展览或者检测的样品的权利，但只在很少情况下使用这种权利❶。

不鼓励提交样品的规定的例外存在于有关生物发明中。当发明依赖于例如微生物或者培养细胞的活性物质的使用时，仅仅在专利说明书范围内的书面说明不足以使他人方便地制造和使用发明。这就需要生物材料本身的样品。正如联邦巡回上诉法院解释的那样，"当发明涉及新的生物材料时，即使在说明书中包含了详细的过程和完整的分类描述，也不能够复制该材料。因此，USPTO 规定了这样的要求，即把这种材料的物质样品为公众所获得作为专利授权的条件。"❷ 在这种情况下，专利申请人必须向作为生物保藏单位的公共机构提交这些材料。如有请求，保藏单位把样品分配给公众中感兴趣的成员❸。

美国是国际承认用于专利程序中微生物保藏的布达佩斯条约的签约国。布达佩斯条约承认某些机构作为"国际保藏单位"。如果发明人在这些单位中的任何一家进行了保藏，则为了专利的目的，美国和所有其他寻求专利保护的布达佩斯签约国均承认该保藏是有效的。执行布达佩斯条约的世界知识产权组织（WIPO）在 www.wipo.org 网站上提供了更多有关此国际协议的信息。

6.1.2　书面描述

根据美国专利法第 112 条第 1 款，一份美国专利文件必须包括要求保护的发明的"书面描述"。"能够实现"的要求考虑专利申请文件是否允许本领域技术人员在没有过度实验情况下实施要求保护的发明，而书面描述要求被认为与"能够实现"要求不同。书面描述涉及发明人到申请提交日为止是否拥有要求保护的主题。

6.1.2.1　书面描述要求的传统观点

大多数书面描述案例涉及在 USPTO 审查期间对权利要求书进行的修改。当在原始申请日后——或者全部或者通过更改在先的权利要求书——进行修改时，"书面描述"检验标准将要求确定附加材料是否在原始申请中公开。书面描述要求确保发明人不能通过把后来的技术改进加入到在先提交的申请中而不适当地扩大它们的专利。

在申请人必须满足获得专利保护的其他条件里可以充分理解书面描述要

---

❶ 35 U.S.C. §114.
❷ In re Lundak, 773 F. 2d 1216, 1220, 227 USPQ 90, 93 (Fed. Cir. 1985).
❸ Id. Elizabeth R. Hall &T. Ling Chwang, Deposit Requirements for Biological Materials, 14 Hous. J. int'l L. 565 (1992).

求。这些条件中最重要的是美国专利法第 102 条第（b）款。如果发明在申请日前公开使用、销售或者属于其他规定情形超过 1 年，则美国专利法第 102 条第（b）款规定不授予专利❶。因此，根据美国专利法第 102 条第（b）款，特定申请的提交日是很关键的。但如果申请在提交后随意修改，则发明人会非常仓促地提交申请，持续修补，然后通过修改权利要求书措辞把后来的改进添加到在先提交的申请中。这种规避将使申请人不公平地利用在先申请日，规避美国专利法第 102 条第（b）款的影响。同样，由于申请提交日被认为是推定的付诸实践日，因此，此策略将使发明人不公平地规避现有技术对比文件，并根据美国专利法第 102 条第（a）款、第（e）款和第（g）款来获得发明优先权❷。

书面描述要求通过确保后来的修改在早先申请中得到支持而预防这些滥用。如果修改实际上包含了先前没有公开的信息，则将针对修改实际提交日前的现有技术以及为其他目的对修改进行判断，最重要的是，不能获得在先专利申请的申请日的权益。

1977 年 CCPA 在 Application of Barker 案例❸中说明了书面描述要求的影响。Barker 提交了涉及一种屋顶板的预制墙板制造方法的申请。Barker 的发明涉及长度为 48 英寸的屋顶板墙板结构。由于工业标准要求在屋顶柱之间有 16 英寸间隙，这样在建造房屋期间，预制墙板就可方便地覆盖 3 个连续间隙。说明书要求墙板结构包括 8 块或者 16 块屋顶板。在最初申请后的某个时间，Barker 向 USPTO 提交了修改，在他的申请中增加了权利要求 18。权利要求 18 描述了一种制造具有"至少 6 块屋顶板"的预制屋顶板墙板。USPTO 因其没有在原始申请书面范围内而驳回了权利要求 18。

CCPA 维持了 USPTO 的决定。根据法官 Miller 起草的多数人意见，该说明书和附图只表明墙板由 8 或者 16 块屋顶板组成。在权利要求 18 提交日以前，没有明确地说明使用不同数目屋顶板，因此没有满足书面描述要求。

Barker 极力阐释在能够实现和书面描述之间的区别。正如法官 Markey 在其强烈的反对意见中所强调的那样，通过公开的内容完全能够实施本发明。在建筑业具有专长的人，以及实际上稍微有些技能的人，在研究 Barker 的专利申请后，均能使用任何数量屋顶板容易地预制出墙板。唯一的实际限制是组合的屋顶板需要达到 48 英寸的总长度。然而，由于 Barker 只公开了使用 8 块或

---

❶ 参见第 4.3.1 节。

❷ 参见第 4.4 节。

❸ 559 F. 2d 588，194 USPQ 470（CCPA 1977）.

者16块屋顶板，因此他不能在以后要求由至少6块屋顶板组成的墙板。需要注意的是，没有权利要求18，并不意味着Barker完全被遗弃。如果他在USPTO选择适当的程序步骤，可根据Barker提交修改的日期对权利要求18的新颖性或者其他方面进行审查。

例如Barker案例的书面描述情况通常涉及"新主题"的概念。该短语出现在美国专利法第132条中，第132条规定"修改不应把新主题引入到发明公开的内容中"❶。尽管新主题和书面描述存在密切相关的概念，但它们不是互换的。第132条禁止通过修改把新主题引入到申请的公开内容中。美国专利法第112条第1款要求权利要求的语言要得到说明书中书面描述的支持。如果权利要求修改中描述了被认为是没有得到原始公开内容支持的部分，则对此驳回的正确基础是美国专利法第112条第1款，而不是第132条❷。

在著名的Vas-Cath Inc. v. Mahurkar案中，联邦巡回上诉法院的判决进一步解释了书面描述要求的策略和实践❸。该案例涉及Mahurkar的两个有关双腔导管的美国实用专利。Vas-Cath及其被许可人根据美国专利法第102条第（b）款请求Mahurkar专利无效的宣告判决。该宣告判决的原告指出Mahurkar已经于1982年8月9日获得了一项加拿大外观设计专利。原告发现，Mahurkar直到1984年10月1日才申请了美国实用专利，这在加拿大专利授权日后超过了1年，从而违反了美国专利法第102条第（b）款的"可授权"禁止条款。

而Mahurkar争辩称他的实用专利申请被赋予了1982年3月8日的申请日，该申请日恰好在加拿大外观设计专利授权日之前。似乎在1982年的申请日，Mahurkar提交了美国外观设计专利申请，而此外观专利申请包含了Mahurkar随后在其实用专利申请中包含的附图。Mahurkar认为，由于在先外观设计申请为其后来的实用专利申请提供了足够的支持，因此，1982年的申请日适用于两个申请❹。法院争论焦点是1982年外观设计专利申请是否表明Mahurkar拥有在后来实用专利申请中要求保护的主题。

在初审时，被指定为初审法官的联邦第七巡回上诉法院巡回法官Easterbrook认为，Mahurkar的实用专利不具有1982年的申请日。法官Easterbrook不认为只包括附图的1982年外观设计专利申请支持Mahurkar在1984年要求保护的特征和具体参数的组合。在随后的上诉中，联邦巡回上诉法院撤销并发回重

---

❶ 35 U.S.C. §132 (2000).
❷ In re Rasmussen, 650 F.2d 1212, 211 USPQ 323 (CCPA 1981).
❸ 935 F.2d 1555, 19 USPQ2d 1111 (Fed. Cir. 1991).
❹ 35 U.S.C §120 (2000).（规定提交继续申请的要求及其法律顺序）；同时参见第7.2.4节。

审。法官 Rich 判定，单单附图实际上就可以表达发明足够的书面描述。联邦巡回上诉法院还注意到未遭反对的专家证词证实，本领域的普通技术人员将注意到仅仅某些参数实际上也能导致制造出可操作的导管。所以，认为 1982 年专利申请中的附图没有向本领域技术人员传达发明信息的简易判决是不合适的。在重审中，法官 Easterbrook 后来判定 1982 年外观设计专利申请为 Mahurkar 的每个权利要求都提供了足够的书面描述。

6.1.2.2 有关书面描述法律的最新发展

尽管大多数书面描述案例涉及在 USPTO 审查期间对权利要求书的修改，然而少数联邦巡回上诉法院判决意见认定即使在权利要求书最初随着申请提交的情况下也有不符合书面描述要求的。这些判决意见中大多数涉及生物技术发明❶。代表案例是 Regents of the University of California v. Eli Lilly and Co. 案，❷ 该案例涉及胰岛素重组生产的开拓性专利。

加利福尼亚大学提交了导致 1977 年专利诉讼的专利申请。该大学的申请基于老鼠胰岛素基因的无性繁殖。在这个方面，该大学确定并分离了在老鼠中发现但在人类没有的专有互补 DNA 序列。尽管该大学的专利中包含了描述可用于分离人类胰岛素编码互补 DNA 基因方法的预言实例，但是直到 1977 年申请日后接近两年的时间，该大学研究人员实际上才完成此技术。如原始申请的那样，该专利包含两个涉及编码脊椎动物或者哺乳动物胰岛素的互补 DNA 的较宽权利要求以及一个专门描述编码人类胰岛素的互补 DNA 的较窄权利要求。当该大学在 1990 年对 Eli Lilly 提起专利侵权诉讼时，Eli Lilly 的其中一个辩护理由是该专利没有包含要求保护发明的书面描述。

联邦巡回上诉法院认定该大学的专利不符合书面描述要求。根据法官 Lourie 的意见，该专利没有通过相关结构或者物理特征描述要求保护的互补 DNA，这实际是致命的缺陷。通过可用来制造的胰岛素在功能上限定要求保护的互补 DNA，这实际上是对结果的描述，而不是针对发明是什么进行的描述。法院注意到，许多可能的基因序列均可获得此结果。法院建议，为了满足书面描述要求，该大学应该公开由互补 DNA 构成的全部和正确的核苷酸序列。

Regents v. Eli Lilly 案和其他这方面的案例已经表明有争议❸。有评论人员

---

❶ Fiers v. Revel, 984 F. 2d 1164, 25 USPQ2d 1601 (Fed. Cir. 1993); Amgen, Inc. v. Chugai Pharmaceutical Co., 927 F. 2d 1200, 18 USPQ2d 1016 (Fed. Cir. 1991)。

❷ 119 F. 3d 1559, 43 USPQ2d 1398 (Fed. Cir. 1997), cert. denied, 523 U. S. 1089, 118 S. Ct. 1548, 140 L. Ed. 2d 695 (1998)。

❸ Enzo Biochem, Inc. v. Gen-Probe Inc., 323 F. 3d 956, 63 USPQ2d 1609 (Fed. Cir. 2002) (Rader J. 不同意对诉状的否定，全体法官再审理)。

认为，书面描述要求不应该涉及根据美国专利法第112条第2款规定构成说明书一部分的原始提交的权利要求书❶。此外，专利必须明确地描述任何要求保护DNA的核苷酸序列，这种要求有争议地把为保护基因材料所公开的标准设置成比其他发明所公开的标准高。通过认定在1977年申请日前该大学没有把要求保护的发明付诸实践，或者也许通过查明该专利没有满足"能够实现"要求，联邦巡回上诉法院在此案例中可以获得相同的结果。总之，书面描述要求的此种新解释似乎已经在专利法中确立，这一点通过USPTO试图完善指南从而使审查员遵循Regents v. Eli Lilly案和相关的案例而得到证实❷。

6.1.3 最佳方式

美国专利法第112条第1款的最后一个要求是，说明书"描述发明人认为实施其发明的最佳方式"。最佳方式要求确保公众得到发明人所知技术最有益的实施情况，在专利期满后使竞争者与专利权人站在同一起跑线上竞争。通常，最佳方式要求迫使发明人公开可能作为商业秘密保护的信息。

有关最佳方式要求的判例是Chemcast Corp. v. Arco Industries Corp.案❸。发明人Rubright此前曾经为被诉侵权方Arco公司工作。此后离开了Arco公司并创办了自己的公司，即最终的原告Chemcast公司。Rubright在Chemcast公司时发明了用于密封金属板材上开口的扣眼，并获得了专利。当Chemcast公司宣称Arco公司侵犯了Rubright时，Arco公司则主张专利没有公开Rubright所知晓的最佳方式。具体地说，Arco公司认为，没有描述用于制造扣眼锁定部的材料种类、硬度、供应商和商标对于该专利是致命的。

联邦巡回上诉法院认同Arco公司，并判定Chemcast公司的专利存在缺陷。法院最初提出用于确定专利说明书是否满足最佳方式要求的有影响的两步测试法。第一步调查发明人是否知晓他认为实践要求保护的发明优于任何其他的方式。如果满足此第一步主观标准，则法院应该进入第二步客观的调查：说明书公开了足够信息以使本领域技术人员能够实施该最佳方式吗？

根据第一步主观调查，法院确认了这样的裁决：Rubright优选用于扣眼锁定部的是以商品名称R-4467得到的硬PVC组合物。实际上，由于这种材料

---

❶ Janice M. Mueller, The Evolving Application of the Written Descripting Requirement to Biotechnological Inventions, 13 Berkeley Tech. L. J. 615, 633 (1998).

❷ Department of Commerce, Patent and Trademark office, Request for Comments on Interium Guidelines for Patent Applications Under the 35 U. S. C. 112-1 "Written Description" Requirement, 63 FED. REG. 32639 (June 15, 1998).

❸ 913 F. 2d 923, 16 USPQ2d 1033 (Fed. Cir. 1990).

以一定费用专门为 Chemcast 公司开发，Rubright 可能知晓其最佳方式是难以否认的。在进行第二步最佳方式调查时，法院还发现 Rubright 的说明书存在缺陷。Rubright 的专利没有公开 R-4467 在市场上的供应商甚至优选材料的硬度。尽管发明人论述了使用 70 肖氏或高于 70 肖氏 A 硬度标准的 PVC，但这种材料与其优选的材料相差 3 个硬度水平并且是明显较差的。该判决意见的读者会有这么个印象，即最佳扣眼源自使用 R-4667 这样一个事实是非常有价值的商业秘密，同时发明人的说明书几乎误导了希望实施该发明的那些人。

在 Chemcast Corp. v. Arco Industries Corp. 案中，两步测试法表明了最佳方式要求与能够实现要求不同。能够实现要求形成了在本领域技术人员知识基础上的客观标准，而最佳方式要求包括强调发明人知识的主观成分。容易理解，一个专利可能包含了能够实现内容但仍然没有提供最佳方式。

例如，假定著名的食品化学家 Rhonda Ramon 获得一个要求保护制造油炸方便面方法的专利。该申请公开了足够信息使本领域技术人员在没有过度实验情况下制造方便面。然而，Rhonda Ramon 没有说明大量实验已表明当在 137.5℃ 时她的工艺获得了预料不到的优良效果。Rhonda Ramon 的专利将满足能够实现要求。然而，由于没有公开最佳温度，Rhonda Ramon 隐藏了其发明的最佳方式，因此她的专利应该被判决无效。

发明人必须公开其在提交专利申请时所知晓的最佳方式。然而，即使申请仍然还在 USPTO 的审查过程中，也不需要公开在申请日后获得的技术内容。即使发明人提交了所谓的"继续申请"（在本书后面章节中讨论延长 USPTO 审查过程的技巧），此规则也仍然有效❶。

此外，最佳方式要求只适用于在专利申请中署名的发明人。在 Glaxo Inc. v. Novopharm Ltd. 案中具有争议的联邦巡回上诉法院判决意见❷说明了此观点。该案例涉及 Crookes 博士在其为 Glaxo 工作期间发明的抗溃疡药物。根据雇佣合同，Glaxo 代表 Crookes 博士提交了专利申请。该申请最终成为要求保护组合物并公开其制造方法的专利。尽管 Glaxo 的管理者注意到其他雇员已经发明了比制造最初由 Crookes 博士发现的药物更好的技术，然而他们在申请提交前从未告知 Crookes 博士。

在这种情况下，联邦巡回上诉法院认为没有违背最佳方式要求。法院认

---

❶ Transco Products, Inc. v. Performance Contracting, Inc., 38 F.3d 551, 32 USPQ2d 1077 (Fed. Cir. 1994), cert. denied, 513 U.S. 1151, 115 S. Ct. 1102, 130 L. Ed. 2d 1069 (1995).

❷ Glaxo Inc. v. Novopharm Ltd., 52 F. 3d 1043, 34 USPQ2d 1565 (Fed. Cir. 1995), cert. denied, 516 U.S. 988, 116 S. Ct. 516, 133 L. Ed. 2d 424 (1995).

定，法律条文把最佳方式要求明确限制在发明人掌握的知识上，法院没有证据表明 Crookes 博士自己知道制造药物的更好方法。法官 Mayer 的强烈异议认为，最佳方式要求不应该作狭义的解读。法官 Mayer 认定，由于 Glaxo 引导了审查，并还享有由授权专利获得的财产权利，因此地方法院应该进一步调查 Glaxo 是否故意隐瞒实施 Crookes 博士发明的最佳方式。

最佳方式要求是适用于明确要求保护的发明还是适用于整个公开的发明，这取决于案例的具体情况。一般来说，发明人公开最佳方式的义务仅与要求保护的发明有关。结果，如果发明人没有明确要求保护某个主题，则通常针对这个主题，发明人没有公开最佳方式的义务。然而，对于此规则存在以下例外，即在未公开的主题对要求保护发明的性能具有实质影响时。对于这种情况，联邦巡回上诉法院把最佳方式要求适用于整个公开的发明，即使是在专利文件中描述但没有明确要求保护的一部分发明。

两个联邦巡回上诉法院案例体现了这些主张。在 Bayer AG v. Schein Pharmaceuticals, Inc. 案中❶，Bayer 的专利要求保护一种通常被称为抗生素 Cipro 的化合物，在新闻中更多是治疗炭疽热传染病。发明人 Grobe 博士优选用其他化合物作为原材料并进行一定的其他化学反应而合成了 Cipro 化合物。已经发现 Bayer 专利没有描述由 Grobe 博士优选的原材料，被诉侵权人声称不符合最佳方式要求。联邦巡回上诉法院不认同而判定专利有效。法院解释为，必须公开符合最佳方式要求的优选物为：（1）发明的优选实施方案或者（2）对要求保护发明具有实质影响的优选物。在这个案例中，这两个触发事件都没有发生。Bayer 专利只是没有要求保护任何原材料，而 Grobe 博士优选原材料的选择不影响 Cipro 化合物的特性。

在另一个 Dana Corp. v. IPC Ltd. Partnership 案例❷中，联邦巡回上诉法院更扩大地理解最佳方式要求。在该案例中，被诉专利要求保护在内燃机中使用的气门杆油封。要求保护的发明的一个限定特征是"弹性材料部分位于所述气门导管顶部上"。在提交专利申请前，发明人知道用氟化物处理弹性材料表面对于阻止油封件渗漏是必要的。发明人把氟化物表面处理看成实践发明的最佳方式，同时他的雇主实际上也是销售这种经过处理的油封件。然而，这个信息并没有出现在专利申请中。联邦巡回上诉法院认定，正是因为专利权利要求书没有明确描述弹性材料经过表面处理，所以该专利是无效的。由于没有公开氟化物表面处理对要求保护的发明的操作具有直接影响，因此，法院判定发明

---

❶ 301 F. 3d 1306，64 USPQ2d 1001（Fed. Cir. 2002）.

❷ 860 F. 2d 415，8 USPQ2d 1692（Fed. Cir. 1988）.

人没有遵守最佳方式要求。

近年来，最佳方式要求遇到严厉批评。1992 年总统委员会力促美国国会取消最佳方式要求，理由是"能够实现"要求已经强制公开足够的技术信息，同时在专利期满时，申请时的最佳方式不可能仍然是最佳方式❶。由于许多外国专利法没有与美国专利法中最佳方式要求类似的规定，外国的发明人也不赞成公开他们的最佳方式。然而，在本书出版时，针对最佳方式要求的法律修改的努力还没奏效。❷

6.2 权利要求书

权利要求书由于本身限定了专利权人拥有的排他性技术权利，因此构成了整个专利文件最重要的部分。当考虑专利性和侵权问题时，法院和 USPTO 审查员关注要求保护发明的具体措辞。❸ 由于权利要求书为了专利法目的而限定了发明，因此依赖于例如附图或者发明摘要等说明书其他的部分是不合适的。

美国专利制度采用被称为外围权利要求保护制度。在这个制度下，权利要求划出被认为是专利权人排他性技术的外边界。❹ 类似于不动产权契约，在专利中的权利要求设定了与申请文件有关的权利的"界限"。❺ 专利性和侵权问题也应该集中在权利要求的仔细理解上，而不是发明的一些更概念化的"核心""要点"或者"精髓"。

尽管权利要求书在专利制度中占据着中心位置，然而它们是难以正确撰写的文件。❻ 权利要求撰写需要大量的分析、研究和写作技巧，同时还需要科学和技术能力。提交给 USPTO 的权利要求书必须把复杂的技术原理还原为一个单句，同时仍然需要对发明有精确描述。还必须以发明所属技术领域的敏锐感悟来撰写权利要求书。常常只有几个精心选择的限定词来划分要求保护发明和现有技术知识之间的可获得专利权的区别。

权利要求书撰写者还必须牢记正确撰写权利要求书的法律标准。约束权利

---

❶ The Advisory Commission on Patent Law Reform, A Report to the Secretary of Commerce 102 – 03 (1992).

❷ 译者注，该法律修改于 2013 年已生效。

❸ In re Van Geuns, 988 F. 2d 1181, 1184, 26 USPQ2d 1057, 1058 (Fed. Cir. 1993).

❹ Ex parte Fressola, 27 USPQ2d 1608 (PTO Bd. 1993), affd, 17 F. 3d 1442 (Fed. Cir. 1993).

❺ Corning Glass Words v. Sumitomo ELEC. U. S. A., Inc., 868 F. 2d 1251, 1257, 9 USPQ2d 1962, 1966 (Fed. Cir. 1989).

❻ Advanced Cardiovascular Sys., Inc. v. C. R. Bard Inc., 144 F. R. D. 372, 25 USPQ2d 1354, 1357 (N. D. Cal. 1992).

要求撰写的最重要法律条款是美国专利法第112条第2款。该条款要求专利说明书以"一项或者多项权利要求"结尾。而在实践中,大多数美国专利说明书带有多项权利要求。❶ 在该制度下,每项权利要求表现为对可授权发明的单独陈述。一些专利的权利要求极有可能在现有技术基础上被无效,而其他权利要求有效。同样,根据每个权利要求的精确描述,竞争者可能侵犯专利的部分权利要求,但并不侵犯其他权利要求。各项权利要求有效地提供了明确的权益,而这种权益必须根据它们自身价值来判断。❷

美国专利法第112条第2款还要求权利要求书具体指出和清楚地要求保护申请人当作发明的主题。在开始讨论权利要求语言中对清楚的要求之前,了解在美国专利实践中权利要求撰写的基本技巧和格式是较为有利的。

6.2.1 基本权利要求的撰写

尽管专利申请人在描述权利要求内容时具有很大自主权,❸ 然而多年来的USPTO解释和司法判例已经形成标准的撰写规定。最著名的实践是每项权利要求必须用一个单句表达。这个规则经常导致形成包含呆板语言、从句和大量副词的冗长句子。然而,"单句"格式由于便于有效处理专利申请而一直保持着。❹ USPTO还规定权利要求用三部分描述:前序、过渡句和主体。

6.2.1.1 前序

权利要求的前序或者引导语描述了发明的一般特征。根据美国专利法第101条法定主题类型,有时前序仅仅描述一种设备、制造的产品、组合物或者方法。然而,例如,大多数前序是更具体的描述,例如"一种封装半导体""一种用于安装在机动车驾驶杆上的方向盘单元"或者"一种制备因子VIII促凝血活性蛋白质的方法"。

涉及前序的经常性问题是,描述的主题是否应该作为对权利要求范围的限制。权利要求的主体限定发明从而限定权利要求的覆盖范围,前序则与权利要求主体中列举的发明要素不同,常常只不过是指出发明预定目的。结果,法院通常不把前序看成是权利要求的限制。因此,即使对比文件没有公开前序部分

---

❶ 需要注意,专利申请费根据每项权利要求来计算。本文中,基本申请费为770美元(对于"小企业"有特别减免)。这允许申请人提交三项权利要求。对于超过三项权利要求的,每一项多加86美元费用。整个费用表请参见37 C.F.R. §1.16 (2003)。

❷ Continental Can Co. USA, Inc. v. Monsanto Co., 948 F.2d 1264, 20 USPQ2d 1764 (Fed. Cir. 1991).

❸ Ex parte Tankskey, 37 USPQ2d 1382, 1386 (PTO Bd. 1994).

❹ Fressola v. Manbeck, 36 USPQ2d 1211 (D.D.C. 1995).

的主题，现有技术对比文件也可能根据美国专利法第102条公开了要求保护的发明。同样，在实施诉讼期间，在判字面侵权时，被诉技术不需要包含前序中的语言。

然而，有时候前序被认为对权利要求限定起作用。联邦巡回上诉法院规定，如果前序对权利要求体现出重要性，则应该认为是对权利要求的限定。❶更具体地说，前序如果对于限定要求保护的发明是必要的，则通常就认为是限定了权利要求范围。

用示例可能会使这种区别更清楚。分析下面假设的专利权利要求：

"1. 一种诊断医学成像系统，包括：超声图像发生器；以及

能够显示由所述超声发生器产生的超声图像的平板显示器。

2. 一种能够安装在可携带支撑件上的诊断医疗成像超声系统，包括：

与所述支撑件成为一体的超声图像发生器；以及

与所述支撑件成为一体、能够显示由所述超声发生器产生的超声图像的平板显示器。"

在权利要求1中，权利要求主体在没有引用前序情况下完全限定了发明。前序只提到发明想要的应用领域是医学诊断。想要的用途并不限制权利要求范围。然而，在权利要求2中，在权利要求主体中描述的两个要素明确引用了在前序中提到的主题（注意在词组"所述支撑件"中的交叉引用，该词组引回到了在前序中提到的"可携带支撑件"）。法院可能不仅仅要考虑支撑件，而且也把可携带支撑件考虑为权利要求2的必要限定。这样理解权利要求的结果是，制造那种连接到固定支撑件上的超声诊断设备的当事人将不对权利要求2侵权负有责任。

6.2.1.2　过渡句

过渡句连接前序与权利要求主体。实践中，撰写者必须从三个过渡句之一中选择："包括""由……组成"或者"基本上由……组成"。这种对词语简单的选择对权利要求范围具有重要的实质影响。过渡句决定了权利要求要么限定只具有那些要素的结构（封闭术语），要么开放包含至少那些要素以及可能还包含其他要素的结构（开放或者混合术语）。

使用术语"包括"包括了具有在权利要求主体中所有描述要素的技术。

---

❶ Catalina Marketing Int'l v. Coolsavings.com, Inc., 289 F.3d 801, 62USPQ2d 1781 (Fed. Cir. 2002).

与该技术是否包含附加要素没有关系。❶ 例如，权利要求描述"包括成分 A、B 和 C 的组合物"。术语"包括"使权利要求对其他成分开放。此开放式权利要求覆盖了至少具有成分 A + B + C 的任何组合物。这样，该权利要求包括 A + B + C 的组合和 A + B + C + D 的组合。

相反，使用术语"由……组成"的权利要求对其他成分是封闭的。只有当被诉技术具有的要素与该权利要求中描述的完全相同（不多也不少）时，侵权才成立。因此，竞争者销售的具有 A + B + C + D 成分的组合物在"由成分 A、B 和 C 组成的组合物"权利要求字面范围之外。❷

为什么会有人愿意使用这种限定性过渡句？有时发明的特征在于排除现有技术已知的某些组分或者方法步骤。"封闭式"权利要求语言使发明人避免预期驳回。例如，假定现有技术火柴头由四个部分组成：（1）燃料，例如硫黄；（2）氧化剂，例如氯酸钾，使火柴头燃烧更强烈；（3）淡化剂，例如淀粉，以控制燃烧速度；以及（4）黏结剂，例如胶水，把火柴头各成分结合在一起并使火柴头黏结到火柴杆上。后来，发明人 John Storm 发现燃料和氧化剂的某些组合在不使用淡化剂情况下能制造火柴头———一个明显减低成本的简化步骤。John Storm 可以起草这样一项权利要求：一种火柴头，由燃料、氧化剂和黏结剂组成。在此实例中，John Storm 使用"封闭式"权利要求语言将使其避免在现有技术基础上的预期驳回，即使现有技术公开了其发明的全部要素（即使带有淡化剂）。

然而，可以想象权利要求撰写者不喜欢这种特别严格的"由……组成"的过渡句。他们都知道，他们的竞争者容易通过把多余的要素增加到将导致侵权的技术中，从而避开这种权利要求。在这种情况下，撰写者宁愿使用为混合过渡词的"基本上由……组成"。此术语使权利要求对另外成分开放，只要它们对要求保护组合物的基本和新特性没有产生实质影响。假定一项权利要求描述了"一种组合物，基本上由成分 A、成分 B 和成分 C 组成"。如果成分 D 对组合物没有实质性改变，则 A + B + C + D 就属于此混合权利要求的字面范围内。在适当情况下，大多数在化学领域，这种过渡形式非常重要。

注意，当权利要求涉及工艺或者方法时，过渡句通常用词语"……的步骤"。

---

❶ Mannesmann Demag Corp. v. Engineered Metal Products Co., Inc., 793 F.2d 1279, 230 USPQ 45 (Fed. Cir. 1986).

❷ 参考权利要求"字面"范围是重要的，因为我们知道，专利权人有时行使"等同原则"来对抗非字面侵权当事人而保障救济。此主题在第 8.2.2 节讨论。

6.2.1.3 主体

权利要求主体提供了发明的要素以及这些要素如何在结构或者功能上协作。权利要求通常对发明的每个基本要素使用一个分句,这些分句常常用分号分开。这些短句可带有参考标记,例如"(a)""(b)""(c)"等,以使读者更容易查阅他们的语言。撰写者还应该指出一个要素如何与其他要素相互作用,以形成可操作的技术,使用例如"固定到""由……操作"或者"位于……上面"等语言。

发明要素通常带有不定冠词,例如"a"或者"an"以及例如"一个""几个"或者"多个"术语。当该要素在后面权利要求中提到时,权利要求撰写者通常使用定冠词"该"或者术语"所说的"。如果第一次出现的要素伴有"该"或者"所说的",则通常审查员会以缺少所谓的"在前基础"而拒绝。下面的权利要求正确使用了这些冠词:

"一种离子源,包括:

限定排放腔室的壳体;

发射微波以在所述排放腔室内产生等离子体的波导;以及

具有在微波传播方向上逐渐变化的横截面结构的匹配管道。"❶

这项权利要求还说明了专利法的特点:不直接要求保护空腔,例如腔室、空心结构、孔或者空隙。相反,撰写者通常根据形成的结构来限定这种空间。这条规定看起来似乎很空洞,然而在当代专利实践中很常见。很显然,专利文件撰写者认为权利要求书应该描述结构,而不是缺少结构!❷

法院按照惯例认为,允许专利申请人在权利要求中使用自己杜撰的术语。正如在专利法行话中所表达的那样,"专利权人能自由地成为自己的词典编撰者"。❸ 然而,新创造的术语不能错误描述,申请人也不应该使用庸俗术语,例如"小玩意"或者"小机械"。法院和 USPTO 更是反对在权利要求书中使用商标或者商品名称。这种典型案例是 Ex parte Bolton 案,❹ 该案例拒绝了带有商标"FORMICA"的权利要求。USPTO 上诉委员会认为,制造商可以根据自己喜好随意改变"FORMICA"的组分,使 Bolton 的权利要求具有不确定的范围。

---

❶ 此权利要求基于第 5925886 号(1999 年 7 月 20 日)美国专利。

❷ Robert C. Faber, Landis on Mechanics of Patent Claim Drafting § 26 (4th ed. 1996)。

❸ Hormone Research Foundation, Inc. v. Genentech, Inc., 904 F. 2d 1558, 1563, 15 USPQ2d 1039, 1043 (Fed. Cir. 1990), cert. denied, 499 U. S. 955, 111 S. Ct. 1434, 113 L. Ed. 2d 485 (1991)。

❹ 42 USPQ 40 (Pat. Off. Bd. App. 1938)。

6.2.2 权利要求的形式

除了以上之外，权利要求撰写的基本原则还有许多更细化的原则。具体地说，大量权利要求形式或在专利法中规定，或者已经成为广泛的司法处理的主题。这些形式中每个均提供了对撰写者有益的理解草案，也许为要求保护特定发明提供了最佳方式。下面来看最重要的权利要求形式。

6.2.2.1 从属权利要求

美国专利法第112条第3款至第5款允许使用所谓的"从属"专利权利要求。该法条规定，从属权利要求必须引用前面的权利要求，同时提供进一步限定。例如，在独立权利要求1之后，从属权利要求2可以是："如权利要求1所述的磁带盒操纵系统，还包括……"这种权利要求被解释为包括了所有先前的限定特征，同时还包括了新描述的限定特征。权利要求还可以是多项从属权利要求形式，如以下权利要求中："如权利要求1或2所述的磁带盒操纵系统，还包括……"。该法条告诉读者"可以通过引用的方式结合认为与之有关的具体权利要求的所有限定"。❶

从属权利要求为专利申请提供了撰写上的方便。它们能够使撰写者以简洁方式来表达范围逐渐变窄的权利要求。这项制度的结果是，权利要求撰写者通常在每个申请中撰写一系列权利要求，形成连续变窄权利要求的"倒金字塔"。专利的第一个独立权利要求最宽同时以抽象方式撰写。最窄的从属权利要求通常描述发明人实际上认为付诸商业实践的产品。使中间的权利要求成为抽象程度变化的权利要求，每个权利要求都围绕发明的较窄商业化实施例的技术范围内占据一个位置。

有经验的撰写者知道专利权人希望实施最窄的权利要求来对抗被诉侵权人，因此都使用此技巧。毕竟，权利要求越窄，这样的权利要求抵御无效的可能性就越大。这是由于在权利要求中限定越多，现有技术就越不可能使该权利要求在美国专利法第102条下被预期或者在第103条下显而易见。重要的是，申请人并不知道所有相关的现有技术，权利要求撰写者必须考虑可能影响要求保护的发明的对比文件。此外，权利要求越窄，被诉侵权人基于缺乏能够实现性来攻击权利要求的困难就越大。

另外，专利权人还希望使权利要求尽可能最宽，从而影响尽可能多的竞争者。当权利要求较宽并且包含限定特征很少时，其他的行业人员更难设计不落入那些较宽权利要求范围内的竞争技术，并因此将更不容易避免字面侵权。这

---

❶ 35 U.S.C 第112条第4款（2000）。

个事实鼓励他们去商谈许可，而不是冒着诉讼的危险。因此，权利要求撰写者将试图撰写 USPTO 允许的权利要求，使在每份专利申请文件中具有较大的潜在的技术保护。

以下假设说明了从属权利要求的作用。假如 Moe Jackson 是以下权利要求的专利权所有人：

"1. 一种形成与整形外科植入物一起使用的多孔表面的方法，所述方法包括下列步骤：

提供多个金属颗粒；以及

把水溶蛋白质化合物与所述金属颗粒混合。

2. 如权利要求 1 的方法，其中所述蛋白质化合物包括凝胶。

3. 如权利要求 2 的方法，其中所述金属颗粒包括钛。

4. 如权利要求 3 的方法，其中在 421.6℃ 的温度下进行所述混合。"❶

Moe Jackson 对 Leon Sanders 提出强制执行判决的诉讼，声称权利要求 1～4 被侵权。在初审过程中，Leon Sanders 引入医学期刊中一篇文章作为证据。这篇文章是 USPTO 审查员未发现的涉及美国专利法第 102 条第（b）款的对比文件，该文章描述了铬颗粒与凝胶的混合物形成与人造臀植入物一起使用的高级涂层。法院判定，根据对比文件，权利要求 1 和 2 是可预期的，同时权利要求 3 也是显而易见的，因为本领域技术人员知道此文章中铬和钛具有类似性能。然而，法院坚持裁定，由于用钛在 421.6℃ 的温度下实施该方法产生预料不到的良好效果，因此在权利要求 4 中限定的发明对于本领域技术人员来说不是显而易见的。

在这个案例中，写得较窄的权利要求 4 尽管在形式上从属于无效权利要求，但仍然是有效的。为了方便起见，权利要求 4 可看成如下的独立权利要求：

"4. 一种形成与整形外科植入物一起使用的多孔表面的方法，所述方法包括下列步骤：

提供多个金属颗粒；以及

把凝胶与所述钛颗粒混合；

借此，在 421.6℃ 的温度下进行所述混合。"

由于 Leon Sanders 实施了权利要求 4 描述的方法，则他负有专利侵权责

---

❶ 此假设大致基于第 5926685 号（1999 年 7 月 20 日）美国专利。在手术期间，整形外科植入物通常插入到人体内，作为膝、髋或者其他骨关节替代物。

任。Moe Jackson 将能够获得法律规定的专利侵权赔偿。

6.2.2.2 功能性权利要求

功能性权利要求是以起作用的方式，而不是以结构来限定发明。专利从业者通常把这种权利要求称为"装置加功能"的权利要求，这在美国专利法第 112 条最后一款中有规定。美国专利法第 112 条第 6 款规定在组合权利要求中的要素可表达为实现特定功能的装置或者步骤。还规定这种权利要求应该解释为覆盖了在说明书中描述的相应结构、材料或者动作及其等同物。

在下面简化的权利要求中，要素（a）和（b）用结构表达，同时要素（c）用装置加功能格式来撰写。

"1. 一种锤，包括：

（a）头部；

（b）手柄；以及

（c）把所述头部固定到所述手柄上的装置。"

为了确定要素（c）的字面范围，美国专利法第 112 条第 6 款规定读者参见专利说明书。假如专利说明书描述"手柄和头部可通过利用钉子或者螺栓来固定"。在这种情况下，权利要求 1 应该从字面上理解为覆盖以下组合：

"1. 一种锤，包括：

（a）头部；

（b）手柄；以及

（c）用于把所述头部固定到所述手柄上的（钉子、螺栓及其等同物）。"

由于美国专利法第 112 条第 6 款涉及"组合的权利要求"，因此由实现特定目的的单一装置形成的权利要求是不合适的。❶ 因此，权利要求"一种包括把钉子压入板内的装置的工具"将是无效的。

美国专利法第 112 条第 6 款的起因在于在 20 世纪的上半叶不断增加的司法对功能性权利要求的反对。这种趋势在 1946 年联邦最高法院的 Halliburton Oil Well Cementing Co. v. Walker 案❷决定中达到了顶点。Walker 专利的权利要求涉及测量油井深度的设备，这种设备包括多个装置加功能形式的限定特征。这些特征包括"与所述井连通、用于在所述井内形成压力脉冲的装置"和"回声接收装置"。法院否定了 Walker 的权利要求，理由是由于这些权利要求没有依赖于 Walker 发明的具体结构，因此它们太宽泛并且不清楚。根据法院

---

❶ In re Hyatt, 708 F. 2d 712, 218 USPQ 195（Fed. Cir. 1983）.

❷ 329 U. S. 1, 67 S. Ct. 6, 91 L. Ed. 3（1946）.

的意见，除非被这些较宽的功能性权利要求所进行的实验过程吓倒，否则的话，发明天才可开发出许多实现相同目的的装置。❶

专利律师强烈反对 Halliburton Oil，因为该判例对大量已经使用功能性权利要求的授权专利提出质疑。为此，美国国会修改了专利法，增加了目前编入美国专利法第 112 条第 6 款的规定。❷ 国会的用意是要建立清晰的参数，在这些参数内，可以撰写和解释功能性权利要求。❸

已经出现了有关美国专利法第 112 条第 6 款操作的三个主要问题。第一个问题是，装置加功能要素应该根据在说明书中公开内容来解释的规定是否适用于 USPTO 对专利性的判断，或者只适用于在后续侵权诉讼中权利要求的解释。第二个问题，涉及哪些权利要求应该按照援引第 112 条第 6 款来解释，以及由此适用于解释权利要求的强制法定程序。第三个问题是，在解释装置加功能权利要求的过程中，美国专利法第 112 条第 6 款最后的短语"及其等同物"的精确范围是非常重要的关注点。下面笔者依次分析这些问题。

联邦巡回上诉法院在 In re Donaldson 案的全体法官意见中说明了这三个问题中的第一个。❹ 尽管美国专利法第 112 条第 6 款本身没有对审查和诉讼进行区分，但 USPTO 在 1994 年前的原则没有把装置加功能权利要求理解为用说明书语言进行限制。USPTO 采取的立场是给出权利要求最宽泛的合理含义。这样，在装置加功能中的权利要求从字面上理解为覆盖了实现所述功能的所有可能装置，甚至是在说明书中并未记载的装置。由于宽泛的权利要求是在大量现有技术对比文件基础上进行解释的，因此，如果适用于美国专利法第 112 条第 6 款时，此原则会导致许多已被批准的权利要求被拒绝。例如，在上述锤的例子中，USPTO 把要素"把所述头部固定到所述手柄上的装置"解释为包含了所有可能的固定装置，不仅仅是使用螺栓、钉子或者它们的等同物。这样，如果审查员找到描述其中锤头部通过胶水固定到手柄上这种锤的对比文件时，则该对比文件将使权利要求因可预期而不能获得专利权。

USPTO 的实践和法条之间的这种不一致在 In re Donadson 案中达到顶峰。Donadson 的权利要求涉及工业粉尘收集器。该粉尘收集器的过滤器的特征是具有柔性膜状壁。当过滤器需要清洁时，操作者只需要反向施加空气压力，使壁

---

❶ 329 U. S. at 12.

❷ Warner – Jenkinson Co. v. Hilton Davis Chem. Co., 520 U. S. 17, 117 S. Ct. 1040, 137 L, Ed. 2d 146 (1997).

❸ Dawn Equip. Co. v. Kentucky Farms, Inc., 140 F. 3d 1009（Fed. Cir. 1998）（Plager, J., additional views）.

❹ 16 F. 3d 1189, 29 USPQ2d 1845（Fed. Cir. 1994）.

第 6 章　专利申请文件

在相反方向上弯曲，这将使结块的粉尘进入到下面的垃圾箱内。Donadson 申请的权利要求 1 用下面术语要求保护发明的这个要素："对由所述清洁装置引起的所述腔室内的压力增加产生响应，进而向下方移动颗粒物质的装置"。USPTO 基于 Swift 的现有技术对比文件拒绝了该申请。Swift 具有倾斜而不是柔性壁，它也是利用反方向压力脉冲来实现清洁功能。Donadson 上诉到联邦巡回上诉法院，辩称如果 USPTO 按照美国专利法第 112 条第 6 款解释他的权利要求，则 Swift 的对比文件将不会导致要求保护的发明显而易见。

联邦巡回上诉法院全体法官审理了 Donadson 的上诉。法官 Rich 撰写了法院的一致意见，认为法律上没有任何法条豁免 USPTO 遵循美国专利法第 112 条第 6 款。没有法律语言或者立法历史支持此结论，而且法官 Rich 很快指出美国专利法第 112 条出现在"专利申请"部分的第 35 编第 11 章。法院还发现，对该法条的忠实将无损于 USPTO 为权利要求给出最宽泛合理解释的原则。当解释功能性权利要求时，只要遵循美国专利法第 112 条第 6 款，USPTO 可继续给出权利要求最宽泛的公平解释。USPTO 认为，美国专利法第 112 条第 6 款带来了不确定的问题，因为该法条要求将限定从说明书导入权利要求中，联邦巡回上诉法院同样拒绝了该争辩。如果发明人选择在权利要求中使用装置加功能性语言，则他必须在说明书中进行充分的描述以表明该功能性语言的含义。不这样做则违反美国专利法第 112 条第 2 款。法院的结论是，当正确解释 Donadson 权利要求时，则该权利要求在 Swift 的对比文件基础上是可授权的，由此而推翻了 USPTO 的驳回意见。

目前在美国专利法第 112 条第 6 款的法定程序均适用于审查和诉讼的情况下，审查员和法院此时需要确定哪些权利要求应该被认为以装置加功能形式撰写的机制。联邦巡回上诉法院坚持认为，术语"装置"的使用带来了一种假设，即发明人采用此术语来适用有关装置加功能语段的法定要求。❶ 然而，不是每次使用术语"装置"都表明权利要求是装置加功能的权利要求。如果权利要求的语言没有把术语"装置"与描述功能联系起来，则适用美国专利法第 112 条第 6 款的假设不存在。

Cole v. Kimberly – Clark Corp. ❷ 案阐明了法院如何判定是否用装置加功能的形式来撰写具体的权利要求。在此案中，联邦巡回上诉法院解释一种涉及一

---

❶ York Products Inc. v. Central Tractor Farm &Family Center, 99 F.3d 1568, 40 USPQ2d 1619 (Fed. Cir. 1996); Greenberg v. Ethicon Endo – Surgery, Inc., 91 F.3d 1580, 1584, 39 USPQ2d 1783, 1786 – 87 (Fed. Cir. 1996).

❷ 102 F.3d 524, 531, 41 USPQ2d1001, 1006 (Fed. Cir. 1996).

次性使用尿布的权利要求,其两侧容易撕开以便于脱掉污染的尿布。在该权利要求中,要素是"通过外部不渗透层装置从腿带装置延伸到腰带装置的穿孔装置,用于在意外情况下使用者撕开外部不渗透层装置,以脱下针织三角裤"。地方法院在即决判决中认定"穿孔装置"只是"穿孔结构",同时在被告声称侵权的尿布上连接在一起的可撕开侧缝不是穿孔结构。

联邦巡回上诉法院在上诉时作出了维持决定,拒绝适用美国专利法第112条第6款。联邦巡回上诉法院决定中认为,Cole权利要求中的"用于撕开的……穿孔装置"要素由于不仅描述了穿孔结构,即支持撕开功能的结构,而且也描述了它们的位置(从腿带延伸到腰带)和范围(穿过不渗透层延伸),因此不是真正的专利法范围内的"装置加功能"的权利要求。法院推论认为,描述这种详细结构的权利要求不应该算是功能性的。

另外,术语"装置"不是唯一适用美国专利法第112条第6款的标志。在Mas-Hamilton Group v. LaGard, Inc.❶案中,联邦巡回上诉法院分析了描述"杆移动要素"的权利要求。法院认为,美国专利法第112条第6款同样适用此权利要求要素,尽管没有使用通常的标语"装置"。法院认识到,许多装置根据它们所完成的功能来取名,例如螺丝刀、刹车或者锁,而在权利要求中这些术语的使用将被认为是结构限定而不是功能限定。然而,短语"杆移动要素"缺乏本领域公知的结构含义。结果,法院认定,该权利要求用功能限定此部件而不是用结构,正如撰写者使用了短语"用于移动杆的装置"一样。因此,字面范围限制为在说明书中公开的结构及其实现相同功能的等同物,而不是用于移动杆的任何可能装置。类似地,USPTO委员会的决定中认定描述"喷射驱动装置"的权利要求语言也适用美国专利法第112条第6款。❷

美国专利法第112条第6款还涉及工艺或者方法权利要求,前提是"权利要求中用于组合的要素表达为用于实现特定功能的……步骤,而没有描述支持该步骤的……行为"。步骤加功能权利要求要素描述工艺的一个步骤或者对一部分工艺进行一般性描述,而没有描述该步骤或者应该如何实现功能的更具体的行为。根据法条规定,这种权利要求应该解释为覆盖"在说明书中描述的对应动作及其等同物"。例如,假如方法权利要求中的一个要素为"把温度升高到300℃的步骤"。如果专利申请说明书描述了使用炉子把温度升高到300℃,则权利要求字面范围将延伸到炉子使用及其等同动作,但可能不会延

---

❶ 156 F. 3d 1206, 48 USPQ2d 1010 (Fed. Cir. 1998).
❷ Ex parte Standley, 121 USPQ 621 (PTO Bd. 1959).

伸到使用激光束升温的方法。联邦巡回上诉法院已经认识到步骤加功能的适当性。❶ 但迄今为止，很少有案例专用于解释这些权利要求。然而法院很快指出，并不是每个要求保护的工艺步骤适用美国专利法第 112 条第 6 款的解释方法。

涉及美国专利法第 112 条第 6 款的最后一个问题是等同条款的操作。法条要求功能性权利要求语言"覆盖在说明书中描述的相应结构、材料或者动作及其等同物"。联邦巡回上诉法院解释此条款认为，对于在被诉装置中理解的装置加功能限定，被诉装置必须使用与在专利说明书中描述的结构、材料或者动作相同或者等同的装置。被诉装置还必须实现与在权利要求中描述的相同功能。❷

根据美国专利法第 112 条第 6 款，法院规定，等同物源自对专利说明书中公开的结构、材料或者动作没有增加有意义内容的非实质性变化。❸ 法院经常通过简明的短语"结构等同"来表示这一概念❹。例如，再看上面锤子的实例，说明书描述"可通过使用钉子或者螺栓来固定手柄和头部"。螺钉可能被认为是钉子或者螺栓的结构等同物，然而使用胶水来固定头部和手柄就不能被判定为结构等同物。

法院经常强调，美国专利法第 112 条第 6 款的结构等同和等同原则中的等同不同❺。等同原则将在第 8 章中进一步讨论。为此，除了要求清楚的权利要求外，即使在被诉侵权人稍微偏离权利要求严格的字面含义，法院倾向于判决承担侵权责任，认识到这一点就足够了。等同原则中的等同物来自无明显变化，从本领域技术人员角度看，这种无明显变化对要求保护的发明没有增加有意义的内容。根据等同原则，尽管在字面上与权利要求不同，但仍然侵犯专利权。❻

可以想象，结构等同和等同原则下的等同之间对比已经说明了相当微妙的事情。正如将在本书第 8.2.2.5 节中进一步讨论的那样，在美国专利法第 112 条第 6 款法定等同条款和司法形成的等同原则之间的差别主要是时间上的问

---

❶ O. I. Corp. v. Tekmar Co., 115 F. 3d 1576, 42 USPQ2d 1777 (Fed. Cir. 1997).

❷ King Instruments Corp. v. Perego, 65 F. 3d 941, 36 USPQ2d 1129 (Fed. Cir. 1995), cert. denied, 517 U. S. 1188, 116 S. Ct. 1675, 134 L. Ed. 2d 778 (1996).

❸ Valmont Indus., Inc. v. Reinke Mfg. Co., 983 F. 2d 1039, 25 USPQ2d 1451 (Fed. Cir. 1993).

❹ Laitram Corp. v. Rexnord, Inc., 939 F. 2d 1533, 19 USPQ2d 1367 (Fed. Cir. 1991).

❺ Endress + Hauser, Inc. v. Hawk Measurement Sys. Pty. Ltd., 122 F. 3d 1040, 43 USPQ2d 1849 (Fed. Cir. 1997).

❻ Warner – Jenkinson Co. v. Hilton Davis Chem. Co., 520 U. S. 17, 117 S. Ct. 1040, 137 L. Ed. 2d 146 (1997).

题。美国专利法第112条第6款中的等同是在专利授权时，此时USPTO已经确定了权利要求的字面含义。然而，根据等同原则来判断侵权的正确时间是侵权时。因此，"后来出现的"技术根据等同原则可能侵权，但不认为是美国专利法第112条第6款的等同。

6.2.2.3 由方法限定的产品权利要求

有时发明人意识到自己得到一种新组合物，但既不能用名称也不能用结构来描述该组合物。在这些情况中，发明人不能直接定义该组合物。但发明人能够把该组合物描述为用来制造该组合物的方法的产品。所谓"由方法限定的产品"权利要求反映了这些情况。以下权利要求具有代表性：

"一种金刚石轴承材料，由包括以下步骤的方法制备：

对基本上由具有负氧平衡剂的含碳爆炸物组成的炸药进行引爆，以形成引爆产品；以及

以大约200~6000度/分钟的速率对引爆产品进行冷却。"

例如，假如一天晚上业余发明人Steven Serendip正在他的临时基地实验室工作。Steven Serendip偶然把他实验用的三种等份化合物α、β和γ混合在一起。出现一种即时喷烟，同时在烧杯底部形成蓝色橡胶状物质。Steven Serendip意识到所形成的化合物（他随即起名为"flabber"）具有难以置信的强度和弹性。Steven Serendip的正规化学教育很普通，并且他只是模糊知道这个化学反应一定形成了flabber。他既没有分光仪，也没有其他昂贵设备来查明flabber化合物的精确组成。然而，如果他通过用于形成该化合物的方法来定义其发明，则这些情况将不会妨碍他提交要求保护flabber的专利申请。换句话说，他可以提交一项"由以下方法制备的一种高强度、高弹性物质，该方法包括把等份的α、β和γ混合一起的步骤"的权利要求。

用方法限定的产品权利要求在美国专利法中没有提到，然而这已经成为少数法院和USPTO判定中的主题。❶ 这些权利要求在化学领域中最常见，但有时在其他领域也会出现。一些发明人甚至在能够直接描述产品时也使用这种形式，通常作为从属权利要求。❷

有关用方法限定的产品权利要求经常出现的问题涉及这些权利要求覆盖的范围。一种观点是，这些权利要求覆盖最终形成的产品，而不管是如何制造的。为了进一步说明上述例子，假定Steven Serendip获得了一项专利，其中该

---

❶ In re Thorpe, 777 F. 2d 696, 697, 227 USPQ 964, 965-66 (Fed. Cir. 1985).

❷ Ex parte Edwards, 231 USPQ 981 (PTO Bd. 1986).

专利包含了涉及一项上面假设的"flabber"的用方法限定的产品权利要求。根据上面推理，尽管竞争者使用了不同的制造技术，Steven Serendip 的权利要求也将覆盖他们的 flabber 销售产品。在 1991 年 Scrippis Clinic & Research Foundation v. Genentech，Inc. 案的判决中，❶ 联邦巡回上诉法院的三人法官小组采用了此观点。

然而，另外可能的情况是，用方法限定的产品权利要求被限制为在权利要求中描述的制造方法。根据这种观点，Steven Serendip 的竞争者将能够通过使用其他方法制造 flabber 而回避侵犯这种用方法限定的产品权利要求。恰好在 Scripps Clinic & Research Foundation v. Genentech，Inc. 案例 1 年后，联邦巡回上诉法院的另一个三人法官小组在 Atlantic Thermoplastics Co. v. Faytex Corp. ❷ 案中采用了此推理发出判决意见。根据 Atlantic Thermoplastics Co. v. Faytex Corp. 案的法官组意见，具有约束力的最高法院判例和合理的权利要求撰写实践都表明，用方法限定的产品权利要求应该给出更具限制性的解释。Scripps Clinic & Research Foundation v. Genentech，Inc. 案不同，因为法官组"没有参考最高法院先前涉及带有方法限定的产品权利要求的判例来判决"。❸ Atlantic Thermoplastics Co. v. Faytex Corp. 案证实了具有争议的观点，特别是为联邦巡回上诉法院提供了自称的"促进专利法领域协调统一的责任"❹。法官 Rich 竟然把 Atlantic Thermoplastics Co. v. Faytex Corp. 案描述为"叛逆""异端"和"非法"❺。然而 Atlantic Thermoplastics Co. v. Faytex Corp. 案的法官组似乎对在先案例有较好理解，至少一个后来的地方法院判决选择把用方法限定产品的权利要求限定为描述的实际方法。❻

6.2.2.4 Jepson 权利要求

Jepson 权利要求把发明限定为两个部分：描述认可的现有技术的前序部分，随后是"改进"分句，描述申请人认为是其发明的部分。Jepson 权利要求可通过过渡句"其中改进包括"或者类似用语来识别。以下权利要求是以 Jepson 形式撰写的：

---

❶ 927 F. 2d 1565, 18 USPQ2d 1896（Fed. Cir. 1991）.

❷ 970 F. 2d 834, 23 USPQ2d 1481（Fed. Cir. 1992）.

❸ 同上，839 n. 2, 23 USPQ2d at 1492 n. 2.

❹ Midwest Industries, Inc. v. Karavan Trailers, Inc., 175 F. 3d 1356, 1360, 50 USPQ2d 1672, 1676（Fed. Cir. 1999）, cert. denied, 528 U. S. 1019, 120 S. Ct. 527, 145 L. Ed. 2d 409（1999）.

❺ Atlantic Thermoplastics Co. v. Faytex Corp., 974 F. 2d 1279, 23 USPQ2d 1801（Fed. Cir. 1992）（Rich, J., dissenting from the denial of rehearing en banc）.

❻ Tropix, Inc. v. Lumigen, 825 F. Supp. 7, 10, 27 USPQ2d 1475, 1478（D. Mass. 1993）.

"一种改进的偏振太阳镜叠片,包括第一透镜部分、第二透镜部分、位于第一和第二透镜部分之间的偏振膜以及把两个透镜部分与偏振膜黏合一起的黏合剂,改进包括把足够的紫外线吸收剂混入黏合剂中以充分阻挡太阳光中所有 UVA 辐射。"❶

Jepson 权利要求根据早期 USPTO 委员会判决 In re Jepson❷ 案而命名,该判决中认可了这种形式。然而 Jepson 不是第一个使用这种形式权利要求的发明人,但他的申请与这种开创性的观点联系起来使他在专利界具有很大名声。

使用 Jepson 权利要求形式具有两个主要作用。第一个作用是,在 Jepson 权利要求中,前序部分无疑对权利要求范围起到限定作用❸。第二个也是最重要的作用是,在前序部分中描述的任何主题即使不是根据美国专利法第 102 条所认定的,也都假设构成现有技术❹。这种假设可通过以下证据进行反驳,即前序描述了发明人自己的工作产品,并不是根据美国专利法第 102 条的现有技术。❺

USPTO 审查员特别赞成 Jepson 权利要求的使用。在没有找到破坏新颖性对比文件的情况下,当申请人选择承认在权利要求中除了"改进"分句外所有内容构成现有技术时,导致非显而易见驳回的任务就非常简单了。针对前面的例子,USPTO 审查员将假定太阳镜、偏振膜和黏合剂的组合是现有技术。审查员只需要证明把紫外线吸收剂混入到黏合剂中是显而易见的,从而根据美国专利法第 103 条驳回权利要求。然而,换句话说,假如此权利要求用通常方式撰写为要素的组合。在这种情况下,审查员将不得不证明本领域技术人员有动机把对比文件结合,以形成要求保护发明中每个要素,与使用 Jepson 权利要求相比任务可能会更艰巨。

假如 Jepson 权利要求趋向于以不利方式描述发明,则申请人继续使用它们就会变得令人迷惑不解了。Jepson 权利要求仍然流行的一个原因是,国外专利局,特别是欧洲专利局,强烈鼓励使用这种形式的权利要求❻。许多外国申请人只是简单地在 USPTO 提交与在外国提交的相同的一套权利要求。然而,

---

❶ 第 5926248(1999 年 7 月 20 日)号美国专利。

❷ 1917 Comm. Dec. 62, 243 O. G. 525(Ass't Comm'r Pat. 1917).

❸ Pentec, Inc. v. Graphic Controls Corp., 776 F. 2d 309, 227 USPQ 766(Fed. Cir. 1999).

❹ In re Fout, 675 F. 2d 297, 213 USPQ 532(CCPA 1982).

❺ Reading & Bates Construction Co. v. Baker Energy Resources Corp., 748 F. 2d 645, 223 USPQ 1168(Fed. Cir. 1984).

❻ Arthur L. Plevy, Some Important Differences Between Patent Practice in Europe and the United States, 209 N. J. Law. 40, 41-42(2001 年 6 月).

国外申请人在美国都通常被建议只简单地在格式上重新改写而避免使用 Jepson 权利要求。除了特别情况，国内申请人将明智地完全避免使用 Jepson 权利要求。

6.2.2.5 马库什权利要求

所谓的马库什权利要求仅在化学领域中常见。如同 Jepson 权利要求一样，Eugnene Markush 不是使用这种权利要求的第一个发明人。但由于他的申请与允许这种权利要求撰写格式的 USPTO 重要判决意见有关，因此他的名字在美国乃至国外都与权利要求联系起来了❶。在没有普遍接受的概括性术语与申请人希望要求保护的发明范围相当时，撰写者使用马库什形式。❷

马库什权利要求组通常通过限定一族化合物的共有结构以及从由命名的化合物组成的一个小组中选择一个或多个替代物来保护这一族化合物。常常为"R"的字母一般表示这组替代物。典型的马库什权利要求如下：

"分子式为 OH – CH – R 的化合物，其中 R 选自由氯、溴和碘组成的基团。"

尽管这种简单的实例完美地说明了马库什形式，然而它可能没有充分地表达这种权利要求的合意性。在这种情况中，如果没有采取马库什形式权利要求，则发明人可能只需要撰写分别描述氯、溴和碘的三个权利要求。然而在现实的化学领域，相关的替代物常常构成本身就由几百个密切相关化合物组成的化学原子团。如果需要撰写几十项或者几百项权利要求来限定替代物小组中每个成员的话，则在如医药、陶瓷和冶金领域的发明人会感到压力非常大。他们在 USPTO 也将产生昂贵的申请费，当申请包含大量权利要求时，要承担额外费用。

恰当的马库什组要求保护具有至少一个共同特征的一组物质❸。例如，上面要求保护的化合物必须具有相同的用途，例如作为染料或者清洁剂，从而以马库什形式排列。

与 Jepson 权利要求不同，马库什权利要求不得解释为承认包括有关的现有技术。具体地说，马库什形式的使用不等于承认要求保护的替代物包括了其他显而易见的变型。为了继续说明上面的实例，假定审查员发现符合美国专利法第 102 条第（a）款的科学期刊文章。该文章描述了要求保护的具有氯的化合

---

❶ Ex parte Markush, 1925 C. D. 126, 340 O. G. 839 (Comm'r Pat. 1924).

❷ U. S. Department of Commerce, Patent and Trademark Office, Manual of Patent Examining Procedure § 803.02（1998 年 7 月第 7 版）.

❸ In re Harnisch, 631 F. 2d 716, 206 USPQ 300 (CCPA 1980).

物的环。除非审查员能进一步证明其他要求保护的替代物无新颖性或者根据美国专利法第 103 条规定是显而易见的，否则申请人将被允许把权利要求缩小为溴和碘，不能因为使用马库什权利要求而受到损失。❶

6.2.3 确定性

美国专利法第 112 条第 2 款要求权利要求具体描述并清楚地主张申请人认为是其发明的主题。专利律师更是把此要求简洁地称为"确定性"❷。联邦巡回上诉法院把该法条解释为权利要求语言要求准确，从而使其包含的主题清楚、明白❸。确定的权利要求使审查员确定发明是否满足专利性的限制条件。该要求还确保一旦专利授权，有利害关系的当事人能获得清楚的警告，即哪些技术将侵权。❹

如果权利要求对于本领域技术人员来说具有清楚和特定的含义，则这些权利要求就满足美国专利法第 112 条第 2 款的规定。不是根据摘要，而是根据整个专利申请文件的公开内容来诠释权利要求。如果一项权利要求在根据理解说明书其余部分时能够使技术人员合理知道授权发明的保护范围，则就满足了确定性的要求。❺

确定性标准与在美国专利法第 112 条第 1 款中约束专利公开的要求不同。具体地说，权利要求不需要提示他人如何实现获得专利权的发明。能够实现标准适用于专利说明书整体，而不是具体的权利要求书。❻

有关权利要求语言确定性的指导性判定意见是 Qrthokinetics, Inc. v. Safety Travel Chairs, Inc. 案。❼ 被诉专利涉及一种可折叠轮椅，这种轮椅便于坐在轮椅上的人从汽车上进出。每项权利要求都要求轮椅前部的"尺寸设计成可穿过汽车门框和其中一个座位之间的空间"。被诉侵权人主张此权利要求语言严重不确定，此争辩被初审法院接受。

---

❶ Application of Ruff, 256 F. 2d 590, 118 USPQ 340（CCPA 1958）.

❷ Miles Labs., Inc. v. Shandon Inc., 997 F. 2d 870, 874 – 75, 27 USPQ2d 1123, 1126（Fed. Cir. 1993）.

❸ In re Barkowski, 422 F. 2d 904, 909, 164 USPQ 642, 645 – 46（CCPA 1970）.

❹ Leeds v. Commissioner of Patents and Trademarks, 955 F. 2d 757, 759, 21 USPQ2d 1771, 1773（D. C. Cir. 1992）.

❺ Morton Int'l, Inc. v. Cardinal Chem. Co., 5 F. 3d 1464, 1470, 28 USPQ2d 1190, 1194（Fed. Cir. 1993）.

❻ Miles Labs., Inc. v. Shandon Inc., 997 F. 2d 870, 874 – 75, 27 USPQ2d 1123, 1126（Fed. Cir. 1993）.

❼ 806 F. 2d 1565, 1 USPQ2d 1081（Fed. Cir. 1986）.

在上诉中，联邦巡回上诉法院撤销了原决定。主法官 Markey 认为，由于汽车具有不同尺寸，要求轮椅一部分的"尺寸设计成那样"是"与主题同样准确的"。专家证言证明，在阅读专利说明书后，本领域技术人员可能容易测量特定汽车的内部尺寸，从而制造出可操作轮椅。在这种情况下，专利法不需要申请人在权利要求中撰写出与上百种不同汽车尺寸对应的所有可能的长度。由于 Orthokinetic 的权利要求足够清楚，因此本领域技术人员将理解其含义，这些权利要求满足确定性的要求。

专利权利要求书经常使用程度词语，如"大约""近似""接近""基本上等于"或者"非常近似"。这种术语可能引起令人困惑的不确定性的问题。只要权利要求按照美国专利法第 112 条第 2 款标准合理限定发明，法院经常对在权利要求中使用这些词语采取宽容态度❶。联邦巡回上诉法院将转向说明书其他部分、现有技术、审查历史和本领域技术人员的理解，以确定衡量程度词语精确限定的一些标准。❷

---

❶ Andrew Corp. v. Gabriel Electronics, 847 F. 2d 819, 6 USPQ2d 2010（Fed. Cir. 1988）.

❷ Amgen, Inc. v. Ghugai Pharmaceutical Co., 927 F. 2d 1200, 18 USPQ2d 1016（Fed. Cir. 1991）.

第 7 章
专利审查程序

只有通过政府的介入，专利才能产生。被指定审批专利申请的机构是美国商务部内的行政部门，被称为 USPTO。发明人从 USPTO 获得专利的行政过程被称为审查程序。作为专利从业者最常见的专业职责，专利审查程序也是给大多数入门级专利律师的任务。然而，即使专门从事专利诉讼的那些人也需要十分熟悉 USPTO 内导致任何被诉讼或抗辩的专利授权的事项，因为这些事项可能极大地影响获得专利的保护范围和各种抗辩的有效性。即使一般不常从事专利法的律师也会发现，他们接触到的希望获得专利的发明人比希望通过控告侵权嫌疑人行使他们知识产权权利的专利所有者更多。由于这些原因，基本掌握审批过程机制对于完整理解专利法是至关重要的。

7.1　USPTO 介绍

USPTO 是联邦政府的行政机构❶。USPTO 是商务部内的机构，且受商务部部长政策指导。经参议院同意由总统任命的负责人领导 USPTO。商务部部长也任命具体负责管理 USPTO 专利业务的专利局长❷。USPTO 目前位于华盛顿特区附近的弗吉尼亚的北部。在其网站 www.uspto.gov 上有大量关于 USPTO 的信息。

USPTO 大多数雇员是专利审查员，负责审查申请，决定是否授予专利权。全体审查员共同组成审查部门，然后进一步分成单个审查部和各领域的处室。部长（Group Director）领导审查部（Examining Groups）中的每个部，而各个审查部的处室是由被任命为高级首席审查员（Supervisory Primary Examiner，SPE）的高级官员领导。一线审查员被分成首席审查员和辅助审查员。首席审查员具备相当多的经验，且有权独立作出与专利性有关的决定。在某种意义

---

❶　35 U.S.C.A. §1 (2000).

❷　35 U.S.A. §3 (2000). 正如你想到的那样，也有一个商标局长。

上，每个首席审查员行为像一个单人专利局。辅助审查员往往是在首席审查员指导下工作的新来雇员。在此书印刷时，USPTO 雇用了 3000 名以上的专利审查员。专利审查员不一定是律师。

这里，USPTO 内部的另外几个机构是值得注意的。USPTO 下设专利上诉和抵触委员会❶（Board of Patent Appeals and Interferences）。该委员会由近 60 名行政专利法官组成。该委员会以 3 人小组审理申诉，虽然有时 USPTO 也召集扩大的小组审理重要的案件。USPTO 还设有法律顾问办公室（Office of the Solicitor）。特别是当权利受到侵害的申请人上诉到联邦巡回上诉法院时，USPTO 法律顾问和他的律师职员在法律诉讼中代表 USPTO。最后，1999 年的美国发明人保护法创立了专利公共咨询委员会❷（Patent Public Advisory Committee）。该委员会有 9 名由商务部长任命的有投票权的成员，任期为 3 年。该委员会集体讨论涉及 USPTO 专利业务的政策、目标、成绩、预算和用户费用以及准备年度报告。

在众多联邦机构中，USPTO 实际上是唯一对从业者进行许可的机构。在某人可以代表他人准备和从事专利申请时，他必须通过由 USPTO 管理的艰难的考试，通俗地称为"专利律师考试"。对于以前的具有足够经验的专利审查员，USPTO 放弃考试要求。USPTO 注册和从业对律师和非律师同等开放。注册的非律师被称为专利代理人❸。

7.2 审查机制

7.2.1 申请的准备

希望获得专利保护的发明人首先必须准备申请。虽然发明人在 USPTO 面前可以代表他们自己，但是大多数人还是聘用专利律师或代理人代替他们做这项工作。申请人可以选择准备一份临时申请或非临时申请。笔者在这一章将简单地介绍临时申请的性质和目的。然而，大多数发明人选择非临时申请或正常申请。在本书中，和通常的专利实践一样，除上下文清楚地指明外，所提及的专利申请应被视为非临时申请。

---

❶ 35 U.S.A. §6 (2000).

❷ 35 U.S.C.A. §5 (2000).

❸ Michelle J. Burke & Thomas G. Field, Jr., Promulgating Requirements for Admission to Prosecute Patent Application, 36 IDEA: J. L. & TECH. 145 (1995).

申请必须包括说明书，其中至少要有一项权利要求，同时要缴纳适当的申请费。2003年1月1日时的申请费是770美元❶。美国专利法还要求申请人提交一份誓言或声明，陈述他认为他自己是所寻求专利保护的发明的原发明人或第一发明人❷。必要时申请应当有附图❸。《美国联邦法规》还规定专利申请的各部分还应该按下列顺序撰写：

（1）发明的名称；

（2）所有相关申请的交叉参考文献；

（3）含有计算机程序的缩微平片附录的参考文献；

（4）发明的概述；

（5）所有附图的概述；

（6）详细说明；

（7）至少一个权利要求；

（8）摘要；

（9）签名的誓言或声明；和

（10）所有附图❹。

在提交专利申请之前，发明人没有义务进行现有技术的检索。然而，如果申请人确实知道对所要求保护的发明的专利性至关重要的现有技术参考文献，他必须向USPTO披露❺。任何申请人希望USPTO考虑的现有技术应该列在所谓的信息公开声明中，简称IDS❻。IDS包括所有专利、公开文献或其他提交的要考虑的信息的复印件。非英语语言的参考文献必须附有简明的英语说明。

7.2.2 临时申请

从1995年6月8日开始，USPTO开始接受临时专利申请。临时申请的相关费用仅为160美元❼，远远低于非临时申请需要的费用。临时申请既不需要包括权利要求书，也不需要附有发明人誓言或声明❽。临时申请的费用比非临时申请低，准备起来也相对简单，但是它们也规定了较少的利益。USPTO

---

❶ 37 C.F.R. §1.16 (2002).

❷ 35 U.S.C.A. §115 (2000).

❸ 35 U.S.C.A. §113 (2000).

❹ 37 C.F.R. §1.77 (2002).

❺ 37 C.F.R. §1.56 (2000).

❻ 37 C.F.R. §§1.97, 1.98 (2000).

❼ 35 U.S.C.A. §41 (a) (1) (C) (2000).

❽ 35 U.S.C.A. §111 (b) (2000).

不审查临时申请。另外，临时申请提出后 12 个月，USPTO 将视为申请人放弃该申请。

申请临时申请的价值是申请人可以享有它的申请日。如果申请人在临时申请的 12 个月内申请了非临时申请，非临时申请将被当作在临时申请的申请日提出的申请。这种特殊处理可以使某些事件不构成美国专利法第 102 条第（b）款规定的破坏该申请的现有技术，例如发明人自己的销售或公开使用。重要的是，临时申请的悬而未决不会缩短任何成熟为授权专利的后续非临时申请的期限。

一个例子可以说明临时申请的工作流程。假设发明人 Wyatt Wingfoot 在 2002 年 12 月 1 日申请了一个临时申请。如果申请人没有在 2003 年 12 月 1 日之前提出非临时申请，并且要求享有早期申请的权益，那么，USPTO 将视为该临时申请被放弃。如果 Wingfoot 在 2003 年 11 月 1 日申请非临时申请，满足此最后期限，并且 USPTO 基于那个申请授予了专利权，那么，那个专利将在 2023 年 12 月 1 日期满，即从非临时申请的申请日起算 20 年。

这个例子说明了临时申请的一个好处。临时申请延迟了专利期限的起始日和终止日。如果 Wingfoot 在 2002 年 12 月 1 日申请了非临时申请，那么，该专利将在 2022 年 12 月 1 日期满。通过首先申请临时申请，Wingfoot 已经设法将专利期满日推迟了 1 年。当然，专利授权的日期也可能延迟，因为在 USPTO 审查员按照顺序考虑 Wingfoot 的申请之前，几乎已经过去了 1 年。但是对于那些认为还没有为他们的发明准备好市场的充满幻想的发明人来说，这种延迟几乎不必担心。另一方面，如果发明已经准备好立即市场化，那么，使用临时申请就不是一个合理的策略。

因为临时申请的费用比非临时申请便宜，所以资金短缺的发明人也希望申请临时申请。他们在临时申请的申请日起的 1 年内有希望获得其他资源，也许是因为找到了思想超前的投资人或者通过商业化他们的发明，使他们能够负担得起非临时申请的费用。

有时，时间压力也使临时申请成为比非临时申请更有吸引力的选择。因为临时申请不需要包括常常需要耗时间起草的权利要求，它们可以比非临时申请更快地准备好。这一优点在专利制度中更为突出，对于时间问题，美国专利法第 102 条第（b）款禁止条款对第一发明人更敏感。例如，假设在 2004 年 9 月 15 日下午 4 点 30 分，专利律师从希望提交专利申请的客户那里接到一个电话。客户进一步解释他在 1 年前的 2003 年 9 月 15 日确实公开了描述该发明的文章。该专利律师应该认识到依据美国专利法第 102 条第（b）款的"出版物公开"禁止条款将会起作用。必须在 2004 年 9 月 15 日提交专利申请，否则该申请将基于公开的文章而被驳回。假如时间紧,专利律师准备和提交申请的唯一切实可行的办法是申请临时申请。然后可以到之后的 12 个月内再提交非临时申请,对如何起草专利的权利要求提供更多的思考。

值得注意的是临时申请不能要求任何申请的优先权。例如,发明人不能申请一系列临时申请和要求较早的临时申请的申请日的好处。1999 年的专利法修正案阐明,如果临时申请的 12 个月的未决期的结束日在假期,申请人可以在假期的下一个工作日申请相应的非临时申请。

7.2.3　申请的审查

一旦发明人完成了专利申请,他应该将其转交给 USPTO 以进一步考虑。重要的是从开始应注意到 USPTO 的专利审查是一个单方程序。公众成员,特别是专利申请人的竞争者,没有参与专利的获权过程。而且,USPTO 审查员也没有与申请人相关的竞争利益。相反,他们帮助申请人满足法定要求以获得专利授权❶。

一旦 USPTO 收到专利申请,USPTO 的工作人员会将其转交给负责该类发明的审查部。然后负责管理的首席审查员将申请分配给一个独立的审查员。该审查员将审查该申请并检索现有技术。然后,该审查员判断该申请是否被真正公开以及要求保护的发明是否具有专利性。

审查员必须通知申请人对该申请的意见❷。被称为审查意见通知书(Office Action)的审查意见或者是准许该申请被授予专利权或者全部或部分驳回该申请。审查意见通知书必须确认每项权利要求,指明它是否被拒绝或允许,并且说明审查员作出这一决定的理由。如果要驳回权利要求,审查员通常必须根据足够的证据证明该发明是一个表面上证据确凿的不具备专利性的案件。

如果导致被驳回,律师通常通过修改权利要求或者主张驳回是不合适的来答复。依据第一种选择,律师对权利要求作出修改,为了克服因出现现有技术或权利要求的不确定性而作出的驳回,一般是修改或增加权利要求的术语。另一种选择是,律师可以争辩该驳回是不适当的。专利禁止条款将这种实质性的争辩称为"抗辩"。

申请人常常通过使用书面陈述来抗辩审查员的驳回。两个 USPTO 的规定

---

❶ Ressell E. Levine et al., Ex Parte Patent Practice and the Rights of Third Parties, 45 American Univ. L. Rev. 1987 (1996).

❷ 35 U.S.C.A. § 132 (2000).

描述了申请人可能提出的书面陈述的种类。《美国联邦法规》第 131 条的书面陈述,其声明发明活动的日期,例如形成概念或付诸实践的日期被用于避开基于美国专利法第 102 条第(a)款或第(e)款的驳回。可以回想笔者在此书前面第 4.4.1 节中提出的《美国联邦法规》第 131 条的书面陈述。申请人希望在 USPTO 提出的大部分其他书面陈述都归入《美国联邦法规》第 132 条。此条款为申请人提供了大量可能的书面陈述以供审查员考量。《美国联邦法规》第 132 条规定的书面陈述一般是由技术专家准备的,这些专家表达意见或报告实验室试验以支持所述发明的可专利性。

如果审查员仍然不能被申请人的答复意见说服,他将发出被称为"最后的驳回"的第二次审查意见通知书。虽然这种驳回被称为"最后的",事实上,申请人仍有多种选择。他们可以提交针对最后的驳回的答复意见,如果答复意见使申请处于一个可接受的条件下,审查员可以接受它。为了讨论如何才能克服审查员的驳回,申请人也可以要求亲自与审查员会晤或通过电话会晤。如果申请人仍然不能成功地获得允许,他通常有三种选择。他可以放弃该申请❶,提交一个所谓的"继续申请"❷,或者通过向局长或专利上诉和抵触委员会提出请求书寻求对该审查员的决定进行再审❸。下面将讨论后两种选择。换句话说,如果审查员同意该申请应该成为授权的专利,将发出授权通知书❹。然后,缴纳颁布费,就可获得专利授权,同时在 USPTO 的官方专利公报上公开它的摘要、选择的附图和最宽的权利要求。"审查历史"或"档案夹"包括申请和所有后续产生的文献,与专利本身一起让公众可获得。

7.2.4 继续申请

继续申请实践的存在是由于认识到它可以缩短最后驳回的流程。提出一份普通申请通常仅仅给予申请人两次由审查员作出的审查意见通知书的机会。但是在这点上通常不能达成一致,留给申请人的只有选择放弃专利保护或者提出上诉。通过提交继续申请,申请人基本上能够获得审查的附加期限。通过这一期限申请人和审查员可以进一步沟通,以达到针对以前公开的发明获得更准确和适当的权利要求的目标,而不需要上诉。

继续申请的概念可以追溯到 19 世纪中叶的 Godfrey v. Eames 案例❺。在那

---

❶ 35 U.S.C.A. §133 (2000).

❷ 35 U.S.C.A. §120 (2000).

❸ 35 U.S.C.A. §134 (2000).

❹ 35 U.S.C.A. §151 (2000).

❺ 68 U.S. 317 (1864).

个案例中，名叫 Lewis 的当事人在 1855 年提交了一个专利申请。经过审查后专利局长驳回了该申请。在 1857 年 4 月 Lewis 在答复中撤回了他的申请，但是同一天又提交了实质上相同发明的新申请。因为 Lewis 在 1854 年已经销售了他的发明，所以这份新申请因超过当时适用的 2 年宽限期而被终止。然而，如果新申请按照原始申请同一日即 1855 年提交被对待，那么，法定禁止将不适用。法院宣布："如果当事人选择撤回他的专利申请……想要在撤回的时间申请一份新申请，于是他这样做了，两个请求书将被认为是相同事务的一部分，并且两者构成法律意义上的一份继续申请。"美国国会有效地将这一原则编入 1952 年专利法的第 120 条。

　　一个例子可以帮助说明继续申请业务在现代专利审查中是如何工作的。假设发明人 Peter Perry 在 2004 年 6 月 7 日提交了一份关于耐污染的纤维织物的专利申请。USPTO 审查员发出了第一次审查意见通知书，因依据美国专利法第 103 条的显而易见性和缺乏美国专利法第 112 条第 1 款的清楚性而拒绝了所有的权利要求。Peter Perry 又提交了针对第一次审查意见通知书的答复意见，其中 Peter Perry 修改了权利要求。USPTO 审查员发出了最后的审查意见通知书，再一次拒绝了所有的权利要求。Peter Perry 和审查员之间的进一步讨论揭示了观点的不同，这不是能够立即解决的。Peter Perry 不是提交申诉，而是提交一份继续申请。如果 Peter Perry 选定这种方式，那么将在相同申请和行政案卷的基础上继续审查。

　　我们在 Godfrey v. Eames 案例中谈到了继续申请的主要好处，即它享有合格的先前申请指定的申请日。仍旧用上述例子，假设 Peter Perry 在 2006 年 4 月 1 日提交了一份继续申请。为了确定申请日，继续申请被当作在"父系"申请的申请日——2004 年 6 月 7 日提出的申请一样对待。如果 USPTO 审查员最终变得温和并准许 Peter Perry 的申请授权，那么 Peter Perry 专利的期限也是基于 Peter Perry 有权享有最早的优先权日开始计算。因此，Peter Perry 专利的期满日是 2024 年 6 月 7 日，从最早的申请日起算 20 年。

　　美国专利法第 120 条确定了继续申请必须满足的某些条件。一个有效的继续申请必须：（1）明确指出在先申请；（2）在在先申请被授权、放弃或终止之前提出；（3）确定至少一个发明人包含在在先申请中；（4）由与在先申请相同的说明书组成，继续申请中没有加入新的主题。

　　发明人可以提交多份继续申请。许多专利基于系列继续申请授权，包括父系申请、祖父系申请和甚至是更遥远的先辈申请。

　　USPTO 的业务也允许所谓的"部分继续申请"，或简称为 CIP 申请。CIP 申请重复较早申请的重要部分，但是加入了原始申请中没有公开的新主题。在发明人提交原始专利申请之后，为了加入他们对发明作出的改进，他们有时提交 CIP 申请。依赖于后增加的新主题的权利要求只享有该 CIP 的申请日❶。

另一个例子也是有帮助的。假设在 2004 年 1 月 5 日，发明人 Martha Mason 提交了一份专利申请，要求制造乙酰水杨酸（更多地被称为阿司匹林）的改进方法。Martha Mason 的申请包含了一个简单的权利要求，其详细说明了生产乙酰水杨酸的特殊化学反应。那时，Martha Mason 继续在她的实验室工作，并且在 2004 年 6 月 12 日 Martha Mason 出乎意料地发现：催化剂的使用显著地改进了该方法。在 2004 年 8 月 1 日，Martha Mason 提交了专利申请：（1）明确指出她的在先申请；（2）在授权、放弃或终止在先申请的程序之前提出；（3）并确定她为发明人。然而，同年 8 月 1 日的申请包括关于催化剂的用途以及详述了催化剂用途的权利要求 2 的附加信息。

在这个案例中，2004 年 8 月 1 日的申请被当作 CIP 申请。对于专利期限来说，整个申请的申请日被当作 2004 年 1 月 5 日，即该申请享有的最早的优先权日。然而，按照相关的现有技术，该专利可以有两个申请日。包括权利要求 1 的父系专利享有 2004 年 1 月 5 日的申请日。然而，权利要求 2 和有关催化剂的增加内容享有 2004 年 8 月 1 日的实际申请日。这意味着可以引用某些文献例如在 2004 年前 7 个月出版的科学文章来反对涉及催化剂的权利要求（即享有 2004 年 8 月申请日的权利要求），但是不能用来反对原始申请所要求的方法（即 2004 年 1 月申请的权利要求）。

7.2.5 单一性要求和分案申请

如果一个申请涉及多个独立和不同的发明，USPTO 可以要求申请人在那份申请中选择一个发明进一步审❷。这个程序被称为单一性审查。虽然申请人必须在原始申请中仅选择单一的一项发明进行审查，但是他可以选择提交所谓的与其余发明相关的分案申请。在这本书中术语"分案"仅仅反映出这一思想：USPTO 可以使申请人"分割"该申请，以便可以分别考查这些独立的发明。如果申请人支付了相关费用且遵循适当的程序，那么所有的申请将继续享有原始申请的申请日。

例如，假设发明人 Kenneth Cline 在 2003 年 8 月 1 日提交了一份专利申请。Kenneth Cline 的申请公开并要求了一种新型牙线和热导导弹。USPTO 将很可能

---

❶ Cecil D. Quillen, Jr. & Ogden H. Webster, Continuing Patent Applications and Performance of the U. S. Patent and Trademark Office, 11 Fed. Cir B. J. 1 (2001).

❷ 35 U. S. C. A. §122 (2000).

强制要求满足单一性要求，迫使 Kenneth Cline 选择与那份申请相关的牙线或导弹进一步审查。假设 Kenneth Cline 选择了导弹继续审查，那么，USPTO 程序允许 Kenneth Cline 提交一份关于牙线的分案申请。如果两份申请都被授予专利权，他们每一份都将享有 2003 年 8 月 1 日的申请日，并通常在 2023 年 8 月 1 日期满。

单一性要求用于几方面的目的。毫无疑问最重要的是维护 USPTO 费用体制。否则，申请人就非常企望在一份申请中要求几个截然不同的发明来降低他们的申请成本。另外，单一性要求也更好地使 USPTO 对申请分类，并分派给有资格的审查员审查该申请❶。

单一性要求并不是绝对的。美国专利法第 121 条仅仅授权 USPTO 可以强制申请人选择一项公开的发明❷。如果 USPTO 选择不这样做，即使最后得到的专利涉及一项以上的发明，它也是有效的。

7.2.6 申请的公布

1999 年关于外国提交的专利申请的国内公布法要求 USPTO 在待审的专利申请享有的最早申请日起 18 个月公布该申请❸。然而，如果申请人证明：在该申请中公开的发明不是在那些要求申请后 18 个月公布的国家中申请专利的主题，那么将不公布该申请。

一些关于国际和比较专利法的背景有助于理解这一条款。首先，没有全球性专利制度。必须在世界上的每个国家分别申请和保护专利权。在技术无边界且国际贸易日益重要的全球，在一个国家的专利保护常常不足以保护发明人。

在认识到这些现实后，美国长期以来一直是《巴黎公约》的成员国，这一国际公约的历史可以追溯到 19 世纪后期❹。此公约试图减轻在许多司法管辖区域内维持专利权的负担。《巴黎公约》的主要条款之一是所谓的优先权。该优先权允许专利申请人享有国外的较早申请日。只要发明人在首次申请的 1 年内到国外申请，而且符合某些形式要件，那么他后续的外国申请将被当作在

---

❶ Applied Materials, Inc. v. Advanced Semiconductor Materials America, Inc., 98 F. 3d 1563, 40 USPQ2d 1481（Fed. Cir. 1996）（Archer, C. J., dissenting）, cert. denied, 520 U. S. 1230, 117 S. Ct. 1822, 137 L. Ed. 2d 1030（1997）.

❷ 35 U. S. C. A. §121（2000）.

❸ 35 U. S. C. A. §122（b）（2000）.

❹ Paris Convention for the Protection of Industrial Property, 1883 年 3 月 20 日，第 6 章第 2 节，21 U. S. T. 1629, 828 U. N. T. S. 305（1967 年 7 月 14 日修订）。《巴黎公约》条款的详细讨论，参见第 12. 1 节。

他初次申请的日期提出的。

第二个重要的背景是外国专利局通常在专利申请首次有效申请日后18个月公布该专利申请。例如，假定发明人于2003年6月1日在USPTO提交了一份申请。再假定发明人要在德国寻求保护专利权，德国也是《巴黎公约》的签署国。如果发明人在不迟于2004年6月1日提交了一份德国专利申请，那么他的德国申请将被当作2003年6月1日提交的，而这个日期是他的美国申请日。因此，德国专利局将在2004年12月1日，即发明人享有首次有效申请日后18个月公布该德国申请，但是在这个例子中，在德国申请后仅6个月公布该申请。

与其他国家的体制相反，美国专利制度传统上维持提交的申请处于保密状态。此方法有利于专利申请人，因为它允许他们在公开发明之前准确地知道任何准许的权利要求的范围。因此，如果申请人足够聪明而将专利申请作为商业秘密保护的发明的话，他可以选择获得授权的专利权利要求，也可以继续保持商业秘密状态。如果在专利审查的后期，申请人认识到权利要求已经窄到专利的经济价值将减小的程度，他只能放弃该申请，继续以商业秘密的方式实施该发明。

然而，人们也认识到这种保密体制的巨大代价。在专利申请待审的过程中，他人有可能付出重复研究的努力，不知道早期发明者已经要求保护了那项技术。由于专利申请一直处于保密状态，这种状态也使发明人在专利授权那天就开始侵权诉讼，而对该技术领域的其他成员没有任何告示。

1999年关于外国提交的专利申请的国内公布法试图在这些竞争企业之间找出一个适中的理由。2000年11月29日生效后，专利申请大约在申请日后18个月公开。然而，当发明人表示他将不寻求国外的专利保护，那么USPTO将保持该申请处于保密状态，直到它作为授权专利公布。

有时，发明人在一些国家寻求比另外一些国家更强的专利保护。发明人采取这一步骤出于商业原因或在不同的司法管辖区内存在专利法或者竞争法的差异。因此，该法包含一个条款，允许申请人"就在USPTO提出的申请提交一份修改拷贝版，在这份申请中删除了在国外提交的任何相应的申请中也未包含的发明部分或描述"❶。结果是，如果申请人在美国寻求比其他国家更宽的专利保护，这时只公布限制更多的申请版本。

1999年关于外国提交的专利申请的国内公布法也提供所谓的临时权利。临时权利赋予专利申请人在专利申请公布日后从使用该公布发明的人那里获得

---

❶ 35 U.S.C.A. §122 (b) (2) (B) (v) (2000).

补偿损失，其等于合理的使用费❶。临时权利是以许多限制为条件，最重要的条件是专利的实际授权，在授权专利中的权利要求实际上与公布申请中的权利要求相同，以及使用发明（与所公布申请中的权利要求相同）的人实际上已经注意到该申请。笔者将在第 9.2.4 节以较长的篇幅介绍临时权利。

针对 1999 年外国提交的专利申请的国内公布法，有些评论员讽刺说，立法机构基本上没做什么。因为法规仅仅使人们可以获得已经由外国专利局公布的申请❷，在任何一个特定的时间所获得的信息与以前没有区别。这次立法的唯一优点在于方便，相比外国的副本来说，发明人发现从 USPTO 更容易获得，并且可以得到英语语言的公布申请。

恶意批评者也注意到这次立法可能使我们的贸易伙伴不满意。发明人通常首先在他们的国内司法管辖区内提交专利申请，然后转向国外申请。按照实际情况，依据该成文法，不公布的申请只能是美国发明人提交的申请（即主张他们的发明不在国外申请的美国发明人或者申请最终在 18 个月过去之前被拒绝的美国发明人）。这一国内偏袒违反了国民待遇原则，违反了美国在签署《巴黎公约》时所承诺的平等对待国内和国外发明人的保证。

也许，据说对有关公布专利申请的美国法目前状态持支持态度的多数人希望在美国专利法中标明过渡期，从而向全球公布系统跨出第一步，像国外专利局使用的系统那样，在同一时间公布所有的申请，不管申请人的身份如何或是否存在外国申请。

7.2.7　申诉和上诉

如果申请人与审查员达不成一致，他可以上诉到专利上诉和抵触委员会❸，或向 USPTO 局长提出申诉。到底采取何种再次审查的形式取决于争论问题的性质。通常说来，可以通过上诉解决实质性问题，而程序问题可以申诉❹。虽然这种说法更属于大致原则，不是完全准确的规则，但一般说来，与驳回权利要求直接有关的审查员的决定都是可以上诉的。因此，该委员会考虑例如法定

---

❶ 35 U.S.C.A. §154 (d) (2000).

❷ 这是因为如果一方当事人首先在美国提交申请，然后在《巴黎公约》1 年的宽限期内在外国专利局提交申请，那么外国申请就当作在美国申请日申请的一样对待。那就意味着该申请将在美国申请后 18 个月由外国专利局公布，依据本文讨论的 1999 年法，即正是现在由 USPTO 公布的同一日。同样的，如果当事人首先在国外申请，然后在 1 年之内在美国申请，USPTO 将按照好像在外国申请日申请的一样对待。此外，两局将在同一天结束公布该申请。唯一不适用于这种情形的时间是当事人不寻求国外专利保护时，但那是依据 1999 年立法不公布美国专利申请的一种情形。

❸ 35 U.S.C.A. §134 (2000).

❹ IN re Searles, 422 F.2d 431, 435, 164 USPQ 623, 626 (CCPA 1970).

主题、实用性、新颖性、非显而易见性、能够实现和权利要求的清楚性问题。

相反，向局长的申诉涉及如加快审查、要求延期、恢复放弃的申请或者再审限制要求之类的问题。通常由 USPTO 内部的部长解决这类申诉。与上诉行为相比，USPTO 内部的申诉事务在性质上更不拘形式而且迅速。

不满意的申请人通常可以寻求上诉的司法审查或申诉。如果申请人收到来自委员会的不利的决定，他可以选择对局长提起民事诉讼。必须在哥伦比亚地区的美国地方法院❶或者联邦巡回上诉法院❷提起这种诉讼。前者的主要优点是申请人可以在记录中提交新的证据，这在联邦巡回上诉法院是不可能的选择。在哥伦比亚地方法院提出诉讼的上诉也转到联邦巡回上诉法院。相反，不成功的上诉人可以通过许多途经寻求司法审查，包括管理程序法❸、所有的书面令法❹或者对局长的民事诉讼❺。可以在美国任何地方法院提起这种诉讼，联邦巡回上诉法院被指定作为上诉复审的法院。

7.2.8 发明保密令

在美国专利法第 181 条～第 188 条中规定的发明保密法规定：当公布或公开授予专利权的发明"会有害于国家安全"时，专利局长将颁布发明保密令❻。该通知将勒令发明人在保密令日期之前不得向不知道该发明的任何人公布或泄露该发明。USPTO 也将拒绝对那项发明授予美国专利权和不准许发明人寻求海外专利权的外国申请许可❼。政府官员定期复查该保密令，并当发明的泄露不再视为有害于国家安全时，才可以废除它。

7.3 发明人资格

方便与审查一起处理的主题是发明人资格。专利申请通常是由发明人提出或者授权他人提出❽。即使发明人把他的发明转让给他的雇主和其他组织，发明人自己通常必须签署一份声明或誓言，声明他认为他是第一个发明人。

---

❶ 35. U. S. C. A. . §145（2000）.
❷ 35. U. S. C. A. . §141（2000）.
❸ 5 U. S. C. A. §§701-706（2000）.
❹ 28 U. S. C. A. §1651（2000）.
❺ 28 U. S. C. A. §1338（a）（2000）.
❻ 35 U. S. C. A. §181（2000）.
❼ 参见第 12.3 节。
❽ 35 U. S. C. A. §115（2000）.

发明人资格的判决在专利法上有许多其他后果。发明人是推定的专利所有人，因此，被告的共同发明人资格的成功主张是良好的侵权辩护理由。另外，依据美国专利法第102条，发明人资格的判决影响许多现有技术范畴的确定。例如，美国专利法第102条第（a）款涉及现有知识或"由他人"使用，而美国专利法第102条第（e）款使现有技术排除了在适当的情况下"由另一个人"提交的专利申请❶。不考虑与专利或申请适当关联的发明人的知识，就不能适当地确定这些现有技术范畴。

许多授予专利权的发明由单个的个人构思并付诸实践。但是，除了单独的发明人之外，专利法也承认共同的发明人。1984年引入第116条中的修正草案规定："即使（1）他们不是一起或同时做实际工作，（2）每个个体不是作出相同类型的或相同数量的贡献，或者（3）每个个体不是对专利的每个权利要求的主题作出贡献"，这些个体也可以是共同发明人。虽然这种否定式定义在确定发明人资格时有一些用处，但是成文法并没有肯定地规定能令某个个体上升到发明人水平的技术贡献性质。法院认为，为了有资格作为发明人，某个个体必须对发明的构思有贡献，且如果他雇佣他人的服务完成该发明，构思者作为发明人的地位不会被无效。但是在这些简单的定义原则之外，发明人资格的案例往往取决于特定的事实，且很少对解决未来的争论提供强有力的指导。

用来说明发明人资格的判决是 Ethicon, Inc. v. United States Surgical Corp.❷ 案。在此案中，Dr. Yoon 是与外科手术器械（称作套针）有关的一项专利的发明人❸。Dr. Yoon 与被许可人 Ethicon 一起对 U. S. Surgical 提起侵权诉讼。U. S. Surgical 后来知道，电子技术人员 Choi 曾经与 Dr. Yoon 合作过并对授予专利权的发明做出过一些贡献。U. S. Surgical 立刻从 Choi 那里获得许可，然后要求法院将 Choi 作为诉讼专利的共同发明人。

乍一看，U. S. Surgical 采取这些步骤的动机不是特别明显。然而，U. S. Surgical 完全知道，如果 Choi 被判定为诉讼专利的共同发明人，他也将享有共有人的地位。而美国专利法第262条允许专利的每一个共有人充分利用该发明，"而不需要其他所有人同意且不需要考虑其他所有人"。结果是，如果 Choi 的确是共同发明人，U. S. Surgical 将享有授权的被许可人的地位，且完全能在该诉讼中处于有利位置。

U. S. Surgical 的赌博在地方法院面前得到好处。地方法院法官裁决，Choi

---

❶ 35 U. S. C. A. § 102 (a), (e), (2000).
❷ 135 F. 3d 1456, 45 USPQ2d 1545 (Fed. Cir. 1998).
❸ 套针是一种尖锐的仪器，用于刺入身体，以便吸入身体中流体。

是诉讼专利的55项权利要求中的2项的共同发明人,因此是整个专利的共有人。Ethicon向联邦巡回上诉法院的上诉结果是维持原判。针对在Choi的笔记本中的制图,联邦巡回上诉法院的大多数法官认为Choi至少对两项权利要求叙述的装置有贡献。联邦巡回上诉法院在裁决Choi要求确认的共有发明人资格中也引用许多间接的事实。例如,法院强调(1)Dr. Yoon需要具有电子专门知识的一个人;(2)Choi具有电子专门知识;(3)Dr. Yoon建议两人一起工作;(4)他们非正式的商业关系;(5)他们在一起工作的时间长度;(6)没有给Choi支付报酬;(7)专利附图和笔记本制图的相似性;(8)Choi的信件说他不再是Dr. Yoon的商业成员。

由于Choi仅仅对诉讼专利的55项权利要求中的2项有贡献,Newman法官持不同的意见,他反对将Choi作为共同发明人。Newman法官说在1984年针对美国专利法第116条的修正案之前,Choi不能被认为是共同发明人,因为他不是对每一项权利要求都有贡献。他将美国专利法第116条解释为仅仅允许在专利文件中将另外人员当作发明人。他解释到,因为发明人资格和所有人的概念在概念上是截然不同的,所以被当作发明人并不必然导致作为共有人的全部地位❶。按照他的观点,专利上的所有权是基于两个发明人在发明中平等地享有权利的思想。在这种情况下,每个发明人拥有全部专利不可分割的份额的"共有财产"体制是恰当的。按照Newman法官的观点,虽然1984年修正案改变了共同发明人资格的法律,但共有专利所有人的法律也应当重新评估。

Hess v. Advanced Cardiovascular Systems, Inc.案是另一个著名的联邦巡回上诉法院判决,但是在这个案例中,法院驳回了共同发明人资格的要求❷。在这个案例中,两个名字叫Simpson和Robert的外科医生取得关于气球血管成形术导管的专利。当他们的受让人提起侵权诉讼时,被告提出声明,即Hess主张他应该被提名为共同发明人。好像当Hess为供管公司工作时,他曾经与Simpson和Robert讨论过导管项目。Hess的一些贡献使他们制造了专利产品,接着由Simpson和Robert进一步开发。

在Hess主张共同发明人资格被驳回之后,他上诉到联邦巡回上诉法院。联邦巡回上诉法院认为:Hess的贡献还没有达到发明人的水平。按照联邦巡回上诉法院所说,Hess的贡献被认为是现有技术,而且在市场上可买到。Hess只不过是一个熟练的销售人员,他解释了雇主的产品如何能被用于满足

---

❶ 为了更多了解关于专利所有人的内容,参见本书第11.1节。

❷ 106 F. 3d 976, 41 USPQ2d 1782 (Fed. Cir. 1997), cert. denied, 520 U. S. 1277, 117 S. Ct. 2459, 138 L. Ed. 2d 216 (1997).

Simpson 和 Robert 的技术要求。

联邦巡回上诉法院的意见并没有就 Hess 对导管项目的技术贡献提供详尽的解释。尽管如此，假如 Simpson 和 Robert 他们自己已经陈述 Hess 负责被授予专利权的导管的重要部分，则该意见的结论似乎值得怀疑。人们猜测，虽然 Simpson 和 Robert 是最好的外科医生，但是他们在塑料制造技术领域方面却少有研究。如果没有 Hess，导管项目似乎不可能顺利进行，被解雇的他不仅仅是对现有技术的讨论进行整理的人员，应该被重视。对于 Hess 意见，读者感到，联邦巡回上诉法院怀疑 Hess 迟延的对发明人资格的主张，并对无视两名高度熟练的外科医生资格的卑微的销售工程师身份表示质疑。

一些假设进一步说明了 Hess 的推论。假定 Gizmo 教授要求他的实验室技术人员 Steve Schlep 将某些化学品以某种方式结合形成化合物 X。Gizmo 教授还要求 Steve Schlep 使用本领域共知的标准试验方法确定化合物 X 在高温下是否可以作为黏合剂。如果 Steve Schlep 仅仅按照 Gizmo 教授的指导，对该项目没有做出创造性贡献，那么即使 Steve Schlep 确实是合成化合物 X 的第一人，Steve Schlep 也没有资格作为发明人。法院长期坚持，发明人可以雇用他人帮助他们完成发明的付诸实践，而不因他们的帮助就将他们作为共同发明人，这和作者可以将故事的文字口授给速记员而没有将后者作为共同作者几乎一样。

相反，假定 Gizmo 教授有一个化合物 X 的想法，但是不拥有合成它的操作方法。当他将他的想法解释给 Steve Schlep，Steve Schlep 发现一种新的、非显而易见的方法制造化合物 X。或者，换一个例子，假定 Gizmo 教授精确地告诉 Steve Schlep 如何制造化合物 X，但是她没有新化合物能做什么用途的想法。在经历实验台的试验和错误之后，Steve Schlep 识别出化合物 X 的意想不到的应用——当他注意到当一些新化合物弄到他的皮肤上时手臂上所有毛发掉了，说可作为脱毛药。在这种假设中的任何一个，Steve Schlep 很可能作为共同发明人。他已经对化合物 X 的研制做出了创造性贡献，应该在申请那项发明的任何专利文件上署名。

在专利上署名的发明人常常获得从来自他们雇主的财政奖励或来自技术委员会的褒奖的好处。关于发明人资格的公司内部争论很常见，为了保证适当的个人在公布的专利中署名，专利律师必须常常表现出耐性和机智。他们也应该知道公司技术公开的形式和将一个人标为"发明人"的其他文献，因为这些决定常常是在没有意识到专利法约束的情况下作出的❶。

---

❶ W. Frita Fasse, The Muddy Metaphysics of Joint Inventorship, 5 HARV J. L. & TECH. 153 (1992).

7.4 权利的期限

美国专利期限的计算传统上是从 USPTO 授予专利权的日期开始起算。1790 年的专利法允许授权的专利"不超过 14 年的任何期限"。1861 年的专利法将期限增加到"从授权日期起算 17 年"。该期限方案一直实行了几乎 135 年。然而,在 1995 年 6 月 8 日,美国专利体系将期限变为从申请日起算。因此,目前美国专利法是在专利期限的过渡时期。

对于 1995 年 6 月 8 日以后提交的申请得到的专利,专利期限通常是从专利申请提交的日期起 20 年。对于 1995 年 6 月 8 日之前授权的专利,以及到该日期止在 USPTO 待审的申请产生的专利,专利持续期按从申请日起 20 年或从授权起算 17 年两者之中较长的期限计❶。

虽然现在专利的寿命是从申请日起算,但是仅仅提交专利申请并没有使专利权人获得可行使的权利。这些权利仅仅在专利授权时自然产生,包括禁止侵权和获得损害补偿的权利❷。如果按照本章前面讨论的 1999 年外国专利申请国内公开法公布该申请,那么,从该申请被公布的日期起,专利权人也获得相当于合理使用费的临时权利。然而,在这种情况下,专利权人只有到专利授权时才能主张这些临时权利。

但美国决定采用从申请日起 20 年的专利期限后,基于授权日的专利期限和基于申请日的专利期限的区别似乎当下不会出现特别大量、显著的后果,在 1995 年 6 月 8 日之前,继续申请的提交不会影响专利有效期限的长度。一旦专利授权,即使由于过长的系列继续申请,专利在 5 年、10 年、甚至 20 年还没有审定,该专利的期限也从授权日起算 17 年。而且,在这期间,不公布专利申请,而是在整个审查期间由 USPTO 保持保密状态。这些规则允许申请人操纵专利审查体系,损害他们的竞争者。

这是因为在被延长的专利审查期间,竞争者有时偶然会发现相同的发明,并投入物力去开发它,而不知道待审专利申请的存在。当专利在许多年后最终授权给申请人时,竞争者将被迫或者放弃他们巨大成本的投资或者被发现负有侵权责任时向专利权人支付使用费。这种长时间滞后授权的专利被称为"潜

---

❶ Mark A. Lemley, An Empirical Study of the Twenty‐Year Patent Term, 22 Am. INTELL. PROP. L. Q. J. 369 (1994).

❷ 笔者将在第 9 章大量详细地开始介绍专利侵权的补救的主题。

艇"专利❶，因为他们从一系列隐藏的继续申请中浮现，"用鱼雷攻击"在不知道待审申请的情况下就已经研发的企业。

目前的保护期方案消除了"潜艇"专利的可能性，因为不管提交多少继续申请，专利的保护期限现在是从系列申请的首次申请日起算。（而且，在申请人也计划寻求国外专利保护的情况下，该申请将在申请后 18 个月公布，等于通知了竞争者）。结果，提交多份过度延迟 USPTO 的审查程序的继续申请的申请人仅仅是缩短他自己的最终专利保护期。

尽管目前的专利保护期限方案相对简单并有很多优点，但是有三个重要的条件可以改变 20 年的基本期限。首先，依据美国专利法第 156 条（Hatch-Waxman 法案的规定）可以延长专利的期限。此复杂的成文法准许对依据联邦食品、药品和化妆品法要经过很长的上市前批准程序的发明增加专利期限。其理念是不应该损失药品公司开发专利药物的完整排他期，因为这一法律限制性条件延迟了他们能开始卖给公众药品的时间点。然而，依据美国专利法第 156 条，专利期限延长最长不超过 5 年。如果法定的审查期限超过了专利延长的期限，专利所有权人必须承担保护期缩短的损失。

其次，享有整个专利期限是以支付维持费为条件的。目前，如果没有按时缴纳费用，那么专利将在 4 年、8 年或 12 年等相应的时间点之后终止。在 2003 年 1 月 1 日时，到第 4 年时应缴纳金额是 890 美元，到第 8 年时为 2050 美元，和到第 12 年时为 3150 美元。虽然在某些情况下 USPTO 会接收晚交的维持费❷，但是这些费用应在之后 6 个月内缴纳，否则专利权将终止。由于只有 33% 的美国授权专利在第 11 年后被维持❸，所以维持费实际上使大量的授权技术贡献给公共领域。

最后，1999 年的专利期限保证法规定了一种截止期限，如果 USPTO 不满足这个要求，将导致个别专利的期限自动延长❹。这些截止期限中最重要的似乎是 14 个月作出第一次审查意见通知书和 4 个月作出随后的审查意见通知书。另外，原专利申请的审查必须在实际的美国申请日的 3 年内完成，对继续申请的授权和上诉的例外。正如可以预期的那样，USPTO 在这些限制范围之外每

---

❶ Steve Blount & Louis S. Zarfas, The Use of Delaying Tactics to Obtain Submarine Patents and Amend Around A Patent That A Competitor Has Designed Around, 81 J. PAT. & TRADE MARK OFF. SOC'Y 11 (1999).

❷ 35 U. S. C. A. §41 (b) (2000).

❸ Charles E. Van Horn, Practicalities and Potential Pitfalls When Using Provisional Patent Applications, 22 AIPLA Q. J. 259, 296 (1994).

❹ 35 U. S. C. A. §154 (b) (2000).

延迟1天,将导致专利期限增加1天。局长负责计算可能由USPTO未达到最后期限要求导致的一些专利期限的延长。

7.5 授权后程序

当USPTO正式地授予专利时,其事务并不一定结束。法律始终承认专利文件中存在大量错误可能性,小到打字错误,大到实质性缺陷。因此,专利法给USPTO规定几个不同的途经改正这些不可避免的错误。到底使用哪一个程序很大程度上取决于错误的大小。

7.5.1 更正证书

最不费力的和最频繁使用的程序是更正证书❶。专利权人使用更正证书解决较小的印刷错误。这种错误一般包括拼错的单词、遗漏转让人的名字或错将修改后的权利要求印刷成了修改前的权利要求。由于USPTO过错引起的错误可以免费更正。这些错误大部分出现在专利文件正式复印件的格式和排版的过程中。除此之外的错误,请求人必须缴纳费用并提交他善意犯错的证据。

USPTO也可以颁发更正特殊专利文件上署名的发明人的证书❷。当在授权的专利中出现发明人错误时,尽管是失误和非欺骗型的意图,当事人和受让人可以请求USPTO更正该专利。假如提供足够事实的证据,USPTO将颁布更正发明人资格错误的证书。

7.5.2 放弃权利声明

专利法提供两种弃权声明❸。为了避免因重复授权而被驳回,申请人往往使用第一种方式——最终的放弃声明。在该章第7.7.2节讨论最终的放弃权利声明。为了将无效的权利要求从其他有效的专利权利要求中删除,专利权人往往使用第二种方式——法定放弃权利声明。法定放弃权利声明能够有效地从专利中删除某项权利要求。不提交法定放弃权利声明并不导致专利的其余权利要求无效或不可实施。专利法仅仅提供只有专利权人在开始诉讼之前向USPTO提交放弃无效权利要求的权利声明,他才可以从诉讼中获得补偿❹。

---

❶ 35 U.S.C.A. §§254, 255 (2000).
❷ 35 U.S.C.A. §256 (2000).
❸ 35 U.S.C.A. §253 (2000).
❹ 35 U.S.C.A. §288 (2000).

例如，假设 Carol Kinkead 是第 6797617 号美国专利的所有人。当该专利授权时，该专利包含 10 项权利要求。假设 Carol Kinkead 对竞争者提起诉讼。在诉讼过程中，法院裁决该专利的权利要求 1 由于显而易见而无效。一段时间后，如果 Carol Kinkead 希望对另一个侵权嫌疑人提起第二个诉讼，她应该向 USPTO 提交权利要求 1 的法定放弃权利声明。在提交第二个诉讼之前采取这一步将允许她在胜诉后获得补偿。

7.5.3 再颁程序

专利权人可以使用再颁程序改正他认为无用的或无效的专利。与范围限定很有限的更正证书或放弃权利声明不同，再颁程序允许专利权人和审查员之间进行全面对话。因此，再颁程序为准备专利诉讼或许可谈判提供了强大的机制。"当专利由于有缺陷的说明书或附图被认为全部或部分无用或无效时，或者由于专利权人要求比他已有专利权更多或更少的权利时"❶，目前的专利法允许再颁专利。

7.5.3.1 错误的必要条件

要想获得再颁专利，专利的缺陷必须是由于"没有任何欺骗意图的错误"❷ 而导致的。为了这一目的，USPTO 要求，申请人提交再颁誓言或声明，陈述至少一个构成再颁基础的错误。虽然术语"错误"的含义似乎是直截了当的，但是它已经发展成为专利法上的专门术语。

联邦巡回上诉法院已经解释了再颁专利的成文法，要求专利权人指出两种类型的错误，以便获得再颁专利的资格。首先，专利文件本身必须有错误，稍后我们将研究该要求。另外，还必须陈述专利问题是由于"行为错误"所致。此第二个要求意味着专利权人必须说明该专利问题是由于疏忽或差错，不是在最初审查过程中故意或策略性的结果❸。

关于专利错误的第一个要求，并不是每种差错都构成再颁法令意义上的错误。专利法解释，专利含有"有缺陷的说明书或附图"时，或者如果专利权人要求"比他有权要求保护的更多或更少"❹ 时，可以获得再颁。在实践中，大多数再颁程序是寻求修改专利的权利要求。例如，专利权人可以承认，依据

---

❶ 35 U. S. C. A. §288 (2000).

❷ 同前，这个必要条件可以追溯到最高法院在 Grant v. Raymond, 31 U. S. 218 (1832) 的第 1832 号决定，其中，如果"由于无辜差错，被用于保障特权的专利文件未能达到它的目的……"，法院维持再颁专利的有效性。

❸ Wilder, 736 F. 2d 1516, 1518 222 U. S. P. Q 369 (Fed. Cir. 1984).

❹ 35 U. S. C. A. §251 (2000).

美国专利法第112条的清楚性要求,权利要求含有含糊不清之处可能致使权利要求无效。换句话说,在专利授权之后,专利权人可能获悉现有技术由于可预见或显而易见性而使要求的发明无效。的确,联邦巡回上诉法院已经注意到:"寻求缩小范围的再颁基础通常是后来发现可导致部分无效的现有技术"❶。通过再颁程序对权利要求进行附加限定,专利权人仍然可以确定比新发现的现有技术有可专利性的进步。

  例如,假设Thinker博士在2003年12月1日获得基于2000年8月12日提交申请的新散热器盖的专利。当Tinker博士在查看一些过期刊物——Radiator Review月刊杂志时,她发现1996年5月期刊的一篇文章,描述了几乎与她要求保护的发明一样的散热器盖。Thinker博士认识到依据美国专利法第102条第(b)款,该杂志文章可以视为现有技术——它是在她的申请日之前1年以上出版的——而且在美国专利法第103条意义上它可以使她的发明显而易见。因为她的专利已经授权,且USPTO内的行政程序已经结束,Thinker博士不能仅仅打电话到USPTO,请求审查员缩小她的权利要求的范围。然而,为了对她的权利要求加入更进一步的术语限定,Thinker博士可能希望提交再颁申请。Thinker博士可以成功地将她的授权散热器盖与现有技术区别开,且使无效的专利变为有效的但限定更多的专利。

  第三种可能性是专利权人请求保护的范围比他有权要求的范围要小。在这种情况下,尽管专利的说明书可能包含已公开发明的个别商业化的实施方案,但是专利的权利要求可能没有包括这些实施方案。用Herr Budd作为例子,假定其获得有关酿造啤酒方法的专利。假设Herr Budd专利说明书包括两个"有效的实施例",涉及窖藏型啤酒和比尔森型啤酒的酿造方法。然而,Herr Budd专利的权利要求书具体限定了窖藏型啤酒的制造方法。如果Herr Budd的竞争者Doktor Weiser开始酿造比尔森型啤酒,Herr Budd专利文字上并没有覆盖他的竞争者的活动。因为依据"公共捐献原则",在专利中公开了但是没有请求保护的主题就被认为是放弃了,Herr Budd就不能使用等同原则对抗Doktor Weiser❷。为了克服这种困境,Herr Budd可以追求所谓的扩大范围的再颁,以扩大他的权利要求的范围。扩大范围的再颁要受到本章第7.6.3.3节所述的具体限制。

  虽然成文法中列出的再颁理由似乎很广泛,但是在很多场合下,联邦巡回上诉法院已经声明,对于所有的专利审查问题,再颁程序并不是通用的灵丹妙

---

❶ Amos,953 F. 2d 613,616 21 USPQ2d 1271(Fed. Cir. 1991)。
❷ 参见第8.2.2.3.4节。

药。一些缺陷简直是太严重了而不能通过使用再颁程序来纠正。这些缺陷包括不满足美国专利法第 112 条要求的说明书、在原来的审查程序中申请人有不公正行为的情况，以及依据美国专利法第 102 条完全预见该发明的情况。这些错误类型不属于再颁法令可以受理的差错。

  法院还规定，其他类型的错误不能通过再颁程序纠正，只是因为它们不是再颁成文法规定的可以补救的类型。法学家们一致认为：如果不以这样对错误的要求作为门槛，无限制地使用再颁程序将会使申请人没有动力在最初的程序中好好准备申请文件。但是除了行政效率的基本原则之外，法院仍然没有建立一种机制来确定何种行为才构成再颁法令规定的错误行为。其结果是案例法和关于错误要件的准确范围的细微推理总是有些变化不定。

  而且，寻求再颁专利的专利权人也必须说明在最初专利审查过程中"行为错误"的正确类型。这种要求的精确的轮廓边界也有点模糊不清。这种不确定性的说明是 1989 年联邦巡回上诉法院在 Hewlett – Packard Co. v. Bausch & Lomb Inc. 案中的意见❶。Bausch & Lomb（B&L）已经购买了第'950 号专利，该专利涉及一种绘图机——一大张纸或图表在绘图笔下面移动的一种装置。第'950 号专利含有 9 项权利要求。在对 Hewlett – Packard（H – P）提起诉讼之前，B&L 认识到只有第'950 号专利最宽的权利要求 1 覆盖 H – P 的绘图机。但是这一项最宽的权利要求相对于现有技术很可能是无效的。尽管第'950 号专利的权利要求 2～9 很可能是有效的，但是它们太窄而不能覆盖 H – P 的产品。

  B&L 选择在 USPTO 提交再颁申请。为了说明行为错误，它的书面陈述描述是：第'950 号专利申请的起草人与发明人联系有限，没有认识到从现有技术的观点来看，哪一种限制是重要的。在与 USPTO 官员进行了一些辩论之后，B&L 最终获得第'950 号专利的再颁，其包括三项附加的权利要求。这三个权利要求具有适中的范围，并具体覆盖了 H – P 的绘图机。当 B&L 提起侵权诉讼时，H – P 主张，B&L 最初未包括多项范围变化的独立权利要求，其本身不足以构成为批准再颁专利的错误。在上诉之后，联邦巡回上诉法院同意这种观点。

  正如法院认定的那样，B&L 没有主张它的专利是无效的：由于专利权人要求太大的范围或者太小的范围，但是因为他在某种意义上包括太少的权利要求……至少在法官的意见、笔者的判例中已经依法赞成："允许再颁专利的实践是为了包括缩小权利要求范围，避免宽范围的权利要求可能无效而造成损失……"对于这个案例来说，笔者认为这种做法与成文法补救的目的是一致

---

 ❶ 882 F. 2d 1556, 11 USPQ2d 1750 (Fed. Cir. 1989).

的，虽然 B&L 没有明确地主张专利中满足成文法的文字语言的"错误"。在此，我们不必判断对更具体地覆盖了宽范围的发明忽略了范围较窄的权利要求是否满足第一种错误（即专利之中的错误）的要件，因为 B&L 没有明确地确定第二种错误，即疏忽的行为错误。与 B&L 的立场相反，再颁申请人并没有犯明显的行为错误，即仅仅模仿成文法术语提交一份宣誓声明……。再颁成文法没有被制定成所有专利审查问题的万能药，也不能作为给申请人重新审查其原始申请的第二次机会❶。

结果，联邦巡回上诉法院裁决在再颁程序中增加的新的较窄权利要求无效。

Hewlett – Packard 意见的推理也许应当受到批评。专利法使用从属权利要求改进了该原则，不能将说明书中的限制解释到权利要求中以维持专利的有效性。在第'950 号专利中未能包括合适的从属权利要求似乎仅仅是缺乏预见性，而不是某种策略上的考虑。也许联邦巡回上诉法院受到 B&L 向 USPTO 提交的书面证词的影响，其中一些证词似乎是不准确的，甚至是接近欺骗性。无论如何，当提交再颁申请时，更好的方式是建议 B&L 仅仅向 USPTO 承认其实际的怀疑，即权利要求 1 是无效的，且已完全放弃。

7.5.3.2　USPTO 的再颁程序

专利权人通过提交再颁申请启动再颁程序。USPTO 要求再颁申请人提交通常被称为"带缎带的副本"的原授权的专利文件以及其他文书。此规定符合成文法的要求，即专利权人交出原专利，以便获得再颁专利。虽然专利权人可能最终会放弃再颁程序并准备回归到她授权的专利，但是她应当不情愿这样做——此放弃申请的行为会给该专利蒙上阴影，这将会引起法院和竞争者的注意。

一旦 USPTO 接收再颁申请，它就会检查专利审查的常规程序。审查意见和答复意见将按标准顺序进行，需要时，申请人也可以提交继续申请和分案申请。注意：在再颁程序中，部分继续申请是不允许的：因为这一步骤将涉及引入新主题，这是美国专利法第 251 条第 1 款所禁止的。美国专利法第 251 条第 2 款还允许从单个再颁申请授权成几个专利。

与正常的审查过程完全相反，再颁程序对公众公开。所以，USPTO 官方专利公报每周都公告提交的再颁申请。USPTO 规章要求至少要有 2 个月不启动再颁程序，以便允许第三方提交与该再颁申请的专利性有关的证据和理由。

因此，再颁程序使专利权人冒一定的风险。虽然他会仔细考虑通过再颁程

---

❶　882 F. 2d 1556, 11 USPQ2d 1750 (Fed. Cir. 1989), 1565.

序所必须采取的步骤,但是利害关系人可以打破这些计划。特别是竞争者和被许可人通过提交附加的现有技术或反对专利性的理由有力地对专利的再颁提出质疑。然而,如果专利获得再颁,专利权人很可能在许可谈判或诉讼中来强化对他的专利的使用。

再颁专利得到一个新号码,但是他们的期限为原专利的剩余期限。例如,假设 1997 年 1 月 19 日提交了一份专利申请,于 1999 年 3 月 15 日得到授权的专利。然后,专利权人于 1999 年 12 月 1 日提交再颁申请,于 2000 年 8 月 1 日得到再颁专利。再颁专利的截止日期通常是 2017 年 1 月 19 日,从原专利的申请日起算 20 年。

7.5.3.3 扩大范围的再颁

专利权人可以使用再颁程序来扩大他的权利要求的范围,以便权利要求可以覆盖他的原始说明书中公开的所有的技术。美国专利法第 251 条第 4 款阐明了为寻求这种扩大范围再颁的 2 年的法定限制❶。例如,假设 Ed Alva 获得涉及磨碎奶酪的方法专利。USPTO 于 2004 年 7 月 5 日给 Ed Alva 授予了专利权。虽然 Ed Alva 专利的说明书公开了与美国、瑞士、荷兰豪大奶酪有关的使用方法,但是专利的权利要求仅仅叙述了美国奶酪的磨碎方法。如果 Ed Alva 希望获得明确叙述瑞士奶酪或豪大奶酪磨碎方法的附加权利要求,那么他必须在不迟于 2006 年 7 月 5 日之前提交再颁申请。否则,就再也不能通过再颁程序扩大该权利要求的范围。

正如 In re Doll❷ 案和 In re Graff❸ 案建议的那样,满足此最后期限已经被证明是有点敏感的事情。在 In re Doll 案例中,专利权人在法定的 2 年期限内提交了包含权利要求范围扩大的再颁申请。在 2 年的期限期满之后,试图在审查过程中进一步扩大该权利要求的范围,导致审查员依据美国专利法第 251 条第 4 款予以拒绝。CCPA 以简要的意见改判,并判决再颁誓言是正确的。

In re Graff 案例涉及在授权日之后大约 22 个月时提交再颁申请的申请人。最初的再颁申请仅仅涉及错误的附图,且无论如何不包含变化的权利要求。然而,在审查过程中,2 年期限期满后,Graff 引入范围扩大的权利要求。审查员依据美国专利法第 251 条第 4 款以不符合时间要求拒绝了这些权利要求。在上诉中,联邦巡回上诉法院维持了原决定。法院认为该案与 In re Doll 案的判决不同,其解释到,在 In re Doll 案中"公众注意到了专利权人在 2 年法定期限

---

❶ 35 U.S.C.A. §251(2000).

❷ 419 F2d 925,164 USPQ 218 (CCPA 1970).

❸ 111 F.3d 874,42 USPQ2d 1471 (Fed. Cir. 1997).

内通过提交扩大范围的再颁申请以扩大权利要求范围的意图"。按照联邦巡回上诉法院的解释，因为公众没有注意到 Graff 在法定期限内寻求范围扩大的再颁，所以拒绝任何范围扩大的权利要求是恰当的。

7.5.3.4 重获规则

连同 2 年法定时效一起，法院对范围扩大的再颁申请设定了另一种重要的限制，被称为重获规则。重获规则防止专利权人通过再颁程序获得与原申请删除的权利要求范围相同的权利要求或比原权利要求范围更大的权利要求❶。这一原则一般出现在审查员基于现有技术拒绝原权利要求的时候。在原来的审查过程中，如果专利权人选择缩小权利要求以避开引用的现有技术文献（或参考文献），他就不能再通过再颁程序重新获得曾经放弃的主题。如联邦巡回上诉法院总结的那样，这一"'规则防止专利权人通过再颁程序……重新获得在努力获得原权利要求准许时放弃的主题'，……该规则来源于'错误'的规定，其中这种放弃不是再颁法令设想的可改正'错误'的类型❷。"

在 Mentor Corp. v. Coloplast, Inc. ❸ 案中联邦巡回上诉法院的意见阐明了该规则。Mentor 已经获得涉及避孕套导管的专利，其一打开时就将黏合剂从外表面转移到内表面上。审查历史的复核结果表明，Mentor 在审查员以现有技术拒绝之后在权利要求中加入该限制。Mentor 后来获悉 Coloplast 的竞争产品涉及将黏合剂直接涂在内表面上的导管。意识到其专利的权利要求不能直接覆盖 Coloplast 的产品，Mentor 在 USPTO 启动再颁程序。Mentor 提交了详细的商业成功的证据，审查员再颁了该专利。再颁的权利要求中明显没有了要求对黏合剂转移的限定。

Mentor 然后起诉 Coloplast 侵犯原专利和再颁专利的权利。Coloplast 否认侵犯原专利权利要求的权利，因为它的导管不能将黏合剂从外表面转移到内表面。Coloplast 承认侵犯再颁专利的权利，但是主张 Mentor 不适当地使用了再颁法令，重新获得在原审查过程中为答复依据现有技术作出的驳回决定时故意放弃的内容。陪审团不同意，在此不利的裁决后，Coloplast 请求将此作为法律问题交由法官判决，初审法官否决了 Coloplast 的动议。

在上诉时，联邦巡回上诉法院改判。法院得出结论：Mentor 不能使用再颁程序修改在原审查过程中的故意行为。因为 Mentor 依据审查员现有技术的驳回有意在权利要求中加入要求黏合剂转移的语言，法院认为不应该允许 Mentor

---

❶ Ball Corp. v. United States, 729 F. 2d 1429, 221 USPQ 289 (Fed. Cir. 1984).
❷ Hester Industries, Inc. v. Stein, Inc. 142 F. 3d 1472, 1480, 46 USPQ2d 1641 (Fed. Cir. 1998).
❸ 998 F. 2d 992, 27 USPQ2d 1521 (Fed. Cir. 1993).

通过再颁程序删除这些权利要求的限定从而重新获得该主题。在这样做时，法院基于错误的必要条件和顾虑第三方的依赖利益而对重获规则进行判断。联邦巡回上诉法院认为 Mentor 缩小其权利要求的有意决定不属于再颁程序所包括的错误类型，可以提交继续申请或者向委员会上诉。另外，法院体谅那些可能已经看过审查历史并基于 Mentor 原声明明确放弃的主题而作出商业决定的假定第三方。

这些理由都没有给重获原则提供一个完整的令人满意的解释。再颁程序是人们广泛采取的用来修正专利权人有意但不明智而作出的错误的处理机制。例如，专利权人通常使用再颁程序改正范围不适当的权利要求，即使这些权利要求的每一个单词都是有意写的。法院公告的基本原理完全是循环论证的，如果没有重获原则，第三方往往不会有意依赖于审查历史。另外，下面即将讨论的再颁成文法关于介入权利的条款，其规定了解决他人的信赖利益的适当机制❶。另一方面，对防止专利权人通过"双路线"获得专利，即放弃某些主题以保证原专利，只能在再颁过程中返回到 USPTO 重新要求保护那个主题，有一定大致的公平性。无论如何，在联邦巡回上诉法院，古老的重获原则仍然是再颁法律的固定部分。

7.5.3.5 介入权

美国国会承认，第三方可能基于授权专利的权利要求的准确文字表述作出商业决定。如果后来以不同权利要求再颁那个专利，可能损害此信赖利益。为了保护已经依赖原专利权利要求范围的个人，美国专利法第 251 条第 2 款规定所谓的介入权❷。有两种介入权，绝对介入权和公平介入权❸。

在美国专利法第 251 条第 2 款的第一个句子中规定了绝对介入权。按照该条款，再颁专利不应该消减或影响任何人在授权再颁专利之前，在美国制造、购买、许诺销售或使用，或者进口到美国被授予再颁专利的任何东西的权利……，以及继续使用、许诺销售或销售给他人使用、许诺销售或销售再颁专利授权专利的任何权利；这种制造、使用、许诺销售、使用或进口的具体权利，除非制造、使用、许诺销售或销售这种权利侵犯了再颁专利的有效权利要求，而该权利要求也是原始专利的。

依据这一条款，如果在再颁专利之前，第三方制造出不侵犯原专利，但侵

---

❶ John R. Thomas, On Preparatory Texts and Proprietary Technologies: The Place of Prosecution Histories in Patent Claim Interpretation, 47 UCLA L. Rev. 183. 237–40 (1999).

❷ 35 U.S.C.A. § 252 (2000).

❸ Seattle Box Co. v. Industrial Crating & Packaging, Inc., 756 F.2d 1574, 225 USPQ 357 (Fed. Cir. 1985).

犯再颁专利的产品，即使在再颁专利的有效日之后，第三方可以随意继续卖掉这些产品的存货。同样的，它制造了一台不侵犯原权利要求的机器，在再颁专利的有效日之后，它可以继续使用该机器。注意，如果没有该法律条款的规定，所述活动将侵犯再颁专利。也应注意，这些权利局限于由再颁专利覆盖的单个机器、制品或产品的销售或继续使用，不包括在再颁专利有效日之后制造新产品或机器的任何权利。而且，由该法律条款定义的权利有一个更重要的限定——如果侵犯的再颁专利的权利要求也是在原专利的范围内，那么，不会出现绝对的介入权。

美国专利法第251条第2款的第二个句子规定了公平介入权。此法条允许在法院认为为公平保护在授予再颁专利之前所作出的投资或开始的业务，授权在一定范围内和在一定期限内继续实施再颁专利所述的发明。为了获得公平介入权的资格，侵权者至少作出实施专利发明的物质准备。如同绝对介入权一样，只有当有效的被侵犯的权利要求仅出现在再颁专利中时，才适用公平介入权。

很显然，介入权可以适用于范围扩大的再颁专利。不易察觉的是，当在再颁程序中缩小权利要求时，也会出现介入权。这是因为在范围缩小的再颁专利之前，被告已经认为原始较宽范围的权利要求是无效的。诸如可预见、非显而易见性、不确定性或缺乏充分公开的理由可以使竞争者相信：原专利的权利要求是无效的，因此仍然不适用于由再颁程序引起的范围缩小的权利要求。例如，假设Swingline教授获得带有一个关于订书机的宽范围的权利要求。其他当事人有理由得出：这种专利不可能是有效的，因为它完全可以由现有技术所预期。因此，他们可以开始制造落入Swingline教授的权利要求范围内的各种类型的订书机，确信如果被起诉，他们可以宣告该专利无效。然而，此后Swingline教授通过再颁程序缩小他的权利要求，以便它仅仅涉及特殊类型的改进的订书机——也许仅仅是用喷气来操作的订书机，不是需要用户连续重击杠杆的订书机。如果他人已经制造了一些喷气型订书机，那么他们可能需要介入权原则的保护。他们很可能使用这一原则，因为多数的观点是介入权可以适用于任何再颁程序中，而不仅仅是范围扩大的再颁程序。

有极少的案例法仅涉及一种介入权。这种权威的缺失很可能是由于人为的再颁实践仅代表专利权人的利益所致。明白了再颁成文法的含义，大多数专利权人将原专利尽可能多的权利要求不作修改地转移到再颁专利中。当然，如果被告侵犯原专利和再颁专利中均出现的权利要求，那么不可能有任何介入权。

7.5.4 再 审

再审程序在1980年被引入到美国专利法中❶。1999年的再审法令将传统的再审命名为"单方再审",并且引入"双方再审"的可能性。每种再审的主要目的是给第三方提供更快速并比诉讼费用低廉的解决有效纠纷的方法。的确,在再审成文法通过之前,第三方通常根本不可能挑战已授权专利的有效性,除非他们被起诉侵权。

对再审的主要限制是用于无效所引用的理由必须是专利或印刷出版物❷。在再审过程中不应该考虑专利无效的其他理由,例如美国专利法第102条第(b)款的销售禁止条款。此限制的原因是USPTO更擅长评价专利或印刷出版物,而不是其他现有技术。充分考虑诸如公开使用、许诺销售、发明人资格和欺诈这样的问题通常需要证人的审查和其他诉讼程序的技术,这是耗时的、昂贵的,它们不是USPTO常规审查的那种内容。

7.5.4.1 单方再审程序

依据单方再审体制,任何个人,包括专利权人、被许可人,甚至是USPTO负责人自己可以引用专利或印刷出版物,向USPTO请求再审❸。再审请求必须是书面的,并解释引用的参考文献与请求再审的每个权利要求的相关性。请求必须缴纳适当的费用,在2003年1月1日时该费用为2520美元。虽然USPTO不保密请求者的身份,但是愿意匿名的个人可以授权专利代理人或律师以代理人自己的名字提交请求。

然后,USPTO审查员必须决定请求中引用的专利或印刷出版物是否产生"实质性的新的专利性问题"❹。当理性的审查员认为该文献在决定该权利要求是否具有可专利性时极其重要,那么就满足此标准。如果USPTO认定引用的参考文献不会产生"实质性的新的专利性问题"时,那么它将退还大部分请求费。USPTO对再审请求的否决不能被上诉❺。另一方面,如果USPTO认定引用的参考文献确实带来"实质性的新的专利性问题"时,那么它将发出再审决定❻。依据美国专利法第304条,在再审中给专利权人提交初步陈述意见的机会。如果专利权人这样做,那么请求人可以对专利权人的陈述进行答复。因为大多数专利权人不希望鼓励请求人进一步参加,所以,实际情况是几乎没有提交

---

❶ 35 U.S.C.A. §301, 302 (2000).
❷❸ 35 U.S.C.A. §302 (2000).
❹ 35 U.S.C.A. §303 (a) (2000).
❺ 35 U.S.C.A. §303 (c) (2000).
❻ 35 U.S.C.A. §304 (2000).

初步陈述。

在初步陈述阶段之后 USPTO 基本上重新启动专利审查。因为 USPTO 已经认定实质性的新的专利性问题存在，通常的第一次审查意见通知书包括拒绝至少一个权利要求。因为 USPTO 对是否存在"实质性的新的专利性问题"的认定必须基于专利或印刷出版物，所以该拒绝通常是基于可预见、显而易见性或双重授权。在这个意义上，再审专利的所有者加入新的权利要求或者修改申请，那么，审查员也可以提出与美国专利法第 112 条有关的问题。

接着按照申请审查的常规原则继续审查❶。然而，再审还有几个其适用的特殊规则。第一，USPTO 以特殊的快速处理的方式进行再审❷。审查员必须优先考虑该再审专利，并搁置他们在其他专利申请上的工作，支持再审程序。为了保证他们及时解决，专利权人不能提交与再审有关的继续申请❸。第二，在再审过程中不能在专利中引入新主题❹。

如果以原始形式或修改形式批准了再审的权利要求，USPTO 将发出确认证书。一旦发出此证书，再审专利再次享有有效性的法定推定❺。在第 7.5.3.3 节与再颁程序一起讨论的介入权原则也适用于经过再审的权利要求❻。如果 USPTO 判断权利要求相对于引用的参考文献不具有专利性，那么它将发出撤销的证书❼。再审结果不利于专利权人的，根据需要可以上诉到委员会或法院❽。

在法院应诉的侵权诉讼，被告往往会向 USPTO 提交再审请求。如果 USPTO 接受请求，USPTO 和相关法院将发现他们处于同时考虑相同专利有效性的尴尬情形。在 Ethicon, Inc. v. Quigg❾ 案中，联邦巡回上诉法院得出结论，因为专利法要求以"特殊快速处理方式"进行再审，所以，USPTO 不可能因正在进行的诉讼而中止再审程序。法院是否中止诉讼，支持再审，属于法官的酌处权。这些因素例如发明的技术复杂性、法院总的工作量和提交再审请求是否在诉讼之前或之后通常影响此决定。

7.5.4.2 双方再审程序

按照传统的解释，单方再审法令受到批评。其名称"单方再审"就暗示着在这些程序中，再审请求人的作用是非常有限的。只有专利权人可以参加与

---

❶❷❸❹　35 U. S. C. A. §305（2000）.
❺　35 U. S. C. A. §307（a）（2000）.
❻　35 U. S. C. A. §307（b）（2000）.
❼　35 U. S. C. A. §307（a）（2000）.
❽　35 U. S. C. A. §306（2000）.
❾　849 F. 2d 1422, 7 USPQ2d 1152（Fed. Cir. 1988）.

审查员对话,且如果 USPTO 作出不能令人满意的结论时,只有专利权人可以上诉到委员会或法院。许多第三方认为,法律为他们规定的限制作用并不能给他们提供一种在法院对有效性进行挑战的切实可行的选择。结果是,单方再审程序只是提供了相较于专利有效性诉讼而言另外一种更快捷、更廉价的专家论坛(expert forum)。数据支持这种观点,因为单方再审的请求数量远比最初预期的少❶。

1999 年非强制的双方再审程序成文法通过提供第三方请求者的附加意见回答了这些关切❷。他们可以使用已经更名为"单方再审程序"的传统再审制度,或者他们可以选择参与程度较大的新的双方再审程序。依据此立法,伴随着专利权人对 USPTO 的答复,第三方请求者可以选择提交书面意见。对于 USPTO 认为再审的专利是有效的决定,请求者也可以向委员会或法院申诉。为了阻止双方再审程序的滥用,成文法规定,第三方参与者在后续诉讼过程中被禁止对他们在再审过程中提出的或者可能提出的问题进行翻供。双方再审的申请费也是非常高的;在 2003 年 1 月 1 日时是 8800 美元。

迄今为止,我们在这些程序方面只有少量的经验。人们很关注现在专利律师事务所采用这一程序的意愿以及 USPTO 走出已经习惯了的单方程序的能力❸。再审范围的扩大也间接表明,对于再审只考虑专利和印刷出版物的限制原则,在不久的将来也应重新考虑。

7.5.4.3 再审与再颁的回顾

再审与再颁之间的不同对于接触专利制度的新手来说似乎可能是难以描述的。下面的要点可以帮助说明两种授权后程序的区别:

(1) 再审的请求可以由"任何人"提出申请,而再颁必须经专利权人同意再提出申请。

(2) 再审请求不需要主张无欺骗性故意的"错误",而再颁申请必须存在这样的错误。

(3) 再审只关注现有技术的专利和印刷出版物,而再颁关注的是任何与原申请相关的问题。然而,当专利权人修改专利中问题时,涉及与美国专利法第 112 条和其他成文法的一致性的辅助问题也可以出现在再审程序中。

(4) 既不能用再审来扩大专利的权利要求,也不能由专利权人放弃它。

---

❶ Mark D. Jannis, Rethinking Reexamination: Toward a Viable Administrative Revocation System for U. S. Patent Law, 11 Harv. J. L. & Tech. 1 (1997).

❷ 35 U. S. C. A. § § 311-318 (2000).

❸ Mark D. Janis, Inter Partes Reexamination, 10 Forwdham Intell Prop. Mendia & Ent. L. J. 481 (2000).

如果在专利授权日起 2 年内提出再颁申请,申请人可以使用再颁程序得到范围更宽的权利要求,且申请人也可以选择放弃再颁程序,并让 USPTO 返回到其原始专利。

(5) 为了让申请进入抵触程序,可以将权利要求拷贝到再颁申请中。再审不能引发抵触程序。

7.6 其他程序

7.6.1 抵触程序

有时两个或两个以上发明人寻求获得相同发明的专利权。在这种情况下,USPTO 可以进行抵触程序,以便决定哪一个请求人是法律意义内的第一发明人。这些对哪个发明人具有优先资格的争论被称为抵触。在本书第 4.3.2.1 节中讨论过它们。

7.6.2 抗议程序

允许公众对专利申请进行抗议❶。抗议必须明确地指出某一申请,并送达给申请人。抗议也必须包括一份副本,如果需要,还包括所依赖的专利、出版物或其他信息的英文翻译。抗议者也必须解释每项的关联性。

抗议者的权利极其有限。只有抗议者选择随同抗议文件附带一张事先写好姓名地址的贴邮票的明信片时,USPTO 才会在收到抗议文件后通过该明信片通知抗议者已收到上述文件。完全由 USPTO 来决定申请人是否需要对抗议者的主张进行答复。只有当授权专利和审查历史对公众开放时,抗议者才知道该抗议的处理结果。

在 USPTO 实践中,抗议程序传统上作用很小。在美国国会制定了 1999 年关于在外国提交的专利申请的国内公布法以前,USPTO 保持申请处于保密状态。因此,公众成员获悉专利申请的情况是相对有限的。从 2000 年 11 月 30 日起,随着 USPTO 开始公布一些待审申请,抗议似乎变得很有可能。然而,1999 年关于在外国提交的专利申请的国内公布法使该抗议阻止在萌芽当中,该法令规定 USPTO 将保证"在该申请公布后没有申请人明确的书面同意下不能启动抗议或者其他形式的授权前异议……"❷。当然,这个条款基本上将抗

---

❶ 37 § C.F.R. § 1.291 (2000).

❷ 35 U.S.C.A. § 122 (c) (2000).

议机制限制到其以前的无用状态,因为对于公众很有可能知道关于待审申请内容的实际信息的这类案子,它完全消除了抗议的可能性。

7.6.3 现有技术的引证

除了提出抗议或启动再审外,个人仅可以向专利商标局提供专利或印刷出版物❶。如果附有引用的现有技术与该专利的相关性的书面解释,那么,这份意见将收录在该专利的官方记录中。美国专利法第301条允许竞争者将现有技术放入记录中,以保证如果进行再审,将考虑该现有技术。当然,特别相关的现有技术将毋庸置疑地阻碍专利权人的权利行使或许可努力的结果,甚至可以鼓励另一方当事人提出再审。

7.6.4 公开使用程序

个人(除了专利申请人本人)也可以向USPTO提交请求书,说明待审申请中描述的发明在专利申请前1年以前或在发明日前已经被公开使用或销售❷。这种请求书必须在专利申请人收到USPTO授权通知书日之前提交。否则,USPTO将以不符合时间要求拒绝该请求❸。

如果USPTO认为此请求书针对可预见性或显而易见性构成了表面上的确凿证据,它可以启动提交公开使用证据的程序。如果USPTO得出,公开使用禁止条件存在,那么将驳回权利要求。虽然不能针对公开使用程序的结果提出上诉,但是在该程序结束时,该申请将回到单方审查。申请人对不利的审查员决定可以向委员会上诉。

如同抗议一样,在专利实践中,公开使用程序传统上不是特别重要。USPTO以前的使申请处于保密状态的实践,意味着除了专利申请人以外,很少有人知道大部分的待审申请。公开使用程序很有可能与再颁申请程序一起发生。如前所述,在USPTO官方专利公报中公布再颁申请。这种公开容易使利益相关的个人鉴别该申请,并提起公开使用程序诉讼。在1999年关于在外国提交的专利申请的国内公布法之后,随着一部分申请会被公开,公开使用程序可能会在将来起较大的作用。

---

❶ 35 U. S. C. A. §301 (2000).

❷ 37 C. F. R. §1. 192 (2000).

❸ USPTO, MPEP §720.

7.7 专利审批程序滥用

经验告诉我们，专利审批程序系统很容易被申请人滥用。针对这种情况，司法界提出了多种原则来抑制这种滥用导致的弊端。下面依次讨论这些原则中的最重要原则，包括不公平行为、重复授权和审批懈怠。

7.7.1 不公平行为

因为单方审查程序缺乏对抗性系统的通常优点，所以专利制度很大程度上依赖于专利申请人向 USPTO 履行诚实和诚信义务。然而，申请人有隐匿现有技术或提供虚假事实以免影响其获得专利权的强烈动机，因此申请人善意履行诚信义务会大打折扣。专利法因此规定对于那些对 USPTO 不诚实和不坦率的人给予严厉惩罚。根据不公平行为原则，如果申请人故意提供虚假的实质性事实，或者隐匿实质性信息，那么其所获得的专利将被判定为无执行力❶。

大多数不公平行为的案子都涉及申请人故意对 USPTO 隐匿他所知道的实质性的现有技术。但是其他一些情形也会让法院认定为不公平行为并判定涉案专利无法获得保护。这包括在誓言中的欺骗性陈述、提交误导性试验结果以及发明人的不诚实誓言。尽管该原则可适用的事实情形千变万化，但根据案例法，法院只有在事实情形满足以下两个条件时才会判定申请人实施了不公平行为。第一，在专利审批过程中，专利权人曾经向 USPTO 提供过虚假的实质性信息或者对 USPTO 隐匿了实质性信息。第二，这种隐匿或者虚假误导行为是故意的❷。

7.7.1.1 实质性

只有当提供虚假事实或者隐匿事实所针对的事实是"实质性的"时，才能认定存在不公平行为。《美国联邦法规》第 56 条是 USPTO 审查实践中的一个原则，给出了"实质性"标准的定义。《美国联邦法规》第 56 条的标题是"公开与专利性有关的实质性信息的义务"，它是用来约束发明人在 USPTO 进行事实陈述时要符合道德标准的一个基本条款。在 1977 年到 1992 年期间，《美国联邦法规》第 56 条规定"只要一个理性的审查员非常有可能认为某个信息对于确定是否允许专利申请授予专利权来说是重要的，这个信息就是实质性的"。USPTO 在 1992 年发布了新的《美国联邦法规》第 56 条。新的《美国

---

❶❷ Rober J. Goldman, Evolution of the Inequitable Conduct Defense in Patent Litigation, 7 Harv. J. L. & Tech. 37 (1993).

联邦法规》第 56 条规定，如果（1）某个参考资料本身或者其他信息结合可以作为初步证据证明一项权利要求不具备专利性，或者（2）该参考资料与申请人的观点不一致，则该参考资料是实质性的。

"实质性"的司法标准与《美国联邦法规》第 56 条之间的准确关系目前还不是特别明确。法院既不受新的《美国联邦法规》第 56 条的约束，也不受旧的《美国联邦法规》第 56 条的约束，当然，法院因此可以自由地针对不公平行为的恰当标准作出结论。然而，当法院确定某个具体的信息是否是实质性的时候，法院通常还是依赖于《美国联邦法规》第 56 条的定义。

联邦巡回上诉法院讨论实质性标准的代表性案例是 Molins PLC v. Textron, Inc. [1]案。在这个案例中，英国 Molins 公司在包括美国在内的许多国家提交了一个涉及批量加工方法的专利申请。在国外的审查过程中，几个外国专利审查员发现了 Wagenseil 现有技术参考资料。Molins 公司专利部的一名成员 Whitson 得出结论，Wagenseil 现有技术影响了该公司的批量加工方法权利要求的新颖性。然而，Whitson 从来没有告知 Molins 公司的美国专利代理人 Wagenseil 参考资料的存在。结果，USPTO 审查员在最初的审查过程中不知道 Wagenseil 参考资料。尽管 Molins 公司最终放弃了所有外国专利申请，它还是获得了涉及批量加工方法的两项美国专利。

Whitson 退休后，其下一任负责人 Hirsch 检查美国专利申请文档，然后发现 USPTO 还不知道 Wagenseil。Hirsch 马上提交了一个现有技术声明，在声明中列出了 Wagenseil 参考资料。后来，部分依据 Wagenseil 参考资料，Molins 公司的一个竞争对手针对 Molins 公司的专利提交了一个再审请求。虽然 USPTO 受理了该请求，但再审结果却没有依据 Wagenseil 参考资料否定 Molins 公司这两项美国专利的任何一个权利要求。似乎受到这一次成功结果的鼓舞，Molins 公司针对几个竞争公司提交了侵权诉讼。

初审法院轻而易举地发现 Molins 公司违背了对 USPTO 诚实守信的义务。法院因此得出结论，尽管 Whitson 知道 Wagenseil 参考资料是具有高度实质性的，但是 Whitson 却没有向 USPTO 公开该信息，因此 Whitson 实施了不公平行为。结果，Molins 公司的两项专利都是无执行力的。案件上诉后，联邦巡回上诉法院维持了判决。上诉法院认定，根据"理性的审查员"标准，Wagenseil 参考资料是实质性的。根据法官 Lourie 的观点，大量证据表明，许多外国专利审查员认为 Wagenseil 是非常重要的；Whitson 在国外曾经依据基于 Wagenseil 参考资料的拒绝意见修改了多项权利要求；Whitson 在几个外国专利审查中表

---

[1] 48 F. 3d 1172, 33 USPQ2d 1823（Fed. Cir. 1995）.

示，Wagenseil 是他所知道的最相关的参考资料。

在针对上述事实应用"理性审查员"标准时，法院发现了一个重要问题。在再审时一名 USPTO 审查员实际上曾经考虑过 Wagenseil 参考资料，但有意思的是，他并没有根据该参考资料提出要求让 Molins 公司修改其专利权利要求。然而，法官 Lourie 指出，实质性标准和分派负责该专利申请的具体审查员是否认为该参考资料重要没有关系。根据上诉法院的观点，对实质性的判断不应取决于某个具体的审查员，而应取决于一个假想的"理性审查员"。法院认为，不能因为最终认定权利要求相对于那个参考资料具有可专利性而认为该参考资料就是非实质性的，这个观点更加令人信服。

该案例强烈表明，在决定是否向 USPTO 提交参考资料时，专利申请人应当采取宁愿多余也要提交的态度。尽管没有在该案例中进一步讨论，一个重要的观点认为，如果某个参考资料对于审查员面前的参考资料来说是一种累积证据或者没有比审查员面前的参考资料具备更多的实质性，则申请人没有义务公开该具有实质性的现有技术参考资料。在 Halliburton Co. v. Schlumberger Technology Corp. ❶案中，在地区法院判决中，地区法院以审查员发现的但却没有被申请人引证的参考资料与要保护发明的相关程度比已知参考资料更高为理由，确定有不公平行为存在；而联邦巡回上诉法院采用了前述重要观点，撤销了地区法院的判决。这一观点看来只是允许审查员原谅粗心疏漏的申请人，而法院方面也认为：累积性现有技术对已有记录没有影响，因此不必公开。

联邦巡回上诉法院涉及确定不公平行为时有关实质性的问题的另外一个重要判例是 Critikon Inc. v. Becton Dickinson Vascular Access Inc. ❷案。Critikon 起诉 Becton Dickinson 侵犯了 Lemieux 专利权，该专利涉及一种静脉导管。获得专利权的导管包括一个针保护器，防止医务人员意外被针刺到。这些导管的特征是具有一个针保护器，当针从静脉导管退出时，该保护器可以自动移动到保护针的尖端。

在 Critikon 提出要求临时禁令的申请后，Becton Dickinson 提出了几个理由进行抗辩。Becton Dickinson 的一个抗辩理由就是 Critikon 实施了不公平行为。特别是，Becton Dickinson 认为，Critikon 未能在 Lemieux 申请的审查过程中向 USPTO 提交所谓的"McDonald 专利"。地区法院驳回了这些抗辩并支持 Critikon 提出的临时禁令申请。根据地区法院的观点，McDonald 装置的操作方式与 Lemieux 的发明明显不同，因此对于专利审查来说不是实质性的。

---

❶ 925 F. 2d 1435, 17 USPQ2d 1834 (Fed. Cir. 1991).

❷ 120 F. 3d 1253 (Fed. Cir. 1997).

在给予 Critikon 临时禁令后，事情越来越复杂。随着诉讼的继续，Critikon 修改其诉求，认为 Becton Dickinson 还侵犯了另外的两项专利——Dombrowski 专利和所谓的"Lemieux 再授权专利"。在 Critikon 启动侵权诉讼程序对抗 Becton Dickinson 后，USPTO 结束了 Lemieux 重新颁发专利的程序❶。重新颁发 Lemieux 专利后，Critikon 在地区法院诉讼中增加了 Lemieux 的重新颁发专利。

针对 Critikon 修改的诉求，Becton Dickinson 提出了另外几点争辩。首先，Becton Dickinson 辩解说，正如在最初的 Lemieux 专利案件中做法一样，Critikon没有在重新颁发程序中向 USPTO 公开 McDonald 专利。Becton Dickinson 还指出，Critikon 未能在重新颁发程序中把当时正在进行的 Critikon – Becton Dickinson 诉讼向 USPTO 公开。最终，Becton Dickinson 提供了另外的证据证明，Critikon 的律师曾经在其他程序中向 USPTO 提交过 McDonald 专利。尽管进行了这些另外的辩解，地区法院还是认为，Critikon 没有实施不公平行为。

Becton Dickinson 上诉到联邦巡回上诉法院，该法院撤销了下级法院的判决。法官 Rich 在开始分析实质性问题时指出，"确定实质性的起点"是USPTO《美国联邦法规》第 56 条规定的标准，他引用了一个后来生效的原则，该原则认为，如果某个参考资料与申请人的观点不一致则该参考资料就是实质性的。然而在讨论的其他部分，他似乎在依据 1992 年之前的《美国联邦法规》第 56 条，关注的却是 McDonald 参考资料"对一个理性的审查员来说是否是实质性的"。

不管他头脑中关于实质性的标准究竟是什么，他进一步解释到，"McDonald 专利"公开了两个对于 Lemieux 专利的审批而言非常重要的技术特征。"保持装置"和自动配合的保护壳，两者结合将会覆盖针从而起到防止针意外刺伤的作用，这对于 USPTO 审查员作出批准 Lemieux 专利的决定来说非常重要。联邦巡回上诉法院对于 Critikon 认为 McDonald 装置的操作方式不同的辩解没有采纳，也没有强调自动定位装置的使用，而是要求两步操作过程与Lemieux专利中的一步操作过程进行对比。尽管"McDonald 专利"可能是以不同方式进行操作，但它仍然公开了非常相关的技术特征。同时，McDonald 和 Lemieux 装置都可以用单手进行操作。因此，法官 Rich 得出结论，"McDonald 专利"对于 Lemieux 专利来说是实质性的，本应该进行公开。

7.7.1.2 故意

申请人提供虚假实质性事实或者隐匿实质性事实是构成不公平行为的必要条件，但不是充分条件。申请人还必须要有误导 USPTO 的确实意图。在

---

❶ 参见第 7.5.3 节。

Kingsdown Medical Consultants, Ltd. v. Hollister, Inc.❶案中,联邦巡回上诉法院撤销了原先的判决,原先的判决基于申请人的重大疏忽行为认定有不公平行为。上诉法院全体一致判决指出,基于全部证据,涉案行为要有故意欺骗的意图才会被认为具有足够的有罪性。

在该案例中,Kingsdown 正处于专利审批过程中,该专利申请涉及一种两件式造口术装置❷,这时,Hollister 向市场上引入了一个类似的产品。Kingsdown 选择提交一项继续申请以获得一个用于跟踪 Hollister 的装置的权利要求。不幸的是,当 Kingsdown 采取此行政步骤把母案申请文件中那些冗长的权利要求复制到继续申请中时,他一不小心把一项未经修改的早前提交版本的权利要求移植到了继续申请中。专利授权后,Kingsdown 起诉 Hollister 侵权。地区法院发现不公平行为的理由包括两个。第一,法院作出结论,Kingsdown 的错误复制证明了重大疏忽的存在,足以证明实施了不公平行为。第二,地区法院认为,Kingsdown 寻求小范围的权利要求覆盖范围来对抗 Hollister 也证明了故意欺骗的存在。

此案上诉后,联邦巡回上诉法院撤销了原有判决。法院注意到,即使 Kingsdown 的行为可以定义为重大疏忽,其故意的程度也不足以得出结论存在不公平行为。不论申请人第一次知晓那个产品是在申请专利过程中还是在申请专利之前,申请人在借鉴考虑竞争对手产品的基础上提出权利要求,为获得授权而做出努力,均不构成欺骗。法院认为,只有在所有条件均表明申请人肯定存在针对 USPTO 的欺骗故意的情况下才能判定该行为是不公平行为。

当然,法院很少遇到有直接证据证明申请人故意欺骗。他们必须根据旁证来推断申请人的思维状态。故意保留信息或者提供误导信息很容易证明欺骗故意的存在,特别是如果专利权人不能对其重复出现的行为提供一个令人信服的、真诚的解释。有些法院的观点还针对实质性和故意之间的平衡进行论述。例如,在申请人已经知道但是仍然保留现有技术参考资料的情况下,法院推理得出,该参考资料对于要求保护的发明来说越具有实质性,申请人越可能故意欺骗 USPTO。

例如,假定 Nefarious 博士向 USPTO 提交了一份专利申请,涉及一种新的用于制造牙线的机器。Nefarious 博士没有公开两年前发表在著名的 Fiendish Fluoridators Fortnightly 期刊上的一篇文章。因为这篇文章包括许多 Nefarious 博士专利申请中的要素,因此该文章是非常实质性的。尽管没有直接的证据表明

---

❶ 863 F. 2d 867,9 USPQ2d 1384(Fed. Cir. 1988)。

❷ 这是病人使用的一种医学装置,在病人腹壁上有开口,用于排泄废物。

Nefarious 博士存有故意，但是法院发现，Nefarious 博士曾经在其早期的多个著作中引用了这篇文章，在大约与专利申请提交大致相同的时间所做的一个发言中详细讨论了这篇文章，并写信给 Fiendish Fluoridators Fortnightly 期刊的编辑讨论这篇文章，在考虑上述事实时，法院给予较高的权重。在这种极端的案例中，法院很容易认为，Nefarious 博士非常了解期刊文章的重要性，因此内心具有欺骗 USPTO 的动机。

在上面讨论过的 Critikon Inc. v. Becton Dickinson Vascular Access Inc. ❶ 案例中，联邦巡回上诉法院也考虑了不公平行为所要求的故意。回忆一下在那个案例中，Critikon 想保护其 Lemieux 专利权来对抗 Becton Dickinson。正如前面所讨论的，联邦巡回上诉法院认为，现有技术"McDonald 专利"公开了一种在静脉导管内使用的保持装置，该专利对于 Lemieux 专利审查来说是实质性的。就偏私行为来说，剩下的问题就是 Critikon 律师是否存在误导或者欺骗 USPTO 的故意。

尽管地区法院认为 Critikon 的所有律师缺少这种故意，联邦巡回上诉法院可不这么看，所以联邦巡回上诉法院撤销了原有判决。根据法官 Rich 的观点，对于发现不公平行为存在的故意的程度可以从案件记录中的事实推导得出。Critikon 的一个律师似乎已经看到了"McDonald 专利"，并在该专利的复印件上留下了手写的注释。Critikon 的另外一个律师很可能已经收到了这些注释，并在几个其他的程序中，他都向 USPTO 引用了该"McDonald 专利"。而且，"McDonald 专利"的保持装置对于 Lemieux 专利审查来说是非常实质性的。尽管存在这些事实和条件，Critikon 既没有在原始 Lemieux 专利和重新颁发的 Lemieux 专利审查过程中公开"McDonald 专利"，也没有在重新颁发程序中公开其在地方法院的诉讼行为。这些有关的证据足以表明其存在主观故意误导 USPTO，因此得出结论 Lemieux 专利不能获得保护。

还有最后一点需要记住。美国专利法没有对申请人附加任何义务要求申请人进行现有技术检索。因此，一个人不会因为没有检索到现有技术参考资料而被认定有不公平行为。专利申请人的唯一义务是引用那些他或她已经知道的那些现有技术。而搜索所有相关现有技术是 USPTO 以及法院上对方当事人的任务。不公平行为原则想要惩罚的是欺骗行为，不是懒惰或者疏忽行为。

7.7.2 重复授权

专利制度预想一项发明只能授予一项专利权。允许发明人就一项发明获得

---

❶ 120 F. 3d 1253, 44 USPQ2d 1666 (Fed. Cir. 1997).

多项专利权会干扰 20 年保护期的完整性,并且被控侵权人可能会因一个侵权行为而需付出多重赔偿❶。下面的例子说明这些困难的存在。

假定发明人 Carla Complement 在 2000 年 3 月 21 日提交了一份专利申请,请求保护一种影印机。该专利于 2002 年 8 月 1 日授权,专利号为 US6789123。在 2003 年 8 月 1 日,Carla Complement 提交了第二份专利申请。Carla Complement 的 2003 年专利申请公开并要求保护与 US6789123 专利相同的影印机。Carla Complement 的 2003 年专利申请如果作为独立的专利获得授权,其危害是显而易见的。US6789123 专利将在 2020 年 3 月 21 日到期,而 2003 专利申请的专利将给 Carla Complement 另外 3 年的保护期。而且,如果 Carla Complement 起诉一个竞争者,那个人将面临承担双重侵权责任的风险。

尽管重复授权存在明显弊端,但是美国专利法第 102 条关于现有技术的定义却没有提供明确的法律机制来解决专利审批程序滥用问题。根据美国专利法第 102 条,许多行为必须由"他人"实施才能拒绝授予专利权,包括美国专利法第 102 条第(e)款所规定的秘密现有技术也是这样。只有美国专利法第 102 条第(b)款和第(d)款禁止性规定中提到的现有技术是由于申请人自己的行为而产生的❷。因此,在缺少其他人向公众公开发明的活动的情况下,发明人可以通过简单的策略就可以延长专利的法定保护期限——在前一专利申请被授予专利权之日起一年内提交另外一个专利申请❸。

结果,法院必须提出自己的重复授权理论。他们确定了两种重复授权类型。第一种是在两项专利具有相同保护范围的权利要求时发生,称为"相同发明重复授权"。如果侵犯后一项专利的权利要求必定会侵犯前一项专利的权利要求,那么,法院将判定后一项专利为重复授权。法院有时针对相同发明重复授权引用美国专利法第 101 条的禁止性条款作为依据,该条款允许申请人针对一项发明获得"一项专利权"。针对相同发明获得两项专利权因此超出了法律规定。所以,这个原则有时也称为法定重复授权。

当两项专利请求保护的不是完全相同的发明,彼此之间存在明显区别时,后一项专利将因所谓的"显而易见型重复授权"而无效。和相同发明重复授

---

❶ Applied Materials Inc. v. Advanced Semiconductor Materials America, Inc., 98 F3d 1563, 1568, 40 USPQ2d 1481, 1484 (Fed. Cir. 1996), cert. Denied, 520 US. 1230, 117 S. Ct. 1822, 137 L. Ed. 2d 1030 (1997).

❷ 35 U. S. C. A. §102 (b), (d) (2000).

❸ 这就是 Carla Complement 在我们的假设中在第一项专利被授予专利权后马上在 2003 年 8 月 1 日提交第二项专利申请的原因。这种时间上的安排允许她进行抗辩:在先专利不是美国专利法第 102 条第(b)款的有关现有技术。

权不同,法官可以引用现有技术参考资料和前一项专利的权利要求结合来确定后一项专利要求保护的权利要求对本领域普通技术人员来说是显而易见的。因为专利法没有哪些条款涉及显而易见型重复授权,因此法院称该原则为非法定重复授权。

在同一发明人针对同一发明构思获得两项专利权时也可能发生重复授权,在这种情况下,如果专利卷入了侵权诉讼,法院将判定重复授权的专利无效。然而,在专利审查时 USPTO 也要考虑重复授权问题。结果,一个专利申请人可能因为与一项授权的专利或者一项在审的专利申请构成重复授权而被拒绝授予专利权。

In re Vogel 案例❶就是这样一个让人深思的专利法判例。在这个案例中,USPTO 基于一项授权的专利以重复授权为由驳回了 Vogel 提出的专利申请,该授权的专利请求保护一种制备猪肉产品以便于长期储藏的方法。Vogel 的再审专利的权利要求 7 和 10 描述了一种应用于肉类的类似方法,而权利要求 11 是针对牛肉产品的类似方法。

Vogel 上诉到 CCPA,争辩说以重复授权驳回是不正确的。法院首先考虑是否存在相同发明重复授权,法院认为没有重复授权。该授权专利的权利要求涉及猪肉,而 Vogel 的第二项专利申请涉及的是牛肉和肉。牛肉与猪肉不同,许多侵犯该申请权利要求 7 和 10 的方法不会侵犯该授权专利的权利要求,因为该授权专利的权利要求只限于猪肉。

CCPA 然后考虑是否属于显而易见型重复授权。首先看一看 Vogel 专利申请的权利要求 11,法院发现在庭审记录中没有证据表明牛肉和猪肉就长期储藏来说具有相同特点。没有证据表明猪肉和牛肉相互替代是显而易见的,因此法院撤销了 USPTO 的重复授权驳回决定。CCPA 接着考虑以重复授权为由驳回权利要求 7 和 10 是否恰当。法院注意到"猪肉"在字面意义上被"肉类"覆盖。结果,允许 Vogel 的在审专利申请实际上将延长已经获得专利权的猪肉制备方法的专利保护期限。法院因此维持了 USPTO 关于这些权利要求的重复授权决定。

通过阅读 In re Vogel 案例,让读者有机会在了解香肠制作过程的同时搞明白法律是怎样形成的。该案权利要求中生动细致的语言描述考验着读者是否是坚定的素食主义者,除此之外,In re Vogel 案例的大多数读者认为法院关于牛肉和猪肉之间关系的推理非常好笑。对于绝大部分菜品的制作,如果手头没有

---

❶ 422 F. 2d 438,164 USPQ 619 (CCPA 1970)。

猪肉，大多数厨师会用牛肉代替猪肉❶。还有，肉类包装行业很可能非常熟悉牛肉和猪肉的变质特性。而且，USPTO 在反对可专利性时负有举证责任，由于 USPTO 未能举证，所以 CCPA 可以不对 Vogel 的第二项专利申请的权利要求 11 提出基于重复授权的拒绝意见。

In re Vogel 案例还提醒我们，重复授权关注的是权利要求。重复授权防止的是发明人两次要求保护同样的发明构思。如果后一项专利只是公开了与前一项专利相同或者相似的发明，但是没有要求保护与前一项专利相同或者相似的发明，就不会导致重复授权问题。美国专利法第 121 条也规定："专利的有效性不应当因为审查员疏失忘了把一件申请限制为只包含一项发明而遭受质疑。"❷ 这段话实际上讲的是，对于涉案的两项专利是由于 USPTO 提出限制要求而导致产生的情形，不适用重复授权原则。

法院还确认使用"终点放弃"来克服显而易见型重复授权驳回决定❸。"终点放弃"导致一项授予给定发明人的专利和前一项专利同时到期。通过要求所有有关专利的保护期同时届满到期，专利权人可以消除人们对于同样的发明构思获得延长的专利保护期的担忧。"终点放弃"技术允许发明人就一个发明思想提交请求保护多个相互具有显而易见区别特征的专利申请，从而创造出了可以对抗其他专利申请人的现有技术，并且加强了对潜在侵权的限制力度。

采取"终点放弃"形式获得的专利权可能会被滥用。假定，持有若干项密切相关的专利——这些专利中只有一个不需要进行终点放弃，其他都要终点放弃——专利所有人把各项专利分别卖给不同的、毫不相干的实体。这种情况可能会使得被控侵权人针对同样的发明专利陷于多个侵权诉讼。这种担忧导致 USPTO 作出强制规定：终点放弃包括一个规定，根据该规定，任何后续专利，只有当其和与之构成重复授权的专利或申请为同一人所拥有时，该后续专利才能获得保护❹。

终点放弃不能用于克服针对相同发明重复授权的拒绝意见。法院认为，使用终点放弃来克服显而易见型重复授权是考虑到了公众利益，因为终点放弃鼓励公开新增的研究进展、尽早提交专利申请和专利尽早到期❺。但是，由于两项专利都要求保护相同主题时不会带来任何一种上述利益，所以法院和 USPTO 都不允许对相同发明重复授权的情形适用"终点放弃"原则。

---

❶ John, On the Validity of Double Patents, 54 J. Pat. Off. Soc'y 291, 303 (1972).
❷ 35 U.S.C.A. § 121 (2000).
❸ In re Roberson, 331 F.2d 610, 141 USPQ 485 (CCPA 1964).
❹ 37 C.F.R. § 1.321 (c) (3) (2003).
❺ In re Berg, 140 F.3d 1428, 1436, 46 USPQ2d 1226, 1233 (Fed. Cir. 1998).

在 USPTO 专利审批过程中有时会出现这样一些情况，对专利权所有人很难适用重复授权原则。在某些情况下，USPTO 单一性限制要求可能导致一件专利申请产生多个授权专利，这些专利可能会被怀疑构成重复授权。还有一些情况涉及上位概念和下位概念的不同专利，此时这些专利的授权顺序不同可能会导致不同的结果，不幸的话有可能导致出现重复授权。针对这种情况，法院推出了改进原则以解决这些特殊的问题。

让我们首先考虑单一性限制要求。正如在第 7.2.5 节讨论的那样，当一个申请人在一份专利申请中请求保护不止一个发明时，USPTO 可能要求申请人进行限制。申请人必须从这些发明中选择一个保留在原始申请中。或者放弃或者以分案申请的形式提交其他发明，每一个分案申请享受原始申请的申请日。

乍一看，这种情况似乎不会导致重复授权问题发生。例如，如果 USPTO 得出结论，原始申请要求保护的是两个确实不同的发明，那么所形成的两项专利构成重复授权的几率将会非常小。但是，就像 USPTO 作出的关于非显而易见性和可实现性这类决定一样，USPTO 作出的单一性限制要求决定也可能会遭到来自第三方的质疑。如果没有保护性原则，申请人很可能因为顺应 USPTO 的单一性限制要求而遭受重复授权指控，因为两项授权专利针对的是同一发明！

幸运的是，法院通过解释美国专利法第 121 条从而提供了解决这些问题的解决方案。美国专利法第 121 条的一部分规定："一项专利，如果是根据本条款单一性限制要求进行限制的一份申请得到的授权，或者是由根据该单一性限制要求提交的一份申请得到的授权，那么 USPTO 或法院就都不能引用该专利作为参考资料反对分案申请或原始申请或者相应于任何分案申请和原始申请的授权专利，只要该分案申请是在该专利获得授权之前提交即可。"❶ 法院解释这段话，认为它是为了防止在 USPTO 提出单一性限制要求之后再适用重复授权原则。关于这一免责的限定条件是，分案申请专利中的权利要求相对于受到单一性限制要求的权利要求在实质性内容上不能有变化❷。

例如，假定发明人 Perry Winkle 提交了一项专利申请，要求保护：(1) 产生一氧化二氮的化学反应和 (2) 增加反应时间的催化剂。USPTO 提出了单一性限制要求。Perry Winkle 选择在原始申请中对化学反应进行进一步的专利审查，并提交了一份分案申请要求保护其催化剂。Perry Winkle 获得了两项专利。

---

❶ 35 U.S.C. § 121 (2000).

❷ Gerber Garment Technology, Inc. v. Letra Systems, 916 F.2d 683, 16 USPQ2d 1436 (Fed. Cir. 1990).

只要分案申请中的权利要求相对于受到单一性限制要求的权利要求没有发生实质性改变,就不能以两项专利重复授权而指控 Perry Winkle。但是,如果 Perry Winkle "突破"单一性限制要求对分案申请进行恢复性修改,例如再次要求保护化学反应,这种情况下可以适用重复授权原则。

另外可能在重复授权情况下产生类似结果的情况是在 USPTO 没有按照两项申请提交的顺序依次授予专利的情况下发生。这种情况通常涉及这样两项专利,两项专利要求保护的发明属于上位与下位概念的关系。这种异常情况发生是因为相对于下位概念来说,上位概念不能授予专利,但是相对于上位概念来说,下位概念可以授予专利❶。在这种情况下,授权的顺序对于重复授权来说就非常重要了。

考虑下面的例子。假定 Jon Stark 提交一份专利申请("申请 A"),公开了一类化合物。Jon Stark 继续他的研究,后来发现该类化合物的一个具体成员特别有效。因为该个体的选择不是显而易见的,该个体产生了预料不到的技术效果,相对该类化合物来说,该个体可以获得专利。Jon Stark 然后提交了第二份专利申请("申请 B")要求保护该个体。

如果 USPTO 按照 Jon Stark 提交专利申请的顺序授予专利,那么就不会产生重复授权的问题。显而易见型重复授权适用要求证明现有技术参考资料与专利 A 结合将使得该个体显而易见。因为该个体的选择不是显而易见的,并且该个体产生了预料不到的技术效果,因此不会产生重复授权问题。

然而,假定 USPTO 首先授予申请 B 专利,即使申请 B 专利是 Jon Stark 提交的第二份申请。很多理由可以解释为什么专利 B 专利的审批周期较短,例如 USPTO 不同的审查员具有不同的工作量,以及申请 B 专利请求保护的是范围比较窄的下位概念,相关现有技术少,而申请 A 专利请求保护的是范围比较宽的上位概念,相关现有技术多❷。在这种情况下,专利 A 可能因为重复授权原因而被无效。原因是,作为专利法的通用原则,在一个上位概念中单个下位概念的公开将使得要求保护该上位概念的权利要求无效。在这种情况下,由专利 B 中的下位概念权利要求可以预期专利 A 中的上位概念权利要求。

法院很早就认识到,是否适用重复授权原则不应该受到 USPTO 处理案件所用时间的影响。因此,法院推出了一个原则,该原则拥有一个在所有专利法中最令人困惑的一个名字"双向重复授权原则"。根据双向分析法,只有当每项专利的权利要求相对于另一项专利的权利要求来说是显而易见的,才能适用重复授权原则。接下来,继续我们刚才的例子,根据双向分析法,法院首先审

---

❶❷ 参见第 4.2.1 节。

查 A 专利中的权利要求相对于 B 专利中的权利要求是否显而易见；然后审查 B 专利中的权利要求相对于 A 专利中的权利要求是否显而易见。在我们刚才的例子中，这第二个条件没有满足，因此对 Jon Stark 不适用重复授权原则。

尽管双向重复授权原则非常复杂，但是该原则的优点是使得处理上位—下位概念案件时不需要考虑授权顺序。然而，为了更好地处理此类问题，联邦巡回上诉法院对使用双向重复授权分析法给出了严格的限制条件。根据 Eli Lilly and Co. v. Barr Laboratories, Inc. 案例的观点，"只有当由于 USPTO 的责任导致第二项提交的专利申请在第一项提交的专利申请之前获得专利授权"，才能适用双向重复授权分析法❶。这意味着，如果发明人不能迅速地提出他们的后续专利申请，那么，他们可能就无法享受双向重复授权分析法带来的好处。

7.7.3 审批懈怠

专利审批过程有时要耗费很长的时间。通常这种延迟是由于申请人和 USPTO 官员就可授权主题的范围存在法律争议导致的。然而，有时，申请人可能会作出延迟专利授权的策略性决定。通过提交一系列的申请，某些发明人可以让他们的专利申请保持在审状态十几年然后再获得专利授权❷。

在经过如此长的专利审查周期之后获得授权的专利被称为"潜水艇"专利。当业界对于一项被人们认为是属于公有领域的技术变得特别依赖的时候，针对这一技术突然冒出来一个潜水艇专利，其危害特别大。当一个覆盖基础性技术的潜水艇专利毫无征兆地从 USPTO 浮出水面时，很多公司可能会发现他们已经在和专利权拥有者之间的谈判中处于不利地位了。

现行专利法中，有两项主要法律制度防止潜水艇专利申请获得专利权。第一项是现行的自申请日起的 20 年专利保护期。通常来讲，在 USPTO 审查的每一天都在缩短专利的寿命，这就降低了潜水艇专利可能产生的冲击影响❸。在极端的情况下，尽管是一种幻想情况，一个在申请日过后 20 年才授权的专利将在授权的同一天到期。第二项制度是对在审专利申请的授权前公开制度。USPTO 对于大部分申请，但不是所有的美国专利申请，在其申请日过后 18 个月左右加以公开❹。聪明的竞争者因此能够监测到有关的专利申请因此可以作出规划。

---

❶ 251 F.3d 955, 968 n. 7（Fed. Cir. 2001），58 USPQ2D 1869, 1878 N. 7（Citing In re Berg, 140 F. 3d 1437），46 USPQ2d 1226（Fed. Cir. 1998）.
❷ 参见第 7.2.4 节。
❸ 参见第 7.4 节。
❹ 参见第 7.2.6 节。

然而这两项制度都是最近加入到美国专利法中的。自申请日起的20年专利保护期制度是自1995年6月8日起生效。享有优先权日早于1995年6月8日的申请，其获得的保护期是下述两个期限中较长的一个：自申请日起20年，或者自专利授权日起17年❶。类似地，授权前公开制度只适用于在2000年11月29日或之后提出的专利申请。而且，如果发明人指出只在美国提交专利申请，则根本不再需要进行授权前公开❷。那些在1995年6月8日之前提交并且只在寻求美国专利权的专利申请，还是有可能采用传统的"潜水艇"专利策略。

例如，假定发明人Terry Tortoise在1978年1月向USPTO提交了一份申请。Terry Tortoise只在美国寻求专利保护。Terry Tortoise的专利在2003年4月1日获得专利权。因为Tortoise只是在美国寻求保护，所以USPTO不会事先公开任何继续申请的内容。并且因为Terry Tortoise专利有一个自授权日起17年的保护期。该专利的到期日将为2020年4月1日。然而，在专利申请在审的25年（1978年~2003年）内专利申请所涉及的技术已经变成了公知的技术因此被业内所有企业使用。结果是Terry Tortoise现在可以禁止他人使用该技术或者索要高额的专利许可费。

这种潜在的对于专利审批的延迟的滥用，迄今为止司法体系很少对它作出反应。少量的司法判决引入了"审批懈怠"来防范在不合理的延迟后获得的专利，让它无法获得专利保护。这其中包括联邦巡回上诉法院在Symbol Technologies, Inc. v. Lemelson Medical, Education & Research Foundation.❸案例作出的决定。Symbol Technologies使用了已故发明人Jerome Lemelson提交的专利。这些专利来自于Jerome Lemelson在1954年和1956年提交的专利申请。在1998年，在这些专利申请提交40年后，Lemelson Foundation开始写信给条形码扫描仪用户，宣称这些装置侵犯了其专利权。Symbol Technologies是信件的接受者之一，它提交了一个确权判决诉讼请求对抗Lemelson Foundation。在初审法院，Symbol Technologies主张，依据"审批懈怠"原则禁止Lemelson Foundation保护其专利权。然而地区法院站到了Lemelson Foundation一边，驳回了该确权判决诉讼请求，法院得出结论，在专利侵权中审批懈怠不是一个有效的抗辩。

在这种程序背景下，Symbol Technologies上诉。上诉的争议问题可以概括

---

❶ 参见第7.4节。
❷ 参见第7.2.6节。
❸ 277 F. 3d 1361, 61 USPQ2d 1515（Fed. Cir 2002）.

为:"公平的懈怠原则是否可以在申请人遵守有关的法律和规定的前提下用于阻止经过不合理的和无法解释的延迟后授权专利的权利要求保护其专利权"❶。联邦巡回上诉法院认定,"审批懈怠"原则可以用于抗辩,因此撤销了地区法院的判决。根据首席法官 Mayer 的观点,1920 年的两个联邦最高法院案例创建了"审批懈怠"原则,而且在美国国会通过 1952 年专利法时也没有废除该原则。

由于案卷记录中给出的事实很少(我们知道的唯一明显的事实是,Jerome Lemelson 专利花费了很长时间进行专利审查),并且法院提出的法律问题很具体,所以联邦巡回上诉法院没有机会对审批懈怠问题进行展开讨论。联邦巡回上诉法院实质上认定存在这样一个原则,但是对该原则的适用范围和适用条件基本上什么都没说❷。然而,法官 Newman 在反对意见中担心由此导致最糟糕的情况发生。注意到在专利实践中人们常常提出继续申请,她表达了自己的关切,"审批懈怠"原则可能会因为法定审批行为没有比专利法要求的更快一些,而给予法定审批行为以惩罚。只有时间才能告诉我们,"审批懈怠"原则的适用范围是不是太宽了,就像反对意见所担心的那样;或者说,"审批懈怠"原则实际上是不是只能适用于一些特例❸。而且,当我们一步一步进入到 20 年的专利保护期和 18 个月公开制度体系内时,涉及"审批懈怠"原则的案例将会越来越少。

---

❶ 277 F. 3d 1363, 61 USPQ2d 1516.

❷ Jennifer C. Kuhn, Symbol Technologies, The (Re) Birth of Prosecution Laches, 12 Fed. Cir B. J. 611 (2002-2003).

❸ Digital Control Inc. v. McLaughlin Mfg. Co., 248 F. Supp. 2d 1015 (W. D. Wash. 2003).

第 8 章
专利侵权

美国专利法第 271 条涉及侵权问题。第 271 条第一段即第 271 条第（a）款规定：

除本法另有规定外，任何人未经授权在美国制造、使用、许诺销售或者销售任何处于专利保护期内的获得专利权的发明、或者进口任何处于专利保护期内的获得专利权的发明到美国，都侵犯专利权。

让许多人感到意外的是，这一条款只是列了一串侵权行为并且指出这些侵权行为指向的标的是"获得专利权的发明"，但却没有进一步指出如何判断一项专利是否遭遇了侵权。这一富有挑战的任务落到了法院的肩上，而法院在实际操作中遇到了许多令人困惑的问题。

8.1 权利要求的范围

广义来讲，需要承担专利侵权责任的行为可分为两种。一种行为称作直接侵权，是指行为人实施了法律授予专利权人的排他性行为。另一种是，行为人的行为也可能构成间接侵权或者关联侵权。在这种情况下，行为人之所以要承担侵权责任不是因为行为人直接实施了获得专利权的发明，而是因为行为人怂恿他人直接实施了获得专利权的发明。

8.1.1 直接侵权

专利权是一种禁止他人制造、使用、销售、许诺销售获得专利权的发明或者进口获得专利权的发明到美国的排他性权利❶。一个人只要实施了这些行为之一就会构成侵权。一个人即使只是制造了获得专利权的产品而从来没有销售或者为个人目的使用该获得专利权的产品，或者只是把获得专利权的产品放置

---

❶ 35 U.S.C.A. §271（a）(2000).

在桌子上作为崇拜的对象,他也需要承担专利侵权责任。

这个定义揭示出专利侵权与行为有关。当一个人实施上述的五种行为之一时,就需要考虑专利权问题。然而,专利行业内人士一致使用"被控侵权装置"或者"侵权方法"这样的词语。这些词语以一种简捷方式表达出了这样一种概念——行为人已经实施了专利法所禁止的、与产品或者方法有关的行为。

被告的动机与侵权调查结论之间没有必然联系。即使一个以前从来不知晓原告所主张的专利,或者甚至不知晓整个专利体系的人,也有可能成为侵权人。侵权分析因此具有"准对物"❶的意思,因为这些分析关注的是专利权利要求与被控技术方案之间的对比结果❷。

重要的是,专利权人拥有这种排他性专利权,并不意味着他就一定有权利用其专利发明❸。例如,一个人获得了一项药品组合物专利,但并不是说他就可以把该药品组合物销售给其他人。他只有获得了相应的食品和药品管理部门的批准之后才可以销售。

此外,专利权人实施自己发明的能力还可能受到他人专利权的影响❹。例如,假定 Admiral Motors 获得了一项用于汽车上的内燃机的专利。以后,Betty Beta 购买了一辆由 Admiral Motors 销售的使用了所述内燃机专利技术的汽车。Betty Beta 对其新车进行实验,开发出了一个大大改进的燃料喷射器,但该燃料喷射器只能用于 Admiral Motors 的受专利保护的内燃机上。即便 Betty Beta 能够取得该改进的燃料喷射器的专利,可她要想实施自己的专利技术,也必然会侵犯到 Admiral Motors 的基本专利。在这个案例中,Admiral Motors 的专利是一种阻挡性或处于支配性地位的专利,而 Betty Beta 的专利是一种改进性或从属性的专利。除非双方互相许可,否则 Betty Beta 只有等到 Admiral Motors 的专利保护期限届满后才能实施她自己的改进专利。当然,没有 Betty Beta 的许可,Admiral Motors 自己也不能使用 Betty Beta 的燃料喷射器。

美国专利提供的专利权只在美国有效❺。这些权利不能对抗发生在美国国

---

❶ 对物:指判决或分析的对象是例如财产、地位或权利这样的物,而并非是人。

❷ Jurgens v. CBK, Ltd., 80 F.3d 1566, 1570 n. 2, 38 USPQ2d 1397, 1400 n.2 (Fed. Cir. 1996)。根据故意侵权原则,被控侵权人的思维状态与赔偿的数额有关,参见第 10.2.4 节。

❸ Leatherman Tool Group Inc. v. Cooper Industires, Inc., 131 F.3d 1011, 1015, 44 USPQ2d 1837, 1841 (Fed Cir. 1997)。参见第 1.2.1 节。

❹ Bio - Technology General Corp. v. Genentech, Inc., 80 F.3d 1553, 1559, 38 USPQ2d 1321, 1325 (Fed. Cir.), cert. denied, 519 U.S. 911, 117 S. Ct. 274, 136 L. Ed. 2d 197 (1996)。

❺ Dowagiac Mfg. Co. v. Minnesota Moline Plow Co., 235 U.S. 641, 650, 35 S. Ct. 221, 59 L. Ed. 398 (1915)。

外的侵权行为。个人必须在每一个他希望防止未经授权而使用他们发明的国家获得专利保护。

正如前面所讨论过的❶,专利权的期限一般是自申请日起 20 年。这个期限可能会根据在 USPTO 或者其他管理机构出现的一些具体情况而有所调整。而且,专利权人在 USPTO 授予专利权之前是不能行使他的这种排他性权利的。

8.1.1.1 方法专利

当一项专利权利要求用一系列步骤来进行表达时,这个权利要求称为方法权利要求❷。传统上美国专利法认为,只有执行了方法权利要求包含的这些步骤,才会导致对方法权利要求的直接侵权❸。例如,假定一个制造商销售一种装置,而该装置能够用于实施一种获得专利权的方法。除非该制造商也实施了该专利方法,否则该制造商无须承担直接侵权责任。然而,该制造商因为促成或诱导他人侵权而需要承担间接侵权责任。

根据 1988 年方法专利修正法案(the Process Patent Amendments Act of 1988),对上述的通用规则进行了一定程度的修正。在美国专利法第 271 条第(g)款中规定,美国国会授予方法专利权人以排除他人在美国使用或者销售通过专利方法制造的产品或者进口该产品到美国的权利。例如,假定意大利的一家企业在制造巧克力时使用了一项美国专利方法。如果这个意大利公司出口巧克力到了美国,尽管该公司实施该专利方法是在美国之外(意大利),并且美国专利权人也没有针对巧克力本身的专利权,只是拥有制造巧克力的方法,该公司仍需承担侵权责任。

方法专利修正法案规定了多个例外情况,用于对侵权责任进行限制。特别是,美国专利法第 271 条第(g)款规定,如果产品经过后续步骤处理产生了实质性变化,或者产品构成了另外一个产品的微不足道的或者非必要的部件,则不构成侵权❹。例如,在前面的例子中,如果意大利公司是把非常少量的依据美国专利方法制造的巧克力加入到止咳糖浆中以掩盖它的苦味,那么,进口该止咳糖浆就不侵犯美国专利权人的权利。方法专利修正法案还增加了一个复杂的条款——美国专利法第 287 条第(b)款,它对专利侵权救济途径作了修改。与其他条款不同,美国专利法第 287 条第(b)款规定,如果行为人事先

---

❶ 参见第 7.4 节。

❷ John R. Thomas, Of Text, Technique and the Tangible: Drafting Patent Claims Around Patent Rules, 17 John Marshall J. Computer & Info. L. 219 (1998).

❸ United States v. Studiengesellschaft Kohle, m. b. H., 670 F. 2d 1122, 212 USPQ 889 (D. C. Cir. 1981).

❹ Eli Lilly & Co. v. American Cyanamid Co., 82 F. 3d 1568, 38 USPQ2d 1705 (Fed. Cir. 1996).

不知道有他所侵权的这样一个方法专利存在，那么他可以得到一个宽限期。该人在收到侵权通知之后，还可以对那些按照美国专利法第271条第（g）款规定构成侵权的产品加以处置，而不必承担专利侵权责任。

方法专利修正法案还导致在专利法中增加了美国专利法第295条。考虑到专利权人在证明某个产品是否采用了专利方法时的举证困难，美国国会批准了该条款。根据美国专利法第295条，如果满足两个条件，就推定产品是利用专利方法生产出来的。第一个条件是，存在产品是利用专利方法制造出来的可能性。第二个条件是，原告虽然不能确切地证明产品在其生产过程中使用了专利方法，但为证明这一点已经付出了合理限度的努力。上述推定的结果是，被控侵权人负有举证责任来证明被控侵权产品不是用专利方法制造得出的。

8.1.1.2 "首次销售"原则

根据"首次销售"原则或者"权利用尽"原则，专利产品一旦经过授权认可的、无附加限制条件的售卖，专利权人对专利产品实物的专利权也就用尽了❶。根据该原则，购买了专利产品的人可以自己使用、或者租借他人使用、或者再次售卖该产品，这些都与专利权人没有关系。法院认为，专利权人销售产品而未作任何限制，这一行为暗含了对其顾客的如下承诺："他不会干涉顾客如何处置、使用该产品"❷。首次销售原则的结果是，专利产品的合法购买者可以使用或者再次销售这些产品而不受到专利的影响❸。这就是使用自己的手机或者计算机，或者当你厌倦了时把这些装置卖给或者转让给他人不侵犯专利权的原因。

专利权人在某些情况下通常会对涉及专利发明的销售或者许可设定限制。例如，一份销售合同可能规定，购买者只能在明文列出的地域内使用专利产品；购买者只能按照规定价格进行专利产品的再次销售；或者购买者只能从专利权人处购买替换部件。购买者常常会突破上述限制，这是本性使然，专利权人往往就会控告购买者侵犯了专利权❹。专利权人的理由通常是，购买者未经授权使用专利发明，因此侵犯了专利权。

---

❶ Intel Corp. v. ULSI System Technology, 995 F.2d 1566, 1568, 27 USPQ2d 1136, 1138 (Fed. Cir. 1993), cert denied, 510 US 1092, 114 S. Ct. 923, 127 L. Ed. 2d 216 (1994).

❷ B. Braun Medical, Inc. v. Abbott Laboratories, 124 F.3d 1419, 1426, 43 USPQ2d 1896, 1901 (Fed. Cir. 1997).

❸ Interl Corp. v. ULSI System Technology, 995 F.2d 1566, 27 USPQ2d 1136 (Fed. Cir. 1993), Cert. Denied, 510 U. S. 1092, 114 S. Ct. 923, 127 L. Ed. 2d 216 (1994).

❹ 当然，在这种情况下专利权人也可以违反合同为由进行起诉，但是专利侵权所特有的救济手段使得专利权人以专利侵权为由提起诉求对其较为有利。

第8章 专利侵权

早期的联邦最高法院的观点是不愿意利用专利法规范这些侵权行为❶，而联邦巡回上诉法院通过一系列判例表明它是非常认同针对有限制条件销售的专利侵权起诉事由，尽管存在首次销售原则❷。联邦巡回上诉法院认为，从专利权人的有限制条件销售推导不出专利权人同意顾客无限制使用发明的结论。因此，合同约定条款通常能够得到专利法的支持，除非法院发现他们违反了其他法律或者政策，例如反托拉斯法或者专利权滥用原则。

联邦巡回上诉法院在 Monsanto Co. v. McFarling 案中的决定就反映了这种观点❸。Monsanto 已经获得了一种不受草甘膦除草剂（例如 ROUNDUP 牌除草剂）影响的种子和植物的专利。种植这种植物的农民因此可以在田地里广泛喷洒这些除草剂，杀死野草但不会伤害这种抗除草剂型植物。Monsanto 要求这种植物种子的购买者签署一个由 Monsanto 作为专利许可方的"技术协议"。协议规定，这种获得专利保护的种子"只能种植一季"，并进一步规定购买者不能"把种植收获的果实作为种子进行再种植"。

一个种大豆的农民 McFarling 在 1997 年和 1998 年购买了 Monsanto 的种子，这两次购买都签订了这个协议。然而，McFarling 无视协议中的条款。他储藏了前一季收获的种子并在下一年进行种植，不再购买 Monsanto 种子。Monsanto 起诉 McFarling 侵犯专利权和违反合同。初审法院授予 Monsanto 一个临时禁令，在案件上诉后，联邦巡回上诉法院维持了初审法院的判决。法官 Newman 阐述了这样的理由，技术协议要求购买者只能把种子用于种植庄稼这一目的，而不能用于种植新种子的目的。在没有违反反托拉斯法、合同法或者其他法律规定情况下，该协议规定可以得到法律保护。法官 Newman 进一步阐述理由，权利用尽原则不适用于这个案子："种子的首次销售不会导致创建新种子的许可的形成，因为这些新种子不是专利权人销售的，因此不能适用权利用尽原则"。

联邦巡回上诉法院把植物描述为能够进行自我复制的机器给人印象深刻，使人震惊。Monsanto Co. v. McFarling 案概括了联邦巡回上诉法院的观点，这个观点基于一个主张，专利权人可以拒绝把他们的知识产权一起销售或者许可给他人。结果，继续可以推理得出，专利权人可以在这些交易中随意附加条件，只要没有诸如违反反托拉斯法等特别情况发生，这些附加条件就会得到

---

❶ United States v. Univis Lens Co., 316 U. S. 241, 62 S. Ct 1088, 86 L. Ed. 1408（1942）; Keeler v. Standard Folding – Bed Co., 157 US. 659, 15 S. Ct. 738, 39 L. Ed. 848（1895）; Adams v. Burke, 84 U. S（17 Wall.）453, 21 L. Ed. 700（1873）.

❷ Mallinckrodt, Inc. v. Medipart, Inc., 976 F. 2d 700, 24 USPQ2d 1173（Fed. Cir. 1992）.

❸ 302 F. 3d 1291, 64 USPQ2d 1161（Fed. Cir. 2002）.

8.1.1.3 修理和再造

依据首次销售原则,购买者有权使用专利产品,由此可以推知,购买者也有权利对产品进行必要修理以便继续使用。专利法规定专利权人默认许可购买者可以修理或者替换专利产品的部件,而不需要向专利权人支付额外费用。然而,购买者如果再造专利产品,就会侵犯专利权人制造专利产品的独占权❶。大家可能已经猜到了,尽管大多数法院认同修理是允许的而再造则构成侵权,但是法院发现在修理和再造之间常常没有一个清晰的界限。

最能说明修理再造的案例是联邦巡回上诉法院 2001 年关于 Jazz Photo Cort v. United States International Trade Commission 案的判决决定❷。这个诉讼涉及一个授予 Fuji Photo Film 公司专利权的一次性照相机。如果是那种热心于摄影但却不够专业的摄影爱好者或者经常参加婚礼的人,那么他可能已经熟悉了关于一次性相机的基本知识。在消费者使用一次性相机拍摄了所需数量的照片后,他们把该相机返还给胶卷冲洗商。该胶卷冲洗商实际上把照相机切开以取出胶卷。由于需要把照相机外壳切开,Fuji Photo Film 公司实际上是希望人们在使用后把照相机扔掉。然而,有其他的公司在得到这些用过的照相机后对其加以整修,从而可以再次使用。Fuji Photo Film 公司在国际贸易仲裁委员会控告这些公司侵犯其专利权。委员会裁定被告对照相机实施了未经允许的再造而不是一个可以允许的修理,因此得出结论,Fuji Photo Film 公司的专利权受到了侵犯。

该案件上诉时联邦巡回上诉法院推翻了这一裁决。法官 Newman 首先解释,专利权人对专利产品重复利用的单方认定并不能左右法院关于修理/再造的调查结果。该法院对被控侵权人的活动进行了详细分析。该法院得出结论,被控侵权人主要是替换了胶卷,而照相机的其余部分还和当初销售时保持相同。根据法官 Newman 的观点,替换其寿命小于整体寿命的没有获得专利权的部件的行为只是一个修理,而不是再造。结果,联邦巡回上诉法院得出结论,基于本案事实,被告行为不构成专利侵权。

在评价上述案例的说服力时,需要对要求保护的发明与被控侵权人的确切行为之间的对比进行说明。所述的第'087 号专利的权利要求 1 包括 6 个部件:(a) 胶卷外壳;(b) 卷曲的胶卷;(c) 胶卷容器;(d) 缠绕装置;(e) 缠绕

---

❶ Mark D. Janis, A Tale of the Apocryphal Axe: Repair, Reconstruction, and the Implied License in Intellectual Property Law, 58 Md. L. Rev. 423 (1999).

❷ 264 F. 3d 1094, 59 USPQ2d 1907 (Fed. Cir. 2001).

控制装置和（f）一个帧数计数器。为了重新装饰授予专利权的照相机，被控侵权公司（1）去除盖子；（2）切开外壳；（3）插入新的胶卷和胶卷容器；（4）替换缠绕轮；（5）替换闪光电池；（6）重置计数器；（7）重新密封外壳和（8）盖上一个新的盖子。从上述的特征列举可以看出，被控公司替换了要求保护的6个部件中的3个部件，再造或者修改了其他的3个部件。

Jazz Photo Cort v. United States International Trade Commission 案例中的商业背景也表明，被控侵权人不是从事修理业。该案中，并非购买者对其合法购买的专利产品进行修理以期望在工作完成后恢复产品功用。实际上，当消费者返还胶卷进行冲洗时消费者交出了整个照相机。因此，按照修理原则让专利产品的合法拥有者获得侵权豁免的一般原理在这里也没有什么说服力。该案例表明，要想在修理和再造之间画出一条清楚的界限，总是需要一番艰难的法院调查。

如果组合体专利的持有者还获得了针对涉案单个部件的专利权，则他也不能获得修理权。例如，假定 Fuji Photo Film 公司还获得了针对一次性相机内部使用的胶卷的权利要求。在这种假设条件下，Jazz Photo 公司和其他被控侵权人将直接侵犯这些保护范围较窄的权利要求。法院还可能裁定 Jazz Photo 公司间接侵犯了 Fuji Photo Film 公司的组合体权利要求。在得出这个结论时，法院重申了这样一种观点，认为修理权成立的前提是专利权人与其顾客之间存在默认许可。在专利权人还获得了替换部件本身的专利权的情况下，可以推定在专利权人与其顾客之间不存在这种默认许可❶。

8.1.1.4 实验用途

为数不少的早期判例确立了有限度"实验用途"作为专利侵权抗辩事由的地位。大法官 Story 在 1813 年的 Whittemore v. Cutter❷ 案例判决中作出这样的解释，"惩罚一个只是为了进行科学实验而建造机器或者只是为了确定该机器确实能够产生所述效果的人，从来就不是立法者的本意。" 1861 年的 Poppenhusen v. Falke 案例决定也有一个类似结果，其中是这样解释的，"用专利物品进行实验，若其目的只是为了科学研究、满足好奇心或者仅仅是消遣娱乐，则并不侵犯专利权人的专利权。"❸

而接下来的一些法院判决则是把这种抗辩解释为非常狭窄的范围。侵权人哪怕只是部分地为商业目的所驱动，法院也一致拒绝适用实验用途抗辩。可能

---

❶ R2 Medical Sys., Inc. v. Katecho, Inc., 931 F. Supp. 1397, 1444–45（N. D. Ill. 1996）.
❷ 29 F. Cas 1120, 1121（C. C. D. Mass. 1813）（No. 17, 600）.
❸ Poppenhusen v. Falke, 19 F. Cas. 1048, 1049（C. C. S. D. N. Y. 1861）（N. 11, -279）.

由于这个原则的适用局限性或者可能由于专利权人很少起诉纯粹的科学家,被控侵权人以实验用途抗辩成功的案例数量非常少[1]。一般性的实验用途抗辩事由从未纳入到专利法中,这一事实也表明了这种抗辩事由的局限性。

联邦巡回上诉法院在 Madey v. Duke University 案中阐述了关于实验用途的最新思路[2]。Duke 大学曾经雇佣 Madey 为研究教授,并担任一个激光实验室的主任。Madey 从 Duke 大学退休后到另外一个大学工作,起诉其前雇主,称其前雇主侵犯了他的两项专利权,这两项专利权涉及对 Duke 大学实验室使用的专门设备的操作。在 Duke 大学的答辩中,Duke 大学以实验用途对专利侵权进行抗辩。Duke 大学指出,它是一个以教育为目标的非营利机构,它对专利技术的使用应当受到实验用途原则的保护。地方法院认同这个观点并且给出了有利于 Duke 大学的简易判决结果。在案件上诉过程中,联邦巡回上诉法院撤销了地方法院的判决并发回重审。联邦巡回上诉法院指出:

"无论如何,大型研究性大学,例如 Duke 大学,经常批准和资助一些经过证据证明没有任何商业应用的研究项目。当然,很明显,这些项目对此类研究机构的合法商业目标有促进作用,包括教育和引导参与这些项目的学生和教职员工。例如,这些项目还可以提高此类研究机构的地位,从而带来更多的科研经费、更优秀的学生和教职员工。

简言之,某个特定的机构或者实体无论其是否在为商业利益而努力,只要其行为对被控侵权人的合法商业有促进作用,而不仅仅是消遣娱乐、满足无用的好奇心、或者开展严肃的科学研究,则其行为不适用狭义的、严格的有限度实验用途抗辩。此外,至于使用者是营利机构抑或非营利机构,并非本案的决定性因素[3]。"

一方面,Madey v. Duke University 案例延续了一贯的司法观点,即对实验用途采取更加狭窄的解释。另一方面,一些专利权人已经有胆量就大学的基础研究活动起诉大学。在该案例后,专利权人可能不再那么审慎了。笔者认为,当今时代这些研究机构例如大学在对科研专利的研发销售方面增长迅速,它们应当付出这样一笔费用。对 Madey v. Duke University 案例的宽泛解读仍非常复杂。即使是科学家,也要吃饭谋生,因此他们需要组建研究和教学中心,现在他们还需要考虑如何在专利制度下趋利避害。当我们的版权制度和专利制度越

---

[1] Note, Experimental Use as Patent Infringement: The Impropriety of a Broad Exception, 100 Yale L. J. 2169 (1991); Richard E. Bee, Experimental Use as An Act of Patent Infringement, 39 J. Pat. Off. Soc'Y 357 (1957).

[2] 307 F. 3d 1351, 64 USPQ2d 1737 (Fed. Cir. 2002).

[3] F. 3d 1362, 64 USPQ2d 1746.

来越多重叠时,特别是在计算机软件的保护方面,专利法带来了威胁,它把长久以来根据版权法合理使用原则认为是属于自由领域的一些东西归为可专利事项。随着我们的社会越来越依赖于复杂的技术,并且随着技术进步的加速,这些都与20年的专利保护期限之间存有矛盾,我们现在应该意识到,给予修理者较宽的权利,可能会更好地促成符合专利法本意的政策目标实现。

同时我们应当记住,即使实验者通过实验实现了对专利装置的改进,但如果得不到专利权人的许可,实验者还是不能就其改进进行商业实施,因此基于宽泛的实验用途抗辩能对原始发明人造成的伤害非常小。反之,严格的实验用途抗辩原则实质上为专利权人,而非他人保留了继续修补发明、完善发明、改进发明的权利。

下面对专利侵权的实验用途抗辩和法定禁止性条款中的实验用途原则进行对比分析。我们可以回忆一下,如果法院和USPTO审查员对发明人从事合法实验时间超出1年这一事实予以认可,那么他们将根据美国专利法第102条第(b)款给予发明人1年宽限期❶。尽管这个概念也是"实验用途",但它是一个涉及专利有效性的原则,与专利侵权分析无关。如果想一想,一方面发明人可以用证据证明的实验可以证明专利的有效性,另一方面,第三方可以用证据证明的实验则可能作为对专利权侵权的抗辩,这个区别就很容易进行区分了。

专利法中对于实验用途的非常有限的例外是对于药品和医学装置的专利。美国国会增加这个条款是因为这些产品上市前必须接受联邦食品和药品管理局(FDA)的审批,审批周期长。当通用名药❷制造商及其他竞争者对他人专利药品的市场前景看好时,他们通常希望在该专利药品的专利保护期内完成对该专利药品的测试并获得行政批准,这样一来等到专利保护期届满时,通用名药制造商就可以马上开始销售自己版本的药品。当然,在专利保护期届满前对专利药品进行这种测试属于对药品专利的"使用",应被禁止,如果有人进行这种测试,专利权人将会提起专利侵权诉讼,排斥任何竞争对手进行这种测试。专利权人希望通过这种策略,阻止通用名药制造商,甚至是,直到专利保护期届满才能允许通用名药制造商启动行政审批程序,这样,可以把这些竞争对手再阻隔在市场之外达几个月或者几年。

在1984年的Roche Products, Inc. v. Bolar Pharmaceuticla Co. 案中❸,联邦

---

❶ 参见第4.3.1节。

❷ Generic drug,又译作"学名药",指针对失效或过期专利的仿制药。

❸ 783 F. 2d 858, 221 USPQ 937 (Fed. Cir), Cert. Denied, 469 US 856, 105 S. Ct. 183, 83 L. Ed. 2d 117 (1984)。

巡回上诉法院解决这种竞争关系的方法与实验用途抗辩的有限特性有关。该法院认为，即使是对专利药品的限制性使用，为了获得行政批准而进行测试，也构成侵权。该法院给出这样的理由，因为这样的测试是追求商业目的，而不是娱乐或者满足好奇心，所以不适用实验用途抗辩。该一案产生的实际影响是，延长了药品专利的保护期限，延长期就是 FDA 的审批过程所耗费的时间。

该案过后，国会在美国法典第 2 编中增加了 1984 年药品价格竞争和专利期恢复法案（the Drug Price Competition and Patent Term Restoration Act of 1984），通常称为 Hatch – Waxman 法案❶。这个法案主要是为了消除由于行政审批程序迟延导致的专利保护期限事实上的延长，在研发所谓"先锋药品"（新药、仿制药）的创新型药品开发商和生产仿制药品的通用名药（仿制药）制造商之间进行折中平衡。美国专利法第 271 条第（e）(1) 款有利于通用名药（仿制药）制造商，它豁免了他们的"与依据规范药品的制造、使用或销售的联邦法律形成和提交信息具有合理相关性的使用"的侵权责任。Intermedics, Inc. v. Ventritex, Inc. 案例对这一豁免进行很好的阐释❷。法官 Brazil 认为，"客观上，当被控侵权人有理由让人相信，他真的看好——通过争议焦点中的使用能够（比较直接地）得出对产品获得 FDA 批准而言至关重要的信息，"此时法院才会适用美国专利法第 271 条第（e）(1) 款豁免被诉侵权者的专利侵权责任。

然而，联邦巡回上诉法院最近就 Intergra Lifesciences, I, Ltd. v. Merck❸ 案作出的判决表明，这一条款有其适用限制条件，该法院拒绝对该案适用 Hatch – Waxman 法案的实验用途豁免条款。该案中，Integra 起诉 Merck 侵犯其几个化合物专利的专利权，这些化合物被认为可以消除肿瘤的增长和治疗其他很多疾病。Merck and Scripps Research Institute（简称"Scripps"）作为合作伙伴对某些化合物进行了几个体内和体外实验。Integra 称这些行为侵犯了其专利权。反过来，Merck 以美国专利法第 271 条第（e）(1) 款作为抗辩事由。地区法院认为，Scripps – Merck 的行为不适用美国专利法第 271 条第（e）(1) 款豁免条款。

在案件上诉时联邦巡回上诉法院维持了地方法院的判决。为了解决这个案子，法院需要对定义豁免范围的法律语言进行解释，这些豁免范围限于某些行

---

❶ Pub. Law. No. 98 – 417, Title II 98 Stat. 1585 (Sept. 28, 1984).

❷ 775 F. Supp. 1269, 20 USPQ2d 1422 (N. D. Cal. 1991), aff'd 991 F. 2d 808, 26 USPQ2d 1524 (Fed. Cir. 1993).

❸ 331 F. 3d 860 (Fed. Cir. 2003).

为，而这些行为限于"与依据联邦法律形成和提交的信息具有合理相关性的使用"。在解释"合理相关"时，法院引用立法历史指出，法律的内在目的和所述的效果允许进行"有限的测试以便通用名药（仿制药）制造商能够制备出具有生物等效性的仿制药，"但要保证把对专利权人权利的影响降至最小限度。

法官 Rader 阐述理由，词语"合理相关"把豁免行为和向 FDA 提交信息进行了关联。他解释到，虽然享有美国专利法第 271 条第（e）(1) 款豁免待遇的侵权行为并不要求直接生成向 FDA 提交的数据，但是让不能直接生成这种数据的行为获得豁免则会"违背这一条款的立法宗旨"。特别是，联邦巡回上诉法院指出，"FDA 并不在意药品是否要在之后进行 FDA 审批所需的临床测试"。法官 Rader 指出，如果法院给出相反结论，则拥有生物技术工具专利的整个专利权人群体所应享有的排他性权利将受到削弱，而这与豁免行为对专利权人权利产生影响应当最小的立法宗旨背道而驰。在 Intergra Lifesciences，I，Ltd. v. Merck 案例后，要想依照美国专利法第 271 条第（e）(1) 款获得豁免的公司，起码需要证明自己是临床药品候选者。

美国国会还规定有两类 FDA 加快申请，便于那些想要销售之前获准的先锋药品的等效仿制药的通用名药制造商获取行政许可。通用名药制造商无需提交大量有关药品安全性和有效性的数据，需要提交的信息都比较容易获取。所谓的简化新药申请（ANDAs）只需提供数据表明通用名药（仿制药品）和先锋药品具有生物等效性即可，而"论文新药申请"（Paper NDAs）可以依据公开文献证明通用名药的安全性和有效性。

另一方面，Hatch-Waxman 法案中的两个条款有利于先锋药品的专利权人。第一，根据美国专利法第 156 条规定，通过 FDA 行政许可的产品的专利保护期得到了延长。因此，新药的最初开发者自己不会受到由漫长的 FDA 行政许可程序导致的专利权保护期限缩短的惩罚，上述的行政许可程序阻止了先锋药品开发者在专利保护期的最初几年里销售药品。

第二，美国国会建立了专门的关于专利注册和侵权的法律制度。根据 Hatch-Waxman 法案，先锋药品制造者必须向 FDA 提交与先锋药品有关的任何专利的申请号和期限届满日。当通用名药制造商提出一份 ANDA 或者论文 NDA 申请时，申请必须针对每一个相关专利提交证明，证明种类为下列之一：（1）先锋药品制造者未曾提交该信息；（2）该专利已经过期了；（3）该专利将要到期的日期；或者（4）该专利无效或通用名药不会对其构成侵权。

如果通用名药制造者选择上述的第 4 种证明，所谓的"第 4 项证明"它必须通知专利权人。而根据美国专利法第 271 条第（e）(2) 款，专利权人接到通知后可以立即启动侵权诉讼,起诉该通用名药制造者。这一规定迫使通用名药制造者必须表露自己的意图。如果没有这一规定,通用名药制造者就可以早一点儿在专利保护期内进行所有为 FDA 行政许可所必需的实验和临床测试,而不会因为我们上面讨论的条款承担侵权责任。那样一来,专利权人就只有等到仿制药上市之后才能启动侵权诉讼,专利权人在商业上甚至在法律上都将陷于不利地位。

依照美国专利法第 271 条第(e)(2)款提起诉讼更多的是出于策略性。通用名药制造者的所作所为只是为了请求 FDA 批准它可以销售一种药品。然而,如果专利权人的侵权诉讼成功,专利权人就可以阻止等效仿制药品上市,直至专利权期限届满。而且,一旦专利权人提起这样一个侵权诉讼,FDA 在专利权人收到第 4 项证明之日起 30 个月内不会批准 ANDA 申请人的销售请求。国会希望,这 30 个月,通常称为"30 个月等待",可以给争议双方留出足够时间,以便能够在 ANDA 申请人把仿制药投入市场之前解决他们之间的专利纠纷。当然,如果专利权已经无效、丧失专利权保护或者不是在 30 个月届满之前导致侵权,FDA 可以早一点批准销售许可。

8.1.1.5 出口和进口

根据美国专利法,未经许可出口获得专利权的产品本身并不构成侵权行为❶。然而,通常情况是,出口商同时还在制造或者销售出口的产品。在这种情况下,出口商显然侵犯了专利权人在美国制造和销售专利发明产品的排他性权利❷。未经许可进口则规定的非常明确,美国专利法第 271 条第(a)款明确规定,一个专利权人拥有进口专利发明产品到美国的排他性权利。

关于专利产品平行进口的法律问题目前还没有定论。所谓平行进口就是指产品在国外合法制造,然后未经美国授权经销商许可而在美国销售。因为平行进口在专利权人安排的分销渠道以外发生,所以这些产品有时又称为"灰色市场产品"。在这种情况下,美国专利权人可以利用其知识产权阻止未经许可的产品的进口。专利权人的理由是,美国专利完全可以对抗进口商而获得专利保护,因为美国专利不允许此类销售发生。进口商则反过来强调,因为进口的产品是真品,并且是合法购买,美国专利的专利权应当受到由国外销售行为所导致的"国际权利耗尽"限制。

在 2001 年联邦巡回上诉法院的 Jazz Photo Corp. v. United States International

---

❶ Johns Hopkins University v. CellPro Inc., 152 F. 3d 1342, 47 USPQ2d 1705 (Fed. Cir. 1998).

❷ Amgen, Inc. v. Elanex Pharmaceuticals, Inc., 1996 WL 84590, *4 (W. D. Wash. 1996).

第8章 专利侵权

Trade Commission 案例❶中,联邦巡回上诉法院对平行进口的法律地位准确地作出了两句话判决。法院讨论的全部内容集中在以下结论:

"美国专利权不会因外国专利权而耗尽。为了获得依据首次销售原则的保护,首次授权销售必须是针对美国专利所获的授权。参见 Boesch v. Graff,133 U. S. 697,10 S. Ct. 378,33 L. Ed. 787(1890)。"

尽管结论简短,但是这个判决似乎并不能得到其所引证案例的支持。在古老的 Boesch 判例决定中,原告拥有一项关于照明燃烧器的美国专利。一个叫 Hecht 的人,并不是本案诉讼的当事人,但是根据德国专利法他对照明燃烧器拥有"在先使用权"。即使存在另一个人的专利权,德国专利法律允许一个人拥有继续对发明加以商业使用的特权,只要这个人是在该专利申请日之前已经开始使用发明。Hecht 满足在先使用者的成立要件,因此他可以在德国销售照明燃烧器。Hecht 后来销售给被告一些照明燃烧器,被告把这些照明燃烧器进口美国并在美国销售。原告起诉请求阻止在美国销售进口的燃烧器。在反驳时,被告争辩到,他们是通过合法途径购买的燃烧器,美国专利权应当受到国际权利用尽原则的限制。最高法院拒绝采信被告的争辩,认为:"依据德国法律,Hecht 有在德国制造和销售这种燃烧器的权利,但是从 Hecht 那里购买燃烧器的人不能因此而获得在美国销售该产品的权利,挑战受美国专利法保护的专利权人的权利。……在美国销售产品应遵守美国专利法,不应受到外国法律的影响❷。"

Boesch 案件的事实和判决表明,作为在先判例,其判例原则的适用范围非常有限。在 Boesch 案例中,是在先使用者,而非专利权人或被许可人,在国外从事了销售活动。实际上,专利权人既不同意被告在美国销售其发明产品,也没有因这些销售而获得任何补偿。

这一点与典型的平行进口案例有很大的不同,在平行进口案例中,或者是专利权人或者是被授权的海外分销商出面销售产品,都属于正常商业交易❸。Boesch 案例作为在先判例并不合适,而 Jazz Photo 案又未作深入探讨,绝对禁止平行进口原则是否能够禁受得起进一步的司法审查的确是个问题❹。

至少一个最近的地区法院的案例表明了一个与 Jazz Photo Corp. v. United

---

❶ 264 F. 3d 1094,59 USPQ2d 1907(Fed. Cir. 2001)。
❷ 133 U. S. 的第 703 页。
❸ Sanofi, S. A. v. Med – Tech Veterinarian Products, Inc., 565 F. Supp. 931, 220 USPQ 416 (D. N. J. 1983)。
❹ PCI Parfums Et Cosmetiques International v. Perfumania, Inc., 35 USPQ2d 1159 (S. D. N. Y. 1995)。

States International Trade Commission 案例有所不同的立场。在 Kabushiki Kaisha Hattori Seiko v. Refac Technology Development Corp. 案❶中，纽约南方地区法院认为，如果同时持有美国专利和外国专利的所有人在国外所做销售是没有限制条件的，那么美国专利的专利权就被认为是耗尽了。但是，如果该销售是有限制条件的，或者如果美国专利和外国专利分别属于不同的所有人，那么美国专利权可以用于阻止平行进口。幸运的话，也许过不了太久，再遇到此类诉讼，法院会就如何解决这一重要问题给出清楚的解答。

专利产品的平行进口问题在药品领域特别重要。通常，在其他国家的处方药的价格低于美国的价格。这可能是由于这些国家医疗体系国有化导致的，在这些国家，国家可以批量购买大量的药品；也可能是由于在这些国家劳动力比较便宜导致的；也可能由于这些国家不同的调控职责导致的；或者是上述因素的结合导致的。显然，当美国的医疗保健费用上升时，为了节约开支，个人和企业都想从国外进口同类药品❷。可能不需要等到法院作出裁决，美国国会很可能在不久的将来直接就药品领域的专利权国际耗尽问题给出解答。

8.1.1.6 政府侵权人

有时专利权人会发现有联邦或者州政府机构未经许可使用或制造了他的专利发明。在联邦政府实施侵犯专利权的行为时，根据美国法典注释第28编第1498条，专利权人可以在美国联邦索赔法院起诉以获得"合理和全部的补偿"。通常专利权人可以从联邦政府获得等价的合理数额的许可费。但却不能获得禁令。依据美国法典注释第28编第1498条提起的诉讼，涉及政府对专利许可的征用权，除此之外，该诉讼与对抗私权的普通侵权诉讼并无不同。

对于侵权的一方是州政府或者州的一个部门的情形，专利权人获取救济的途径存在问题。大多数观察家相信，州政府受到了或者应当受到私权当事人的专利权的限制。然而在专利权人寻求维护其专利权而对抗州政府时，美国宪法在专利权人面前设置了一个司法障碍。美国宪法第11修正案规定，联邦法院无权受理私人对州政府的起诉。结果，伤心的发明人必须在州政府自己的法院解决专利侵权问题。因为联邦法院对于专利侵权诉讼拥有唯一的司法管辖权❸，这就导致了一种两难境地：唯一为法律认可的法院被宪法禁止受理，唯一为宪法认可的法院又被法律禁止受理，至少对于常规的专利侵权诉讼是这样

---

❶ 690 F. Supp. 1339, 9 USPQ2d 1046 (S. D. N. Y. 1988).

❷ Shubha Gosh, Pills, Patens and Power: State Creation of Gray Markets as a limit on Patent Riughts, 14 Fla. J. Int'L L. 217 (2002).

❸ 28 U. S. C. A § 1338 (a) (2000). （地方法院对于依照国会有关专利的法令提起的民事诉讼拥有原始管辖权……这种管辖权排除了各州法院受理专利案件的可能性）。

的。这意味着专利权人唯一的选择就是在州法院依据一般性的不正当竞争原则提起诉讼控告州政府以维护其专利权。

意识到这种两难状况后,美国国会在 1992 年试图废除宪法第 11 修正案中州政府在专利侵权诉讼中的免责权。通过专利和植物品种保护救济澄清法案(the Patent and Plant Variety Protection Remedy Clarification Act)把第 271 条第(h)款条引入到了专利法中❶。这一条规定,不仅可以在联邦法院起诉州政府,而且州政府需要承担给私权当事人造成的所有损失的补偿责任❷。然而,联邦最高法院在 Florida Prepaid Postsecondary Education Expense Board v. College Savings Bank 案中指出,美国国会无权废除州政府依据宪法第 11 修正案获得的在联邦法院进行专利侵权诉讼的免责权❸。

在过去的几年里,美国国会已经考虑采取各种机制来克服这种两难境地,但是到今天为止,还未能就新的立法达成一致意见。最高法院是否批准一个不同的机制给私权当事人权利在专利侵权中对抗州政府,对于与大学、实验室、高速公路管理局和其他与州政府有关的企业来说极为重要。另外一种选择就是允许专利权人在州法院起诉州政府,可能导致与专利有关的各种问题出现不一致的司法标准,这似乎与专利制度的支柱理念下每个人的切身利益相违背。

8.1.2 间接侵权

专利法很久以来一直认为鼓励未经许可实施他人获得专利权的发明的人已经从事了非法行为。即使这些人自己并没有直接使用获得专利权的发明,这些人也要为专利侵权承担责任❹。专利法把这类行为称为间接侵权或者关联侵权。1952 年专利法是以法律形式规定已经被法院发展的间接侵权原则的第一部美国专利法。美国专利法第 271 条第(b)、第(c)两款是互补条款,美国国会通过立法澄清了积极诱导和关联侵权之间的区别。美国专利法第 271 条第(b)款针对所谓的"积极诱导",用宽泛的语言表示,协助和煽动侵权行为的人也是侵权人。美国专利法第 271 条第(c)款是关于间接侵权发生的一般情况下的一个更为具体的规定:销售特别用于获得专利权的发明的配件。这种间接侵权又称为关联侵权。

---

❶ Pub. L. No. 102-560, 106 Stat. 4230 (Oct. 28, 1992).

❷ 35 U.S.C.A. §271 (h) (2000).

❸ 527 U.S. 627, 119 S. Ct. 2199, 144 L. Ed. 2d 575 (1999).

❹ American Cotton-Tie Co. v. Simmons, 106 U.S. (16 Otto) 89, 1 S. Ct. 52, 27 L. Ed. 79 (1882).

一个当事人因间接侵权承担责任的一个条件是必须有直接侵权发生❶。然而，诉讼时大多数法院不要求专利权人证明有另一个人实际从事了直接侵权行为。只要专利权人表明被控侵权人的一个顾客如果按照产品预想方式使用她购买的产品将侵犯专利权就足够了❷。

8.1.2.1 积极诱导

美国专利法第271条第（b）款规定："任何积极诱导侵犯专利权的人将作为侵权人承担责任"。这个广义规定的条款把已有案例法纳入了法律，该已有案例法把侵权责任扩大到了鼓励和协助他人侵犯专利权的人。尽管美国专利法第271条第（b）款没有明确提及诱导者的知识和目的，但是法院一致要求被告应当是故意实施这些行为，而且被告应当有理由知道这些行为会侵犯获得专利权的产品或者方法，因此被告是有意诱导侵权行为发生❸。

根据故意这一要求，法院已经发现了各种条件下的积极诱导侵权情况。其中一个典型的间接侵权案例是这样发生的，一个供应商销售一种产品，该产品的用途之一侵犯他人专利权，另外还有一种用途是不侵犯他人专利权的。如果供应商提供指导、发布广告或者提供培训推广该侵权用途，那么供应商就违反了美国专利法第271条第（b）款的规定❹。例如，假定Delt公司制造和销售钨制细丝，而该细丝可以用于多种工业用途。假定一种可能的用途是钨制细丝作为Climato教授的一个温度调节装置的一个部件。如果Delta公司的广告鼓吹它的细丝可以用于建造Climato温度调节装置，或者如果其销售人员提示购买者使用该细丝建造Climato温度调节装置，就可以判定Delta公司从事了积极诱导侵权。

此外，法院发现了这样一种积极诱导侵权：被告设计的一种设备侵犯了他人专利权，而后第三方制造出了该设备❺。最后，法院时常发现这样一种积极诱导侵权：一方对另外一方的侵权物品进行修理或维护，之所以认定为侵权是

---

❶ Aro Mfg. Co. v. Convertible Top Replacement Co., 365 U. S. 336, 341 – 42, 81 S. Ct. 599, 5 L. Ed. 2d 592 (1961).

❷ Standard Oil Co. v. Nippon Shokubai Kagaku Kogyo Co., 754 F. 2d 345, 224 USPQ 863 (Fed. Cir. 1985).

❸ Hewlett – Packard Co. v. Baushch & Lomb Inc., 909 F. 2d 1464, 1469, 15 USPQ2d 1525, 1529 (Fed. Cir. 1990); Water Technologies Corp. v. Calco Ltd, 850 F. 2d 660, 668, 7 USPQ2d 1097 (Fed. Cir. 1988).

❹ Chiuminatta Concrete Concepts, Inc. v. Cardinal Industires Inc., 145 F. 3d 1303, 46 USPQ2d 1752 (Fed. Cir. 1998).

❺ Preemption Device, Inc. v. Minnesota Mining & Mfg. Co., 803 F. 2d 1170, 231 USPQ 297 (Fed. Cir. 1896).

因为修理或维护这些行为使得侵权使用得以持续发生❶。

8.1.2.2 关联侵权

和美国专利法第271条第（b）款相反，美国专利法第271条第（c）款是一个范围较窄的条款。该条款涉及一种具体的情况，其中，一方销售一种特别制造的部件，而其顾客想使用该部件实施获得专利权的发明。根据美国专利法第271条第（c）款，销售商在满足三个条件时需要承担关联侵权责任。第一，该部件必须是获得专利权的发明的一个重要部件，并且必须是特别为侵权用途制造的，或者说是特别适用于侵权用途；第二，该部件必须不是具备商业上非侵权用途的独立物品；第三，被控关联侵权人已经知晓该专利并且知道该部件的使用将构成侵犯专利权。

例如，假定Rod Cohen制造和销售一种由特定种类塑料制成的纽扣形片状物❷。一些独立的切削实验室购买这种塑料纽扣，并加工成隐形眼镜。Rod Cohen很清楚，其竞争者Terri Tarsal持有一个专利权，该专利要求保护同样的塑料材料构成的隐形眼镜。在这种情况下，切削实验室直接侵犯Terri Tarsal的专利权，而Rod Cohen是关联侵权人。此外，因为这些切削实验室可能就是Terri Tarsal的客户或者其潜在客户，所以Terri Tarsal很可能只起诉Rod Cohen。Rod Cohen可以争辩说，这种塑料纽扣是具有商业上非侵权用途的独立物品，例如用于衬衫或者上衣上。此时，Rod Cohen需要知道，法院对被控关联侵权人声称的牵强的、捕风捉影的或者理论上的替代用途持警惕态度❸。

如果你感觉美国专利法第271条第（b）款和第（c）款是多余的或者至少是互相重复的，你的直觉是有道理的。所有落入美国专利法第271条第（c）款内的行为，例如可用于获得专利权的机器或者方法中的非独立商品的销售，也可以解释为美国专利法第271条第（b）款所禁止的积极诱导侵权行为。法院通常在技术具有多种用途而只有其中之一受到侵犯的情况下使用美国专利法第271条第（b）款，而把美国专利法第271条第（c）款用于销售的部件的唯一合法使用就是侵权使用的情况。然而，国会用美国专利法第271条第（d）款来解释把美国专利法第271条第（c）款作为一个独立侵犯专利权行为条款的主要理由。

美国专利法第271条第（d）款其中一段规定指出，当专利权人自己从事美国专利法第271条第（c）款所说"关联侵权"行为时，不能因此而不给专

---

❶ National Tractor Pullers Ass'n, Inc. v. Watkins, 205 USPQ 892（N. D. Ill. 1980）.
❷ Syntex (U. S. A) Inc. v. Paragon Optical Inc.，7 USPQ2d 1001（D. Ariz. 1987）.
❸ D. O. C. C. Inc. v. Spintech Inc.，36 USPQ2d 1145，1155（S. D. N. Y. 1994）.

利权人以救济赔偿，也不能认为专利权人"滥用专利权"。换句话说，通过在美国专利法第271条第（c）款中给"关联侵权"这种行为贴了一个标签，国会才得以借助这一标签在美国专利法第271条第（d）款中授予专利权人一些其他特权。这意味着在前面的假设案例中，如果专利权人Terri Tarsal销售只适用于其发明的未获专利权保护的塑料制纽扣形物品，并且获得了对抗其他所有销售这种塑料制纽扣的商贩的一个禁令，那么，他就享有了对于该未获专利权保护的部件的垄断权，而对此别人也不能起诉他滥用专利垄断权。此外，美国专利法第271条第（d）款还规定，即使专利权人拒绝许可或者使用其专利，即使他以专利许可作为获得另外一个许可的条件，或者即使他要求专利被许可人还必须从他这里购买未获专利权保护的产品，也不能拒绝给予专利权人救济赔偿。曾经，上述的行为种类都被认为是专利权滥用，因此对专利权不予保护。下面的话题将还回到美国专利法第271条第（d）款，关于专利权滥用原则将在本书的第11.5节中深入探讨。

著名的C. R. Bard, Inc. v. Advanced Cardiovascular Systems案❶的决定就是依据美国专利法第271条的第（b）款和第（c）款作出的赔偿。Bard的专利请求保护一种方法，这种方法是在冠状动脉血管重建术中使用一种导管，这是一个手术步骤，在这个步骤中，通过插入一个气球并略微膨胀该气球，使心脏中堵塞的动脉重新打开❷。所述方法中的一部分特别要求外科医生使用导管来"通过流体方式连接冠状动脉内的位置"。被控侵权人只是销售FDA许可的灌注式导管，用于冠状动脉血管重建术❸。被指控的导管沿着其长度方向具有多个入口或者侧面开口。在手术时这些入口允许血液穿过导管进行循环流动。地区法院作出的简易判决结果支持专利权人，地区法院认为，被控侵权人从事了积极诱导侵权或者关联侵权。

被告上诉到联邦巡回上诉法院。在这里，法官Plager认为，作为对简易判决的上诉审判庭，上诉受理法院需要审查最有利于被告的证据。上诉法院发现，在案卷记录中有确凿证据表明，被控侵权装置可以按照不侵犯方法专利权的方式进行使用。特别是，尽管专利方法要求导管入口在冠状动脉上，但是外科医生也可以把导管插入到主动脉上。结果，一个理性的陪审团可能发现，被控侵权的导管能够进行非侵权使用，因此无法发现美国专利法第271条第（c）

---

❶ 911 F. 2d 670, 15 USPQ2d 1540 (Fed Cir. 1990).
❷ 1996年国会立法取消了对执行医疗步骤的方法的专利保护，现在其法条编号为§287（c），而这个案子是在1996年之前提起的诉讼；参见第2.4节对于该条款的历史和实践的详细讨论。
❸ 导管是一个可以插入到身体包括静脉和动脉内的管状医学装置。灌注式导管是一种用于注射流体的导管。

款关联侵权的存在。此外，因为记录中关于外科医生使用被控侵权的导管的证据含糊不清，根据美国专利法第 271 条第（b）款的积极诱导侵权也不恰当。联邦巡回上诉法院因此撤销了地方法院的简易判决，发回重审。

C. R. Bard, Inc. v. Advanced Cardiovascular Systems 案说明，获得专利权的产品存在多种用途，并且其中至少一种用途达到了非侵权使用的标准，这种情况下，只要销售商没有鼓励购买者按照侵权方式使用产品，产品的销售就不会导致侵权责任。这个结论与法律规定相符。鼓励的缺失导致无法适用美国专利法第 271 条第（b）款承担侵权责任，而多个用途导致无法适用第 271 条第（c）款承担侵权责任。

8.1.2.3 Deepsouth 案和第 271 条第（f）款

在专利法的 1984 年修正案以前，法律不认为制造和出口一个专利物品的未组装的部件是一种侵权行为。说明这个规则是最高法院在 1972 年在 Deepsouth Packing Co. v. Laitram Corp. ❶ 案（以下简称"Deepsouth 案"）中的决定。在这里，被告 Deepsouth 制造获得专利权的剥虾器的所有部件并以未组装状态运送到海外顾客手中。被告的顾客可以用不到一个小时的时间完成剥虾器的组装。显然有了这个选择，外国顾客没有理由从专利权人 Laitram 处购买完全组装好的专利产品。Laitram 不满 Deepsouth 而起诉其侵权，此案最终到达了最高法院。最高法院在一个 5∶4 的决定中认为，因为被告既没有在美国制造也没有在美国销售专利的权利要求所要求保护的由部件组装得到的组合产品，因此在美国没有发生专利侵权。

美国国会响应 Deepsouth 案例，在美国专利法第 271 条增加第（f）款。美国专利法第 271 条第（f）款的两个段落规定，出口没有组装的获得专利权的发明的部件是侵权行为。美国专利法第 271 条第（f）（1）款与第 271 条第（b）款对应，指出，供应一个获得专利权的发明的所有或者主要部件用于在国外进行组装是一种积极诱导侵权行为。美国专利法第 271 条第（f）（2）款与第 271 条第（c）款对应，规定了关联侵权的行为。根据美国专利法第 271 条第（f）（2）款，出口的部件必须是获得专利权的发明的重要部件，这个部件必须是为专利侵权用途特别制造的或特别适用于专利侵权用途，而且不是具备商业上非侵权用途的独立物品。此外，被控侵权人必须已经知道，部件将在美国国外以某种方式进行组装，而按照这种方式进行的组装如果发生在美国国内将会侵犯美国专利权。

---

❶ 406 U. S. 518, 92 S. Ct. 1700, 32 L. Ed. 2d 273, 173 USPQ 769 (1972).

8.2 权利要求的解释

专利法一直是将专利权人的独占权置于"授予专利权的发明（patented invention）"基础上的❶。现代法院认定这一术语指的是权利要求中所述的发明。对权利要求原文的解释在现代专利法中是一个重要问题。在解释权利要求时，法院会将其语言表达与说明书、附图及与专利有关的审查过程一并考虑。

一旦完成对权利要求的解释后，会将其与被诉侵权人制造、使用、销售、许诺销售（placed on sale）或进口到美国的产品或方法进行比较❷。如果被告的装置或方法与专利中的一项权利要求相同，并且如果被告实施了专利权人受保护的行为之一的话，法院将认定为侵权。专利权人负有以优势证据来证明此种侵权行为的责任。被告也可以针对侵权指控提出一系列抗辩，包括无效、不可实施性以及各种类似的抗辩❸。

如果被诉产品或方法包含了权利要求的全部限定，即所谓的从权利要求中"读出"了该产品或方法。在这种情况下，被告就已经从字面上侵犯了专利。但专利权人的专有权并不必然被局限于权利要求的文字表达。根据等同原则，如果被诉侵权的技术与请求保护的发明有非实质性的区别，那么即使字面上不满足权利要求的文字表达，法院仍然会判定侵权。

在我们谈到字面侵权及等同侵权原则之前，应当首先了解权利要求的解释这个术语。那些初识专利法的人会很高兴地了解到，与其他知识产权学科不同，在提起一项侵权诉讼之前，个人必须在一种官方认可的文件中来明确定义他们的专利利益。此外，尽管专利权利要求使用众所周知的呆板语言，但从根本上说，它们是一种质量较差的文本。每一项权利要求仅仅只是一句描述一件产品或一种方法的单句。与版权当中出现的大量模棱两可的实质相似分析相比，或与商标法中含糊不清的混淆标准相比，专利侵权分析首先表面上看是非常直截了当的。

但经验却已经非常不幸地告诉我们，专利法中的侵权分析与任何知识产权学科一样令人烦恼。没有几项权利要求的含义能够明确经得起高风险诉讼的考验和不会出现含糊或不确定性。权利要求解释的问题时常发生，因为这些文本

---

❶ 35 U.S.C.A. § 271 (a) (2000).
❷ Cybor Corp. v. FAS Techs., Inc., 138 F.3d 1448, 1454, 46 USPQ2d 1169, 1172 (Fed. Cir. 1998) (en banc).
❸ 35 U.S.C.A § 282 (2000).

的起草难度非常大。专利从业者必须具备大量的法律和技术技巧来撰写体现发明人做出贡献的权利要求，尽量避免现有技术已知的主题，且预期未来他人能够使用的实施方案。但是财力上的限制和及时授权的市场需求不利于努力进行详尽的准备工作。由于每一项专利权利要求都与唯一的说明书和审批过程联系在一起，对含义的探究往往是与案卷前后关联的，因而求助于先例常常是徒劳的。权利要求的撰写者和解释者已经发现确定性是一个很难达到的目标，但是他们也碰到一系列令人感兴趣的问题，而正是这些问题形成专利设计的核心。

8.2.1 字面侵权

如果被诉产品或方法包含的每个技术特征正如至少一项权利要求中所述，那么就称为该专利被字面侵权。法院常把字面侵权的判定与新颖性中"可预见"的判定标准作比较。如果要求保护的主题存在于美国专利法第102条所定义的专利权人的发明日之前的公有领域之中，那么该权利要求是可预见的；但是，如果是要求保护的主题在专利的授权日之后被使用，那么就是字面侵权❶。为了确保从权利要求准确地"读出"被诉侵权的技术，专利从业者一般都会准备一个将要求保护的主题与被诉主题进行比较的权利要求图表。

在要求完全一致的标准之下，如果一项被诉侵权的产品或方法中包含的技术特征或步骤比所引用的权利要求中少，那么就不构成字面侵权。被诉侵权的技术是否可以多于所列技术特征，取决于权利要求中出现的过渡术语。大多数权利要求者使用过渡术语"包括"，这是一种开放式的，可以任意添加额外的不包含在权利要求中的技术特征。其他的权利要求使用一种封闭式的或混合式的过渡术语，如果被诉侵权的技术包含了权利要求以外的技术特征，则可能不会被判定侵权❷。

8.2.1.1 Markman v. Westview Instruments 案

尽管字面侵权的分析标准是非常直接的，但它们在确定某些特殊权利要求的术语含义时却帮助不大。例如，假设一种混合物的权利要求保护"将近20%的蔬菜酱"。被诉侵权的合成物由18.86%的番茄酱组成，18.86%的含量是否相当于权利要求中所述含义"将近20%"取决于法院的解释。第二个问题是能否将番茄酱定义为蔬菜酱。植物学家长期以来都将番茄归类为水果，但

---

❶ Lewmar Marine, Inc. v. Barient, Inc., 827 F. 2d 744, 3 USPQ2d 1766 (Fed. Cir. 1987), cert. denied, 484 U. S. 1007, 108 S. Ct. 702, 98 L. Ed. 2d 653 (1988).

❷ 参见第6.2.1.2节。

是即使在今天，绝大多数外行人还是会到食品店的蔬菜区去寻找番茄❶。

在回答诸如此类的问题时，法院一般都会面对两个基本问题。第一，是确定在权利要求解释过程中可能要适当考虑的对象。先不考虑主张的专利权利要求本身，诉讼当事人必须提供诸如审批过程、现有技术文件、已知论文、字典定义以及发明人、技术专家和法律专家证词等证据。因为这些来源常常会提供含义冲突的证据，所以法院为了对专利权利要求进行解释，不得不创建一套基本的解释规则。第二，法院还不得不解决权利要求解释的问题是属于法律问题还是事实问题，而这一点将决定应当由陪审团还是法官来确定权利要求的含义，以及在上诉程序中再审的判断标准。

联邦巡回上诉法院对于 Markman v. Westview Instruments Inc.❷案（以下简称"Markman 案"）发表的全体一致的观点为上述两个基本问题提供了答案。同样的，该案例已经在实体和程序方面成为对当代权利要求的解释有指导作用的判例。该有争议的授权发明是一个比较简单的案例，涉及针对干洗店的库存商品跟踪系统。Markman 将计算机与条形码技术结合起来，从而将衣服的丢失控制在最小化的程度，并避免了工作人员在干洗过程中行窃。他所谓的"库存控制和报告系统"可以跟踪到虚假添加和虚假删除库存量。

Markman 向其竞争者主张自己的专利权，对此将会由陪审团审理。尽管陪审团支持 Markman，但是，审判法官却直接改为不侵权判决。并声称权利要求的解释对于法院来说，是一个法律问题，初审法官的裁决认为，术语"存货清单"专指衣服物品。因为被告被诉侵权的发明仅仅包含发票的清单，当衣服被带出干洗店之后，（仅凭发票）不可能追踪到某一件具体衣服的位置，因此，从此项权利要求可知，其不构成侵权。

在再审程序中，联邦巡回上诉法院维持了该判决。据此，法院对于权利要求的解释创建了两套证据引入方式。第一，被称为"内在的证据"由权利要求、说明书和专利审查档案构成。法院要考虑所有的内在证据纪录以决定权利要求的含义。第二，所有其他的来源包括从字典定义到专家证据，都归为"外在的证据"。初审法院的法官有决定是否采纳外在证据的自由裁量权，但是，如果内在的证据可以对权利要求进行合理解释，就不需要考虑外在证据了。

联邦巡回上诉法院也认为，权利要求的解释是一个单独由法官来作出决定

---

❶ This example is drawn from the well-known Supreme Court opinion in Nix v Hedden, 149 U.S. 304, 13 S. Ct.

❷ 52 F. 3d 967 (Fed. Cir. 1995).

的法律问题。绝大多数人的观点认为，专利如同其他书面文件一样，传统上都是由法院来解释的。此外，参与专利制度的人能充分理解由经过专门训练的法官对权利要求的范围做出的清晰的、理由充分的分析。因此，在陪审团审理中，法官的责任是确认权利要求的含义，并将该含义指示给陪审团。在上诉程序中，联邦巡回上诉法院将会重新对权利要求的解释进行审查，此时不需要遵从初审法院的结论。

将这些原则应用到目前这个案例当中，法院得出结论说，权利要求术语"存货清单"的含义应该解释为"衣服物品"而不是金钱或发票。权利要求书、说明书以及专利审查档案都显示了在整个干洗过程中存货的动态形式，而美元和纸片绝不会发生这样的运动。联邦巡回上诉法院也不认可专利代理人和 Markman 本人在整个审判过程中的证词。法院认为，这种证词相当于一种法律意见，仅适用于初审法院当中。法院还论证说，就权利要求的含义而言，在一致的内在证据面前，外在的证据不应该对权利要求的解释起决定作用。

最高法院在主要关于第七修正案❶的判决意见中肯定了联邦巡回上诉法院的观点。法官 Souter 参照了专利的在先判例后表示，在颁布的第七修正案中，是法官，而不是陪审团拥有解释权。法院进一步分析，与陪审团相比，由于有专业训练和经验，法官更适合充当权利要求的解释者这个角色。最后，法院得出结论，将解释权利要求这个任务交给法官，能够通过依循判例和表达清晰的公开判决促进判决的一致性。

目前看来，Markman 案件的结论似乎是明智的。除非 Markman 正在经营一个清洗金钱的公司，否则在他的专利文件中不应将"存货清单"这个术语合理地理解为相当于现金。然而，法院认为专利权利要求仅仅适于司法解释的结论似乎是值得怀疑的。专利权利要求充满了技术术语，从电极到多肽再到惯性的力矩，这些词汇都不是经过专门训练的律师们能够解释的。但是，那些认为外行陪审员们更适合解释权利要求术语的主张就更具争议性了。

人们还想知道，权利要求的解释是一个法律问题这一结论如何与古老的专利法原则保持一致，即权利要求是供本领域的普通技术人员来理解的。如果初审法官听到一名本领域技术人员证明支持原告对于现有技术中技术术语的解释，另一名技术人员证明支持被告的阐释，决定哪一位专家更可信确实是一个事实问题。基于此，法官 Schwartz 因 Lucas Aerospace, Ltd. v. Unison Industries, L. P. 案而声名远扬。

据笔者理解，Markman 案，因为权利要求的解释表现为一个纯粹的法律问

---

❶ 517 U. S. 370，116 S. Ct. 1384，134 L. Ed. 2d 577 (1996)。

题，初审法官一定是忽视了所有不记录的法院事件，如证人的肢体语言，当面对提问时不敢保持目光接触，做出回答时犹豫不定、吞吞吐吐，用表现真实答案是"不"的语调作出肯定的回答，以及证人从确信到踌躇时挪移不定的脚步及不断变化的姿势。上述所有这些表现都发生在审判当中。当两个专家对技术术语的含义作出不同的陈述时，法院会选择其中一种观点摒弃另一种观点，或者也可能将两种观点都摒弃，因此，虽然专利权利要求的解释是法律问题，但法院会采纳权重较大的证据并做出可信的选择。如果那些拥有更高职位的人愿意依赖冷冰冰的书面记录并重新审核所有权利要求的解释——那是他们的特权。但是当联邦巡回上诉法院表明，初审法院并没有尽职尽责地发挥其司法职能时，该法院便成了诡辩和虚构事实的地方❶。

尽管Markman的判决意见没有过多关注审判程序，但这些判决还是大大影响了专利诉讼的行为。将权利要求的解释看作一个纯粹的法律问题推动了一种简易判决程序的发展，在这种程序中由初审法官来决定权利要求的含义。地区法院开展所谓的"Markman听证"的时间选择各不相同。一些法院在诉讼初期就开展了"Markman听证"，这些法院希望缩小争议，尽快解决问题，但常常在缺乏证据的情况下必须做出决定。另外一些法院在审理侵权的同时审理权利要求含义的证据，并在陪审团退席前告知其权利要求的合理解释。尽管这种方法使得法院在证据开示程序完成后及诉讼主张充分形成后获得一定的证据，但这种方法也会阻碍各方当事人在初审审判时就法官对于权利要求的解释进行陈述和辩论。

联邦巡回上诉法院对于权利要求解释这个问题的重新复核标准是显而易见的。如果地区法院对权利要求的解释在复核时没有被认同，那么初审法院程序就会变成一个纯粹的上诉中间站。可以预见的是，联邦巡回上诉法院在Markman案之后会带来高翻案率。的确如此，在一些公布的案例当中，联邦巡回上诉法院对权利要求作出的解释既不同于地区法院，也不同于被诉侵权人，还不同于专利权人。但是，联邦巡回上诉法院的法官已经大量接受了专利业内人士的观点，这些意见在"后Markman案时代"将继续改进在权利要求解释中普遍存在的问题。

8.2.1.2 权利要求解释的准则

除了Markman案中所叙述的权利要求解释的基本原则之外，联邦巡回上诉法院的一些案例也声明："许多准则……指导着我们对所有专利权利要求的

---

❶ 890 F. Supp. 329, 333 n. 7 (D. Del 1995).

第8章 专利侵权

解释"❶。联邦巡回上诉法院的一篇司法评论描述了一套最普通的解释规则。尽管评论者也对这些通用的解释规则能否对真实案例判决起作用持怀疑态度，但联邦巡回上诉法院却坚持依赖这些规则对权利要求进行解释。在下文中将会介绍更重要的准则。

无数的判决解释说，专利权人应该成为他们自己的词典编纂者❷。法院想以此来表达，专利权人可以在权利要求中使用他们杜撰的词语。在这些情况下，专利说明书或审查档案应清楚地表达该词的含义。词典编纂者的特权就凸现出来了，因为专利权利要求不可避免地涉及新技术，而确切描述的术语可能尚不存在。例如，电话的发明人要想把使用者说话时面对的电话机部件命名为"接收器"，并将这个术语用于他撰写的权利要求中。他可以决定是否这样做。然而，任何新创造出来的词汇都不应该误导人，专利权人也不应该使用如"小配件"或"小器具"等这种老套的词汇。

解释中所用到的另一个基本准则是，一项权利要求术语的含义在上下文中应该保持一致❸。即使用在不同的权利要求中，一个特定的术语也应该保持相同的含义。同样的，为了将已要求保护的发明与现有技术区别开来，不能狭窄地解释一项权利要求，但为了实现发现侵权的目的，也应将该项权利要求作宽泛的解释。

专利说明书常常包括发明的详细实施例，被称为"最佳实施方案"。最佳实施方案通常提供一些详细信息，即关于发明人所知道的能将该发明付诸实践的最佳方式，以与专利法中有关"最佳实施例"的要求一致❹。联邦巡回上诉法院认为，一项权利要求的解释如果不包含最佳实施方案"基本上是不正确的"❺。这条准则告诉我们，发明人想要以排除最佳实施方案的方式来定义他们的发明是不可能的，此外，本领域的技术人员应该以这种方式理解权利要求。

区分权利要求的准则也屡被提及。根据这条准则，读者应当假设，一项专利的每项权利要求都表达了不同的含义。应用权利要求区分准则的判例是 Transmatic, Inc. v. Gulton Industries, Inc. 案❻，在此案中联邦巡回上诉法院的

---

❶ Athletic Alternatives, Inc. v. Prince Mfg., Inc., 73 F. 3d 1573, 37 USPQ2d 1365, 1370 (Fed. Cir. 1996).
❷ Vitronics Corp. v. Conceptronic, 90 F. 3d 1576, 1582, 39 USPQ2d 1573, 1576 (Fed. Cir. 1996).
❸ Fonar Corp. v. Johnson & Johnson, 821 F. 2d 627, 632, 3 USPQ2d 1109, 1113 (Fed. Cir. 1987).
❹ 35 U.S.C. §112 ¶1 (2000)。参见第6.1.3节。
❺ Vitronics, 90 F. 3d at 1583.
❻ 53 F. 3d 1270, 35 SPQ2d 1035 (Fed. Cir. 1995).

判决针对的是一个授权的用于公共汽车或其他公共交通工具上的电灯组件。所述专利的权利要求 1 要求保护一种"电灯外壳",但在权利要求技术特征中未提及该装置的其他结构限制。相比而言,该诉讼专利的权利要求 3 从属于权利要求 1,其要求该电灯外壳有"水平外壁并带有向内的固定结构",用于在交通工具上固定电灯外壳。联邦巡回上诉法院适用权利要求区分的准则,指出权利要求 1 并不要求具有权利要求 3 所述的具体结构。

Markman 案的基本判决本身可以解释为,权利要求应该根据说明书来进行解释。然而,法院又强调,说明书中的限定不应该引入到权利要求中去。联邦巡回上诉法院在 Unique Concepts, Inc. v. Brown 案中的意见说明了这两种相互竞争的准则之间的对立平衡❶。Unique Concepts 拥有一个边缘部件组件专利的独占许可,这些组件用于将纤维墙壁覆盖物固定在壁上。专利的权利要求包括一个称为"直线边缘部件与直角拐角边缘部件"的限定。Unique Concepts 起诉 Brown 侵犯其专利权,地区法院认定 Brown 的组件确实符合这个限定,但仍宣告 Unique Concepts 败诉。初审法院注意到,Brown 的组件只是将直线部件斜装在了一起❷。很显然,在安装外壳盖子时,Brown 只是匆忙中将直线部件连接在一起就形成了边缘部件。Unique Concepts 向联邦巡回上诉法院提出上诉,联邦巡回上诉法院维持了该案,但其中 Rich 法官提出了反对意见。

联邦巡回上诉法院中绝大多数人都同意初审法院判定的 Brown 没有侵权的结果。法官 Lourie 和法官 Mayer 称,权利要求限定的组件中有两个完全不同的部分:"直线边缘部件"和"直角拐角边缘部件"。大多数人把说明书看作是说明:权利要求术语"直角拐角边缘"指的是单个预制的部件。而事实上,直线边缘部件可以安装成直角,而不是将它们转化成"直角拐角边缘部件"。

持不同意见的法官 Rich 认为专利的说明书与此大相径庭。法官 Rich 指出专利的说明书中写到:"并没有使用先前公开的那种类型的预制直角拐角边缘部件,人们有可能通过斜向切割一对短的直线边缘部件的端部以彼此成直角放置来改进拐角部件……"根据法官 Rich 的意见,说明书中阐述了这种斜接的直线边缘部件可以摆放成直角从而连接形成边界。

总之,绝大多数人都认为,说明书中解释了权利要求术语"直角拐角边缘部件"的含义。不同意见者指责大多数人将说明书中的限定引入到权利要

---

❶ 939 F. 2d 1558, 19 SPQ2d 1500 (Fed. Cir. 1991).

❷ Mitered Pieces are ct at an angle other than ninety degrees, so that they are beveled, and those pieces are then joined together.

求中。审理就要结束时，Unique Concepts 认为，使用说明书来解释权利要求术语与从说明书引入权利要求的范围之间的区别是很微妙的。

联邦巡回上诉法院还树立了"重大推定"规则：一项权利要求中所使用的一个词语带有其通常的含义❶。字典可能会为一项特殊术语提供普遍理解的定义。但是，联邦巡回上诉法院已经注意到，在四种情况下，一项权利要求术语将与其通常的含义不一致❷。第一，如上所述，专利权人可能充当他们自己的词典编纂者角色，在专利文件范围内对于特殊术语的含义自主创建定义。

第二，专利权人的主张可能会导致权利要求的解释比一般情况更严格，这种主张可能是在专利文件中或者是在审查过程中作出的。例如，在审查过程中，专利权人可能会主张，为了将权利要求与现有技术进行区分，一项权利要求术语可能具有比通常情况更狭窄的含义。在侵权诉讼过程中，法院将会认定专利权人作出了更严格限定的解释❸。

第三，如果一项特殊的术语用在步骤或手段加功能格式中，那么权利要求术语解释应当符合美国专利法第 112 条第 6 款的规定❹。例如，假设在一项权利要求中包含术语"联接方式"，并且专利公开了通过使用胶水来进行联接这一事实。再进一步假设，法院将会认定该项权利要求是以"手段加功能"的格式撰写的。在这些情况下，法院应该将术语"联接方式"限定在覆盖胶水的含义及其等同物的范围，以满足美国专利法第 112 条第 6 款的要求——而不是覆盖任何一种联接方式。

第四，如果一项权利要求的术语导致权利要求不清楚，即"不能通过任何方式由所使用的语言确定权利要求的范围"❺，则该术语被赋予的范围比通常的含义更窄。例如，在 Ethicon Endo - Surgery, Inc. v. U. S. Surgical Corp. 案中❻，联邦巡回上诉法院对描述一个外科肘钉固定器的一项权利要求进行了解释。在权利要求的技术特征中，提及"由一个或多个推进式杆组成的推进器装置"以及"一个抑制结构"。尽管术语"推进器装置"出现在所述权利要求中，但该词并没有在整个专利文献中的其他任何地方使用过或定义过。该权利要求本身除了通过两个所述具体结构进行定义外，没有对"推进器装置"的

---

❶❷　CCs Fitness, Inc. v. Brunswick Corp.., 288 F. 3d 1359, 62 UDPQ2d 1658（Fed. Cir. 2002）.

❸　例如，Spectrum Int'l, Inc. v. Sterilite Corp, 164 F 3d 1372, 1378, 49 USPQ2d 1065, 1069（Fed. Cir. 1998）.

❹　参见第 6.2.2.2 节。

❺　Johnson Worldwide Associates, Inc. v. Zebco Corp., 175 F. 3d 985, 990, 50 USPQ2d 1607, 1610（Fed. Cir. 1999）。

❻　93 F. 3d 1572, 40 USPQ2d 1019（Fed. Cir. 1996）.

结构进行定义。结果,联邦巡回上诉法院并不认定术语"推进器装置"这一含义能够囊括可用于推进式肘钉固定器中的任何装置。相反,法院将"推进器装置"的字面含义限定为推进式杆与抑制装置的具体结合。

8.2.2 等同原则

一项专利独占权是由权利要求的文字所确立的,但绝不仅仅局限于权利要求文字本身。尽管法院长期以来认同清晰而明确的权利要求的价值,但是他们拒绝将侵权审查局限于其精确的选词上。相反,依据等同原则,对于一项专利的保护范围还应该扩展到权利要求的字面措辞之外。根据当前的原则阐述,任何与要求保护的发明有非实质性区别的被诉侵权产品或方法都可以判定为是等同物进而认定是侵权行为❶。

等同原则源于司法机关做出的努力,是为了防止竞争者为避免字面侵权而针对要求保护的发明引入无意义的修改❷。然而,法院并不限制将该原则用于恶意、复制或盗版案件当中。每一个专利侵权案件都潜在地涉及等同原则。当法院适用等同原则时,他们试图一方面给予专利权人公平的保护,另一方面向竞争者适当告知专利权人独占权的范围,努力达到二者的平衡。

还有四条主要的限定来限制等同原则的适用范围。第一,专利审查过程中禁止反悔,由此防止专利权人重新获得他们在 USPTO 为了说服审查员认同他们的权利要求而放弃的保护范围。第二,专利权人还受到现有技术的限制,他们获得的对权利要求的解释不能包含本领域已知的或与其有显而易见区别的技术内容。第三,等同原则也不能扩大到在一项专利中已公开但未明确要求保护的主题——该项原则又称为公共捐献原则。第四,根据全部技术特征准则,权利要求中所提到的每一个技术特征对定义该发明都是非常重要的。因此,等同原则并不适用于整体发明,而适用于权利要求中所叙述的单个技术特征。

8.2.2.1 Graver Tank 案以及功能—方式—效果判定规则

联邦最高法院于 1950 年关于"Graver Tank v. Linder Air Products Co."❸案件(以下简称"Graver Tank 案")作出的判决是 20 世纪下半叶根据等同原则而作出的最重要判决。尽管联邦最高法院在 1997 年关于 Warner - Jenkinson

---

❶ Toro Corp. v. White Consol. Industries, 266 F. 3d 1367, 1370, 60 USPQ2d 1437, 1438 (Fed. Cir. 2001).

❷ Martim J. Adelman & Gary L. Francione, The doctrine of Equivalents in Patent Law: Questions that Pennwalt Did Not Answer, 137 U. PA. L. REV. 673 (1989).

❸ 339 U. S. 605, 70 S. Ct. 854, 94 L. Ed. 1097 (1950).

第 8 章 专利侵权

案的判决中❶，再次适用了该原则，但在 Graver Tank 案中绝大多数人与不同意司法意见者之间的对话持续引发了关于专利侵权的法律讨论和政策讨论。Graver Tank 案仍然是考察等同原则比较合适的起点。

Graver Tank 案中争议涉及的专利是一种称为"焊剂"的电焊组合物。当把焊剂涂在待焊接的物体表面时，该焊剂有助于熔化两种物质。所要求保护的焊剂由氟化钙和碱土金属硅酸盐组成。被指控的熔剂是已知的注册商标为 Lincolnweld 660 的熔剂。该产品由钙和锰的硅酸盐构成。锰不是一种碱土金属。问题的关键在于，锰是否与用于焊接技术中的碱土金属等同。与该问题相关的事实是，专利权人在市场上销售的焊剂组合物是 Unionmelt Grade20，其由钙和镁的硅酸盐组成，另一个事实是，现有技术的专利都将锰作为一种焊接组合物。

法院根据等同原则对基本政策进行复核并开始发表看法。法院注意到，将专利权局限于字面侵权只会鼓励竞争者造出要求保护的发明的不重要替代物。这样一种空洞的授权只会阻碍发明人寻求专利保护，从而违背了专利制度的主要宗旨，即公开新发明。总之，等同原则的"实质"是阻止"专利上的欺诈"❷。

联邦最高法院从 Sanitary Refrigerator co. v. Winters"❸ 案中引用其早期的观点，接下来确认了等同原则著名的三要素规则。当被诉侵权产品或方法以"实质上相同的方式实现实质上相同的功能并获得相同的结果"，根据这种原则就会认定侵权。根据法院的意见，要求保护的和替代的技术特征之间的公知的可交换性在等同物确定中是一个非常重要的因素。法院也认为找到等同物是一个事实问题，通过使用专家、学术教科书以及现有技术的公开内容都是可证明的❹。

将这些原则应用到所探讨的事实中，依据等同原则法院维持了侵权判决。据法院称，化学家已经证明，镁和锰在焊接领域中是等同物。初审法院已经恰当地认定 Lincolnweld 660 和 Unionmelt Grade 20 焊剂在各方面都是等同的。法院还未看到被告独立开发了 Lincolnweld 660 焊剂的证据。法院认为"很难想出一个适用等同原则的更恰当的例子"。❺

---

❶ Warner – Jenkinson Co., Inc. v. Hilton Davis Chemical Co., 520 U.S. 17, 117 S. Ct. 1040, 137 L. Ed. 2d 146 (1997).
❷ 339 U. S. at 608.
❸ 280 U. S. 30, 42, 50 S. Ct. 9, 74 L. Ed. 147 (1929).
❹ 339 U. S. at 608 – 10.
❺ 339 U. S. at 612.

法官 Black 和 Douglas 持不同意见。Black 法官主要强调，法院应该让原告通过再颁程序解决，而不是随意使用等同原则❶。他提醒大多数人，国会已经明确提供了通过再颁程序获得范围更宽的权利要求的程序。为了平衡专利权人和他们的竞争者之间的利益，专利法使扩大范围的再颁程序有一个为期两年的法律限定和参与诉讼权的约束。据 Black 法官称，司法部门通过等同原则裁决侵权的想法将无视这些合理的预防措施，最终也会削弱再颁法规的作用。50 年后，Black 法官的批评仍未得到实质性的回应。

Douglas 法官的不同意见言简意赅，他认为，要求保护的专利原本就包括范围宽的概括性的权利要求，该权利要求已经包括了 Lincolnweld 焊剂❷。这些权利要求在侵权诉讼过程中由于缺乏可实施性而被推翻。Douglas 法官坚持认为，等同原则不应该用于重新要求那些已经被认为无效的权利要求。

尽管 Douglas 法官的假定是合理的，但大多数人还是从中得出了与其完全相反的结论❸。通过从 USPTO 获得概括性的权利要求，Graver Tank 案中的专利权人 Jones，已经明确表示了对后来包含在 Lincolnweld 焊剂中的组合物的独占权益。USPTO 当时的政策也不允许 Jones 分别申请三种以上不同的要求保护的权利要求种类。因为技术原因限制了 Jones 获得覆盖 Lincolnweld 焊剂在内的有效权利要求的机会，所以本案中等同侵权的理由非常充分。

专利界从 Graver Tank 案件中获得了关于等同的功能—方式—效果判定规则。后来的成百上千等同意见继续适用这一规则。经验并没有帮助法院进一步澄清这个标准，相反却证明，其非常高的模糊性限制了将这一规则用于解决大多数侵权案件。诉讼当事人将术语"功能""方式"以及"效果"赋予了很多不同的含义，专利权人从比较宽泛的角度去解读这些术语，但被诉侵权人却从比较狭窄的角度去解读。而这个标准时常简化成一种"方式"测试：如果被诉侵权的技术没有执行同样的功能，而实现同样的效果，一般情况下，它就根本不会成为专利侵权诉讼的主题。正如法官 Learned Hand 在 Claude Neon Lights, Inc. v. E. Machlett & Son 案中更简明地陈述：

"每一件案件或多或少不可避免地与经常发生的案件存在相似之处，其他的判决很小甚至毫无价值。通常的惯例常常被无数次地重复，且几乎没什么意

---

❶ 339 U. S. at 612–18. 关于再版行为的完整讨论，参见本书第 7.5.3 节。

❷ 339 U. S. at 618.

❸ Hilton Davis Chem. Co. v Warner - \ Jenkinson. Co., 62 F. 3d 1512, 1535, 35 USPQ2d 1641, 1659–60（Fed. Cir. 1995）(in Banc)（Newman, J., concurring）.

义……在应用当中毫无帮助；它不过是陈述问题的一种方式❶。"

这种理解在级别较低的法院中引起很大不满，在45年后由联邦最高法院再次适用等同原则而达到高潮。

8.2.2.2　Warner-Jenkinson 与非实质性区别测试（the Insubstantial Differences Test）

联邦最高法院于1997年在 Warner-Jenkinson Co. v. Hilton Davis Chemical Co. 案（以下简称"Warner Jenkinson 案"）中提供了关于现代等同原则问题的全部特征讨论❷。原告专利权人 Hilton Davis 和被诉侵权人 Warner-Jenkinson 都制造染料。涉诉专利要求保护一种通过多孔膜过滤染料以去除杂质的方法。正如最初提交给 USPTO 的那样，权利要求并没有明示进行超滤过程所需的 pH 值。后来在审查过程中，为了区别一项现有技术专利的"在9.0以上的 pH 值下进行"的特征，Hilton Davis 加上了限定"pH 值大约为6.0到9.0"。被诉侵权的方法是在 pH 值为5.0下进行。陪审团的审判根据等同原则认定侵权成立。联邦巡回上诉法院同意由全体法官审理此案件，并在一系列冗长的、分歧众多的意见基础上维持了判决。最高法院颁发了调卷令，并对等同原则进行了彻底的复核。

Warner-Jenkinson 的第一组论点为，1952年颁布专利法时等同原则尚不存在，并提出有力的辩词说，在之前的45年里许许多多的案子都被误导了。它的立场是，等同原则与确定的权利要求的法定要求、保护范围扩大的再颁程序的法定要求以及 USPTO 在确定权利要求范围中所起的作用这三个方面不一致。法院简要地作出反应，这些观点在 Graver Tank 案中已经被提出并遭到了拒绝，因此，如今再推翻那个决定已经没有基础了❸。

另一方面，其更有趣的论点是，当美国国会在美国专利法第112条第6款中对功能性权利要求进行规定时，已经完全将等同原则条文化了。这条法律条文允许申请人起草所谓的"手段加功能"权利要求，即"解释为包含说明书中所描述的相应的结构、材料或行为以及它们的等同物"。❹ 根据 Warner-Jenkinson 的观点，国会批准功能性权利要求的等同条款会导致之后摒弃用于其他种类的权利要求的一般等同原则。Thomas 法官也对这种论点持否定态度，

---

❶　36 F. 2d 574, 3 USPQ 220 (2d Cir. 1929), cert, denied, 281 U. S. 741, 50 S. Ct. 347, 74 L. Ed. 1155 (1930).

❷　520 U. S. 17, 117 S. Ct. 1040, 137 L. Ed. 2d 146 (1997).

❸　520 U. S. at 25-27.

❹　在此书中的第6.2.2.2节中可以发现该规定的详细讨论。

理由是，美国国会特别引用美国专利法第 112 条第 6 款意在推翻联邦最高法院在 1946 年的 Halliburton Oil Well Cementing Co. v. Walker 案中的观点，联邦最高法院在该案中对功能性权利要求的有效性提出了严重的质疑。因此，Thomas 法官得出结论，这种有限的国会行为不应该视为对于备受推崇的等同原则的一种动摇和否定❶。

Warner – Jenkinson 还强调，等同物应该仅仅限于专利说明书中所描述的变体，或者换句话说，仅限于在授予专利权时已知的那些变体。法官 Thomas 迅速否定了这两种观点，他反驳道，本领域普通技术人员的视角已经对等同原则有了足够的限制。法院也认为，足够多的先例都表明等同物是事实的确定，应由审判过程中的陪审团来决定❷。

法院接下来还就一种在专利界日益广泛传播的观点发表了意见，这种观点认为等同原则应该只适用于那些被诉侵权人恶意从事活动（如复制）的案件。当然这种观点也遭到了反对。尽管 Graver Tank 案的观点认为，等同原则打击了侵权与"肆无忌惮的复制者"，但法院并不认为 Graver Tank 案将该原则局限于涉及那类声名狼藉的被告的案件。足够多的判例都以中立的词语描述了等同原则，并不将该等同物局限于适用于恶意行为人。在 Warner – Jenkinson 之后，明确了意图并不是等同原则分析的一个要素❸。

联邦最高法院对于 Warner – Jenkinson 案件观点的最后一部分提出了等同原则的恰当标准。即，考虑到通常将与 Graver Tank 案联系在一起的功能—方式—效果判定规则应用于复杂的、非机械的技术并非易事，联邦巡回上诉法院全体法官已经再次通读了 Graver Tank 案的意见。他们注意到，Graver Tank 案中，多次将"非实质性的区别"描述为适合用于发现等同物，联邦巡回上诉法院直接判定，"应用等同原则取决于要求保护的产品或方法与被诉侵权的产品或方法之间区别的实质性，其判断基于客观标准之上"❹。

令人吃惊的是，联邦最高法院对联邦巡回上诉法院有关 Graver Tank 案的重新阐述反应平淡。联邦最高法院不太愿意选择等同物的适当标准，而是提出"不同的语言框架可能适合不同的案件，这取决于他们的特定事实"。按照 Thomas 法官的观点，最根本的审查在于，被诉侵权的产品或方法所包含的技术特征是否与专利权利要求中所述的每个技术特征都相同或等同。联邦最高法

---

❶ 520 U. S. at 27 – 28.
❷ 520 U. S. at 37.
❸ 520 U. S. at 34 – 36.
❹ 62 F. 3d 1512, 1518, 35 USPQ2d 1641, 1645 (Fed. Cir. 1995).

第 8 章 专利侵权

院要求联邦巡回上诉法院在个案的基础上进一步提炼出一个恰当的等同标准❶。

即便是联邦最高法院对等同的恰当标准有独立观点，Thomas 法官并没有详细阐述刚刚获得认可的非实质性区别的标准。但是，Warner–Jenkinson 案件的观点以及随后联邦巡回上诉法院的意见提出了判断在要求保护的发明和被诉侵权技术之间是否存在非实质性区别的几种办法。如同在 Graver Tank 案中，授权的专利发明的技术特征与被诉侵权人独立实验的技术特征存在已知的可互换性取代是可以检验的❷。相似的非显而易见性分析也可能与等同审查是密切相关的❸。假如本领域普通技术人员已经发现被诉侵权产品中的某一种成分代替了要求保护的发明的一种成分就能够证明是非实质性区别。最后，功能—方式—效果判定规则在 Warner–Jenkinson 案件之后并没有消亡，而是发展成一种规则，说明要求保护的技术和被诉侵权的技术之间存在的区别是否是非实质性的。

8.2.2.3 对等同原则的限定

非实质性区别规则是等同原则的起点，但是达到这个标准并不一定得出侵权的结论。有四个重要的制约因素限制了等同原则的适用。它们是全部技术特征准则、现有技术原则、审查过程禁止反悔原则，以及公共捐献原则。这些限定原则在专利侵权诉讼中经常要被检验，因此值得在这里进一步讨论。

8.2.2.3.1 全部技术特征准则

在 Warner–Jenkinson 案中，联邦最高法院确认了这样一条原则："包含在一项专利权利要求中的每一个技术特征对于确定授予专利权的发明的保护范围来说是非常重要的，因此，等同原则必须应用于权利要求的各个技术特征，而不是作为一个整体的整个发明"。❹ 这就是所谓的"全部技术特征准则"。❺ 在应用过程中，只要一项权利要求中的每一个技术特征都出现在被诉侵权的装置或方法中，不论是从字面的角度，还是从等同的角度，都被视为侵权。因此，总的来说，等同原则并不是针对授予专利权的发明的整体，从更严格的意义上说，是针对一项专利权利要求的每一个技术特征。

---

❶ 520 U. S. at 39–40.

❷ 520 U. S. at 36.

❸ Roton Barrier, Inc. v. Stanley Works, 79 F. 3d 1112, 1128, 37 USPQ2d 1816, 1828 (Fed. Cir. 1996) (Nies, J., concurring).

❹ 520 U. S. at 29.

❺ 一些法官将这个原则称为"全部限定原则"，Cooper Cameron Corp. v. Kvaerner Oilfield Prods., Inc., 291 F. 3d 1317, 1321, 62 USPQ2d 1846, 1849(Fwd. Cir. 2002).

全部技术特征准则在美国法律中源远流长，联邦巡回上诉法院在1987年由全体法官参加的 Pennwalt Corp. v. Durand – Wayland, Inc.❶ 案（以下简称"Pennwalt 案"）的判决中提供了对该原则最翔实的阐释。Pennwalt 的第'628 号专利的名称是"水果及其同类物的分类器"。第'628 号专利公开了一种能根据颜色、重量或这些特点的组合迅速将水果或其他物品进行分类的机械装置。一个有线网络，包括硬件记录器，每当一枚水果沿着轨道移动时，能监视每一个水果。要求保护的技术特征是第一个和第二个"位置指示器"，当水果在分类机械装置中传输时，它能变换与水果相对应的数据。

Pennwalt 控告 Durand – wayland 侵权，声称其第'628 号专利的权利要求显现在被告的被诉 Microsizer 产品上。地方法院支持被告。初审法官称，Microsizer 不具备所声称的"位置指示器"，因为它无法变换数据。相反，Microsizer 采用的是随机存取存储器，即在不连续的位置存储颜色和重量数据。因此，不是将混杂的数据排成一列与行进中的一个个水果进行匹配，Microsizer 能控制行列指示器。初审法院认为，由于被诉侵权的装置完全缺少第'628 号专利中所声称的技术特征，因此，不论从字面上，还是从等同原则的角度上，被告都不构成侵权。

联邦巡回上诉法院中的绝大部分法官都支持初审法院，也认为 Microsizer 缺少"位置指示器"对 Pennwalt 侵权的认定来说是关键。根据大多数观点，被诉侵权的技术或者从字面上，或者从等同物上，必须包含专利要求保护的每一个技术特征才能判定为侵权。持相反意见的人则不把侵权审查与权利要求本身的语言联系起来。法官 Nies 提出的冗长的"附加观点"把这个准则命名为"全部技术特征准则"。

法官 Bennett 的不同意见以及法官 Newman 的补充评论完全否定了全部技术特征准则。持不同意见者认为，多数意见为等同原则设计了一个分析框架，其不过是字面侵权审查的多余的部分罢了。持不同意见者将等同原则视为一种公正的创造物，用于在个案中发挥公正的作用，这样一种目标在这种限定性的或机械的解释准则中是无法实现的。

全部技术特征准则对于权利要求起草者具有极其重要的实践意义。下面例子是简化了的权利要求：

"1. 一种叉子，包括：
一个圆柱形手柄；和

---

❶ 833 F. 2d 1317, 1321, 62 USPQ2d 1737(Fed. Cir. 1987).

与所述手柄相连的四个齿。

2. 一种叉子，包括：

一个圆柱形手柄；

与所述手柄相连的第一个齿；

与所述手柄相连的第二个齿；

与所述手柄相连的第三个齿；和

与所述手柄相连的第四个齿❶。"

就字面侵权而言，这两项权利要求似乎提供了同样的保护范围。但是，假如一个竞争者销售了一种带三个齿的叉子。如果法院愿意得出结论说三齿结构与权利要求 1 的第二个特征中所述的四齿结构等同，那么 Pennwalt 的判决就会认定相对于权利要求 1 为等同侵权。但是相对于权利要求 2，被诉侵权的装置将会缺少最后所述的技术特征——"第四个齿与所述手柄相连"——或者从字面上，或者以等同结构的形式。这样，认为其侵权将会违反"全部技术特征准则"，因此不属于等同的情况。

尽管这个例子非常简单明了，但是在诉讼案件中应用"全部技术特征准则"还是相当困难的。关于这条原则众所周知的一个案例出现在 Pennwalt 案件发生之后的两年，联邦巡回上诉法院在 1989 年对 Corning Glass Works v. Sumitomo Electric USA，Inc.❷ 案作出的判决。该上诉涉及一种已获专利的纤维光缆。这种技术旨在通过确保玻璃的折射率比玻璃周围物质的折射率高的方式，来实现利用玻璃纤维传导光的目的。专利权人 Corning Glass Works 研制了一种玻璃纤维，其由一种二氧化硅芯和一种命名为"覆盖层"的外壳组成。对这种芯进行"正"掺杂，以便它的折射率比周围覆盖层的折射率更高❸。其权利要求的部分叙述如下：

"一种光波导管，包括：

（1）一个"覆盖层"外壳……，以及

（2）一个芯料由熔融二氧化硅形成，在至少一种元素的基础上，添加有掺杂物质，其添加量超过覆盖层中的量，这样，该芯料的折射率比所述覆盖层

---

❶ Martin J. Adelman Et Al., Patent Law: Cases And Materials 947（1998）.

❷ 868 F. 2d 1251, 9 USPQ2d 1962（Fed. Cir. 1989）.

❸ 术语"掺杂剂"指的是在二氧化硅玻璃中引入杂质，以改变其光学性能，特别是其折射率。一些包括二氧化钛的杂质被称为"正掺杂剂"，增加玻璃的折射率。其他杂质，例如氟和氧化硼，是"负掺杂剂"，用于降低玻璃的折射率。

的折射率更高……❶。"

在被证明是一种非常理想的环境中,通过对覆盖层进行负掺杂,被告获得相应的不同折射率。换言之,并不是制作折射率比覆盖层更高的光缆芯料,而仅仅是他们刻意使覆盖层的折射率更低。地方法院判定被告负有侵权责任。被告提出上诉,联邦巡回上诉法院引用了 Pennwalt 准则,基于一种令人吃惊的观点,维持了原判决。法官 Nies 称,被告误解了"全部技术特征准则"中术语"技术特征"的含义。

"技术特征"可以用来表示一个单独的限定,但也可以用来表示一系列的限定。把这一系列技术特征放在一起,组成了要求保护的发明的组成部分。在"全部技术特征准则"中,"技术特征"在某种意义上是用于一项权利要求的限定……等同物的判定不会受到僵化准则的支配。在被诉侵权的装置中必须找到权利要求中每个限定特征的等同物,但不一定是在相应的组成部件中,尽管一般情况下事实如此❷。

许多评论者都对 Pennwalt 与 Corning Glass 是否协调一致表示怀疑❸。Pennwalt 宣称了一种按逐个技术特征等同的标准,而 Corning Glass 表面上看起来却回归到了等同原则的整体观点上。虽然这些案例得到不同的结果时,每个案件涉及的权利要求都书写了过多限定。在 Pennwalt 案中水果分类器的权利要求包含太多的技术特征。一位细心的起草者很可能将会对一项发明用不易理解的描述来定义一个可专利的技术创新。在 Corning Glass 案件中,权利要求区别特征部分太过狭窄。在撰写权利要求时,起草者不要清晰地要求向芯料中添加掺杂剂,而只要抽象地提到"添加掺杂剂以改变折射率"或仅仅是"改变折射率的差值"。

一些观察者认为 Corning Glass 案包含非同寻常的事实。例如,法官 Lourie 在 Ethicon Endo-Surgery, Inc. v. United States Surgical Corp. ❹ 案中的后续观点认为 Corning Glass 案涉及一个特殊的案例,该"两个相互影响的限定因素(覆盖层代替芯料,负掺杂代替正掺杂)进行同时替换"。❺ 另外,审理 Corning Glass 案的法院也只是对 Corning Glass 的里程碑式的发明留下了深刻的印象。也许 Corning Glass 案认为对于开拓性进步,应充分应用等同原则,但是

---

❶ 868 F. 2d at 1256, 9 USPQ2d at 1965.

❷ 868 F. 2d at 1259, 9 USPQ at 1968.

❸ E. g., Toshiko Takenaka, Interpreting Patent Claims: The United States, German And Japan 124 - 25 (1995).

❹ 149 F. 3d 1309, 47 USPQ2d 1272 (Fed. Cir. 1998).

❺ 149 F. 3d 1319, 47 USPQ2d at 1279.

却忽略了全部技术特征准则应用于恰当的权利要求的范围。

无论怎么样，关于全部技术特征准则的优点，最高法院在 Warner – Jenkinson 案中的观点大大地支持了这一原则❶。有趣的是，Warner – Jenkinson 案的事实并没有为法官 Thomas 的正面陈述提供有利的证据。而是指出了一条重要的权利要求限定因素，即在一种染料净化过程中应该达到的 pH 值。没有人对被诉侵权的方法发生在酸性环境下表示质疑，其他情况下几乎是不可能的。Warner – Jenkinson 案并不是一个缺少权利要求限定因素的案例。法院也认为讨论甚至引用 Pennwalt 案与 Corning Glass 案的观点不太合适。下级法院总能在最高法院那里找到极具说服力的权威论断，但是"全部技术特征准则"对于我们来说仍然是对等同原则的一个巨大限定。

8.2.2.3.2 现有技术限定

现有技术也限制着等同原则的适用。在良好的专利政策下，专利权人不应该将权利要求解释成延伸到已经进入公共领域的技术。那些使用公知的现有技术，或者明显是这些技术变形的人，不受侵权判定中等同原则的影响。

例如，假设 Lance Lumen 在 2003 年 7 月 4 日提交了一份与电灯泡有关的专利申请。Lance Lumen 的专利具体要求保护了一种钨灯丝的电灯泡。该申请在美国于 2005 年 11 月 12 日获得授权。Lance Lumen 对 Arthur Aurelius 提起诉讼，控告其侵权。因为 Arthur Aurelius 生产的是碳灯丝的电灯泡，所以没有字面侵权。Lance Lumen 的侵权案是基于等同原则之上，并坚持认为，碳灯丝等同于钨灯丝。在审判过程中，Arthur Aurelius 出示了一篇于 2000 年 1 月 1 日发表于 Bright Ideas 上的文章，该文章对电灯泡中碳灯丝的使用进行了详细的讨论。该文章发表于 Lumen 申请日的一年之前，依据美国专利法第 102 条第（b）款，该文章是 Lance Lumen 专利的现有技术。因为 Arthur Aurelius 只是使用了现有技术公开的一项技术，Lance Lumen 不可能成功地主张对其构成等同侵权。

上述案件所述的一切为一项政策制造了很好的理由。如果 Lance Lumen 的专利从字面上宣称在电灯泡中使用了碳灯丝，那么那些权利要求就应该是 Bright Ideas 中的文章所预见的内容，因此是无效的。Lance Lumen 不应该通过等同原则获得他不应该享有的利益。❷ 当然，被诉侵权人所使用的技术并不一定与现有技术文献中所指的技术完全一致，而可能是该技术显而易见的变形，

---

❶ 520 U.S. at 28 – 30.
❷ 的确，在像这种案例中，很可能是根据显而易见性分析，Lance Lumen 的专利是无效的。毕竟，如果 Lumen 主张钨灯丝和碳灯丝等同（即非实质性区别），而且如果现有技术公开了碳灯丝，在专利中所述的钨的替代对于相关技术领域的受过教育的那些人来说是显而易见的。

因此，分析就变得尤其棘手。

在现有技术的基础上限定等同原则的开创性案例，当属 Wilson Sporting Goods Co. v. David Geoffery & Associates 案❶（以下简称"Wilson Sporting Goods 案"）。该案件涉及 Wilson 宣称一个有关高尔夫球附带凹窝设计的专利。这些凹窝的位置设计得恰到好处，能使球飞得更高更远。尤其是，权利要求中要求凹窝不与 6 个"大圆圈"相交叉或者不与完全绕过球最宽部分的圆弧相交叉。

被告 Dunlop 销售的高尔夫球带有与专利中所称的凹窝结构相似的凹窝结构。但是，Dunlop 的球的大圆圈处不是如权利要求文字中所述的那样没有凹窝。有将近 14% 的凹窝与大圆圈相交叉。在审判过程中，陪审团认为根据等同原则被诉侵权的高尔夫球侵犯了专利权。

在上诉过程中，Dunlop 指向了一份证据，即由 Uniroyal 销售的现有技术的高尔夫球的记录。据 Dunlop 称，与 Wilson 专利一致的等同物的范围应该受到 Uniroyal 的球的限制，该球含有 12% 的凹窝交叉率。由于在 Dunlop 的球与 Uniroyal 的球之间只有微小的差异，所以，Dunlop 强调说，判定其侵权是不合适的。

联邦巡回上诉法院同意 Dunlop 的观点，在多次讨论的基础上改判。考虑到现有技术对等同原则的限制，法官 Rich 提出了一种新的方法，现有技术是否限制了权利要求字面上所称的等同物的范围是个很难回答的问题。为了简化分析和使问题进入熟悉的范围，通过设想一个"假设"的专利权利要求、使其范围足够宽从而在"字面上"覆盖被诉侵权的产品，这样可以有助于对等同范围限定的理解。相关问题则演变成假设的权利要求相对于现有技术是否能得到 USPTO 的准许。如果不能的话，准许专利权人根据等同原则在侵权诉讼中获得那一范围是不合适的。如果假设的权利要求得到了准许，那么根据等同原则，现有技术就不应是侵权的障碍❷。

根据这个方法，字面上包含 Dunlop 的产品的一项假设的权利要求，其字面上描述的范围是"不超过 14% 的凹窝与球表面上大圆圈相交叉"。如果 Wilson 已经以这种方式起草了权利要求，法院则认为根据现有技术 Uniroyal 球而言，其具有 12% 的凹窝率是显而易见的。因为 12% 和 14% 凹窝交叉率之间的差别并不是关键的不同点，所以 Wilson 的权利要求就不能被授予成足够宽的覆盖被诉高尔夫球的等同物范围。

有关 Wilson Sporting Goods 案的判决中值得注意的是，联邦巡回上诉法院

---

❶ 904 F. 2d 677, 14 USPQ2d 1942 (Fed. Cir. 1990).

❷ 904 F. 2d at 684 – 85, 14 USPQ2d at 1948.

关于其刚刚公布的分析方法所遇到的表面上的困难。在作出判决时,法院并没有宣布它假想起草的假设权利要求——前段中所引用的例子只是笔者的推论,并不真的来源于法官 Rich 的观点。此外,法院对于现有技术与未披露的假设权利要求之间所存区别的显而易见性分析不是非常的严密。不仅法院没有发回到下级法院要求根据显而易见性原则对 Graham 诸因素(现有技术、要求保护的发明与现有技术之间的区别、本领域的普通技术人员的水平以及相关的辅助因素)进行分析,法院甚至都没有对此进行系统讨论。

尽管从业者批评假设权利要求的方法是繁琐和令人混乱的,尤其是有陪审团参与的审判,联邦巡回上诉法院在最近的观点中强调,Wilson Sporting Goods 案并没有确立专利审判程序的原则❶。相反,该案为现有技术限制等同物的范围提供了大量的指导。不管有没有假设的权利要求,无数的联邦巡回上诉法院的案件已经承认现有技术影响等同物可允许的范围❷。如果情况允许,大多数被诉侵权人只是强调他们正在使用一项从现有技术可获得的技术,来抗辩所主张的专利就可以了,用不着去费力地虚构一套权利要求。

Wilson Sporting Goods 案的好处还在于将一些分析难点带入专利法由来已久的原则当中,即与声称在快速发展的领域中要求较窄的改进的专利相比,针对开创性发明的权利要求被赋予了较宽的等同物范围❸。这种经常引用的权利要求解释的原则认为,对于那些要求保护具有革命性进步的专利来说,现有技术不可能限制等同物的范围。但是,当授权的发明具有很小的进步时,现有技术会限制这些权利要求的等同物范围。

8.2.2.3.3 专利审查过程的禁止反悔

专利审查过程的禁止反悔原则排除了专利权人在法院面前获得对权利要求的这样一种解释,该解释包括在审查过程中向 USPTO 放弃的主题。它被命名为"专利审查档案"或"文档夹",即可公开获得的文件,包括在发明人和审查员之间在获得专利的过程中进行对话往来的文件。如果法院得出结论,申请人为了保证权利要求的批准而放弃了某个主题,那么,作为专利权人,他就不

---

❶ Conroy v. Reebok Int'l, Inc., 14 F. 3d 1570, 1576 – 77, 29 USPQ2d 1373, 1378 (Fed. Cir. 1994); Key Mfg. v. Microdot, Inc., 925 F. 2d 1444, 1449, 17 USPQ2d 1806, 1810 (Fed. Cir. 1991).

❷ Baxter healthcare Corp. v. Spectramed, Inc., 49 F. 3d 1575, 34 USPQ2d 1120 (Fed. Cir. 1995), cert denied, 516 U. S. 906, 116 S. Ct. 272, 133 L. Ed. 2d 194 (1995); We Care, Inc. v. Ultra – Mark Int'l Corp., 930 F. 2d 1567, 18 USPQ2d 1562 (Fed. Cir. 1991).

❸ Westinghouse v. Boyde Power – Brake Co., 170 U. S. 537, 561 – 62, 18 S. Ct. 707, 42 L. Ed. 1136 (1898).

可以采用等同原则重新获得已经放弃的主题❶。

例如，假设 Gadget 教授提交一份有关疫苗的专利申请❷。在申请时，Gadget 教授的权利要求并不包含为了达到有效的免疫效果应该注射疫苗的次数的限定。在审查过程中，审查员引用了一项现有技术参考文献，其公开了与 Gadget 教授的发明类似的疫苗，为了病人的安全，该疫苗要求相隔 1 个月对病人注射两次。鉴于此，为了将他的疫苗与现有技术区别开，Gadget 教授在权利要求中添加了一个限定。在修改时，Gadget 教授的权利要求引用了"单次注射疫苗"或诸如"所述病人使用一个剂量就能获得有效免疫"。令人满意的是，与现有技术相比，Gadget 教授的疫苗具有可授权的技术进步，审查员允许该权利要求得以授权。

再进一步假设，Gadget 教授后来起诉一位竞争者 Rue Bella，控告其专利侵权。Bella 制造了一种与 Gadget 教授的疫苗极其相似的疫苗，但是所述的侵权疫苗必须在相隔至少 1 个月注射 2 个单剂量。Rue Bella 可以从 USPTO 定购一份 Gadget 教授的专利审查档案副本，并携带到初审法院当作证据。然后法院会发现，为了避开现有技术，Gadget 教授明确将他的权利要求限定为单次注射疫苗。因此，Rue Bella 也会进一步主张，根据等同原则，"单剂量"的限定不应该扩展到"两次剂量"。因为从字面上说不侵权且专利审查档案禁止反悔阻止了等同原则的应用，所以法院应该驳回 Gadget 教授的侵权诉讼请求。

除了因权利要求修改而禁止反悔以外，法院还因辩论而禁止反悔❸。如果申请人向审查员申辩，指明要求保护的发明的特点或将其与现有技术区别开，那么就会适用专利审查过程禁止反悔原则。在这种情况下并没有对权利要求做任何修改。法院要考虑一个阅读了行政记录的竞争者是否有理由相信申请者放弃的主题。如果在专利审查档案中缺乏相反的有力证据，在决定是否给予专利授权的问题上，USPTO 的审查员将会采纳申请人的辩词。

从形式上说，与将专利审查档案用作确定权利要求含义的内在证据相比，专利审查过程禁止反悔原则是有所区别的。如 Markman 案的观点所描述的一样，专利审查档案是专利文件的一个补充，作为确定权利要求术语含义的一个

---

❶ 例如 Loral Fairchild Corp. v. Sony Corp. , 181 F. 3d 1313, 50 USPQ2d 1865（Fed. Cir. 1999），Cert. denied, 528 U. S. 1075, 120 S. Ct. 789, 145 L. Ed. 2d 666 (2000).

❷ This example is loosely based upon Intervet America, Inc. v. Kee – Vet Laboratories, Inc. , 887 F. 2d 1050, 12 USPQ2d 1474 (Fed. Cir. 1989).

❸ Cybor Corp. v. FAS Technologies, Inc. , 138 F. 3d 1448, 46 USPQ2d 1169（Fed. Cir. 1998）(in banc).

基本信息❶。专利审查档案禁止反悔原则是一个更为刻板的原则,只有在专利权人求助于等同原则时该原则才起作用。这样,假如一项权利要求描述了使用一种 pH 值"接近5.0"的液体,则在随后的侵权案件中对权利要求进行解释以确定从字面上说,该权利要求是否包含使用一种 pH 值为4.5 的液体,此时专利审查档案是密切相关的。换句话说,如果专利权人根据等同原则控告使用了一种 pH 值为4.5 的液体的另一方侵权,则可以查阅专利审查档案,来确定专利权人在向 USPTO 申请的过程中是否已经放弃了对该酸度液体进行保护的权利。

然而,在实践当中,这两种使用专利审查档案的方式是互补的。无论是在对权利要求进行解释的初始过程中使用它,还是根据等同原则在后来的侵权调查中使用它,使用专利审查档案可以保证申请人不会为了获得权利要求的准许而使用一种方式对该权利要求进行解释,而在被诉侵权时使用另一种方式对该权利要求进行解释。

联邦最高法院在 Warner – Jenkinson 案中的观点解释了专利审查档案禁止反悔原则的程序方面的内容。法官 Thomas 称,当专利审查档案表明专利权人在审查过程中修改了权利要求时,则专利权人有责任对该修改的理由做出解释。法院则必须"决定该理由是否足以克服专利审查过程的禁止反悔原则作为对修改增加的技术特征适用等同原则的障碍"。❷ 假如专利权人无法提供合理的解释,"法院应该推定专利申请人对包括通过修改加入的限定技术特征的真实原因是与可专利性有关",此时应该适用专利审查档案禁止反悔原则❸。

法院竭力想要弄清楚专利审查档案禁止反悔原则对等同原则影响的程度有多大。下面这个例子使用最新的技术,说明了这些难点。假如,在晶体管发明之前,发明人提交了一项权利要求,涉及一台部分使用"电子开关"的计算机。USPTO 审查员基于现有技术驳回了权利要求。然后,发明人删除了术语"电子开关",而代之以"电子管",这样就缩小了权利要求的范围。USPTO 审查员批准了该权利要求。后来,在专利期限快结束时,发明人起诉一个竞争者侵权,因为该竞争者制造计算机时使用了一种新型的技术含量较高的装置——晶体管,在专利进行审查和授权时,该装置尚不存在。

判例法为判定经过修改的权利要求限定的等同物的范围提供了两种可选途径,分别被称为"严格的禁止"和"有弹性的禁止"。依据严格禁止途径,如

---

❶ Markman v. Westview Instruments, Inc., 52 F. 3d 967, 34 USPQ2d 1321 (Fed. Cir. 1995) (in bace), aff'd, 517 U. S. 370, 116 S. Ct. 1384, 134 L. Ed. 2d 577 (1996).

❷❸ Warner – Jenkinson, 520 U. S. at 33.

果一项权利要求的限定在审查过程中已经被修改,那么对于那条修改过的限定,就不存在等同物的范围。在上例中,因为晶体管可以作为电子开关,所以认为专利权人已将其发明限定为电子管,有意放弃晶体管。因此,专利审查过程的禁止反悔原则完全挫败了专利权人的侵权指控。严格禁止途径的优点在于提供了一条"明线"原则,但是也会导致不利于专利权人的严重后果。

相比之下,应用弹性的禁止原则,法院将会以评估修改权利要求的理由来决定等同原则的剩余范围。专利审查档案禁止反悔原则只适用于当法院得出结论:一个本领域的技术人员有理由相信专利权人在审查过程中已经放弃了主题。继续前面的例子,没有哪个理性的竞争者会认为专利权人会通过对权利要求做出修改放弃该主题,因为在专利权人修改权利要求时,晶体管还没有发明出来!结果,法院很可能判定专利审查过程的禁止反悔原则不适用并且会继续适用等同分析原则。

从传统的角度来说,联邦巡回上诉法院采用弹性禁止原则。但是,在 Festo Corp. v. Shoketsu Kinzoku Kogyo kabushiki Co. 案❶(以下简称"Festo 案")中,联邦巡回上诉法院突然宣布他们将改为采用严格禁止原则,结果却被联邦最高法院改判。其中,原告 Festo 拥有 Stoll 和 Carroll 两项专利。每一项专利都包含一种磁力无杆圆柱体,其一般用于控制一条传送带。该圆柱体由一个包含活塞和套筒的管状容器组成。磁铁位于管状容器和套筒上。通过使用液压,活塞可以来回移动。磁力会使套筒随活塞的移动而移动。反之,套筒与传送带相连,随时随之移动。

在审查过程中,Festo 公司对 Stoll 和 Carroll 两项专利的权利要求进行了修改,在权利要求中增加了一对密封圈。在 Carroll 专利的权利要求中,另外增添的内容为,套筒由磁性材料制成。被诉侵权人 SMC 公司生产了一种装置,使用一个双向密封圈(而不是如所修改权利要求中所述的"一对"),而且套筒是由非磁性材料构成(不是修改的权利要求中所述的磁性材料)。

尽管从字面上说,Stoll 和 Carroll 两项专利没有被侵权,Festo 公司认为根据等同原则仍然存在侵权。而 SMC 公司则主张,专利审查档案禁止反悔原则阻止了 Festo 公司应用等同原则。而 Festo 公司的立场是,遵循 Warner-Jenkinson 案,对两项权利要求的修改进行了解释。Festo 公司特别指出权利要求中对密封圈的修改与审查员基于美国专利法第 112 条作出的驳回有关,涉及权利要求的确定性。Festo 公司还进一步说明了权利要求中有关套筒材料的修改完全是自愿的。

---

❶ 234 F. 3d 558,56 USPQ2d 1865(Fed. Cir. 2000)(en banc).

Festo 公司在初审法院中占了上风,于是 SMC 公司向联邦巡回上诉法院提出上诉请求,结果被改判。联邦巡回上诉法院适用了严格禁止原则并判定,专利审查过程的禁止反悔原则完全阻止了等同原则的适用。法院解释道:"当权利要求的修改对权利要求的技术特征形成专利审查过程禁止反悔原则时,对于该修改的权利要求技术特征就没有等同物的范围"❶。联邦巡回上诉法院解释道,对于专利保护的范围来说,其确定性极为重要。因此,有理由认为对权利要求的修改应该被看作放弃,并应按照不利于发明人而有利于公众的意思来解释。

联邦最高法院意见一致地撤销了该案的判决,并发回重审,他们摒弃了联邦巡回上诉法院所采用的严格禁止原则,赞成他们自己的弹性禁止原则❷。法官 Kennedy 解释说,专利审查过程不能阻止发明人主张对缩小了范围的每个技术特征的等同物提出侵权诉讼。相反,法院应该对通过缩小范围的修改方式而放弃的主题范围进行具体确认。法院遵循在 Warner – Jenkinson 案中确立的方法,即认可这样一种假设:任何通过权利要求的修改而放弃的内容都是要求保护的内容的等同物。然而,专利权人可能反驳这种假设,即只要表明,在对权利要求进行修改时,本领域的技术人员不能合理地预期起草一份字面上包含所述等同物的权利要求。正如法官 Kennedy 所解释的那样:

"然而,在某一些案件当中,对权利要求的修改并不能合理地视为对某一特定等同物的放弃。在申请时等同物也是不可预见的;修改的根本原因或许与正在讨论的等同物没有关系;也许还有其他原因,如专利权人不能合理预期地描述所讨论的非实质性的替代物。在这些案件当中,专利权人可以排除这样一种假设,即专利审查档案禁止反悔原则阻止了找到等同物。"❸

很显然,从这段话中可知,尽管联邦最高法院否决了联邦巡回上诉法院的严格禁止原则,但是,联邦最高法院只提供了数量非常有限的几种方法以供专利所有人规避专利审查档案禁止反悔原则。按照联邦最高法院在 Festo 案中的观点,修改权利要求的专利权人只有三次机会来反驳因修改权利要求而导致的专利审查档案禁止反悔原则。

这三次反驳依据第一种,即所述等同物应该是不可预见的。如法官 Lourie 针对在发回重审的案件中联邦巡回上诉法院解释的那样,"通常情况下,如果所述等同物代表后来开发出来的技术(如,与电子管有关的晶体管,或者与

---

❶ 234 F. 3d at 569, 56 USPQ2d at 1872.
❷ 535 U. S. 722, 122 S. Ct. 1831, 152 L. Ed. 2d 944 (2002).
❸ 535 U. S. at 740 – 41.

纽扣有关的维可牢尼龙搭扣）或在相关技术当中尚不为人知的技术，那就属于不可预见的。相比之下，老的技术，尽管不总是可预见的，但多数情况下是可预见的。"❶ 联邦巡回上诉法院认为，可预见性提供了一个事实问题，一方面是基于本领域的技术水平，一方面是基于本领域普通技术人员这个假设的人在对权利要求作出修改时的理解❷。

第二种可能性为使范围缩小的修改理由与所述等同物是"离题万里的"或"不直接相关的"。尽管下级法院在联邦最高法院对 Festo 案作出判决后还没有直接适用这个因素，但是联邦巡回上诉法院认为，为避开包含所讨论的等同物的现有技术而对权利要求进行的修改，并不认为是离题万里的。联邦巡回上诉法院还进一步认为，是否应用第二种反驳依据的决定因素应当基于审查专利的审查档案，而不是专家的证词或其他外在证据❸。第三种——"一些其他原因，表明专利权人不能够预期地描述所讨论的非实质性的替代物"。——考虑到一些可能的原因，如在对权利要求范围进行缩小时，语言的缺陷阻止了专利权人对所述等同物进行描述。联邦巡回上诉法院已经表明，在与外在证据相反的情况下，适用第三种依据还应该尽可能地基于专利审查档案❹。

在 Festo 案中，联邦最高法院确实同意联邦巡回上诉法院"为满足美国专利法第 112 条所做出的修改也能够引发专利审查档案禁止反悔原则"的观点❺。大多数专利审查档案禁止反悔案件都涉及为区别于现有技术而做出的修改，因此涉及美国专利法第 102 条和第 103 条。但有的时候申请人为了使权利要求的含义更明确，就会根据美国专利法第 112 条的要求，对权利要求进行修改。例如，审查员会要求专利权人对模棱两可的词语进行澄清，或者对发明的不同部分如何相互作用提供更多细节。法院还认为，发明人是为了获得专利才作出这种修改，因此，专利审查档案也应该在美国专利法第 112 条当中适用。

在权利要求解释的过程中使用专利审查档案也受到了批评❻。如立法历史或口头证据一样，专利审查档案由与最终获得批准的文本有不确定关系的预备文件组成。与简洁、完整的专利文件不同，汇编这些片断式的且常常是冗长的信件既耗时间又晦涩难懂。所以，为了有利于对现有技术和对等同物范围的专利性进行客观分析，一些学术评论要求抛弃专利审查档案的禁止反悔原则。然

---

❶ 344 F. 3d 1359, 68 USPQ2d 1321 (Fed. Cir. 2003).

❷❸ 344 F. 3d at 1369, 68 USPQ2d at 1328.

❹ 344 F. 3d at 1370, 68 USPQ2d at 1328 – 29.

❺ 122 S. Ct. R 1839 – 40.

❻ John R. Thomas, On Preparatory Texts and Proprietary Technologies: The Place of prosecution Histories in Patent Claim Interpretation, 47 UCLA L. REV. 183 (1999).

而，尽管有这些批评意见，联邦巡回上诉法院还是有越来越多的案件依赖于专利审查档案。由此得出结论说，无论是在专利权行使过程中，还是在审查过程中与审查员通信交流时，专利从业者都必须注意专利审查档案的后果。

8.2.2.3.4 公共捐献原则

在 2002 年对 Johnson & Johnston Associations, Inc. v. R. E. Service Co., Inc. 案❶（以下简称"Johnson & Johnston 案"）作出的决定中，参审的联邦巡回上诉法院全体法官认为对等同原则有一个额外的限制。根据 Johnson & Johnston 案的"公共捐献原则"，专利中公开的但没有要求保护的主题，以后不能通过等同原则在侵权诉讼中据为己有。这些未要求保护的主题可认为是有意放弃并捐献给了公众。

Johnson & Johnston 案涉及一种经常发生的情形，有时专利的权利要求不像专利说明书中所包含的技术内容那么宽。该案件中有争议的专利属于 Johnson & Johnston 所有，涉及一种印刷电路板。该印刷电路板是一种薄片，上面放有计算机芯片或其他电子部件。专利的说明书中解释，电路板的基底是由包括铝、铁和镍的许多种材料制成的。然而，专利的权利要求只限定为由铝制成的基底。被诉侵权人 R. E. Service 制造了基底由铁制成的电路板。

在 Johnson & Johnston 案之前，对于已描述而又未要求保护的主题对等同原则所产生的影响存在各种不同的观点。第一种观点是，专利文献范围内的公开内容起着有利于确定等同物的作用。依据这个观点，作为一个整体，专利向有兴趣的竞争者告知专利权人在专利被授予时将什么看作等同物。

在另一种极端情况下，第二种具代表性的观点是，联邦巡回上诉法院在 1996 年在 Maxwell v. J. Baker, Inc. 案❷中所作的判决，即从法律角度上来说，公开了但未在专利申请中要求保护的主题，其作用是捐献给公众。根据这个观点，如果未能对全部公开的主题要求保护，那么申请人就剥夺了 USPTO 考虑这些主题是否具有可授权性的机会。这是因为只有精确的权利要求语言才能相对于现有技术获得评价。如果准许一个申请人从 USPTO 获得了较窄的权利要求范围，然后又准许其对在说明书中描述的未要求保护的内容主张要求更宽的保护范围，那么就破坏了专利的权利要求对其财产权范围进行限定的基本原则。

第三种观点，是联邦巡回上诉法院 1998 年在 YBM Magnex, Inc. v. Inter-

---

❶ 285 F. 3d 1046, 62 USPQ2d 1225 (Fed. Cir. 2002).

❷ 86 F. 3d 1098, 39 USPQ2d 1001 (Fed. Cir. 1996), cert. denied. 520 U. S. 1115, 117 S. Ct. 1244, 137 L. Ed. 2d 327 (1997).

national Trade Commission 案❶中采用的观点,即没有任何原则本身应该规定,包含在说明书中但未要求保护的主题是否与要求保护的发明等同。这个观点的提议者强调,等同原则寻求建立的是一个下面两者之间的公正平衡,一个是引起竞争者注意到所授予专利的内容,一个是为避免基于授予专利权的发明的非实质性变化之上的"专利欺骗"而承担的司法责任。根据这个观点,被诉侵权案件是否在所述专利中公开但未要求保护,这只是构成了等同判定中需要考虑的众多因素之一。

全体法官参加的联邦巡回上诉法院在 Johnson & Johnston 案中,通过采用 Maxwell 并明确否决 YBM Magnex 案,从而解决了这种判例的不一致。联邦巡回上诉法院认为,使等同原则延伸到已公开的但未要求保护的主题将会与权利要求限定专利权人独占权范围的首要作用相矛盾。否则,将鼓励专利申请人在申请的说明书中提供较宽的公开内容,并提交较窄的权利要求,从而避免了对申请人可能提交的与说明书一致的较宽的权利要求进行审查。将这个原则应用于案件的事实当中,联邦巡回上诉法院得出结论,根据等同原则,R. E. Service 并没有侵犯 Johnson & Johnston 的专利,因为铁制基底已经在专利文件中公开了,但未要求保护,因此不能视为是铝制基底的等同物。

Johnson & Johnston 案的判决使人联想到联邦最高法院最近复核并否决的类似争论。在 Warner – Jenkinson v. Hilton Davis Chemicals Co. 案❷中,被诉侵权人主张,等同原则应该限于指明该专利文件中所公开的等同物。联邦最高法院明确拒绝了这种建议❸。Warner – Jenkinson 认为等同原则不限于公开的、未要求保护的技术特征,这与 Johnson & Johnston 所认定的所有公开的未要求保护的技术特征本身并不是等同物的观点不一致。由于 Johnson & Johnston 案中双方似乎都没有提出调卷令的请求,该问题目前仍然悬而未决。

由于 Johnson & Johnston 案判决的影响,专利申请人越来越细致地起草权利要求。评论者建议说,申请人要为每一个可以预料的实施方案都起草一份更宽的普通权利要求以及更具体的权利要求。联邦巡回上诉法院本身为那些没有预料 Johnson & Johnston 案例判决结果的当事人提供了建议。据法院称,如果主题已经被公开但未要求保护,受影响的个人能够:(1) 如果专利已经授权,那么就继续进行可扩大范围的再颁程序;或者(2) 如果专利仍然处于

---

❶ 145 F. 3d 1317, 46 USPQ2d 1843 (Fed. Cir. 1998), overruled by, Johnston & Johnston Associates, Inc. v. R. E. Service Co., 285 F. 3d 1046, 52 USPQ2d 1225 (Fed. Cir. 2002).

❷ 520 U. S. 17, 117 S. Ct. 1040, 137 L. Ed. 2d 146 (1997)。参见第 8.2.2.2 节。

❸ 520 U. S. at 37.

USPTO 的审查过程,那么就提交一份继续申请,或者以其他方式对权利要求进行修改❶。然而因为专利法禁止对已经授权 2 年后的专利启动可扩大保护范围的再颁程序,所以,这些建议对于在 Johnson & Johnston 案件之前已经授权 2 年以上的专利所有人没有多大用处❷。比较明显的是,联邦巡回上诉法院对等同原则已经采用了一种很大的限制——要求专利申请人撰写更为精确的权利要求。

8.2.2.4 逆向等同原则

在 Graver Tank 案中,联邦最高法院认为等同原则的方案违背而不是支持专利权人的利益❸。当一种被诉侵权的产品或方法从字面上被专利权利要求的语言所覆盖,但其却是"原则上是有很大变化的",是以"一种实质上不同的方式"实施时,法院可能判定其不侵权。所谓的"逆向等同原则"实际上是对字面侵权的一种抗辩。尽管这一逆向原则在本质上是公平的,但被诉侵权的技术是否大大超出了要求保护发明的原则范围,这是一个事实问题❹。

逆向等同原则在学者中引起的兴趣比在法院引起的兴趣要大得多❺。联邦巡回上诉法院将逆向等同原则称为一种"时代错误的例外,提及已久但极少应用",但是仍有一些案例使用该原则❻。考虑到有极少的判例可查,因此,更重要的是要弄清楚在何种情形下不能适用逆向等同原则。有这样一个案例,即被告仅仅是将要求保护的发明用于了新的用途。

例如,假设 Major Drug Company 持有一项专利,要求保护一种化合物和一种使用该化合物治疗高血压的方法。一位名叫 Harry Hirsute 的独立研究员发现该化合物还能预防男性脱发,这是先前不为人知的用途。如果 Harry Hirsute 制造了这种化合物,那么毫无疑问他就侵犯了 Major Drug Company 的专利。即使 Harry Hirsute 想把该化合物仅出售给正常血压的脱发男士,并且即使他的发明作为一种方法具有独立的可授权性,此时也不能适用逆向等同原则❼。

---

❶ 285 F. 3d at 1055,62 USPQ2d at 1231. 在第 7.5.3 节讨论再颁申请,而在第 7.2.4 节讨论继续申请。

❷ 参见第 7.5.5.3 节。

❸ 339 U. S. at 608 – 09.

❹ SRI Int'l v. Matsushita Elec. Corp. 775 F. 2d 1107,227 USPQ 577(Fed. Cir. 1985).

❺ Robert P. Merges & Richard R. Nelson, On the complex Economics of Patent scope, 90 COLUM. L. REV. 839(1990).

❻ Tate Access Floors, Inc, Interface Architectural Resources, Inc. , 279 F. 3d 1357, 1368, 61 US-PQ2d 1647(Fed. Cir. 2002).

❼ 要记住,Harry Hirsute 可以就使用该药品作为治疗秃头的方法获得一项专利。但是,他和其他任何人,未经 Major Drug Company 的许可不能运用此种方法,因为制造此种药品将会侵犯先前已授权的专利。

相反,逆向等同原则只适用于特别案件。它给法院提供了某种"安全舱口",这在发现字面侵权可能会对权利要求保护范围造成不合理的扩大时非常有用。逆向等同原则还与高科技飞速发展的领域密切相关,因为在这些领域,根本性的后续技术进步会让先前的专利获得完全超出其技术贡献的适当主题。这些情形看起来如此非同寻常,以至于在其出现20年之后,联邦巡回上诉法院仍然碰到这种情形。

8.2.2.5　根据第112条第6款的等同物

回顾美国专利法第112条第6款,它规定了解释功能性权利要求的强制性程序❶。根据该条款,如果一项权利要求的技术特征被撰写成执行一项具体功能的方式,读者应当把该权利要求的技术特征解释为涵盖"说明书描述的相应的结构、材料、或作用以及等同物"。换句话说,读者应当仔细研究专利说明书以找到执行所述功能的具体结构。权利要求的技术特征应当理解为规定了明确描述的结构的字面覆盖范围以及"等同物"。

根据美国专利法第112条第6款,"其等同物"的范围继续把所有面对这个问题的人都搞糊涂了。不仅几十年来的经验不能为等同原则提供一个清晰的定义,专利法中也没有出现一个可供选择的等同物概念。正如一般的等同原则一样,美国专利法第112条第6款中等同物必须集中在要求保护的技术特征与被诉产品的组成部分之间的实质性区别上。此外,联邦最高法院根据美国专利法第112条第6款对Warner – Jenkinson案的处理方法要求在这两个等同概念之间存在一些差异❷。

在Warner – Jenkinson案件之后,联邦巡回上诉法院就Al – Site Corp. v. VSI International, Inc.案❸的判决意见为界定美国专利法第112条第6款的等同范围作出了最让人深思的尝试。法官Rader由此发现,一般普通法的等同原则与第112条第6款的等同之间有三个差异。第一,时机问题。根据Warner – Jenkinson案件,评价等同原则中的非实质性区别的适当时间是在侵权发生之时。然而,美国专利法第112条第6款中所指的等同并不包含专利授权后开发出来的技术,因为USPTO当时已确定了权利要求的字面含义。因此,"后来出现的"技术会在不考虑美国专利法第112条第6款所述的等同情况下根据等同原则构成侵权。

例如,假设Bean教授就制作人工香草的一种新方法获得了一项专利。

---

❶　参见第6.2.2.2节。
❷　520 U.S. at 27.
❸　174 F. 3d 1308, 50 USPQ2d 1161 (Fed. Cir. 1999).

Bean 的专利权利要求部分地要求"用于催化"进行一种化学反应的手段。Bean 的专利说明书中解释道,"用于催化…的手段"应该由化合物 X 组成,该化合物在当时是唯一适合这种目的的化学物质。5 年后该专利被授权,科学家合成了一种新的化合物 Y,该化合物也可以用作已授权的制作香草的反应催化方式。Bean 不能根据美国专利法第 112 条第 6 款声称对方侵权。相反,Bean 必须求助普通法中的等同原则。

第二,美国专利法第 112 条第 6 款中的等同必须执行权利要求技术特征中所述的相似功能。这种相似性是很有必要的,因为美国专利法第 112 条第 6 款中隐含着字面侵权,而且权利要求中清楚地描述了手段加功能技术特征所执行的功能。因此,如果权利要求技术特征要求"用于推动的装置",那么,被诉侵权产品的相应结构必须执行推动的功能,而不是另一种功能(如旋转或拉)。相比较而言,根据功能—方式—效果的判定规则,当被诉侵权装置执行的功能实质上只是与要求保护的发明的功能相同时,才可以满足等同原则。

第三,Al‐Site 法院对于美国专利法第 112 条第 6 款使用了术语"结构等同"。该用语看起来要求单独在物理结构方面的等同比较。基于这个观点,美国专利法第 112 条第 6 款规定,等同的范围远比等同原则所推定的范围窄得多。例如,假设一项专利要求一种"将所述引擎固定在所述框架上的装置"。说明书的相应部分描述了使用螺栓将引擎与框架固定在一起。尽管钉子和螺钉与螺栓具有同样的结构,但是像黏合剂或磁铁这种众所周知的固定方式却与螺栓不同。Mark Janis 教授已经注意到,这样一个狭窄的权利要求的范围只是没有等同物的借口❶。因为术语"结构等同"并没有出现在美国专利法第 112 条第 6 款当中,所以,这种解释也可以视为不忠实于法律条文。

---

❶ Mark Janis,Who's Afraid of functional Claims? Reforming the Patent Law's §112 ¶6 Jurisprudence,15 Santa Clara Computer & High Tech L. J. 231 (1999).

第 9 章
专利侵权救济

专利法规定在专利侵权的判决中专利权人可能就侵权获得救济。这些救济包括禁令、金钱赔偿和律师费。在有主观故意的特殊案件中，法律也允许将损害赔偿额提高到三倍。但专利法对侵犯专利权没有规定刑事处罚，也不允许专利权人获得如版权法中规定的所谓的"法定赔偿"。

9.1 禁 令

美国专利法第283条规定法院"在认为合理的情况下，可以根据公平原则发出禁令，以防止专利的任何权利受到侵害"❶。实践中法院通常向在诉讼中获胜的专利权人授予永久禁令❷。任何根据专利法发出的禁令都应在专利权到期那一天结束，这是完全符合逻辑的❸。

但在很少的情况下，法院选择不向胜诉的专利权人授予禁令。在1934年City of Milwaukee v. Activated Sludge案件中，联邦第七巡回上诉法院对侵犯一项已经获专利的污水处理方法的侵权案拒绝发出禁令。如果密尔沃基市被禁止使用该专利方法，有可能导致大量未经处理的污水被倾倒进密歇根湖中。考虑到五十多万人的健康与生活，法院拒绝发出禁令。由于侵权方密尔沃基市根据法院的判决向专利权人支付了赔偿金，因此这一结果等同于法院授予了一项强制许可。

另一个著名的案件，1944年的Vitamin Technologist, Inc. v. Wisconsin Alumni Research Foundation❹案涉及一项通过辐射技术提高维生素D含量的专

---

❶ 35 U.S.C.A. §283 (2000).
❷ Richardson v. Suzuki Motor Co., 868 F.2d 1226, 9 USPQ2d 1913 (Fed. Cir. 1989).
❸ Kearns v. Chrysler Corp., 32F.3d 1541, 31 USPQ2d 1746 (Fed. Cir. 1994), cert. denied, 514 U.S. 1032, 115 S. Ct. 1392, 131 L. Ed. 2d 244 (1995).
❹ 146 F.2d 941, 64 USPQ 285 (9th Cir. 1994).

利方法。该处理方法有助于消除被称为软骨病等疾病的维生素 D 缺乏的症状。提高维生素 D 含量的人造黄油的实用性对穷人来说特别重要,因为与黄油相比,他们能够买得起的是人造黄油。专利权人拒绝许可人造黄油生产商生产该种人造黄油,很明显涉及的是日用工业产品。联邦第九巡回上诉法院最终基于预见性、权利要求的清晰性和懈怠而判定该专利无效或不能实施。然而,法院也讨论了若损害公共健康利益,则不能发出禁令。

在美国专利制度中像"City of Milwaukee"和"Vitamin Technologist"的案件是十分罕见的。在当今世界,社会公众越来越关注已获得专利的药品问题,因此法院拒绝在涉及公共利益健康、安全和环境问题的案件中下达永久禁令,而是保留开放的可能性。另外有的法院采取一种完全不同的方法,通过延迟永久禁令的生效日期而不是拒绝签发该禁令。例如在 Schneider(Europe)AG v. SciMed Life Systems, Inc.❶ 案中被诉的侵权者销售一种外科医生使用的快速导尿管。虽然法院认为没有足够的证据支持这一事实,即侵权产品比市场上的其他导尿管更安全、质量更好,但法院意识到一些外科医生确实十分喜欢使用该侵权产品❷。法院选择签发永久禁令,但是自判决之日起延迟 1 年后生效。法院的理由是这一年的过渡期足以让外科医生选择非侵权产品,与立即实施永久禁令相比,对医生的干扰程度是最小的。法院判决在这一年的过渡期内,专利权人可以得到 15% 的许可使用费。

专利权人也可以针对被控侵权人获得初步禁令。当考虑是否应该签发这种禁令的时候,传统上,法院要考虑四个方面的因素。典型的四个要素是:(1)具有胜诉的可能性;(2)如果不签发禁令,专利权人将遭受无可挽回损失的可能性;(3)双方当事人之间利益的平衡;(4)公共利益❸。

在联邦巡回上诉法院建立之前,初审法院在专利案件中并不愿意签发临时禁令。USPTO 程序的不确定性是他们不愿意签发禁令的主要原因❹。联邦巡回上诉法院建立后,放松了这种严格限制的要求。考虑到专利保护期是有限的,专利诉讼也极易被拖延,因此法院认为,只要专利权人提供了证明其专利有效性和侵权的证据,法院就应该认定,不签发禁令将会给权利人带来不

---

❶ 852F. Supp. 813 (D. Minn. 1994).
❷ 同上,850 – 51.
❸ H. H. Roberson Co. v. United State Steel Deck, Inc., 820 F.2d 384, 2USPQ2d 1926 (Fed. Cir. 1987).
❹ Chemical Engineering Corp. v. Marlo, Inc., 754 F.2d 331 USPQ 738 (Fed. Cir. 1984).

可弥补的损失❶。当今的地区法院，在专利权的保护中也加大了对公共利益的考虑❷。

9.2 损害赔偿

美国专利法简明地规定了损害赔偿"应足以弥补由于侵权而遭受的损失，但不得低于侵权人实施发明应支付的合理许可使用费"❸。实践中，如果能够证明自己遭受的损失，专利权人希望根据遭受的损失来确定赔偿数额。否则合理的许可使用费将作为赔偿额来计算。如果权利人可以向法院出示证据证明，自己应该基于侵权人部分销售来获得利益损失的赔偿，而不是侵权人全部的销售，法院可以规定基于符合条件的销售量来确定利益损失的赔偿，并结合合理的许可使用费将其作为其他赔偿的基础。

美国专利法对在专利侵权提出诉讼或反诉之日以前 6 年内发生的侵权事件的金钱赔偿进行限制❹。例如，假定 Gizmo 教授于 1994 年 4 月 1 日获得了一项金属工具再磨光的方法专利。进一步假定 Nefarious 博士在 1995 年 3 月 15 日开始使用该项专利技术。Gizmo 教授于 2005 年 3 月 15 提起侵权诉讼。虽然 Nefarious 博士已经实施该专利整整 10 年，但 Gizmo 教授可以获得侵权赔偿的侵权行为只能从 1999 年 3 月 15 日开始计算，即起诉日之前的 6 年。自 1995 年到 1999 年期间内 Nefarious 博士的销售，Gizmo 教授不能获得赔偿。但是，法院通常会判定支付给专利权人在审判前这 6 年因侵权而获得的利息，使专利权人获得足够的补偿❺。

9.2.1 合理的许可费用

美国专利法规定胜诉专利权人获得的损害赔偿不得低于合理的许可使用费❻。为了确定该数额，法院会进行一个假想的法律意义上的商业谈判❼。合

---

❶ Smith International, Inc. v. Hughes Tool Corp., 718 F. 2d 1573, 219 USPQ 686 (Fed. Cir.), cert. denied, 464 U. S. 996, 104 S. Ct. 493, 78 L. Ed. 2d 687 (1983).

❷ California Medical Prods. Inc. v. Emergency Medical Prods., Inc., 796 F. Supp. 640, 648 24 US-PQ2d 1205, 1211 (D. R. I. 1992).

❸ 35 U. S. C. A. § 284 (2000).

❹ 35 U. S. C. A. § 286 (2000).

❺ General Motors Corp. v. Devex Corp., 461 U. S. 648, 103 S. Ct. 2058, 76 L. Ed. 2d 211 (1983).

❻ 35 U. S. C. A. § 284 (2000).

❼ Minco, Inc. v. Combustion Engineering, Inc., 95 F. 3d 1109, 1119, 40USPQ2d 1001, 1008 – 09 (Fed. Cir. 1996).

理的许可使用费是指假定在侵权行为发生之日,专利权人和被许可人通过谈判,双方自愿达成一致的专利使用费❶。

为了决定假想的商业谈判的结果,法院会考虑许多因素。经常被引用的 Georgia Pacific Corp. v. United States Plywood Corp. 案判决,提供了一个很宽泛的清单❷。如果诉讼中的专利权人实际上许可了其他人使用该专利,实际收取的许可费自然是最充足的证据,是最有影响的因素❸。其他因素包括侵权人许可的一个具有可比性的专利许可使用费、专利产品的销售对提升其他销售带来的影响、专利产品的优势、非侵权的替代产品的可能性、侵权者期待的利益、工业许可的现实情况。

尽管这简短的描述表明合理的许可使用费的计算不是一门精确的科学。当确定合理的许可费时,地区法院尽量给出一个比较合理的近似值,联邦法院赋予他们合理的自由裁量权❹。无论如何,最终确定的数额应得到记录在案的证据支持,而不是简单的推测❺。

9.2.2 损失的利益

如果专利权人能够向法院提供充足的证据来证明侵权行为与未获利益之间的因果关系,那么专利权人有权获得与其遭受的损失相同的损害赔偿。"如果没有"和"最接近的"因果关系的判断标准,是法院调查的重点,这与侵权法是相同的。专利权人必须证明如果没有侵权行为的发生,他将赚取更多的利润。另外,侵权行为必须是导致专利权人利益损失的最接近的原因。一般来说,该标准用来评估遭受的损失是否是侵权行为的一个合理的、可预见的结果,而不是间接的、无关的或微小的结果。

有一点很重要,请记住:一个合格的实用专利的专利权人获得的补偿是其损失的利益,而不是侵权者获得的利益。根据1952年美国专利法,因侵犯实

---

❶ Unisplay, S.A. v. American Elec. Sign Co., 69 F.3d 512, 518, 36 USPQ 2d 1540, 1545 (Fed. Cir. 1995).

❷ 318 F. Supp. 1116, 166 USPQ235 (S.D.N.Y. 1970), modified and aff'd, 446 F.2d 295, 170 USPQ369 (2d Cir.), cert. denied, 404 U.S 870, 92 S. Ct. 105, 30L. Ed. 2d 114 (1971).

❸ Unisplay, S.A. v. American Elec. Sign Co., 69 F.3d 512, 519, 36 USPQ2d 1540, 1545 (Fed. Cir. 1995).

❹ Endress + Hauser, Inc. v. Hawk Measurement Sys. Pty. Ltd., 122 F.3d 1040, 1043, 43 USPQ2d 1849, 1852 (Fed. Cir. 1985).

❺ King Instruments Corp., v. Perego, 65 F.3d 941, 952, 36 USPQ2d 1129, 1137 (Fed. Cir. 1995), reh'g denied, 72 F.3d 855 (Fed. Cir. 1995).

用专利权进行的赔偿是为了补偿专利权人,而不是榨干侵权者所获得的所有利益❶。但是,在这一规则内只有一种例外,专利法案允许外观设计专利权人选择一种由侵权者的利益构成的额外救济❷。

9.2.2.1 "如果没有"因果关系

为了向法院证明自己有权获得利益损失的损害赔偿,专利权人必须要有合理的证据来证明,如果没有侵权发生,专利权人完全可能完成侵权者达到的销售量❸。当专利权人和侵权人在相关产品的市场上是唯一的竞争对手时,法院一般会做出"如果没有"因果关系的推论❹。另一个证明因果关系的机制是通过Panduit Corp. v. Stahlin Brothers Fibre Works, Inc. 案(以下简称"Panduit案")确立的一个众所周知的标准❺。Panduit案中,专利权人必须证明:(1)对专利产品有需求;(2)没有可接受的非侵权替代品;(3)专利权人或其被许可人所具有的生产能力和满足市场需求的市场化能力;和(4)专利权人将获得的利益。

专利权人可以提供证据满足Panduit第一个要素,法院可以据此推定专利产品的市场需求。通常专利权人会提供侵权者的销售证据来证明市场上存在的需求❻。在诉讼中这一要素极少有争议。毕竟如果没有对获得专利权的发明的市场需求,那么就根本不会有侵权的发生。但是,联邦巡回上诉法院指出,通过侵权者的销售来证明市场需求存在的方法推定的是专利权人与侵权人在同一个市场为相同的消费者竞争❼。专利权人生产的产品和侵权者生产的产品在价格和/或性能方面完全不同的情况下,侵权者的消费者不一定必然购买专利权人的产品,而是购买侵权者产品。在这类案件中,侵权者的销售证据不一定必然证明专利权人的产品需求。

Panduit第二个要素是关于可以接受的非侵权替代品的可能性,在损害赔偿案中,这一要素是比较重要的。逻辑上讲,如果市场上有非侵权产品可选择,消费者可能会购买其他产品而不是专利权人的专利产品,因此专利权人的

---

❶ Kori Corp., v. Wilco Marsh Buggies and Draglines, Inc., 761 F. 2d 649, 654, 225 USPQ985, 988 (Fed. Cir.), cert. denied, 474 U. S. 902, 106 S. Ct. 230, 88 L. Ed. 229 (1985).

❷ 35 U. S. C. A. § 289 (2000).

❸ Kearns v. Chrysler Corp., 32 F. 3d 1541, 1551, 31 USPQ2d, 1746, 1754 (Fed. Cir. 1994), cert. denied, 514 U. S1032, 115 S. Ct. 1393, 131 L. Ed. 2d 244 (1995).

❹ Lam, Inc. V. Johns-Manville Corp., 718 F. 2d 1056, 1068, 219 USPQ670, 678 (Fed. Cir. 1983).

❺ 575 F. 2d 1152, 197USPQ726 (6th Cir. 1978).

❻ Gyromat Corp. v. Champion Spark Plug Co., 735 F. 2d 549, 552, 222 USPQ4 (Fed. Cir. 1984).

❼ Bic Leisure Products v. Windsurfing Int'l, 1 F. 3d 1214, 27 USPQ2d 1671 (Fed. Cir. 1993).

损失因侵权造成的说法就不能成立。结果是,为了获得利益损失的损害赔偿,专利权人一定要证明,除了专利产品,市场上没有可接受的非侵权的其他替代品。考虑这一要素时,联邦巡回上诉法院强调市场上仅仅存在竞争产品并不能证明它就是可以接受的非侵权的替代品,竞争产品必须能够做出获得专利权的发明所具有的利益上的贡献。竞争产品如果不能够做出获得专利权的发明所具有的利益上的贡献或以高价出售,便不能被认为是可以接受的非侵权替代品❶。

传统上来说,联邦巡回上诉法院认为,如果希望被作为可接受的非侵权替代品,在侵权行为发生时,在市场上有实际的竞争产品出现。例如,在 Zygo Corp. v. Wyko Corp. 案中❷,法院认为,这是明确的……如果一个设备不能用于出售,被告不能主张该设备是可以接受的非侵权的替代品。根据这一观点,如果一项竞争技术仅仅在其他的专利中或杂志中被描述过,但在侵权发生时还没有在市场上出售,那么该项竞争技术就不能被认为是可以接受的非侵权替代品。

不过联邦巡回上诉法院在 1999 年对 Grain Processing Corp. v. American Maize – Products Co. 案的判决中❸放松了这一严格要求。在该案中,Grain Processing 认为 American Maize 的 "Lo – Dex 10" 产品侵犯了其食品添加剂的专利。自 Grain Processing 1979 年购买该专利,一直到 1991 年 11 月该专利保护期届满,American Maize 一直在销售 "Lo – Dex10" 产品。无论如何,需要重点指出的是,在该期间,American Maize 共有 4 种不同的生产方法来生产 "Lo – Dex10" 产品。诉讼当事人一致认为这些生产技术中称为 "方法 IV" 的最后一种方法生产的产品并没有侵犯 Grain Processing 公司的专利。

初审中,针对使用原来的方法生产 "Lo – Dex10" 产品是以利益的损失还是合理的许可使用费来计算损害赔偿最为合理,双方当事人产生了分歧。Grain Processing 辩称,由于 American Maize 直到 1991 年 4 月才开始使用方法 IV,所以方法 IV 不能作为可接受的非侵权替代品。American Maize 公司辩驳,实施方法 IV 并不需要新设备,而事实上,他们只花了两周的时间实验并完善了方法 IV。地区法院采纳了 American Maize 公司的观点,认为利用方法 IV 生成的 "Lo – Dex10" 产品是 Grain Processing 购买专利之时的可接受的非侵权替

---

❶ Uniroyal, Inc. v. Rudkin – Wiley Corp., 939 F. 2d 1540, 1545 – 46, 19 USPQ2d 1432 (Fed. Cir. 1991).

❷ 79 F. 3d 1563, 1571, 38 USPQ2d 1281 (Fed. Cir. 1996).

❸ 185 F. 3d 1341, 51, 38 USPQ2d 1556 (Fed. Cir. 1999).

代品。结果，Grain Processing 获得了 3% 的许可使用费，而不是其损失的利益，作为赔偿金来弥补因 American Maize 的侵权销售造成的损害。随后 Grain Processing 公司向联邦巡回上诉法院提出上诉。

联邦巡回上诉法院在判决中解释道，为了获得利益损失的补偿，专利权人必须向法院证明如果没有侵权情况下他可能完成声称销售的合理可能性。法院认为，此评估必须考虑侵权者假如未侵权时可能选择的行为。Rader 法官认为，如果没有侵权产品或侵权方法，侵权者很有可能提供一种可接受的非侵权替代品，而不是选择退出市场。因此法院一定要对专利发明和改进的替代品进行比较，以此来决定专利的市场价值。根据这些推理来解释本案，Rader 法官认为，American Maize 有能力随时根据当时的通知使用方法 IV 生产。联邦巡回上诉法院没有发现地方法院在事实认定方面有任何明显的错误，即 194 号专利有效期的任何时间内 American Maize 具有使用方法 IV 的所有必要材料、技术秘密和经验。因此联邦法院维持原判。

Grain Processing Corp. v. American Maize – Products Co. 案判决之后，对可接受的非侵权替代品，产品或方法只要在侵权时具备可行性或已在市场上出现即可。如果很容易通过商业方式获得，则被诉侵权者就能很容易地证明替代品的可供性。无论如何，只要侵权者能够提供证据证明自己：在本领域内，如果具有所有的设备、知识和经验生产替代产品是可行的，那么它就可以避免赔偿专利权利人的利益损失。

Panduit 第三个要素是要求专利权人和他的被许可人具有生产能力和满足市场需求的市场化能力。简而言之，就是专利所有者（专利侵权案中的原告）能够将侵权者增加的销售量作为自己的销售量，然后有证据显示如果没有侵权的发生他有能力满足全部的市场需要。为了满足 Panduit 第三个要素的要求，专利权人可以向法院展示他的生产能力，例如通过子合同扩大现有生产规模、根据生产设备增加班次、增加设备以满足更高的需求❶。

最后一个 Panduit 要素要求专利权人证明他将会获得多少利益。这根本不是一个因果关系的标准，而是表明应获得的损害赔偿实际计算方法。确定专利权人利益损失的最常用的方式是以下两数相乘：（1）侵权者出售侵权产品的数量；（2）专利权人基于自己的销售在单位产品中获得的利润。这两个数字相乘就是专利权人可以基于侵权者的销售所获得利益的损失赔偿。

9.2.2.2 "最接近的"因果关系

在确定专利侵权是否应赔偿利益损失时，"如果没有"因果关系是一个必

---

❶ Ristvedt‐Johnson, Inc. v. Brandt, Inc., 805 F. Supp. 557, 562 (N. D. Ill. 1992.).

要而不充分的条件。一旦侵权成立，事实上作为专利权人利益损失的原因之一，法律上的一个疑问是侵权人是否应当为这些损失承担责任。传统侵权法中的"最接近的"因果关系就平衡了这一要求。

在美国专利法中，最接近的原因调查重点考虑利益损失是否为可合理预见的，而不是间接、无关或微小的。联邦巡回上诉法院是这样解释的，并不是专利权人所提出的每一个诉求都会根据专利法的规定获得救济。例如，如果专利权人得知有人侵犯其专利权十分震惊以至于心脏病发作。根据美国专利法的规定，对于医疗费用他无权要求赔偿。虽然这种伤害是起源于专利的侵权，法院会认为根据专利法的规定，该伤害与公平赔偿是无关的。❶

在 Rite – Hite Corp. v. Kelley Co. 案❷的判决中，联邦巡回上诉法院在专利损害赔偿中考虑了最接近的因果关系。该案件的事实比较复杂。原告 Rite – Hite 销售两种"机动车控制装置"，常常用来保证码头的货车在装货或卸货的过程中不发生意外。Rite – Hite 最初只出售自动型 Dok – Lok100，即 ADL – 100。后来，Rite – Hite 又推出了手动型 Dok – Lok 55 型，即 MDL – 55，它的价格是 ADL – 100 的三分之一。Rite – Hite 获得了这两种产品的多个专利。其中专利号为 US4373847 的专利中，要求保护一种易松开的挂钩，MDL – 55 中使用了该专利技术，而 ADL – 100 没有使用该专利技术。

被告 Kelley 也是一家销售"机动车控制装置"的公司，该产品被称作 T – S。T – S 机动车控制装置是自动的，价格与 ADL – 100 相同。Rite – Hite 针对 Kelley 提起侵权诉讼，但是侵权的主张不是基于 ADL – 100 所包含的任何专利。Rite – Hite 状告 Kelley 使用了易松开的 847 号挂钩专利，Rite – Hite 在 MDL – 55 产品中使用了该项专利。

初审法院认为，该专利是有效的、能够实施的，且被 Kelley 侵权的事实存在。在有争议判决中，法院也认为在诉讼中 Rite – Hite 应当获得没有被专利覆盖的销售产品的利益损失的赔偿，由于侵权产品（T – S）的存在使得 ADL – 100 产品失去了竞争的优势。Kelley 随后向联邦巡回上诉法院提起上诉，坚持认为专利法对诉讼中未被专利覆盖的产品没有规定损害赔偿。

联邦巡回上诉法院通过全部法官的审理后维持了地方法院的判决。根据大多数法官的意见，侵权主张和其他民事侵权主张一样应该符合"如果没有"和"最接近的"因果关系标准。法官 Lourie 认为，这些标准允许专利持有人在因侵权而导致合理的、客观上可以预见的损害后得到赔偿。大多数人认为，

---

❶ 56 F. 3d 1538，1546，35 USPQ2d 1065，1069 (Fed. Cir. 1995).
❷ 56 F. 3d 1538，35 USPQ2d 1065 (Fed. Cir. 1995).

ADL-100产品是直接与侵权的T-S进行竞争的产品。其结果是，ADL-100销售量的损失是可以合理预见到的，因此基于这些产品销售给专利权人提供充分的补偿是必要的。

Nies法官与大多数法官的意见截然不同。不同之处在于允许专利权人对未被专利覆盖的产品获得损害赔偿，但可能被另外的、未提起诉讼的专利覆盖。Nies法官认为，专利权人的财产权由商品享有的独占市场权利组成，该商品包含了被诉的发明专利。利益损失构成法律上的伤害可以得到赔偿，他认为，侵权者必须是妨碍了法律明确授予的财产权利，而不是专利权人一般的商业事务。

Nies法官的理由非常引人注目。至少在救济方面，Rite-Hite的判决看起来在专利制度中引入了更为宽泛的不正当竞争的观念。还有一个疑问是专利权人是否能够去证明Panduit第二个要素❶。由于该产品只有Rite-Hite公司能够生产，如果该产品不那么重要，ADL-100产品本身就可以作为可接受的侵权产品（T-S）的非侵权替代品。不管怎么样，以后的诉讼将会揭示，法院将允许因侵权导致的合理的、可预见的损失能够获得赔偿的程度。将来，因侵权而增加的广告费用、降低的价格，都有可能出现在应该予以赔偿的可预见的损失中。

9.2.2.3 完全的市场价值规则

当证明了"如果没有"和"最接近的"因果关系时，专利权人一般对利益损失有权获得赔偿，当法院面临这两种情况的发生时，将需要当事人提供更多的证据来证明。有时非专利货物与专利产品或方法同时出售。假设复印机的专利权人不仅出售复印机，也同时出售复印纸。复印纸销售量的降低远比复印机销售量的降低对专利权人经济上的损失大。由于纸张的现有技术历史悠久，因此禁止任何人对一般的纸张申请专利。那么，对于这种所谓的"衍生的销售"，权利人是否有权获得赔偿一直存在争议❷。

当侵权的技术只是一个较大型的商业产品或方法的一个部分，另一个相关的问题也随之出现。例如假设汽车生产商拥有一项汽车后视镜的专利。如果该生产商在针对竞争者的侵权诉讼中获胜，法院将很难基于整车的销售价格对权利人的损失作出准确的估计。这种与专利发明同时完成的销售被称作"随同销售"❸。

---

❶ 参见第9.2.2.1节。

❷❸ Carborundum Co. v. Molten Metal Eqip. Innovations, Inc., 72 F.3d 872, 882n. 8, 37 USPQ2d 1169, 1175n. 8（Fed. Cir. 1995）。

第9章 专利侵权救济

法院创设了"完全的市场价值规则"来说明这种情况。完全的市场价值规则允许专利权人对与获得专利权的发明同时销售的非专利产品的损失获得赔偿,前提是必须满足三个相对比较严格的标准。首先,专利的特性必须构成了消费者对整个产品或所售产品的需求的基础❶;其次,专利权人必须对非专利零件与专利部件的同时销售有合理的期待❷;最后,联邦巡回上诉法院增加了一个功能相关性的要求。如果非专利零件不是与获得专利权的发明一起在一个独立的机器中运转,专利权人就不能基于非专利零件获得损害赔偿❸。

正如上面讨论的 Rite – Hite 案,联邦巡回上诉法院的全体法官也强调了完全的市场价值规则。Rite – Hite 和 Kelley 经常在销售机动车控制装置的同时也会销售码头轧平机。码头轧平机可以在运货汽车与装货码头之间架桥,保证叉式升降机可以安全通过。除了基于 Kelley 机动车控制装置销售的赔偿外,初审法院还判决 Rite – Hite 可以获得基于码头轧平机的损害赔偿。

上诉中,联邦巡回上诉法院的多数法官意见推翻了初审法院的判决,认为 Rite – Hite 未能证明码头轧平机的销售符合完全的市场价值规则,其损失不应该获得赔偿。12 名法官中的 6 名法官认为,联邦巡回上诉法院过去的案例都是在当"非专利和专利组件在一起被认为是一个单独的组装件或一台完整机器的组成部分时",专利权人才可以获得非专利组件的赔偿❹。根据这个标准,Lourie 法官认为,码头轧平机和机动车控制装置能够被独立地使用。同时销售这两种产品仅仅是"为了方便或商业的优势"❺,而不是作为一个功能单元一起使用。因此 Rite – Hite 不能获得对码头轧平机的损害赔偿。

12 名法官中虽然只有 6 名联邦巡回上诉法官支持对同时销售的产品应适用"功能相关性"的标准,但是,随后的联邦巡回上诉法院审判团接受了这一标准并作为一个审判准则❻。但是,Newan 法官并不赞同,她认为通过比较 Rite – Hite 判决中的"最接近的"因果关系的讨论与完全的市场价值规则,可以发现两者之间存在矛盾。联邦巡回上诉法院大多数法官以前都同意基于 ADL – 100 产品销售,Rite – Hite 可以获得赔偿,因为该销售损失是可以合理

---

❶ TWM Mfg. Co. v. Dura Corp., 789 F. 2d 895, 901, 229 USPQ 525, 528 (Fed. Cir.), cert. denied, 479 U. S. 852, 107 S. Ct. 183, 93 L. Ed. 2d 117 (1986).

❷ King Instrument Corp. v. Otari Corp., 767 F. 2d 853, 226 USPQ 402 (Fed. Cir. 1985), cert. denied, 475 U. S. 1016, 106 S. Ct. 1197, 89 L. Ed. 2d 312 (1986).

❸ Rite – Hite Corp. v. Kelley Co., 56 F. 3d 1538, 35 USPQ2d 1065 (Fed. Cir.), cert. denied, 516 U. S. 867, 116 S. Ct. 184, 133 L. Ed. 2d 122 (1995).

❹❺ 56 F. 3d at 1550, 35 USPQ2d at 1073.

❻ Tec Air, Inc. V. Denso Mfg. Mich. Inc., 192 F. 3d 1353, 1362, 52 USPQ2d 1294, 1299 (Fed. Cir. 1999).

预见的。毫无疑问码头轧平机的销售损失也是可以合理预见的,因为 Rite-Hite 和 Kelley 都在码头安装码头轧平机,并且是与机动车控制装置在同一时间安装使用。但是联邦巡回上诉法院因两种设备的机械特性拒绝给予损害赔偿。带来的一个后果就是,Rite-Hite 应该更好地起草专利的权利要求,其中要特别记载码头轧平机与机动车控制装置组合使用,另一个就是或者鼓励产品设计者加强这两种设备的机械方面的相互联系。

9.2.3 标 记

美国专利法鼓励生产或销售发明专利的专利权人提醒公众注意他们享有的专利权。美国专利法第 287 条第(a)款规定,专利权人和他们的许可人应当在他们的专利产品上注明"专利"或简写"专",并同时注明专利号❶。如果该产品的特性决定了不能直接在产品上标注,可以选择在该产品或包装上粘贴标签。

专利权人和其许可人没有绝对的责任去做专利标记。如果专利权人或其许可人没有以规定的方式进行标注,无论如何,侵权的损害赔偿只适用于从侵权人接到侵犯专利权的通知之后发生的行为。联邦巡回上诉法院已经严格地解释了实际通知这一要求。即使侵权人已经完全知道该专利,专利权人也必须确认已经警告过侵权者,为了获得侵权赔偿,专利权人将提起特定的侵权诉讼❷。关于专利标记的法律规定,只要有实际的侵权警告存在,专利权人就可以提起侵权诉讼❸。

不生产或销售发明的专利权人可以不做专利标记❹。做出标记的要求也不适用于方法权利要求,因为方法根据其特性涉及的是无形态的行为❺。其他的专利权人,考虑到费用、标记的不方便或者想让竞争对手大吃一惊,则可以选择不做标记。

9.2.4 临时权利

向国外提交专利申请在国内予以公布的 1999 年法案创立了所谓的"临时

---

❶ 35 U.S.C.A. § 287 (c) (2000).

❷ Amsted Industries Inc. v. Buckeye Steel Castings Co., 24F.3d 178, 30 USPQ2d 1462 (Fed. Cir. 1994); Device for Medicine, Inc. v. Boehl, 822 F.2d 1062 (Fed. Cir. 1987).

❸ 35 U.S.C.A. § 287 (a) (2000).

❹ Wine Railway Appliance Co. v. Enterprise Railway Equip. Co., 297 U.S. 387, 56 S.Ct. 528, 80 L.ED. 736 (1936).

❺ American Medical Sys., Inc. v. Medical Eng'g Corp., 6 F.3d 1523, 1538, 28 USPQ2d 1321, 1332 (Fed. Cir. 1993), cert. denied, 511 U.S. 1070, 114 S.Ct. 1647, 128 L.Ed. 2d 366 (1994).

权利"。临时权利只适用于那些公布的仍然在 USPTO 处于未审结状态的专利申请。根据该法案,自申请公布之日起,临时权利在一定程度上等同于合理的许可费。任何人未经许可将已经公布的专利申请中的发明生产、使用、销售、许诺销售、进口到美国的,专利权人都可以据此获得合理的许可使用费。美国国会想通过临时权利阻止潜在的剽窃者在商业上实施在公布的专利申请中要求获得保护的发明。

虽然从 USPTO 公布该发明之日起一直到正式授予专利权,专利权人都享有临时权利。但只有专利授予之后才能行使该权利。换句话说,只有真正的授予专利后,发明人才能提起侵权诉讼。如果专利商标局作出不授予专利权的决定,那该申请就得不到任何权利——因此被称作临时权利。也就是说,发明人如果没有获得专利权,绝不能对在公布日之前使用其发明的人提起诉讼。

根据美国专利法第 154 条第 (d) 款规定,临时权利要满足其他两个重要的条件。第一,对于产生临时权利的已公布专利申请中的权利要求与被授予专利的权利要求实质上必须相同。第二,侵权人收到了实际通告,告之已经公布的专利申请产生的临时权利可以追究侵权人的责任❶。虽然法律没有进一步定义"实际通告"这一术语,但司法的历史揭示了仅仅在公开的数据库中见到或查阅到公布的专利申请的事实是不满足该要求的。相反,"公开的申请人必须已经对侵权人给出了实际的通告,即告知该专利申请已经公开,并且解释了什么样的行为会产生临时权利"❷。

已公布的专利申请人在"实际通告"中包含提示内容,建议通告的接收者停止与已公布的专利申请要求保护的产品或方法有关的活动,这是明智之举。回想一下专利权人未对其专利产品进行标记的案例,专利法规定专利权人不能获得侵权人接到"实际通告"日之前发生的损害赔偿。正如上文所提到的,联邦巡回上诉法院在这一部分已经解释了"实际通告"作为提起侵权诉讼的一个特殊要求❸。法院很有可能在这一部分的判决类似。其结果就是,在通告中应包含明确的要求,通知接收者应停止其通告中声称的与授权前已公布的专利申请有关的侵权行为,这才是应该采取的谨慎态度。

通过一个假想的案子来说明临时保护是如何运作的。假设 2004 年 2 月 10 日,Julius Jolt 博士就一款自动售货机提交了专利申请。2004 年 5 月 12 日 Julius

---

❶ 35 U.S.C.A. § 154 (d) (2000).

❷ Statements on Introduced Bills and Joint Resolution, S. 1984, Section-by Section Analysis, Congressional Record November 17, 1999, http: thomas. loc. gov.

❸ 参见第 9.2.3 节。

Jolt 博士发现了一个竞争者 Andrea Ohm 先生已经开始销售完全相同的自动售货机。USPTO 于 2005 年 9 月 1 日公布了 Julius Jolt 博士的专利申请。2005 年 12 月 24 日 Andrea Ohm 先生收到了 Julius Jolt 博士的警告信,信中写道:(1)注明了已经公布的专利申请号;(2)指明了被其认为与公布的专利申请有关的具体的自动售货机型号;(3)特别解释了为什么 Andrea Ohm 先生的自动售货机被其公布的专利申请的权利要求所覆盖;(4)要求 Andrea Ohm 先生停止销售该款落入 Julius Jolt 博士在审专利申请范围的自动售货机。Julius Jolt 的专利申请于 2006 年 3 月 15 日被 USPTO 授予专利,其权利要求与授权前公布的一致。

在这种情况下,在 USPTO 于 2006 年 3 月 15 日(在假定的案例中)对该项专利申请授予专利权之前,Julius Jolt 博士不能对 Andrea Ohm 先生提出专利侵权诉讼。我们假设一下,Julius Jolt 博士在该日起诉 Andrea Ohm 先生侵犯其专利权,法院于 2007 年 7 月 1 日认定 Julius Jolt 博士的专利有效,侵权行为成立。在诉讼期间,Andrea Ohm 先生仍继续销售被授予专利的产品,那么 Julius Jolt 博士可获得的损害赔偿将包括两部分。其一,Julius Jolt 博士有权获得合理的许可使用费,该期间是从 Julius Jolt 博士就未决申请向 Andrea Ohm 先生发出警告信到该申请被授予专利(2005 年 12 月 24 日到 2006 年 3 月 14 日)。其二,根据美国专利法,Julius Jolt 博士有权获得正常数额的金钱赔偿——他的利益损失,如果他能证明自己有权获得,或者其他合理的许可使用费——从专利授权日到判决前(2006 年 3 月 15 日至 2007 年 7 月 1 日)。

许多读者肯定注意到在各种各样的产品和包装上注有"未决专利"的说明。该词可能表明生产者已经就该产品提出了专利申请。除了申请人和 USPTO,对其他人来说,仅仅提交专利申请没有法律意义。直到该申请被授予专利,申请人才获得了法定可实施的权利,当然也存在 USPTO 拒绝授予专利权的可能性。"未决专利"的说明也不能支持获得临时权利,正如我们所看到的,专利法要求申请人提供就该在审申请已经发出"实际通告"才能够满足临时保护的条件。使用"未决专利"的文字标注是一种很重要的"自我帮助"的方式,警告他人注意该专利已经处于计划之中。"未决专利"的文字标注与法律规定的专利标记之间没有任何关系,而缺乏特殊的条件,一般来说根本不会带来法律上的后果。

9.2.5 惩罚性损害赔偿

美国专利法第 284 条规定"法院可以判给胜诉方最多至 3 倍认定或评估的

赔偿数额"。❶由初审法院判处惩罚性损害赔偿以及损害赔偿提高的数额❷。虽然法律没有明确规定何种情况下判决惩罚性损害赔偿是适宜的,当侵权者完全无视专利权人的权利而肆意侵权时,法院一般会判决惩罚性损害赔偿。该种情况被认为是"故意侵权"❸。

如果被告侵权人在法院被起诉侵权之前一直都不知道该专利的存在,或者侵权人有合理的理由相信自己的行为不属于侵犯专利权,或在专利权无效的情况下,联邦巡回上诉法院一般不会依据故意侵权判处惩罚性损害赔偿。联邦巡回上诉法院的判决强调收到竞争对手关于专利的实际通告的当事人的义务,如果他有可能会侵犯他人的专利权,就有责任予以适当的注意。这种义务包括:在从事有关商业或继续自己有可能侵犯专利权的行为之前,负有征询和获得适当的司法建议的义务。最好的办法就是在侵权行为发生之前向熟悉专利法的专利律师咨询侵权与无效的相关问题;熟悉专利法规、审查的过程以及相关的现有技术,了解有可能被涉及侵权的产品或方法❹。

在 Read Corp. v. Portec, Inc. 案中❺,联邦巡回上诉法院解释了故意侵权案中最重要的因素是基于所有的事实和情况来考虑被告人行为的严重性。在判断是否应该判决惩罚性损害赔偿时需要考虑侵权者是否调查了专利的保护范围以及是否善意地相信专利是无效的或不侵权的。通过专利律师获得及时的、可靠的意见会明显地降低被判为故意侵权的可能性❻。其他的因素也包括侵权者是否故意从他人复制、作为诉讼一方的侵权者的行为、被告的企业规模和经济状况、案件的相近性以及被告不正当行为的持续时间。联邦巡回上诉法院解释到,当被认定为故意侵权,不必总是判决 3 倍的惩罚性损害赔偿。初审法院可以稍微提高一些惩罚性损害赔偿的数额,或者根本不提高损害赔偿的数额,这完全根据案件的整体情况决定。

对在专利案件中判处惩罚性损害赔偿是否属于明智之举一直存在争议。批评者认为该惩罚性损害赔偿会挫伤公众研究专利的热情,因为公众害怕他们的好奇心会导致多倍的赔偿,而创新者有可能只是在被诉侵权时才会关注专利的

---

❶ 35 U. S. C. A 284 (2000).

❷ Read Corp. v. Portec, Inc., 970 F. 2d 816, 23 USPQ2d 1426 (Fed. Cir. 1992).

❸ Beatrice Foods Co. v. New England Printing & Lithographing Co., 923 F. 2d 1576, 17 USPQ2d 1553 (Fed. Cir. 1991).

❹ Polaroid Corp. v. Eastman Kodak Co., 16 USPQ2d (BNA) 1481 (D. Mass 1990), modified, 17 USPQ2d (BNA) 1711 (D. Mass. 1991).

❺ 970 F. 2d 816, 23 USPQ2d 1426 (Fed. Cir. 1992).

❻ Underwear Devices Inc., v. Morrison – Knudsen Co., 717 F. 2d 1380, 219 USPQ2d 569 (Fed. Cir. 1983).

事情。在一定程度上，该意见是正确的，关于故意侵权的法律规定有可能会阻碍专利技术的传播，因此会导致阻碍专利制度的基本目标的实现。故意侵权的基本原则鼓励工业界去寻求专利律师的意见，这种发展被比喻为对专利律师的"完全雇佣活动"。害怕承担因故意侵权增加的责任可能会阻碍公司从事挑战专利有效性的公众服务活动。因此有人主张专利制度应实行"无过错"的严格赔偿制度，而不用考虑侵权者主观意识里是否有故意。

9.2.6 律师费

美国专利法第285规定"法院在特殊情况下可以判给胜诉的当事人以合理的律师费"。根据该条的规定可知，在专利侵权案件中通常不会判给胜诉方律师费❶。美国专利法第285条的目的是在特殊情况下补偿被迫卷入诉讼的一方当事人的利益❷。在故意侵权案件中专利权人在获得惩罚性损害赔偿后，根据相同的标准，还可能会获得律师费的赔偿❸。当专利权人实施了不公正的行为或是出于恶意提起的诉讼，法院也可以判给被告律师费❹。

---

❶ 35 U.S.C.A. § 285 (2000).
❷ Mathis v. Spears, 857 F.2d 749, 8 USPQ2d 1551 (Fed. Cir. 1988).
❸ Avia Group Int'l, Inc., v. L. A. Gear California, Inc., 853 F.2d 1557, 1567, 7 USPQ2d 1548, 1556 (Fed. Cir. 1988).
❹ Mahurkar v. C. R. Bard, Inc., 79 F.3d 1572, 1580, 38 USPQ2d 1288, 1292 (Fed. Cir. 1996).

第 *10* 章
专利诉讼

专利诉讼通常遵从适用于联邦法院所有民事诉讼的同一标准。例如，调查证据、提交证据、陪审团、诉讼请求、诉状、答辩状、事实的推断、证据和证人的标准等受到诸如在联邦民事诉讼规则和联邦证据规则之类的法源中存在的广泛适用的法律原则的制约。尽管对于专利诉讼的高级读本来说对上述原则在专利案件中的适用情况进行详细说明是适宜的，但这些内容不在本书论述的总体范围。尽管如此，专利法仍然基于专利特殊法规以及通用原则在专利领域内的司法应用中产生了许多特殊实施规则。本章对比较重要的诉讼主题，包括管辖权、管辖地、联邦巡回法律的选择、争点排除效力、懈怠和禁止反悔的辩护进行回顾。

10.1 诉讼管辖权和管辖地

10.1.1 诉讼事项管辖权

美国法典第 28 编第 1338 条第（a）款规定联邦地方法院"对所有依据与专利相关的国会法案而提出的任何民事诉讼具有初始管辖权……。在专利案件中这种管辖权排除了州法院"❶。结果，"基于专利法提出"的诉讼请求只可以由作为美国联邦司法系统中初审法院的美国地方法院审理。由此得出结论，这种诉讼请求不能在州法院提出。

对大多数案件来说，确定原告的诉由是否是"依据专利法提出"是简单明了的。普通的专利侵权指控明显是依据专利法提出的，必须在联邦地方法院而不是州法院进行起诉。然而，其他类型的案件可能出现较为棘手的问题。例如，在 Consolidated Kinetics Corp. v. Marshall, Neil & Pauley, Inc. ❷ 案中，之前

---

❶ 28 U.S.C § 1338（a）（2000）.
❷ 521 P. 2d 1209, 182 USPQ 434（Wash. Ct. App. 1974）.

原告与被告通过订立合同解决争端，在合同中被告同意不在市场上出售原告专利所覆盖的产品。在订立合同之后，被告开始销售在他看来没有侵犯原告专利的新产品。原告有不同意见，最后在华盛顿州法院提出诉讼请求，主张违反合同。

在某种意义上说，Consolidated Kinetics Corp. v. Marshall, Neil & Pauley Inc. 案要解决的争端应当被看成涉及合同的解释。当然，合同法是传统州法律的事项，因此在这个观点下，该案在华盛顿法院提出是正确的。然而，该案也可以被看成是涉及重要的联邦专利法问题。如果被告反诉原告的专利无效，那么诉讼应当涉及通常在联邦法院提出的复杂的专利问题，如权利要求的解释，专利性标准等。

要决定美国法典第1338条第（a）款是否适用，法院遵循"有效辩护控诉原则"。法院要确定原告的指控是否建立了：(1) 联邦专利法引起原告的诉由；或者 (2) 原告的救济权必须取决于联邦专利法实质性问题的判定，在该判定中专利法是原告主张之一的必要要件❶。在 Consolidated Kinetics Corp. v. Marshall, Neil & Pauley, Inc. 案中，华盛顿上诉法院确定原告已经将声称违反合同作为诉由。结果，州法院具有有效的诉讼事项管辖权，甚至针对诸如专利有效性这样的事项。类似地，一件涉及声称的转让是否有效地转移了某专利申请权的案件似乎被排除在合同法之外，因此不是依据美国法典第1138条第（a）款提出的❷。除非存在多元管辖权，否则联邦法院也会失去对涉及主张州反垄断法或者违反合同案件的管辖权❸。

相反，对一个特定专利的发明人身份提出质疑的诉讼将被裁定为"依据联邦专利法提出"。一个人是否具有发明人的资格是真正的专利法问题❹。另外，美国专利法第256条明确说明了对不合适发明人的司法更正。因此，依据美国法典第1338条第（a）款，联邦地方法院拥有这类案件的管辖权。

10.1.2 附带管辖权

有时原告既主张专利法权利，又主张基于州法律的附加权利。在这类案件中，联邦法院在附带管辖权的原则下可以有权决定这些附加请求。美国法典第1338条第（b）款规定："当任何主张不正当竞争的民事诉讼伴随有版权、专

---

❶ Christianson v. Colt Indus. Operating Corp., 486 U.S. 800, 809 (1988).
❷ Beghin - Say Int'l, Inc. v. OleBendt Rasmussen, 733 F.2d 1568, 221 USPQ 1121 (Fed. Cir. 1984).
❸ Jim Arnold Corp. v. Hydrotech Sys., 109 F.3d 1567, 42 USPQ2d 1119 (Fed. Cir. 1997).
❹ 参见第7.3节。

利、植物品种保护或者商标法的实质性及相关权利时，地方法院具有初始管辖权"。该规定赋予了联邦法院附带管辖权，但是附带管辖权仅仅针对涉及"不正当竞争"的州权利，并且仅仅当那些权利与"实质上"是联邦知识产权的主张"相关"时。虽然这部分语言可能建议当各种不同的法定要求得到满足时联邦管辖权是强制性的，但联邦巡回上诉法院还是认为初审法院在确定是否接受不正当竞争主张的管辖权时仍然应当进行判断❶。

在执行该附带管辖权条款过程中，法院已经将"不正当竞争"广义地解释成包括诸如盗窃商业秘密、侵占知识产权，假冒和普通法中的商标侵权等各种不同形式的行为❷。如果原告的非联邦主张没有落入不正当竞争的范畴，原告仍然可以要求联邦法院根据附带管辖权的一般原则接受对他们的管辖权。在这些情形中，非联邦主张必须"与初始管辖权范围内诉讼中的主张密切相关，相关的程度应达到非联邦主张形成了同一个案件或者争议的一个部分……"❸。换言之，要满足附带管辖权的衡量标准，应以主要事实的共同核心关系为基础，而要想使专利诉由和非联邦主张得到一起审理，两者必须同时出现❹。

10.1.3 对人管辖权和管辖地

正如其他类型的案件一样，在专利诉讼中对人管辖权取决于原告提出诉讼的联邦地区中被告是否与该地区法院有最低限度的关联。为了确定被告与法院是否建立了足够的最低限度的关联，联邦巡回上诉法院考虑以下因素：(1) 被告是否在法院所在地有故意指向行为；(2) 诉由或者主张是否起因于这些行为或者与这些行为有关联；(3) 在该法院确定对人管辖权是否公平和合理❺。本书对"最低限度关联"的分析仅停留在宪法与民事诉讼法的一般原则，对该问题的深入讨论不在本书所涉及的范围。

然而，在专利诉讼中，管辖地问题提出了特殊的问题。这是因为美国国会对专利侵权案件制定了特殊管辖地条款，根据美国法典第 28 编第 1400 条第 (b) 款规定，正确的管辖地可以是如下两者之一：(1) 被告居住地的司法行

---

❶ Verdegaal Bross. V. Union Oil Co., 750 F. 2d 947, 950, 224 USPQ 249, 251 (Fed. Cir. 1984).

❷ Mars Inc. v. Kabushiki – Kaisha Nippon Conlus, 24 F. 3d 1368, 1372 – 73, 30 USPQ2d 1621, 1623 (Fed. Cir. 1994) ("没有用任何严格的定义限制反不正当竞争的普通法概念，反不正当竞争涵盖了被看成"与良知相反"的各种类型的商业或者经营行为，包括商标和商品包装侵权、虚假广告、弱化、盗窃商业秘密……").

❸ 28 U. S. C. A § 1367 (2000).

❹ 3D Systems, Inc. v. Aarotech Labs., Inc., 160 F. 3d 1373, 1377, 48 USPQ2d 1773, 1775 (Fed. Cir. 1998).

❺ Akro Corp. v. Luker, 45 F. 3d 1541, 1545 – 46, 33 USPQ2d 1505, 1508 – 09 (Fed. Cir. 1995).

政区；或者（2）被告侵权行为发生和设立的固定经营场所的所在地。个人居住在其住宅所在地的司法行政区。1988 年之前，有限公司被看成归属于在形成法人组织所在的州❶。也即在 1988 年之前，专利管辖地条款受到了相当程度的限制，结果造成之后专利侵权诉讼管辖地转移到被告的经营地。

1988 年美国国会修正案之后，在专利诉讼中管辖地变得更为灵活。其原因是美国国会在适用法人被告的管辖地时对"居住"采用了新的定义。在新定义下，法人被认为居住在诉讼发生时符合对人管辖权的任何司法行政区。尽管这个变化被编入了单独的条款，即美国法典第 28 编第 1391 条中，但是联邦巡回上诉法院仍然认为该修改也应当被解释到专利管辖地第 1400 条第（b）款中❷。

这些变化的结果对法人被告具有重要的意义，法人被告构成专利诉讼中的绝大多数被告。尽管美国法典第 1400 条第（b）款仍然控制专利案件中的管辖地，但几乎没有任何原告遵从该条款中的限制性第 2 项。相反他们以第 1 项的"居住"要求作为管辖地的依据，该居住要求现在在含义上完全与对人管辖权具有相同的界限，并且对大型法人来说居住要求可能包括了国内的每个联邦行政区。因此对法人被告来说，管辖地条款实质上变成了多余的条款，因为它与控制对人管辖权的标准相同，也规定了法院是否是合适的管辖地。反过来看，这意味着专利侵权案件的原告可以更多地在他们本地的法院提起诉讼。

10.1.4 确认判决法

尽管具有普遍适用性，但确认判决法在专利诉讼中仍然起到了重要的作用。该法规定：在管辖权有争议的实际案件中……依据提出的适当的诉讼请求，无论是否能够获得进一步的救济，美国的任何法院均可以根据所提交的合适的请求对寻求这种确认的任何有利害关系的当事人的权利和其他司法关系进行确认。任何这样的确认对最后的判决或裁定都将产生法律效力和影响，并且同样也是可以进行再审的❸。

在专利领域中，法律允许专利侵权诉讼中潜在的被告采取法律行动，而不是等待专利权人提起诉讼。确认判决之诉给被控侵权人针对专利权人威胁要提出专利侵权诉讼但实际上始终没有提出诉讼的情形提供一种补救办法。与其在

---

❶ Fourco Glass Co. v. Transmirra Prods. Corp., 353 U.S. 222 (1957).
❷ VE Holding Corp. v. Johnson Gas Appliance Co., 917 F.2d 1574, 16 USPQ2d 1614 (Fed. Cir. 1990).
❸ 28 U.S.C. §2201 (a) (2000).

专利权人采取行动之前长期遭受商业上的不确定性，不如声称的侵权人采取主动行为，作为确认判决的原告提起诉讼。确认判决之诉也为被控侵权人提供了选择法院和控制诉讼时间等策略上的益处。

基于确认判决法的关键问题是存在"实际纠纷"。由于联邦法院不会作出咨询意见，确认判决之诉的原告必须证明存在实际纠纷。联邦巡回上诉法院通过如下两步检验来判断是否满足这一要求：第一步，确认判决之诉的原告必须实际生产或者已经准备好生产声称的侵权产品。第二步，专利权人必须已经作出了明确的威胁，或者进行了其他的行为，这些行为就原告而言产生了客观合理的理解，即如果原告继续第一步中的行为，专利权人将提出诉讼。当提起确认判决诉讼时，法院将评估这些情况❶。

存在实际纠纷的简单情况是：（1）确认判决之诉的原告已经连续实施被控侵权产品或者方法的商业化行为；（2）专利权人通过特别向确认判决之诉的原告发出"停止和终止"信函明确威胁要提出专利侵权诉讼。在缺少直接威胁的情况下，法院将审理整个案件事实以确定是否存在客观合理理解的诉讼。尽管执行确认判决管辖权的判决是针对特定事实的，但大量被报道的判决说明法院在作出这样的判决时经常考虑一些关键因素。这些关键因素是：（1）在双方当事人协商期间专利权人所作的陈述；（2）在广告中专利权人所作的一般声明；（3）以可比较的外国专利为基础的诉讼；（4）专利权人对确认判决之诉的原告客户的威胁或者陈述；（5）专利权人为禁止他人使用与确认判决之诉原告使用的同样产品或者方法而提起的诉讼；和（6）当事人之间的诉讼历史❷。

即使实际纠纷存在，地方法院也不一定执行确认判决管辖权。相反，接受管辖权属于法院的自由裁量权。如果确认判决之诉不符合设立确认判决法的宗旨，地方法院可以拒绝执行确认判决管辖权。例如，在 EMC Corp. v. Norand Corp.❸ 案中，联邦巡回上诉法院维持了地方法院即使在当事人之间存在实际纠纷也不执行管辖权的裁决。地方法院发现被控侵权人是为了在与专利权人的许可谈判中获得更有利的交易处境而提出确认判决之诉。地方法院因此作出决定，认为在该案件中执行管辖权将与倡导个人解决争端及保存司法资源的政策相抵触。联邦巡回上诉法院维持了地方法院的裁决，认为就出售或者许可专利

---

❶ Shell Oil Co. v. Amoco Corp., 970 F. 2d 885, 23 USPQ2d 1627 (fed. Cir. 1992).

❷ Lisa A. Dolak，在专利案件中确认判决的管辖权：重新建立专利权人与被控侵权人之间的平衡，38 Bos. Coll. L. 903 (1997).

❸ 89 F. 3d 807, 39 USPQ2d 1451 (Fed. Cir. 1996).

权进行认真的谈判是合理的考虑，地方法院的行为在它的自由裁量权范围内。

10.2 上诉管辖权

在1982年之前，专利上诉案件由地方法院所在地的司法巡回上诉法院审理。虽然该体制与控制所有其他联邦诉讼的规则是一致的，但它不可避免地导致了联邦巡回上诉法院在对专利法解释的问题上产生了分歧。在20世纪80年代初，许多专家开始相信，由不同巡回上诉法院对专利问题的不同解释已经成为严重的问题❶。1982年联邦法院修正案试图通过在专利案件中提供一种全新的上诉再审路线来纠正这一问题❷。该法案创建了新的法院，美国联邦巡回上诉法院（the U. S. Court of Appeals for the Federal Circuit），拥有审理全国范围内涉及专利上诉案件的管辖权❸。如许多评论家所评述的，这是将近一个世纪以来对联邦司法体系最有意义的改革，人们感觉需要对专利法更统一一致的解释促成了联邦巡回上诉法院的产生❹。美国国会希望联邦巡回上诉法院将会为创新的工业、USPTO以及受专利制度影响的其他行业提供更连续、统一的指导❺。

美国国会通过1982年立法中的两个主要特征完成了这项任务。第一，美国国会废除了CCPA，它是一个专门的法院，审理对USPTO行政决定不服提起的上诉案件。取而代之，美国国会授予新的联邦巡回上诉法院对不服USPTO可专利性决定提起诉讼的再审管辖权。第二，美国国会在美国法典第28编第1295条中规定"如果在该章的第1338条部分让联邦巡回上诉法院拥有全部或者部分管辖权……联邦巡回上诉法院将具有对美国地方法院的最后决定不服提起上诉的排他管辖权"。参考美国法典第28编第1338条，通过控制地方法院初始管辖权"依据……提出"的标准也同样能管理联邦巡回上诉法院的上诉管辖权。

当原告的陈述中没有提及专利法的诉由，但在被告的答辩中出现了这样的诉由时，出现了一些管辖权的难题。被告的答辩中可以包括含有依据专利法诉

---

❶ Howard T. Markey, The Phoenix Court, 10 American PAT. L. ASS'N Q. J. 227（1982）.

❷ Pub. L. No. 97－164, 96 Stat. 25（1982）.

❸ Thomas H. Case & Scott R. Miller, An Appraisal of the Court of Appeals for the Federal Circuit, 57 S. CAL. L. REV.（1984）, 301.

❹ Rochelle Cooper Dreyfuss, The Federal Circuit: A Case Study in Specialized Courts, 64 New York University L. Rev. 1（1989）.

❺ S. Rep. No. 275, 97th Cong., 1st Sess. 2, reprinted in 1982 U. S. Code Cong. & Admin. News 11, 12.

由的反诉❶。例如，假定原告在其陈述中主张违反反垄断法，而被告反过来在其答辩中主张专利侵权以对抗原告。要确定在该案件中哪个法院具有上诉管辖权——是联邦巡回上诉法院还是相关的区巡回上诉法院，必须解决该案件是不是"依据专利法提出的"。

在过去的绝大部分时间里，联邦巡回上诉法院注意审视原告的起诉状或者被告的答辩状中是否主张了基于专利法的诉由。如果是，联邦巡回上诉法院便取得了拥有解决这类上诉案件管辖权的地位。联邦巡回上诉法院通过权释美国国会的目的来证明这样解释法规的合理性，其用意在于避免随意选择法院并在全国范围内提供对专利法统一一致的解释❷。

然而，在 2002 年 Holmes Group, Inc. v. Vornado Air Circulation Systems, Inc.❸ 案（以下简称"Holmes v. Vornado 案"）的判决中，联邦最高法院否认了联邦巡回上诉法院的地位。联邦最高法院认为，"作为被告答辩意见的一部分出现的反诉，不是原告起诉状的部分，不能作为'依据……提出'管辖权的基础"❹，最高法院认为"有效辩护控诉原则"是长期有效的原则，不能转换成"有效辩护控诉或者反诉原则"❺。结果，继 Holmes v. Vornado 案之后，基于没有陈述专利法诉由，但诉讼中仍然涉及了大量专利问题的上诉案件，由地区上诉法院而不是联邦巡回上诉法院审理。

Holmes v. Vornado 案的结果缩小了联邦巡回上诉法院的管辖权。该判决也许能很好地促使在起草起诉状及与法院的较量中采用一些策略，正如现在的诉讼当事人充分施展他们的才能一样，甚至当他们希望用与专利有关的理由反诉时，仍然可以将非专利主张转换成他们所选择的法院❻。这样的状态是否与美国国会希望建立全国统一的专利法律体系的初衷一致是值得怀疑的。另一方面，Holmes v. Vornado 案巩固了传统的原告选择他们自己的法律及法院的权利❼。另外，无论专利问题是在起诉中还是在反诉中提出的，美国国会都可以在任何时候通过阐明联邦巡回上诉法院应当具有对涉及专利问题的所有案件的管辖权

---

❶ FED. R. CIV. PROC. 7（a）.

❷ Aerojet – General Corp. v. Machine Tool Works, 895 F. 2d 736, 13 USPQ 2d 1670 (Fed. Cir. 1990).

❸ 535 U. S. 826（2002）.

❹ 535 U. S. at 831.

❺ 535 U. S. at 832.

❻ Brule M. Wexler & Joseph M. O'Malley, Jr., Deciding Jurisdiction in Patent Cases, Now York Law Joural（August 12, 2002）.

❼ James W. Dabney, Holmes v. Vornado: A Restatement of the Arising Under Jurisdiction of the Federal Courts, 11 Now York State Bar Ass'N Bright Ideas no. 2（Autumn 2002）, 3.

而自由地推翻案件。

10.3 在联邦巡回上诉法院选择法律

正如我们已经了解的，一些上诉到联邦巡回上诉法院的案件既包括专利问题又包括法院对其缺少排他管辖权的其他问题。例如，许可纠纷即包括了专利法问题，又包括了合同法问题。联邦巡回上诉法院在重新审理地方法院对专利案件的判决中，对于专利法问题应用其自己的法律，而对于非专利问题，联邦巡回上诉法院通常应用地方法院所在地区的巡回法律。联邦巡回上诉法院已经推断要求初审法院对专利案件和非专利案件应用不同的标准将会产生混淆并带来不便。当然，像专利法这样的领域，联邦巡回上诉法院享有排他管辖权，联邦巡回法律的应用有助于统一性和确定性❶。

然而，联邦巡回上诉法院对于不是只有专利法才具有的某些问题也应用其自己的法律。尽管在提出这一要点的案例法中存在一些矛盾，但联邦巡回上诉法院已经普遍得出如下结论：在实体或者程序问题对执行法院法定排他管辖权是必不可少的情况下，执行地区巡回法律是不适宜的❷。换句话说，即使某些特定问题不是严格的专利法问题，但如果运用联邦巡回上诉法院自己的法律会提高司法效率，会与法院促进专利法统一的要求一致，不会在地方法院中间产生冲突和混乱，联邦巡回上诉法院仍然会要求运用其自己的法律❸。

发布临时禁令以防止专利侵权行为扩大化的实体标准是对于并非严格的专利问题应用联邦巡回法律的一个极好的例子。当然，临时禁令在除了专利领域之外的许多其他法律领域中也是可行的。然而，就联邦巡回上诉法院而言，发布临时禁令阻止专利侵权涉及的是只有专利法才具有的问题❹。因此，联邦巡回上诉法院得出其自己的实体标准应当处于支配地位的结论。这意味着加利福尼亚审理专利案件的地方法院在确定是否发布临时禁令时必须参考联邦巡回上诉法院的先例，而不是第九巡回上诉法院的先例。

另一方面，联邦巡回上诉法院声明，对于涉及颁布临时禁令的纯程序问题，诸如地方法官是否如联邦民事诉讼规则所要求的那样进入事实裁决以及法

---

❶ Midwest Indus., Inc. v. Karavan Trailers, Inc., 175 F. 3d 1356 (Fed. Cir. 1999). Joan E. Schaffner, Federal Circuit "Choice of Law": Erie Through the Looking Glass, 81 IOWA L. REV. 1173 (1996).

❷ Biodex Corp. v. Loredan Bimedical, Inc., 946 F. 2d 850, 20 USPQ2d 1252 (Fed. Cir. 1991).

❸ Beverly Hills Fan Co. v. Royal Sovereign Corp., 21 F. 3d 1558, 30 USPQ2d 1001 (Fed. Cir. 1994).

❹ Reebok Int'l Ltd. v. J. Baker, Inc., 32 F. 3d 1552, 1555, 31 USPQ2d 1781, 1783 (Fed. Cir. 1994).

律结论之类的问题，适用地区巡回法律❶。

在遵守这些原则方面，联邦巡回上诉法院还认为，由破产法❷和版权法❸产生的问题也适用地区巡回法律。相反，联邦巡回上诉法院应用其自己的法律来确定诸如在进入 USPTO 之前进行的不正当行为是否能构成"诈骗贪污组织集团犯罪法"（RICO）❹ 的断定行为，以及一项发明是否已经属于足以启动美国专利法第 102 条第（b）款销售禁止的正式许诺销售❺之类的问题。

10.4 争议点排除原则和 Blonder–Tongue 原则

在专利实施诉讼期间，被控侵权人有权主张诉讼中的专利无效❻。如果法院认为诉讼中的专利因考虑不周而被授予专利权，那么该诉讼结束。在专利权人以后试图主张同一项专利的情况下，相同的被告可以通过争议点排除原则使诉由无效，永远不再成为问题。然而当专利权人试图主张同一项专利对抗除原始被告之外的其他人时，情况就变得更为复杂。在这类情况下，法律已经随时间而发生了变化。

最初的观点是，即使以前的法院已经判决专利无效，也不能相应地禁止专利权人起诉另一个侵犯专利的被告。例如，在 1936 年 Triplett v. Lowell 案的判决中，最高法院看到"在由同一原告对另一个被告所提出的早期诉讼中已经被巡回上诉法院宣判为无效的一项专利的权利要求被多次判决有效"。❼ 依据 Triplett 规则，也就是说第一巡回上诉法院的早期无效判决不能阻止专利权人在第二巡回上诉法院控告不同的竞争者专利侵权。虽然早期的第一巡回上诉法院判决可以证明其具有说服力，说服第二巡回上诉法院作出与其同样的判决，但后面的被控侵权人不能主张前面的判决作为抗辩理由。

在 1971 年 Blonder–Tongue Laboratories, Inc. v. University of Illinios Founda-

---

❶ Hybritech Inc. v. Abbott Laboratories, 849 F. 2d 1446, 1451 n. 12, 7 USPQ2d 1191, 1195 n. 12 (Fed. Cir. 1988).

❷ In re Cambridge Biotech Corp., 186 F. 3d 1356, 51 USPQ2d 1321 (Fed. Cir. 1999).

❸ Atari Games Corp. v. Nintendo of America Inc., 975 F. 2d 832, 24 USPQ2d 1015 (Fed. Cir. 1992).

❹ Semiconductor Energy Lab. Co. v. Samsung Elec. Co., 204 F. 3d 1368, 54 USPQ2d 1001 (Fed. Cir. 2000).

❺ Advanced Cordiovascular Sys., Inc. v. Medtronic, Inc., 265 F. 3d 1294, 60 USPQ2d 1161 (Fed. Cir. 2001).

❻ 35 U. S. C. § 282 (2000).

❼ 297 U. S. 638, 642 (1936).

tion❶案（以下简称"Blonder-Tongue案"）中，联邦最高法院推翻了 Triplett 判决，取而代之，联邦最高法院采用了辩护性非相互争议点排除原则。法院认为专利诉讼费用昂贵，并且没有任何迹象说明某个特定法院会比另一个法院作出更准确的专利判决。另外，作为原告，专利权人常常在选择何时何地及起诉何人时享有相当大的灵活性。因此，在第一次诉讼中，专利权人通常不会有不公平的惊讶感觉，或者在收集证据中面临异常的困难。法院因此得出结论，被控侵权人不必承受辩护基于已经被无效的专利权利要求侵权控告的重复诉讼费。只要专利权人具有"在早期案件中完全公平的机会在法院解决其专利的有效性"❷，那么即使是早期诉讼案件的局外人也可以针对专利侵权的控告通过争议点排除原则进行辩护。

在 Blonder-Tongue 案之后，一旦法院最终判决一项专利无效，专利权人实际上拥有的是没有任何价值的东西。除非专利权人能够表明其缺少"完全公平"的机会去诉讼即辩论，自 Blonder-Tongue 案之后的这些年中，事实已经足以证明这种辩论是不可能成功的❸，以后针对该专利的侵权诉讼大都被驳回。胜诉的专利挑战者有效地充当"私人检察长"的角色，其会在全世界范围内击败该专利。

重要的是，Blonder-Tongue 原则是单行线。它禁止专利权人对已经最后被判定为无效的专利提出诉讼。然而，即使在早期对不同被告提出的诉讼中，该专利从同样的无效性挑战中幸存下来，被指控的侵权人也总是自由地争辩所主张的专利是无效的。

Blonder-Tongue 原则为专利法提供了一个混合体。随着在 Blonder-Tongue 案很早以前就开始出现的非相互争议点排除的增多，该原则几乎已不是专利法独有的原则，而且此后，许多法律领域已经延续了这样的趋势。正如最高法院所评述的，专利权人对每一个潜在对手重复提出诉讼进行相同的专利有效性辩论的期望似乎是私人和司法资源的重复浪费。在 Blonder-Tongue 判决的周围还存在一个讽刺。在早期的 Triplett 原则下，成功的专利挑战者是唯一的使专利无效成功诉讼案件的受益者。在 Blonder-Tongue 案之后，挑战者被迫与其他每一个人共同分享他自己努力的成果，包括没有承担诉讼费用的竞争者们。这种法律情形产生了为知识产权代理人所熟知的"公共产品"问

---

❶ 402 U.S. 313 (1971).

❷ 402 U.S. at 333.

❸ Jerry R. Selinger & Jessica W. Young, Suing an Infringer's Customers: Or, Life Under the Single Recovery Rule, 31 John Marshall L. Rev. 19, 28 (1997).

题❶。具体而言，为什么一个当事人应当花费几十万美元去挑战一项专利，而结果是该行业中的其他每一个人都将免费开始使用该专利技术。在该情况中的当事人或许宁愿只支付有限的许可费，让专利权有效。因此 Blonder – Tongue 原则也许实际上削弱了个人去击败专利的动机。寻找一种方式来鼓励专利挑战的社会最佳标准同时又避免多余的专利挑战不必要的重复，对法官、立法者、法律界的学者和关注专利制度的观察者们来说仍然是一个重要的问题❷。

10.5 懈怠和禁止反悔

懈怠和禁止反悔的公平辩护近来对专利诉讼来说已经变得相当重要，尽管它几乎不是专利法所独有的。在专利诉讼已经变成一个越来越有利可图的时代，专利权人已经表明乐于重新审查他们的文件以对文件进行重新修改的愿望，以便于考虑权利要求是否正在被侵权。有时，这样努力的结果是伴随着有关方声称据推测几年前便开始侵权的诉讼而出现的，为的是给将近期满或者实际上已经期满的专利"重新披上外衣"。因此在专利领域中对懈怠和禁止反悔案件进行回顾似乎是物有所值的。

关于懈怠和禁止反悔，联邦巡回上诉法院的主要意见体现在 A. C. Aukerman Co. v. R. L. Chaides Construction Co. ❸ 案（以下简称"Aukerman 案"）中。Aukerman 拥有两项专利，涉及"滑模"的产品专利和一项使用该产品建造混凝土公路隔离物的方法专利。Chaides 使用从第三方当事人 Gomaco 购买的滑模建造混凝土公路隔离物。在 1979 年 2 月至 4 月期间，Aukerman 给 Chaides 写信指责 Chaides 侵犯其专利权。在 1979 年 4 月，Chaides 提出了书面回信，宣称所有责任都应当由 Gomaco 承担，"如果 Aukerman 想起诉 Chaides '以获得一年 200~300 美元的赔偿'，Aukerman 尽管起诉"。在超过 8 年多的时间内当事人没有进一步的接触，在此期间，Chaides 明显扩大了其滑模生意。

在 1987 年 10 月，Aukerman 在被许可人抱怨 Chaides 与其竞争的促动下，给 Chaides 写信，劝告 Chaides "对另一个公司提起的诉讼已经得到了解决，除非 Chaides 执行一项许可，否则将提起诉讼……"。Chaides 拒绝签订许可合同，在 1988 年 10 月 26 日，Aukerman 起诉 Chaides 侵犯专利权。地方法院对被告

---

❶ 参见第 1.3.1 节。

❷ John R. Thomas, Collusion and Collective Action in the patent System: A Proposal for Patent Bounties, 2001 U. Ill. L. REV. 305. 10.5.

❸ 960 F. 2d 1020, 22 USPQ2d 1321 (Fed. Cir. 1992) (en banc).

作出了即决判决，根据懈怠和禁止反悔的原则判决对 Aukerman 的诉由不予支持。在上诉中，联邦巡回上诉法院全体法官一致通过撤销了地方法院的判决。

首先来看懈怠，首席法官 Niles 列出了该辩护的两个要件。第一个要件，侵权人必须证明专利权人延迟起诉一段时间是没有理由、不可原谅的，从专利权人应当知道针对侵权人主张的时间开始。法院列出了可能原谅拖拉的专利权人的几个可能的因素，包括：其他的诉讼，与被告协商，在有限制的环境下可能的贫困和疾病、战争条件、侵权的程度以及专利所有权的争议。法院也特别提到懈怠不能应用于侵权人犯有极其恶劣行为罪行情形中的可能性。这样的行为将会剧烈地颠覆有利于专利权人的公正性，它包括有意地复制或者虚伪的陈述。

第二个要件是延迟必须已经对侵权人产生了实际损害。法院已经确认了两种类型的损害，经济的损害和证据的损害。经济损害可能是在由于原告延迟提起诉讼而造成被告投资和扩大经营遭受损失的情况下出现的。证据的损害可能是在由于证人死亡、证据记录销毁，或者对久远事件记忆不可靠的情况下出现的。

法院坚持确定的法律，认为懈怠辩护的作用在于阻止专利权人对于提起诉讼前积聚的损害要求赔偿。即使在懈怠可适用的案件中，仍然可以作出有利于专利权人的判决，判决公平的赔偿和要求将来的损害赔偿。

联邦巡回上诉法院也指导下级法院在懈怠案件中如何分配举证责任。被告（被控侵权人）通常承担有关懈怠的举证责任和说服责任。然而，法院坚持司法产生的推定，即从专利权人知道侵权时间起直到提起诉讼 6 年的延迟行为将导致举证责任转移。因此，在专利权人延迟超过 6 年的案件中，原告（专利权人）将承担一些举证责任，提供其延迟提起诉讼有充足理由的证据。这 6 年的时间是从 35U. S. C. A. § 286 借用来的，该条款明确提起诉讼的时间超过 6 年将否认专利权人获得赔偿的能力。法院很快就注意到懈怠的推定仅仅转移举证责任，而不是最后的说服责任，该责任始终由被控侵权人承担。由于地方法院在 Aukerman 案中没有应用该构架，联邦巡回上诉法院将该案件发回重审。

Aukerman 判决被普遍看成是在专利诉讼案件中弱化了懈怠辩护的效力，特别是在即决判决要求的案件中出现的情况下。一些观察者相信，在实践中，大多数专利权人很少在提出理由辩解他们延迟提起诉讼中遇到麻烦。另外，即使在懈怠案件中，由于许多问题可能用专利权人掌控的证据更容易证明或者反驳，所以在 Aukerman 构架下侵权人一直要承担说服责任。侵权人承担说服责任也意味着在对事实作出判断的审判法官无法判定专利权人的延迟是否合理或者是否不合理的情况下，专利权人将胜诉❶。

审理 Aukerman 案件的法院也考虑了禁止反悔的辩护，将该原则分成三个要件。第一，专利权人必须通过误导行为导致被控侵权人相信专利权人不打算对声称的侵权人主张其专利。这样的行为可能包括肯定的陈述、作为、不作为，甚至是在有义务陈述时表现出的沉默。第二，侵权人必须已经信赖了该行为。第三，侵权人必须表明由于专利权人的行为使他已经受到了实质损害。与懈怠一样，实质损害通常总是既包括经济状态的变化，又包括证据的损失。此处的想法够天真，如果专利权人告诉竞争者他不打算起诉，如果竞争者相信了他的表述，并且之后如果竞争者用几百万美元投资新工厂生产争议的侵权产品，那么禁止专利权人在以后的某一时刻改变其想法而主张其专利似乎是唯一公平的。

法院将禁止反悔应用于上述案件中，撤销了地方法院的判决并发回重审。首席法官 Niles 在很大程度上依据的是 Chaides 在 1979 年的陈述——滑模的侵权建筑规模极小。正如人们可能推断的，Aukerman 只不过是放弃了每年最多价值 300 美元的侵权索赔，作出禁止反悔的即决判决是不合适的。该评述证明发回重审是有说服力的，因为地方法院判决 Chaides 既不能采用懈怠辩护，也不能采用禁止反悔辩护。由于 Chaides 在通知 Aukerman 自己使用已获得专利权的滑模规模很小之后，实质上扩大了他的侵权行为，初审法院判决 Chaides 本身犯有不清白之罪，因此不能采用这些正当辩护❷。

---

❶ Evan Finkel, What Remains of the Laches and Estoppel Defenses After Aukerman?, 9 Santa Clark Computer & High Tech. L. J. 1 (1993).

❷ 29 USPQ2d 1054, 1057-59 (N. D. Cal. 1993).

第 *11* 章
专利转让与许可

11.1 基本概念

专利法解释"专利具有个人所有权的属性"❶。该特性的一个结果是专利所有人可以将他们的权利许可或者出售给他人。专利律师把专利的销售称为"转让"。尚在审批过程中的专利申请也可以被出售或者被转让。还可以转让或者许可在未来可能完成的任何发明的权利。这种情形对雇员来说是很普遍的,雇员常常签订雇用合同,合同规定未来雇员开发的与工作有关的任何发明都将转让给雇主❷。

在缺少约束雇用合同或者其他预先发布交易的情况下,专利文件中列出的名字是发明的最初所有人。因此寻求购买或者得到许可专利权的那些人应当与发明人取得联系,或者与从发明人开始一串名单中的组织取得联系。如果有资格作为发明人的不止一人,并且因此作为所有人之一,那么这些个人是共同所有人,以共同产权的方式拥有专利权。在这样的安排下,正如不动产狂热爱好者可能记住的那样,每一个共同所有人都拥有整个所有权未分配的权益。另外,每一个共同所有人都可以不需要征得其他所有人的同意去开发专利❸。

例如,假定 Groucho 和 Harpo 是一项专利权的共同所有人。在该情况下,Groucho 可以不管 Harpo 的权益而使用获得专利权的发明。Harpo 既不能阻止 Groucho 开发已获得专利权的发明,也不能主张分享 Groucho 开发所获得的任何收益。同样,Harpo 也可以不用考虑 Groucho 的干预,自由许可或者转让自

---

❶ 35 U.S.C. § 261 (2000).
❷ Robert P. Merges, The Law and Economics of Employee Inventions, 13 HARV. J. L & TECH. 1 (1999).
❸ Ethicon v. U.S. Surgicak Corp., 135 F. 3d 1456, 1471, 45 USPQ2d 1545, 1557 (Fed. Cir. 1998) (Newman, J., dissenting).

己的权益给他人。

进一步举例来说明，假设 Harpo 将专利权中他自己利益的 1% 转让给了第三方 Chico。作为共同所有人，Harpo 拥有整个专利权中未分配的权益。Chico 现在拥有专利权中未分配权益的 1%，这样就有效地使 Chico 成为另一个共同所有人。Harpo 与 Chico 的交易实际上产生了第三方专利权所有人。Chico 现在享有与 Groucho 和 Harpo 同样的权利。

共同所有人可以不考虑其他所有人去开发专利的一般原则有一个重要的例外。美国专利法第 281 条规定："专利权人应当通过民事诉讼获得对其专利侵权的赔偿"。❶ 法院已经将该规定解释成通过侵权诉讼行使专利权时需要每个专利权共同所有人的同意。因此，尽管共同所有人可以制造、销售、许可或以其他方式开发获得专利权的发明而不需要考虑其他共同所有人，但在开始侵权诉讼之前必须得到其他共同所有人的允许❷。

这些例子说明了共同的普遍原则，专利权的共同所有人彼此宽容❸。虽然将实验室的合作者变成市场的竞争者也许看起来不太适当，但共有财产结构寻求使专利技术的开发最大化。可能的被许可人仅需要与一个共同所有人进行交涉，而不是必须去冒险受到持异议的共同所有人的阻挠。当然，专利权的共同所有人总是能够通过专门的协议改变他们的关系。共有财产方式仅适用于所有人没有通过合同要求其他事务的默认情形。

与转让不同，许可并不转移专利的所有权。许可表现为允许的性质。专利允许其所有人不准许他人实施已获得专利权的发明。通过授予许可，专利权所有人通常以换取对方支付许可费的方式同意不行使专利权❹。因此，许可为专利侵权诉讼提供了一种积极的辩护❺。

专利权人可以在许可中限制授予的许可权。例如，被许可人可以获得使用但不能出售已授权发明的权利❻。其他通常的许可限制包括对已获得专利权的许可采用规定使用领域或者地理位置的限制。例如，许可可以规定仅在兽医领

---

❶ 35 U.S.C. §281 (2000).

❷ Ethicon, 135 F.3d at 1468, 45 USPQ2d at 1554.

❸ Cilco, Inc v. Copeland Intralenses, Inc., 614 f. Supp. 431, 434, 227 USPQ 168, 170 (S.D.N.Y. 1985).

❹ Spindelfabrik Suessen – Schurr GmbH v. Schubert & Salzer Maschinenfabrik AG, 829 F.2d 1075, 1081, 4 USPQ2d 1044, 1048 (Fed. Cir. 1987).

❺ Carborundum Co. v. Molten Metal Equipment Innovations, Inc., 72 F.3d 872, 878, 37 USPQ2d 1169, 1172 (Fed. Cir. 1995).

❻ Vaupel Textilmaschinen KG v. Meccnica Euro Italia SpA, 944 F.2d 870, 875, 20USPQ2d 1045, 1049 (Fed. Cir. 1991).

域中使用已获得专利权的药物，例如，或者限制在马里兰州销售已获得专利权的蟹笼。在没有诸如违反反垄断法或者专利滥用这样例外的情况下，法院会支持这些限制。例如，如果蟹笼的被许可人沿切萨皮克湾向南航行，在弗吉尼亚联邦区域内将一些已获得专利权的蟹笼销售给抓蟹人，他就会违反许可条款，他可能要承担侵权责任❶。

在转让和许可之间存在一些重要的区别。转让必须以书面形式❷。许可不需要以书面形式，尽管合理的商业实践建议应当这样做。

转让和许可之间的另一个区别是行使专利权利的起诉权。如上所述，专利法仅允许"专利权人"对专利侵权提起诉讼❸。法院已经将该规定解释成规定受让人针对专利侵权起诉的起诉权。在该认识下，具有专利"所有实质权利"的受让人步入原始所有人的位置，成为"专利权人"。因此，作为专利唯一所有人的受让人可以自己实施专利权。他不需要获得其他任何人的合作或者许可，可以以自己的名义提起诉讼。

与受让人相反，被许可人通常不拥有行使被许可专利的权利。法院已经推论被许可人仅仅获得了一个不被许可人起诉的承诺。尽管该权益可能在经济上对被许可人来说极为重要，但并不等于专利权中的所有权权益。因此，被许可人没有资格作为"专利权人"，没有起诉他人以行使被许可专利的司法起诉权❹。

处于完全转让人和仅仅是被许可人两者之间的情形是排他许可。如果许可人承诺将已获得专利权的发明许可给一个被许可人，不许可其他人，那么该被许可人享有排他许可。在此情况下，排他被许可人获得承诺只有他能够在所许可的区域内排他地制造、使用、销售、许诺销售，或者进口已获得专利权的发明。法院已经将这样的排他权益看成等同于转让❺。

因此，排他被许可人拥有直接起诉专利侵权的起诉权，但只能与专利权人一起参与到诉讼中。如果专利权人不愿意加入，那么联邦民事诉讼规则第19条允许排他被许可人强迫专利权人作为非志愿的原告加入。这样的合并诉讼即使违背专利权人的意愿，即使法院没有对该专利权人的对人管辖权，也将是准许的。这样诉讼的结果，包括判决专利权无效，都将约束专利权人❻。

---

❶ Mallinckrodt, Inc. v. Medipart, Inc., 976 F. 2d 700, 24 USPQ2d 1173 (Fed. Cir. 1992).

❷ 35 U.S.C. §261 (2000).

❸ 35 U.S.C. §281 (2000).

❹❺ Rite–Hite Corp. v. Kelley Co., 56 F. 3d 1538, 1552, 35USPQ2d 1065, 1074 (Fed. Cir. 1995).

❻ Intellectual Property Development, Inc. v. TCI Cablevision of California Inc., 248 F. 3d 1333, 1347, 58 USPQ2d 1681, 1691 (Fed. Cir. 2001).

11.2 转让的登记

专利法设立了用于登记专利转让的许可制度。订立合同的当事人不需要登记，即使转让没有登记通常情况下也是有效的。然而，如该制度通常情况那样，登记制为转让人后来试图将同一个专利转让给没有注意到第一次转让的当事人提供保护。如美国专利法第 261 条所规定的："转让、赠与或转移行为，在没有通知的情况下，不能对抗以后的购买或抵押，除非在购买或抵押之前或之日起 3 个月内在 USPTO 进行了登记"。

举例来说明专利登记的工作方式。假定 Crooke 在 3 月 1 日将专利转让给 Alpha。进一步假定 Crooke 又在 4 月 15 日与 Omega 订立了第二个涉及同一个专利的转让交易。在该例子中，Omega 不知道之前 Crooke 与 Alpha 的交易，完全是诚意地与 Crooke 进行交易。

按照上述引用的条款规定，如果到 7 月 1 日以前 Alpha 在 USPTO 做了转让登记，Alpha 对 Omega 将具有优势权。然而，如果 Alpha 没有登记，那么 Omega 将具有优势权。

11.3 担保权益

许多公司经常需要贷款运转。然而许多贷款人不愿意贷款，除非用一些有价值的财产做担保。在一些案件中，借款人拥有的最有价值的财产是其专利财产。在许多情况下，借款人要使用其专利作为贷款担保，用一项或者多项专利给贷款人担保权益。结果，这样的协议被认为"同意在违约情况下进行转让"。

正如担保交易法专业的学生已经意识到的，寻求使担保权益更完美的人必须向政府提交文件详述交易。这样的备案使其他潜在的贷款人注意借款人真正的财力状况。特别是，它警告贷款人，借款人不能依靠某些财产清偿因违约欠下的债务，因为那些财产已经承诺给另外的债权人。有关专利中的担保权益，人们可能想知道是否应当根据美国专利法在 USPTO 进行必需的备案，或者是否应当在美国统一商法典（UCC）规定的有关州政府部门进行备案。

UCC 具有适应需要这种体制的联邦备案体制的规定❶。然而专利法的相关

---

❶ 因此依据 UCC §9-302 （3）（a），如果"美国的法规针对担保权益备案规定国家注册……或者规定备案的地方不同于该章节中所规定的"，那么就会有例外。

规定仅涉及实际转让的登记，而不是担保权益的登记，而且在任何情况下，均不需要联邦登记，即使在完全转让的情况下。因此法院得出这样的结论，专利法与担保权益无关，因此，为使这样的权益得到完善，UCC 继续有效❶。为了完善专利中的担保权益，也应当在相关的州政府通常是州长办公厅提交相关的文件。

11.4 被许可人和转让人禁止反悔

有时被许可人会认为被许可的专利是被轻率授权的。例如，被许可人可能发现了 USPTO 在审查期间没有获得的现有技术出版物，该现有技术完全预期了已授予专利权的发明。很自然，无意中发现这样信息的被许可人可能突然对现在被认为是无效的专利支付许可费失去热情。接着就出现了下面的问题，被许可人是否可以挑战被许可专利的有效性。合同法的一般原则不允许购买者因为后来对交易不满意，至少在没有赔偿签订合同另一方当事人的情况下，简单地否定他们的许诺。传统上，法院根据该公平原则不允许被许可人挑战被许可专利。该原则就是众所周知的"被许可人禁止反悔"原则。与之对应的概念是"转让人禁止反悔"，禁止将专利转让给他人之后主张该专利无效。

在 1969 年 Lear v. Adkins❷ 案的判决中，联邦最高法院突然废除了被许可人禁止反悔原则。该案中，被告 Lear 为了解决回转仪设计问题雇用了原告 John Adkins。John Adkins 后来开发了一种改进的回转仪设计，以较低的成本改进了仪器的准确性。Lear 不久就将 John Adkins 的改进设计结合到回转仪中。John Adkins 向 USPTO 提出申请之后，与 Lear 签订了许可协议，在该协议中，Lear 承诺根据其未来的回转仪销售额向 John Adkins 支付许可费。之后，当专利申请仍然处于审批过程中时，Lear 拒绝根据其与 John Adkins 签订的许可支付其余的许可费。Lear 声称依据其确定的一个在先专利，John Adkins 的设计不能获得专利权。

该专利一经公布，John Adkins 就违反合同在加利福尼亚州法院提起诉讼。该案件最终走到加利福尼亚州最高法院。加利福尼亚州最高法院维持了州法院作出的被告向 John Adkins 支付损害赔偿金的判决，加利福尼亚州最高法院判决依据被许可人禁止反悔原则禁止 Lear 挑战 John Adkins 专利的有效性。

---

❶ In re transportation Design and Technology, Inc., 48 Banker. 635, 226 USPQ424 (S. D. Ca. 1985).

❷ 395 U. S. 653 (1969).

联邦最高法院颁布调卷令审理此案，撤销了加利福尼亚州最高法院的判决。Harlan 法官认为"被许可人禁止反悔"原则是由维护合同尊严的司法结果产生的。然而，根据法院的观点，另一个竞争原则应当承担更突出的角色。Harlan 法官确认强大的公共利益将使被轻率授权的专利无效。由于被许可人希望逃避支付许可费或者逃避履行许可下的其他义务，他们常常可能是最具有挑战被许可专利经济动机的群体。法院认为通过禁止反悔原则禁止被许可人将会破坏这个强制性的联邦权益，因此必须放弃合同的普通法。联邦最高法院因此完全否定了被许可人禁止反悔原则。

Lear v. Adkins 案的判决长期以来受到了强烈的批评。该判决可能助长了被许可人不信守许可。专利许可在某种程度上已经成为保险单，允许被许可人推迟起诉决定，直到其被许可专利的利益超过挑战专利的费用时才起诉。Lear v. Adkins 案的判决也降低了当事人签约的自由权。如果被许可人承诺不向专利挑战，专利权人将愿意收取较低的许可费率。Lear v. Adkins 案之后如果已经降低了专利许可价值，那么也降低了专利的价值，这反过来将会削弱改革创新的动机，鼓励人们去信赖商业秘密❶。

联邦巡回上诉法院似乎意识到这些批评，经常努力限制 Lear v. Adkins 案的影响❷。例如，在 Diamond Scientific Co. v. Ambico, Inc.❸ 案中，联邦巡回上诉法院不顾 Lear v. Adkins 案适用了相关的转让人禁止反悔原则。在该案中，Clarence Welter 博士在为原告 Diamond 工作时发明了一种新的胃肠炎疫苗。通过其雇佣合同，Clarence Welter 将专利权转让给 Diamond。在准备疫苗的专利申请过程中，Clarence Welter 协助 Diamond，该申请最终被公布授权。Clarence Welter 后来离开了 Diamond，成立了自己的公司，即被告 Ambico。Ambico 开始制造和销售胃肠炎疫苗之后，Diamond 提起专利侵权诉讼。在诉讼期间，审判法院认为转让人禁止反悔原则禁止 Ambico 挑战疫苗专利的有效性。

上诉之后，联邦巡回上诉法院维持了原判。尽管联邦巡回上诉法院拒绝发布对转让人禁止反悔原则的明确重申，但法院确实判决在该案件事实情况下禁止 Ambico 挑战诉讼中的专利。Davis 法官认为转让人禁止反悔基于下面的前提：转让人不应当出售某物之后再主张所出售之物是毫无价值的，这样做将损害受让人。判决记录披露 Clarence Welter 主动参与准备专利申请，他已经得到

---

❶ Rochelle Cooper Dreyfuss, Dethroning Lear: Licensee Estoppel and the Incentive to Innovate, 72 VA. LREV677 (1986).

❷ Foster v. Hallco Mfg. Co., 947 F2d 469, 20USPQ2d 1241 (Fed. Cir. 1991)（与专利有效性有关的合意判决可以阻止未来对专利的挑战）。

❸ 848 F. 2d 1220, 6 USPQ2d 2028 (Fed. Cir. 1988).

了发明转让的补偿，他签署了发明人誓言，声明他是第一个也是唯一的发明人。在这些情况下，联邦巡回上诉法院得出结论，表明衡平法极大地偏向于Diamond，拒绝允许 Clarence Welter 寻求向专利挑战。

尽管 Diamond Scientific Co. v. Ambico, Inc. 案的公平性是令人信服的，但是在允许被许可人挑战的案件中可能还会出现许多这样的因素。法院强调 Clarence Welter 和 Diamond 之间的雇主与雇员关系也说明该判决可能不会顺利地运用到商业市场正常转让的案件中。在试图将转让人禁止反悔与被许可人禁止反悔加以区分的过程中，联邦巡回上诉法院进一步强调转让人并不拥有与被许可人相同的动机去挑战被转让的专利。在许可案件中，上诉法院解释被许可人面临的是继续支付许可费的义务，而在转让案件中转让人已经完全得到了偿付❶。该推论似乎是无法令人信服的。虽然大多数专利被许可人可能选择支付持续不断的许可费，但他们也可以很容易地一次性支付预付许可费。这样的被许可人根据 Lear v. Adkins 案可随意挑战被许可专利，而现在可能希望与专利权人竞争因此拥有足够的动机挑战被转让专利的转让人，可能面临禁止反悔问题。在所有情况下，未来的诉讼将会揭示联邦巡回上诉法院是否将更广泛地认同转让人禁止反悔原则，或者是否需要个人受让人表明在特定案件事实的情况下衡平法会偏袒他们。

11.5　滥用、捆绑销售、连带侵权

当专利权人以超越专利法律范围的方式使用其专利时，他就犯了滥用罪。专利滥用案件经常涉及法院不赞成的专利权人许可行为。专利滥用案件中关键的疑问是专利权人是否不能得到允许以反竞争的理由扩大其专利范围❷。专利滥用的成功主张将使专利丧失执行力。滥用是令人困惑的原则，因为缺少法律语言解释什么行为构成滥用，什么行为不构成滥用。同样，专利滥用是案例法的一个产物。此外，由于专利滥用原则是在大萧条之后的反垄断情绪时代出现的，大多数这样的案例在今天看来其生命力是值得怀疑的，导致该原则的法律地位不确定。虽然如此，联邦最高法院还是不得不推翻了它的滥用先例，因此有可能一些过时的判决在未来继续具有影响力。

---

❶　848 F. 2d at 1224, 6 USPQ2d at 2030.

❷　Windsurfing Int'l, Inc. v. AMF, Inc., 782 F. 2d 995, 1001 – 02, 228 USPQ 562, 566 (Fed. Cir. 1986).

Morton Salt Co. v. G. S. Suppiger Co. ❶案（以下简称"Morton Salt 案"）呈现了联邦最高法院对滥用原则最彻底的审视。Morton 是第′645 号专利的所有权人，该专利涉及一种沉积食盐片剂的机器。该机器用于向罐头中的食物增加预定量食盐。Morton 针对 Suppiger 制造及出租声称的侵权机器提起侵权诉讼。Suppiger 的辩护理由是 Morton 在出租其获得专利权的机器的同时，令租借人排他使用 Morton 未获得专利权的食盐片剂，这种行为"超出了其垄断范围"。换句话说，如果罐头制造商要获得已授予专利权的片剂沉积机器，他不得不承诺从 Morton 处购买食盐。地方法院支持了 Suppiger，认为这样的做法是专利垄断不能被允许的扩大，但在上诉中，第七巡回上诉法院认为 Morton 捆绑销售做法没有违反克莱顿法案从而撤销了原判。

联邦最高法院在颁布调卷令审理此案之后，再次撤销了巡回上诉法院的判决，得出 Morton 滥用其专利的结论。法院从下列观点出发，即，使用专利权从而获得未被 USPTO 批准的排他权，这种做法违反了宪法鼓励使用有用技术的宗旨。由于专利权人权利中的这种"维持和扩大"部分依赖于侵权诉讼的胜诉结果，所以在销售未授权产品时，如果把专利作为限制竞争的手段使用，法院应当拒绝给予救济。作为促进公共政策而被授予排他特权的持有者，如果利用其专利来破坏该政策的话，这样的个体不能指望得到法院的保护。

为了与 Morton Salt 案件保持一致，法院还确定除捆绑销售行为之外的许多其他行为也可能构成专利滥用。其中包括固定价格❷、禁止制造竞争产品❸、以接受一个许可作为准予另一个许可为条件❹、不管授予专利权的发明使用到何种程度以总销售额作为支付许可费的基础❺。

来自专利滥用 Morton Salt 案件时代的司法意见也建立了有关该原则的几条核心规则。即使被控侵权人本人没有受到不当行为的伤害，也可以用滥用原则来进行有效的辩护❻。专利滥用的有效主张导致了专利丧失执行力❼。然而，专利权人可以通过放弃不当行为消除其滥用。当滥用的影响消失时，专利可能被再一次执行❽。归结于滥用的行为不需要上升到违反反垄断法的程度，尽管

---

❶ 314 U. S. 488，62 S. Ct. 402，86 L. Ed. 363，52USPQ 30（1942）.

❷ Bauer & Cie. V. O'Donnell，229 U. S. 1，33 S. Ct. 616，57 L. Ed. 1041（1913）.

❸ National Lockwasher Co. v. George K. Garrett Co.，137 F. 2d 255，58 USPQ 460（3d Cir. 1943）.

❹ American Securit Co. v. Shatterproof Glass Corp.，268 F. 2d 769，122 USPQ 167（3d Cir. 1959），cert. denied，361 U. S. 902，80 S. Ct. 210，4 L. Ed2d 157（1959）.

❺ Zenith Radio Corp. v. Hazeltine Research, Inc.，401 U. S. 321，91 S. Ct. 795，28 L. Ed. 2d 77（1971）.

❻ Morton Salt Co. v. G. S. Suppiger Co.，314 U. S. 488，62 S. Ct 402，86 L. Ed. 363，52USPQ 30（1942）.

❼❽ B. B. Chem. Co. v. Ellis，314U. S. 495，62 S. Ct. 406，86 L. Ed 367，52USPQ33（1942）.

这样的行为常常如此。

联邦最高法院后来对 Mercoid Corp. v. Mid – Continent Investment Co. ❶ 和 Mercoid Corp. v. Minneapolis – Honeywell Regulator Co. ❷ 两个案件（以下合称"Mercoid 案"）的意见甚至比 Morton 案更进一步。在 Mercoid 案中争议的专利涉及民用加热系统。在要求保护的发明元件中有一个加煤机开关。与 Morton 案中的食盐片剂不同，这是一种在要求保护的发明范围之外具有许多用途的常用商品，而加煤机开关仅能与获得专利权的加热系统一起使用。当 Mercoid 在没有得到许可情况下制造加煤机开关时，专利权人起诉连带侵权。

当 Mercoid 案最后到联邦最高法院时，法院又得出结论，专利权人犯滥用罪。Douglas 法官称该案为"私人约定扩大专利垄断的罪恶图解表"，他依据的原则是专利仅仅覆盖要求保护的结合在一起的整体，而不是单个部件。根据该推论，抑制加煤机开关销售的企图等于是对未获得专利权商品的反竞争限制。法院对专利权人通过销售加热系统部件调节许可费率的事实以及专利权人的加煤机开关在本领域（在获得专利权的发明领域外没有使用）构成进步的事实没有留下印记。

如果 Mercoid 案件保持了良好的法律，连带侵权原则就几乎不会保留下来。然而，美国国会通过将美国专利法第 271 条第（d）款加入到 1952 年法案中扮演了抑制滥用原则的角色。如最初制定的那样，法律表明在专利权人有以下行为时不会发生滥用：（1）从如果由另一个人实施将会构成连带侵权（与直接侵权比较）的行为中获得了收益，（2）许可他人去实施如果由另一个人实施将会构成连带侵权（与直接侵权比较）的行为，或者（3）寻求实施其专利。

联邦最高法院在 1980 年 Dawson Chemical Co. v. Rohm & Haas Co. ❸ 案的意见中首次解释了美国专利法第 271 条第（d）款。Rohm & Haas 拥有第'092 号专利，该专利要求保护一种使用称为敌稗的除草剂的方法，而叫做敌稗的除草剂未受专利保护。Dawson 寻求获得 Rohm & Haas 的许可，但 Rohm & Haas 拒绝给 Dawson 许可，除非 Dawson 同意从 Rohm & Haas 这里购买敌稗。之后，Dawson 将敌稗连同如何将敌稗应用到农作物中的说明书一起销售给农民，该说明书主要教授农民如何实施第'092 号专利的方法。最后，Rohm & Haas 起诉了 Dawson。因为 Dawson 自己没有实施获得专利权的方法，原告不能主张直接

---

❶ 320 U. S. 661, 64 S. Ct. 268, 88 L. Ed. 367（1944）.
❷ 320 U. S. 680, 64 S. Ct. 278, 88 L. Ed. 396（1944）.
❸ 448 U. S. 176, 100 S. Ct. 2601, 65 L. Ed. 2d 696（1980）.

侵权。取而代之的是，原告辩称 Dawson 同说明书一起销售敌稗构成了连带侵权。Dawson 在其答辩状中辩称 Rohm & Haas 滥用第′092 号专利。

依据该案事实，敌稗本身没有受到专利保护。然而，敌稗唯一已知的用法将会侵犯 Rohm & Haas 的方法专利权。因此，该案的关键问题是确认在这种唯一有价值的应用中，Rohm & Haas 是否应当能够控制敌稗的使用。地方法院针对滥用问题作出了有利于 Dawson 的即决判决。但是在上诉中，第五巡回上诉法院基于美国专利法第 271 条第（d）款撤销了原判。联邦最高法院颁布调卷令审理此案支持了上诉法院的意见。联邦最高法院认同国会打算推翻 Mercoid 案件的想法，并得出结论：专利权人可以"控制能够唯一在获得专利权的发明中侵权使用的非主要商品，并且这种非主要商品是发明相对于现有技术的进步而言必不可少的"。

美国国会在 1988 年通过增加进一步限制滥用辩护的段落（4）和（5）扩充了美国专利法第 271 条第（d）款的内容。段落（4）指出拒绝许可或者拒绝使用专利权不构成滥用，而段落（5）将捆绑销售实践排除在专利滥用学说之外，除非专利权人享有市场支配力。作为后来修改的结果，现在，捆绑销售只有在专利权人享有市场支配力并且被捆绑的商品是贸易的主要商品时才构成滥用。

对美国专利法第 271 条第（d）款的修改建议逐渐减弱了专利滥用法的影响，在联邦巡回上诉法院的意见中也反映了这种趋势。在 1992 年 Mallinckrodt Inc. v. Medipart Inc.❶ 案的判决中证明了法院对滥用问题的思考。Mallinckrodt 拥有一项运送气雾式放射性材料或者治疗材料的装置专利。销售一台要求专利保护的产品大约挣 50 美元。Mallinckrodt 在其产品上标注了"一次性使用"的警告。Medipart 不顾这样的警告，重新填充腾空的装置，销售一台这样的装置大约挣 20 美元。正如可以预料的，Mallinckrodt 起诉他们侵权。地方法院判决违反警告不是专利法范围内所能管辖的。Mallinckrodt 上诉之后联邦巡回上诉法院撤销了原判。Newman 法官从以下考虑出发，即考虑是否联邦最高法院曾经判决过专利权人在销售获得专利权的产品中使用任何形式的限制许可属于滥用。在没有发现这样的案例之后，联邦巡回上诉法院拒绝根据固定价格、捆绑销售案例为类推，推翻了初审法院的判决。

Mallinckrodt Inc. v. Medipare Inc. 案判决意见提供了两条主要经验。第一，专利权人可以限制专利产品的使用，如果他人违背了限制，专利权人可以通过专利法获得赔偿。如果对专利设备维修或改进的限制违反了其他的现行法，特

---

❶ 976 F. 2d 700, 24 USPQ2d 1173（Fed. Cir. 1992）.

别是反垄断法，则限制将会失效。第二，只有当联邦最高法院已经特别宣布一种商业安排是滥用时，或者当一种行为证明是反竞争时，联邦巡回上诉法院才会认为滥用❶。

在许多法律评论文章中，以及在 Posner 法官对 USM Corp. v. SPS Technologies, Inc.❷ 案件颇有创见的意见中可以发现对滥用学说更直接的攻击。在 1969 年 SPS 针对 USM 提出侵权诉讼之后，双方当事人达成和解，获得了合意判决。根据该合意判决的条件，USM 承认 SPS 专利的有效性，同意支付许可费。1974 年，USM 反过来提起诉讼。这次 USM 极力主张由于不同的许可费方案使许可合同的当事人作出了后来的协议构成专利权滥用的判断❸。

地方法院的部分观点认为这样的行为不构成滥用❹。上诉后，第七巡回上诉法院维持了原判。

Posner 法官的意见攻击了专利滥用学说的基本原则。他认为滥用没有使专利延伸超过权利要求的保护范围，这是由于经济的原因，专利权人仅仅能够要求他人支付使用专利的费用。该要求可以采取许可限制的形式，如反向授予条款、有区别的许可费、通过销售非专利产品衡量许可费或者直接更高的货币价格等。正如他所指出的那样，"坚持限制购买者或者被许可人的自由，无论是限制价格，限制购买者选择补充投入资金，还是限制制造竞争产品，专利权人都不得不通过要求支付较低的专利使用费对限制进行补偿。例如，如果专利权人在专利权期满之后要求被许可人同意继续支付许可费，专利权人就不可能使被许可人同意支付与专利权期满前同样高的许可费"❺。根据案件的事实，Posner 法官得出结论，竞争政策不能禁止专利权人依据其专利使其收入最大化。由于并没有证据表明 SPS 的专利许可费安排在专利权人消费者市场中具有反竞争效果，专利滥用的辩护理由不能继续有效。

11.6　期满之后的许可费

专利许可常常要求在专利权有效期间定期支付许可费。这样的要求完全是

---

❶　Windsurfing Int'l, Inc. v. AMF Inc., 782 F 2d 995, 228 USPQ 562（Fed. Cir. 1986）.

❷　694 F. 2d 505, 216 USPQ 959（Fed. Cir. 1982）.

❸　根据当事人合意判决中的协议，免除 USM 向 SPS 支付因子许可 SPS 的专利获得的任何许可费的25%。然而，如果 USM 决定向 SPS 以前直接许可的四家特殊公司之一准予子许可，USM 必须免征由这些当事人获得的许可费的75%。

❹　453F. Supp. at 743, 200 USPQ at 788.

❺　694 F. 2d at 510 – 11.

可以接受的。然而，如果被许可人许诺在专利期满之后支付费用，那么就会出现麻烦。在 1964 年 Brulotte v. Thya Co. ❶ 案（以下简称"Brulotte 案"）的判决中，联邦最高法院认定，规定在专利权期满之后支付许可费的专利许可本身是非法的。根据法院的观点，许可人通过获得超过专利权期满日继续支付许可费的许诺，试图将专利期限延长至超过法律规定的期限。Douglas 法官辩论到，这样的尝试等同于扩大专利的范围，这样的扩大是不能得到允许的，因而构成滥用。因此要求期满之后支付许可费的任何专利许可都是不可执行的。

几乎没有评论员站出来挑战 Brulotte 判决。从 Brulotte v. Thya Co. 案中 Harlan 法官具有说服力的不同意见开始，至少到 Posner 法官在 2002 年针对 Scheiber v. Dolby Laboratories, Inc. 案❷具有深刻见解的判决为止，观察员们实际上已经激烈地批判了 Brulotte 判决。更广泛地认同期满之后的专利许可费不能扩大专利权的范围。无论许可是否要求了期满之后的许可费，一旦相关的专利到期，专利权人就不再有权力排除任何人实践获得专利权的发明。期满之后的许可费类似于一种财务机制，具有期满之后许可费的许可比完全在专利权有效期限内具有许可费的许可可能会要求在较长时间更少的支付。虽然 Brulotte 案件已经过去了 40 年，联邦最高法院仍然没有考虑推翻它。

在 Brulotte 案件之后的 15 年，联邦最高法院发布了 Aronson v. Quick Point Pencil Co. ❸案的判决意见。在该案件中，Jane Aronson 发明了钥匙固定器，并适时地提出了专利申请。当该申请在 USPTO 审批时，她与 Quick Point 协商了一项许可。Aronson – Quick Point 许可中部分要求如果 5 年之内专利公布则支付 5% 的许可费；否则只要 Quick Point 销售了钥匙固定器就要支付销售额 2.5% 的费用。在 USPTO 最后拒绝 Jane Aronson 专利申请之后，Quick Point 寻求确认判决诉讼，要求确认许可协议不可实施。Quick Point 争辩到，如果 Jane Aronson 获得了专利权，那么按 Brulotte 规则，其偿清许可费的债务接近专利期满，但是根据与 Jane Aronson 的合同，Quick Point 必须永远支付许可费。

这次联邦最高法院没有依据联邦法律找到使许可无效的依据。法院认为由于 Jane Aronson 的设计随钥匙固定器的销售而进入了公有领域，实施合同将不会引起依据优先购买学说所关注的问题。这意味着除 Quick Point 外其他任何当事人既不需要得到 Jane Aronson 女士的许可也不需要向她支付一美分就可以自由地制造钥匙固定器。因此实施合同没有破坏他人可自由复制未获得专利权

---

❶ 379 U. S. 29（1964）.

❷ 293 F. 3d 1014, 63 USPQ2d 1404（7 th Cir. 2002）.

❸ 440 U. S. 257（1979）.

产品的联邦专利法政策。首席法官 Burger 也尽力区别 Brulotte 判决。因为 Jane Aronson 从来没有获得专利权，Quick Point 不能依赖滥用学说。法院也评述到当事人已经清楚地安排了5年内专利不能公布的意外情况，其结果是减少支付许可费。在这些条件下，法院认为不应当说 Jane Aronson 试图不被允许地去扩大专利范围。

在并存的意见中，Blackmun 法官解释到有一段时间难以将 Jane Aronson 与 Brulotte 区别。在他看来，Brulotte 案中的专利权人使用专利促使被许可人同意期满之后支付许可费，Aronson 案与 Brulotte 案完全相同，Jane Aronson 使用其专利申请的优势获得了永久的许可费（即使 USPTO 最终否定了其申请）。尽管如此 Blackmun 法官仍然同意多数人的裁定，他推论尽管后来被否定的专利申请可能阻止没有被许可的仿制者，但抑制竞争的程度小于专利权人要求期满之后支付许可费的案件。

联邦最高法院对 Brulotte 案件作出了判决，开始了大量对专利权公开对抗的时代。今天这种浪潮已经明显地扭转。现代重视专利的趋势和 Jane Aronson 案推论本身表明了联邦最高法院如果今天重新审理该问题是否能获得相同的结果将是不确定的。尽管如此，Brulotte 案仍然保留在书中，应当谨慎地评论该案。例如，如果一份协议许可了多项专利，专利权人将会明智地规定当每项专利期满或者无效时逐渐减少许可费率，以免看起来超过特定专利期限要求任何一项专利的许可费。当然，如果被许可人需要筹措资金，他应当去银行，而不是找专利权所有人。

11.7 默示许可

实施获得专利权的发明的许可即使在缺少明确合同语言的情况下也可以存在。这是因为专利许可在某些情况下可以是默示的。从头到尾读过本书的读者已经遇到了法律有效默示许可的少数情况。权利要求用尽学说（即合法的购买者在不考虑专利的情况下可以处置获得专利权的产品）为默示许可提供了一个例子❶。合法的购买者也拥有默示许可去修理（而不是重新改造）获得专利权的产品❷。从广义上说，成功地主张了懈怠或者禁止反悔辩护理由的当事人也可以被看成享受了默示许可❸。

---

❶ 参见第 8.1.1.2 节。
❷ 参见第 8.1.1.3 节。
❸ 参见第 10.4 节。

然而，默示许可并不限于这些特定情景。如首席法官 Taft 在 De Forest Radio Telephone & Telegraph Co. v. United States 案中阐述的："为了表明许可有效需要非正式授予许可。专利权所有人使用的任何语言，或者他呈现给另一个人的任何行为，他人可能根据这些语言或者行为完全推断专利权所有人同意在制造、使用、销售中使用专利，这样的语言或者行为构成了许可，也构成了民事侵权诉讼的辩护理由。"❶ 该段陈述建议法院可以在公平的基础上在各种不同的情况下默示许可，特别应注意专利权人的行为或者被控侵权人对专利权人产生的不利于己的信任。以个案为基础特别是依靠特定案件的事实进行这样的审查。默示许可的存在是一个法律问题，存在默示许可的举证责任由被控侵权人承担❷。

尽管在各种不同的情况下发现了默示许可，但几个重复出现的实际情形是值得注意的。在一些案件中专利权人销售不是产品专利主题的设备。然而，该设备的购买者能够以侵犯方法专利或者以生产获得专利权产品的方式使用该设备。联邦巡回上诉法院阐述了用两步检验来确定在这些情形下设备的购买者是否享有默示许可。根据法院的观点，如果下列条件同时满足则存在默示许可，(1) 无法不侵权地使用设备；(2) 销售情形一定"明确显示必然推断出授予了许可。"❸

大多数应用该标准的司法审判意见集中在第一个要件上。如果不侵犯专利权就不能使用设备，并且专利权所有人没有对设备的使用设置限制，那么联邦巡回上诉法院相信被控侵权人已经涉入了初步看来默示许可证据确凿的案件。那么举证责任转移给专利权人，由专利权人说明缺少其中的一个要件❹。该方法当然看起来是合法的。除使用获得专利权的方法之外不知道再如何使用设备的购买者，在知道虽然已经为设备支付了费用，但由于没有单独协商专利许可，对设备的任何使用都构成侵权时，将会感到极大的震惊。

例如，假定很久以前化学家合成了两种化合物，化学制品 X 和化学制品 Y，很久以前有关这些化合物的所有专利已经期满。没人知道两个化合物本身的用途，然而，这两个化合物可以结合形成化合物 Z——一种有价值的药物。假定 Acme 化学制品公司（以下简称"Acme 公司"）拥有一项专利，该专利要求保护化合物 Z。在知道 Beta 药物公司（以下简称"Beta 公司"）将结合化学

---

❶ 273 U. S. 236（1927）.
❷ Bandag, Inc. v. Bolser Tire Sales, 750 F. 2d 903, 924, 223 USPQ 982, 998（Fed. Cir. 1984）.
❸ 750 F. 2d at 925, 233 USPQ at 998.
❹ Met – Coil System Corp. v. Korners Unlimited, Inc., 803 F. 2d 684, 687, 231 USPQ 474, 476（Fed. Cir. 1986）.

制品 X 和化学制品 Y 形成化合物 Z 的情况下，Acme 公司仍然向 Beta 公司销售了大量的这两种化学制品。在这些情形下，Beta 公司享有默示许可来将它从 Alpha 公司购买的这两种化学制品结合形成化合物 Z。因为化学制品 X 和 Y 根本没有其他的用途，并且因为 Alpha 公司了解 Beta 的发明，那么 Alpha 公司不能针对 Beta 主张其化合物 Z 专利。

法院还认为转让或者许可专利的个人不能通过以后的行为收回授予的权利。该学说有时被称为"法律上的禁止反悔"❶。在这类案例中，专利权人典型地许可或者转让了权利，得到了承诺，然后寻求收回授予的权利。例如，在 AMP, Inc. v. United States❷ 案中，AMP 根据与美国政府之间的研究开发合同开发了一种接线工具。该合同授予美国政府使用该工具的许可，该工具之后获得了专利授权。AMP 后来才发现以前公布的授予第三方当事人的一项专利，该专利要求保护接线工具的某个方面。AMP 购买了这一专利，之后在联邦申诉法院起诉政府使用获得专利权的发明。法院禁止 AMP 起诉，阐述了一般性原则，即当"一个人卖掉了一项专利，该专利采用了侵犯较早专利的发明，那么即使在潜在专利销售之后他可以获得较早的专利，销售者也不得针对其受让人的侵权提起诉讼"❸。采用该原则，法院判给美国政府默示许可，禁止专利权人使用先前存在但后来获得的专利来毁损依据 AMP 其他专利协商订立的明确许可。

11.8　购买权

大多数当代发明人通常作为大型法人组织单位的雇员工作时创造了新技术。在世界上许多专利制度中，法律为这样的雇用发明人提供了发明权利。然而在美国，被雇用的工程师或者科学家通常要与其雇主订立雇佣合同。这样的合同通常包括预先明确将所有专利权转让给法人组织雇主的条款。另外，不管是否存在这类雇佣合同，美国专利法均趋于有利于雇主而不利于雇员❹。例如，在雇员被雇用执行一项包括发明在内的特定职能时可能默示了有利于雇主的许可。即使在雇员和雇主之间不存在明确的协议，没有雇用雇员去发明的情

---

❶　Wang Laborstories, Inc. v. Mitsubishi Electronics America, Inc., 103 F. 3d 1571, 41 USPQ2d 1263 (Fed. Cir. 1997).

❷　389 F. 2d 448, 156 USPQ 647 (Ct. Cl. 1968).

❸　389 F. 2d at 451, 156 USPQ at 649.

❹　Jay Dratler, Jr., Incentives for People: The Forgotten Purpose of the United States Patent System, 16 HARV. J. LEGIS. 129 (1979).

第 11 章 专利转让与许可

况下,雇主仍然可以获得合法权利使用雇员开发和完成获得专利权的发明,给这样的权利冠以一个奇怪的名字"购买权"。

"购买权"不是机械师的工具,也不是许可去商场买新衣服,而是雇主使用雇员获得专利权的发明但不负侵权责任的一种权利。这种权利最明显地出现在雇员为雇主工作期间构思了发明、使用雇主的资源将发明付诸实践、允许将发明结合到雇主设备上的情形中❶。购买权案件常常涉及对雇主制造设备实施改进的发明人。之后,发明人辞去了雇主给他的职位,获得了该发明的专利权。当发明人起诉以前的雇主专利侵权时,购买权辩护发生作用。

联邦巡回上诉法院有关购买权的主要案件依然是 1993 年 Rich 法官在 McElmurry v. Arkansas Power & Light Co. ❷ 案中具有指导意义的意见。原告针对 Arkansas Power & Light(以下简称"Ap&L")侵犯第'714号专利的专利权提起诉讼,该专利标明的发明人是 Bowman。Bowman 作为 Ap&L 的顾问在工作期间开发了获得专利权的电平检测器❸。Ap&L 基于其对要求保护的电平检测器所拥有的购买权成功地提出了即决判决,上诉之后联邦巡回上诉法院维持了原判。

联邦巡回上诉法院开始对购买权的各种不同的学说基础进行核实。Rich 法官注意到法院倾向于依赖两个根本的基础判断购买权是否存在以及购买权的范围。第一是依赖于默示许可理论❹。该理论将注意力集中在雇员是否从事了一些如占用雇主时间及使用雇主工具之类的行为——这需要判定,雇主得到默示许可使用所形成的发明。第二是基于禁止反悔理论❺。禁止反悔的基本原理认为购买权应当基于雇员是否同意或者默许雇主使用发明。

法院不确定默示许可或者禁止反悔理论是否为购买权提供了广泛的基础,法院认为在购买权案件中适当的方法是"在逐个案件的基础上注意整个情形,在公平公正的原则下确定特定案件的事实是否需要判定存在'购买权'"。Rich 法官将该一般原则应用到这一案件的事实上,他注意到 Bowman 在 Ap&L 工作时开发了获得专利权的电平检测器,同意将许多电平检测器安装到 Ap&L 的设备上,并且至少在这个诉讼之前从来没有主张要求 Ap&L 使用电平检测器

---

❶ United States v. Dubilier Condenser Corp., 289 U. S. 178, 188–89, 53 S. Ct. 554, 77 L. Ed. 1114, 17 USPQ 154 (1993).

❷ 995 F. 2d 1576, 27 USPQ2d 1129 (Fed. Cir. 1993).

❸ 在发电过程中,燃煤汽锅炉发出包括通称为"粉煤灰"不纯物的气体。为了减少污染,粉煤灰要被消除掉,并在称为漏斗的容器中进行处理。电平检测器是一种监视漏斗中粉煤灰含量的装置。

❹ 参见第 11.7 节。

❺ 参见第 10.4 节。

时对他进行补偿。每一个因素都证明如下结论，Ap&L 享有 Bowman 获得专利权发明的购买权。

即使在十分清楚购买权是适当的情况下，事实证明准确定义购买权范围仍然是一项复杂的任务。例如，尽管特有的名字"购买权"要求雇主使用发明的权利限制在雇员开发发明时工作的特定地点，但是法院倾向于让雇主有更大的灵活性。一般来说，将购买权不受限制地解释成雇主为了生意的需要。然而，为了与公平原则相符合，雇主在购买权有效期间使用获得专利权发明的准确范围也是依个案而定的❶。

幸运的是，有些细节还是清楚的。案例法一贯表明购买权存在于专利权的整个期间❷。

购买权仍然是个人对雇主，并且不能被转让❸，除非雇主卖掉了其所有的生意❹。最后专利所有权仍然是法律规定的雇员与专利权人的权利，他可自由将专利权许可或者转让给他人❺，包括雇主的竞争者。

---

❶ Kierulff v. Metropolitan Stevedore Co., 315 F. 2d 839, 137 USPQ 195（9 th Cir. 1963）；Thompson v. American Tobacco Co., 174 F. 2d 773, 81 USPQ 323（4 th Cir. 1949）；Pure Oil Co. v. Hyman, 95 F. 2d 22, 25, 36 USPQ 306, 310（7 th Cir. 1938）.

❷ Wiegand v. Dover Mfg. Co., 292 F. 255（N. D. Ohio 1923）.

❸ Tripp v. United States, 406 F. 2d 1066, 1070, 157 USPQ 90, 161 USPQ 115（Ct. Cl. 1969）.

❹ Pursche v. Atlas Scraper & Eng'g Co., 300 F. 2d 467, 485, 132 USPQ 104（9 th Cir. 1961）.

❺ United States v. Dubilier Condenser Corp., 289 U. S. 178, 53 S. Ct. 554, 77 L. Ed. 1114, 17 USPQ 154（1933）.

第 *12* 章
国际专利制度

全球化进程带来的是日益增长的国际贸易、急速扩大的信息流以及越来越分散的制造工厂。这些趋势的一个结果就是，那些极富创造力的公司发现在单个国家获得专利保护是远远不够的，并且现在比以前更甚。为了让发明得到有效保护，它们必须在多个管辖区获得专利权。做出这种努力所面临的主要困难在于，根据"地域性"原则，美国专利只能为其所有权人提供在美国国内的保护❶。而且，不存在真正的全球专利体系。在现行法律框架下，发明人只经一次审批程序就获得"国际专利"是根本不可能的。因此，为了让其专利在国外也得到保护，发明人必须在期望获得保护的每个国家或地区单独提交申请。

但是，美国及其商业伙伴的专利体制通过一系列国际协议建立了相互联系。1884 年《保护工业产权巴黎公约》（以下简称《巴黎公约》）是一项奠基性的专利条约，提出了"国际优先权"机制，有助于发明人快速地在多个国家获取专利权。《巴黎公约》通过 1970 年的《专利合作条约》而得到补充，依照《专利合作条约》，发明人只需提交一份"国际专利申请"就可以启动在一百多个签约国获得专利的程序。

《巴黎公约》还在法律协调方面迈出了第一步，依照《巴黎公约》，签约国负有提供国民待遇的义务。许多后来的条约在努力实现这一目标上更为突出。各种各样的双边协议和地区协议，以及 1994 年世界贸易组织的 TRIPS，都要求它们的签约国遵照规定的实体法律标准处理专利保护客体、保护期和强制诉讼等问题。这种努力备受争议。许多评论人士认为，鉴于发展中国家和最不发达国家的本国需求，要求它们保护专利，尤其是医药方面的专利，这是不公平的。本章涉及的就是上述这些主题，下面先从《巴黎公约》讲起。

---

❶ Quality Tubing, Inc. v. Precision Tube Holdings Co., 75 F. Supp. 2d 613, 619 (S. D. Tex. 1999).

12.1 《巴黎公约》

《巴黎公约》这项关于专利的奠基性的国际协定，生效于1884年❶。截至2003年7月15日，有164个国家签署了《巴黎公约》❷。世界知识产权组织（WIPO）是联合国的一个专门机构，位于瑞士日内瓦，负责管理该国际协定（以及一些随后出现的涉及知识产权的条约）。《巴黎公约》要求其签约国遵从国民待遇原则和独立保护原则。它还建立起了国际优先权制度，方便发明人在多个国家获得专利权。

12.1.1 国民待遇原则

根据国民待遇原则，只要这些外国发明人是其他《巴黎公约》签约国的国民，《巴黎公约》签约国同意在它们的专利法中给予这些外国发明人不低于本国发明人的待遇❸。例如，USPTO向《巴黎公约》签约国国民征收比美国公民更高一些的申请费，或者提供更短一些的保护期等，这些都是《巴黎公约》所不允许的。

12.1.2 独立保护原则

包括美国在内的许多国家的专利制度都要求专利权人为有效专利分段支付维持费，该有效专利因而在专利保护期内一直能够得到保护。如果专利权人认为一项发明在经济上没有维持下去的价值，他可以不再缴纳维持费，让该发明专利在保护期届满之前就失效，而不必浪费金钱保护这种没有市场回报前景的发明。但是，在《巴黎公约》诞生之前，许多国家采用专利从属保护原则非难外国发明人。专利从属保护原则是指，当覆盖同一发明的任一外国专利失效时也就丧失了其国内专利，这意味着一项专利失效等同于在全球范围内丧失专利权。在这种情形下，缴付维持费变得非常必要，换句话说，专利权人要时刻小心保住自己在各个国家的专利权，即便只在某几个国家中对该发明进行市场运作是可行的。

《巴黎公约》通过规定独立保护不同国家专利解决了上述问题❹。专利权

---

❶ Convention of Paris for the Protection of Industrial Property, 13 U. S. T. 25 (1962).
❷ 进行数字比较，2002年的时候，世界上有193个主权国家。[EB/OL]. http://www.nationsonlineorg/oneworld/states.htm.
❸ 《巴黎公约》第2条。
❹ 《巴黎公约》第4条之二。

即使在一个国家丧失了，它们仍将在其他国家保持有效，只要它们满足所在地法律的要求。

各国专利独立保护的一个显著结果是，不同国家的专利由不同国家分别予以授权和保护。即使在不同国家的这些专利都具有相同的说明书、附图和权利要求书，它们也不会一起得到授权、一起被拒绝、驳回或一起失效。作为专利权人的竞争对手，他即使成功地在一个国家使专利权人所取得的专利无效，若想使专利权人在另外一个国家的专利无效，仍需要在该国家的法院上再次提起无效诉讼。同样，在一个国家的法院上赢了专利侵权官司，若想捍卫在另外一个国家获得的专利，仍需要在该国家的法院上再次提起侵权诉讼❶。

12.1.3　国际优先权

我们大多数人都曾经得到过这样的建议，一个人不可能同时把所有的事情都做好。对于希望在多个国家获得专利保护的发明人，要想在几个国家同时提交专利申请是非常困难的一件事，近乎不可能。通常的做法是，发明人首先在他的祖国提交申请，这主要因为语言、距离等方面比较便利，然后等完成申请翻译和找好外国代理人之后再到其他国家提交申请。但是，这一做法面临一定的风险，即在提交外国申请之前，可能有另外的发明人完成了同样的发明并且向一个或多个其他国家提交了申请。通过构建所谓国际优先权制度，《巴黎公约》实质上缓解了这一窘困。

根据国际优先权制度，如果发明人在任意一个《巴黎公约》签约国提交了一份专利申请，那么在随后的12个月内向任意其他《巴黎公约》签约国提交的任意申请都将得到与在最初申请日所提出申请同等的对待。这条规定的重要之处在于，在优先权日和随后的申请日之间进入公有领域的技术信息不能影响在后申请。因此，要点在于，《巴黎公约》优先权让发明人保留住了他们的最初申请日，使得他们能够从容筹划向外国提交专利申请的事情❷。

如图1所示，给出了一个解释《巴黎公约》优先权概念的例子。例如，假定发明人Snikta博士于2004年1月19日向USPTO提交了一份专利申请，请求保护一种低糖比萨饼面团的制备方法。然后Snikta于2005年1月19日又向日本特许厅提交了一份专利申请。在其日本申请中，Snikta告知日本特许厅他

---

❶ Cuno Inc. v. Pall Corp., 729 F. Supp. 234, 239, 14 USPQ2d 1815, 1819 – 20 (E. D. N. Y. 1989).

❷ G. H. C. Bodenhausen, Guide to the Paris Convention for the Portection of Industrial Property (United International Bureau for the Protection of Intellectual Property, Geneva, Switzerland 1968).

有一份在先提出的美国申请。因为日本已经签署了《巴黎公约》，所以日本特许厅对待 Snikta 的申请时就好像该申请是在 2004 年 1 月 19 日提出的一样。因此，在美国申请日之后进入公有领域的技术信息不能对该发明人的日本申请构成障碍。例如，于 2004 年 3 月 1 日在日本开始的销售活动，不会妨害 Snikta 获得日本专利的机会。

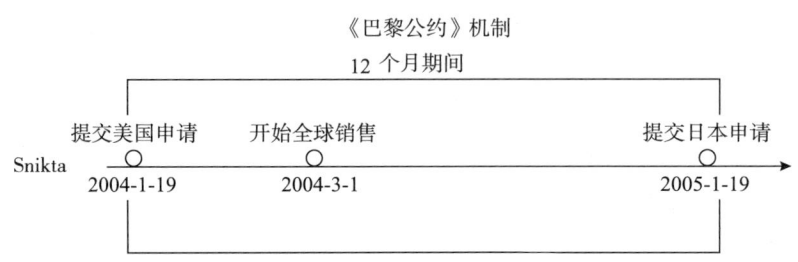

图 1 《巴黎公约》优先权概念示例

在美国国内，《巴黎公约》优先权规定具体体现在美国专利法第 119 条。根据该条款，申请人要想享有《巴黎公约》优先权日，就必须符合一些特定的附加要求。首先，无论是外国申请还是本国申请，都必须是由同一"申请人、法定代理人或受让人"提出的。其次，申请人必须向 USPTO 正式声明他应享有优先权。没有声明自己有权享有优先权的，可能会导致优先权权利放弃❶。再次，外国申请必须是一份"专利"申请。但是，某些外国法律文书，例如发明人证书、实用新型登记以及其他种类的外国知识产权，可以视为第 119 条意义上的专利❷。

最后，为了保证优先权文本有效，外国申请必须符合美国专利法第 112 条对公开的要求，包括能够实现、书面描述和最佳方式。In re Gosteli 案就是关于外国申请不符合这个要求的一个判例❸。1978 年 5 月 4 日，Gosteli 提交了一份美国专利申请，请求保护一个族类的抗生素化合物。此前 Gosteli 于 1977 年 5 月 9 日向卢森堡公国提交了最早的一份申请。值得注意的是，Gosteli 的卢森堡申请并没有公开后来在美国申请中请求保护的该族类抗生素化合物。审查员依据一份 Menard 的于 1977 年 12 月 14 日向美国提出申请的专利，拒绝了

---

❶ 35 U. S. C. A. § 119 (b) (2) (2000).

❷ 35 U. S. C. A. § 119 (d) (2000); American Infra – Red Radiant Co. v. Lambert Indus Inc., 360 F. 2d 977, 149 USPQ 722 (8th Cir.), cert. denied, 385 U. S. 920, 87 S. Ct. 233, 17 L. Ed. 2d 144 (1966).

❸ 872 F. 2d 1008, 10USPQ2d 1614 (Fed. Cir. 1989).

Gosteli 的美国申请中的抗生素化合物权利要求。Menard 专利公开了两种抗生素，都是 Gosteli 请求保护的抗生素化合物族类中的一员。

Gosteli 上诉至联邦巡回上诉法院，企望能够基于他的卢森堡申请的申请日而让 Menard 这份对比文件不再构成其美国申请的现有技术。联邦巡回上诉法院认为，在卢森堡申请公开的内容和美国申请请求保护的权利要求之间存在很多不同。另外，Gosteli 辩称由于卢森堡申请已经公开了 Menard 专利所披露的两个化合物，因此卢森堡申请至少应该说足以排斥 Menard 专利作为现有技术。联邦巡回上诉法院不同意 Gosteli 的这一说法，依照联邦巡回上诉法院的解读，美国专利法第 119 条第（a）款所要求的是在优先权申请和美国申请之间进行的比较，而不是优先权申请和对比文件的比较。

注意，美国专利法第 119 条第（a）款并不是只针对《巴黎公约》签约国的优先权。它规定，首次申请是向美国之外的任意国家提出的专利申请，只要该任意国家也提供"相同优惠"给那些首次申请向美国提出的专利申请，就可以享有首次申请的优先权日。因为 TRIPS 第 2 条要求签约国遵守《巴黎公约》第 4 条，所以作为一个原则，任意一个向世界贸易组织成员国提出首次申请的专利申请都可以享有首次申请的优先权日❶。

12.1.4 《巴黎公约》优先权的优点

根据美国专利法第 119 条第（a）款，优先权申请就如同当初是先向美国提出首次申请一样，具有同等效力。因此，外国优先权日让申请人避开了因美国专利法第 102 条第（a）款或第（g）款规定的现有技术而导致其申请被拒绝的命运。例如，假定一个发明人于 2003 年 1 月 19 日向韩国提交了一份申请，而后又于 2004 年 1 月 4 日向美国提交了申请。USPTO 的审查员于是引证了一篇于 2003 年 8 月 1 日公开的破坏该申请新颖性的对比文件。申请人可以指出他的韩国优先权日早于该对比文件的公开日。外国优先权日还可以在美国专利法第 102 条第（g）款所述抵触程序中用于佐证推定的付诸实践的日期。

美国专利法第 119 条第（a）款还规定指出，如果在美国实际提出申请之日以前 1 年以上，该发明在美国已经公开使用或销售，或者已经在任何国家取得专利或者在印刷出版物中已有叙述，则对该项发明的专利申请不予授权。这一条款的实际作用在于，美国专利法第 102 条第（b）款规定的 1 年宽限期是从美国申请日起算，而非外国优先权日。例如，假定一份 2003 年 3 月 21 日出版公开的期刊文章描述了一项发明。发明人针对该项发明于 2003 年 4 月 1 日

---

❶ 2003 年，世界贸易组织有 146 个成员。

提交了一份德国专利申请，随后于 2004 年 3 月 21 日提交了一份相同的美国专利申请。在这种情形下，即使该美国申请能够享有 2003 年 4 月 1 日这一优先权日，那篇 2003 年 3 月 21 日出版公开的期刊文章仍将构成破坏该美国申请新颖性的现有技术，阻碍其得到授权。

根据美国专利法第 102 条第（e）款❶，已经获得授权的专利中所记载的、但没有作为权利要求提出来的技术内容，自该专利的美国申请日而非授权日起就具有了作为现有技术效力。同理，根据美国专利法第 102 条第（e）款，已经公开的专利申请在其申请日就具有了现有技术效力。但是，我们还没有解决美国专利法第 119 条外国优先权申请和美国专利法第 102 条第（e）款的冲突问题。在一份专利申请根据美国专利法第 119 条要求享有外国优先权日的情形下，至少存在两种可能，合适的美国专利法第 102 条第（e）款所指日期可以是（1）外国申请日或（2）实际的美国申请日，依照《巴黎公约》，实际的美国申请日可以是在外国申请日之后 12 个月内。在著名的 Hilmer 案的判决意见中，CCPA 选择了第二个选项❷。所谓的 Hilmer 规则表明，美国专利法第 102 条第（e）款只是基于向美国提交申请的日期才具有现有技术效力，虽然该申请可能要求享有了优先权日。下面给出的时间轴示意图表示出了 Hilmer 案争议的相关法律事实，如图 2 所示。

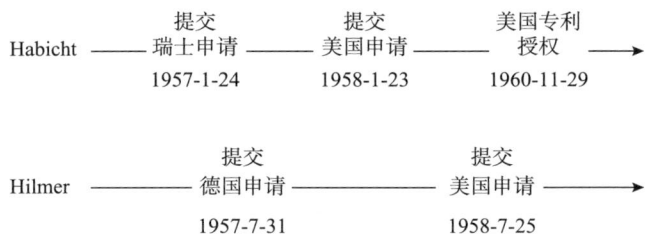

图 2 Hilmer 案相关法律事实

USPTO 一开始在 Habicht 和 Hilmer 两者之间适用抵触程序进行处理。当时，美国专利法第 104 条还不允许发明人提交有关他们在美国境外发明活动的日期的证据❸。依照本案案情，Habicht 和 Hilmer 都是在国外完成了各自的发

---

❶ 参见本书第 4.4.3 节。

❷ In re Hilmer, 359 F. 2d 859, 149 USPQ 480（CCPA 1966）（"Hilmer I"）; In re Hilmer, 424 F. 2d 1108, 165 USPQ 255（CCPA 1970）（"Hilmer II"）。

❸ 为了容许发明人在某些特定情况下提交这类证据，已经对第 104 条作了修改，1996 年 1 月 1 日修改生效。参见本书第 4.4.2.3 节。

明。因此，各方可以依凭的最早的日期是他首次在《巴黎公约》签约国范围内提交申请的日期。因为 Habicht 首次提交申请日即瑞士申请日比 Hilmer 的德国申请日要早大约 6 个月，所以 Habicht 在抵触程序中胜出。

USPTO 于是结束了抵触程序，把 Hilmer 的申请发还审查员进行审查。但是，聪明的 Hilmer 的实质权益最后竟然毫发未伤。他于是撰写了一组新的权利要求，与原来的略有不同。Habicht 专利公开内容不能完全预期到 Hilmer 的新权利要求。但是，Hilmer 的新权利要求相对于 Habicht 专利公开内容却是显而易见的。基于 Habicht 专利构成美国专利法第 102 条第（e）款所指现有技术，审查员很快做出了 Hilmer 的新权利要求是显而易见的审查意见而予以拒绝。Hilmer 对此表示不同意，指出美国专利法第 119 条所指优先权申请不得作为第 102 条第（e）款所指的现有技术。USPTO 专利申诉与抵触委员会判 Hilmer 败诉，之后他便向 CCPA 提起上诉。

CCPA 于是需要判断 Habicht 专利公开内容是否可以用作驳回 Hilmer 申请的现有技术。尽管依照美国专利法第 119 条 Habicht 有权享有他的瑞士申请日，但是该法院认为，Habicht 专利只是基于其实际的美国申请日才具有现有技术效力。该法院解释说，美国专利法第 102 条第（e）款明确规定指出专利申请是"向美国提出的专利申请，"而美国专利法第 119 条所指优先权申请不能被理解为"向美国提出的专利申请"。依照该法院的观点，根据美国专利法第 119 条的《巴黎公约》优先权只是用作挡避现有技术文献的自卫性盾牌，而不应当作为攻击他人申请的利矛。结果是，Hilmer 有权享有其德国申请日，而该德国申请日早于 Habicht 的美国申请日，尽管 Habicht 的瑞士申请日早于 Hilmer 的德国申请日，却无法凭借该瑞士申请日构成美国专利法第 102 条第（e）款所指的现有技术。

Hilmer 规则的结论是，已经获得授权的美国专利和已经公开的美国专利申请可以有效充当美国专利法第 102 条第（e）款所指的现有技术，而 Alexander Milburn 规则规定只能是基于它们的实际美国申请日作为现有技术。至于专利是否要求享有外国优先权日在所不计。例如，假定美国的发明人 Arthur Auralis 于 2003 年 11 月 1 日产生了关于一种新型耳塞的发明构思，并且于 2003 年 11 月 15 日将其付诸实施。然后 Arthur Auralis 于 2004 年 3 月 1 日提交了一份美国专利申请。在审批期间，USPTO 的审查员引证了一篇已经公开的美国专利申请作为对比文件。这篇公开申请是由一名荷兰发明人 Oar 提出的，并没有请求保护与 Arthur Auralis 完全相同的权利要求。但是，相对于 Oar 申请所公开的内容，Arthur Auralis 的耳塞是显而易见的。这篇 Oar 申请是 2004 年 1 月 15 日向 USPTO 提出的，要求享有他于 2003 年 1 月 30 日向荷兰专利局所提交的申请的国际优先权。

基于这些事实，Arthur Auralis 可以根据 Hilmer 规则排除这篇 Oar 申请作为现有技术的可能。Arthur Auralis 只需要提交一份《美国联邦法规》第 131 条规定的宣誓口供，表明他实际把发明付诸实践的时间早于 Oar 的美国申请日 2004 年 1 月 15 日。而 Oar 在 2003 年年初提出的荷兰申请尽管比 Arthur Auralis 的发明还要早好几个月，在经过分析后发现根本就用不上。当然，如果 Hilmer 判例的判决意见当初选择了第一个选项——外国申请日，那么这篇 Oar 申请就足以让 Arthur Auralis 失去获得专利的机会。

这个例子阐释了 Hilmer 规则对美国专利实践产生的两点深远影响。第一，USPTO 在 Hilmer 规则支配下批准了很多专利。然而 Hilmer 案判决意见导致该案的最终结局却显得有些恶作剧，该案判决意见带来的直接结果就是同时存在两份包含有非常相似的权利要求的专利。第二，Hilmer 规则青睐美国本土的专利申请人。那些向其他国家提出首次申请的人会发现，他们的申请内容在向美国提出之前是不具备现有技术效力的。因此，丧失了长达 1 年的专利破坏效力，而一年对于许多快速发展、竞争激烈的行业来讲是很长的一段时间❶。

外国专利界对 Hilmer 判例一直都很愤慨。大多数国家的专利制度都规定《巴黎公约》优先权申请既具有优先权效力，又具有专利破坏效力。因此，第一个跑到专利局递交申请的"赛跑冠军"，基本上也就赢得了对申请所公开发明的近乎在全世界的独占权利。但是，在美国，时间上在后提交的申请有可能会获得关于在先提交申请所公开发明主题的专利。因此很多评论人士认为，Hilmer 规则至少侵害了《巴黎公约》第 4 条规定的优先权机制❷。

12.1.5 《巴黎公约》的未来

《巴黎公约》在 19 世纪末诞生的时候还是很先进的。但是，许多评论人士认为随着时间的推移，《巴黎公约》的缺点越来越显著了。除了国民待遇最低保护标准，《巴黎公约》没有规定出可供其签约国在各自国内专利制度中推行的实体性专利法标准❸。此外，《巴黎公约》欠缺有效的执行机制。尽管一个成员国可以在国际审判法院起诉另一成员国违背《巴黎公约》，但是该法院缺乏执行权，因此这一途径在理论上的可行性远远大于实际的执行情况。在

---

❶ Richard A. Neifeld, Viability of the Hilmer Doctrine, 81 J. PAT. & TRADEMARK OFF. SOC'Y 544 (1999).

❷ Kevin L. Leffel, Comment, 26 AKRON L. REV. 355 (1992).

❸ Frederick Abbott et al., The International Intellectual Property System: Commentary and Materials (Kluwer Law International, The Hague 1999), 646.

《巴黎公约》的漫长历史岁月里，这样的诉讼还从没有发生过❶。

最后，修改《巴黎公约》需要获得成员国的一致同意。随着签约国数目增加，这种一致同意越来越难以获得。因此，改进国际专利制度的机遇也就只能留给其他载体了，包括《专利合作条约》《北美自由贸易协定》（NAFTA）以及 TRIPS。

12.2 《专利合作条约》

《专利合作条约》（PCT）1970 年签订于美国哥伦比亚特区华盛顿市，并在 2004 年 1 月 1 日经过了重大修改❷。人们认识到在全世界进行重复性的专利审查毫无必要，来自不同国家专利局的代表们就程序框架达成一致，以减轻申请人在多个国家寻求专利保护时所面临的沉重负担。《专利合作条约》对已经签署《巴黎公约》的任意国家开放，而事实上已经有超过 110 个国家签署了《专利合作条约》。《专利合作条约》规定申请人只需要提交一份专利申请就可以有机会获得在多个国家的专利授权❸。

PCT 是一个复杂条约，尤其是在一些细节的执行方面，它给签约国提供了若干个选项。可是，通过下面的简单说明，足以勾勒出该条约针对 2004 年 1 月 1 日以后提交的申请的基本工作流程。如果发明人是该条约缔约国的国民或居民，他就可以适用 PCT。通常，美国发明人可以通过向 USPTO 提交一份所谓的"国际申请"启动 PCT 程序。许多这种申请都依据美国专利法第 119 条要求享有在先美国申请的优先权，也就是说，发明人首先提出一份美国国家申请，在随后的 12 个月内提出 PCT 国际申请。但是，也有发明人首次申请时选择在世界上任意地方提出一份国际申请，而不是首先提出一份美国申请。

无论选择上述哪一种方式，单独提交了一份"国际申请"的发明人都会被视为已经向每一个 PCT 成员国提出了申请❹。毋庸多言，向 USPTO 单独提交一份英语撰写的申请，要比向全球提交 110 多份用各种语言撰写的申请容

---

❶ Frederick Abbott et al., The International Intellectual Property System: Commentary and Materials (Kluwer Law International, The Hague 1999), 661-62.

❷ Patent Cooperation Treaty, June 19, 1970, 28 U.S.T. 7645, T.I.A.S. No. 8733.

❸ Abbot et al. at 1430-41.

❹ 但是，因为德国、俄罗斯和韩国的专利法规定，当发明人就同一发明提出本国国家申请之后又提出一份 PCT 申请的，将自动撤回其在先提出的国家申请，所以这种情况下申请人也可以明确表示不指定这些国家。

易得多。依照 PCT 程序，国际申请在其优先权日起 18 个月后自动出版公开。

接下来，PCT 申请人会收到国际检索报告和"专利性国际初步报告"。因为这些程序都记述在 PCT 正文第 1 章，有时也称作"第 I 章"程序。该检索报告列出了所引证的与国际专利申请中权利要求相关的现有技术文献。此外，依照国际通行的可专利性标准（包括新颖性和非显而易见性），基于国际检索报告中列出的现有技术文献作出非约束性的初步审查。依照 PCT 第 I 章程序得到的国际检索报告和"专利性国际初步报告"，将传送给所有 PCT 成员国的专利局，告知申请人相关的现有技术现状，并决定是否还要为获得专利权采取下一步行动。申请人可以根据国际检索报告和初步审查的结论修改他们的权利要求。

接下来，大多数申请人会在那些他们寻求保护的国家启动该国专利局的审批程序。这一选项，用 PCT 的话说，称为国家阶段。对于大多数 PCT 签约国，申请人在自优先权申请日起长达 30 个月（在一些国家是 31 个月）的时间内，随时可以启动在该国的程序。此时，各国专利审查员将基于他们本国法律对申请进行审查，或批准授权或驳回申请。

可选择的，申请人可以经过 PCT 第 II 章记载的一个中间程序。这个程序允许申请人请求一份附加的"专利性国际初步报告"。第 II 章报告与第 I 章报告非常相似，它提供了一个初步的可专利性评估，对各国专利局没有约束力。申请人如果收到一份对自己不利的第 I 章报告，他还有机会得到第二份报告，但是，这需要和审查员进行再次沟通，并进一步修改权利要求书，通过这些努力可能会给申请人赢得较为有利的第二份报告。即使要求了第 II 章报告，申请人通常也需要在自其首次申请的申请日起 30 个月（或在一些国家是 31 个月）内启动在指定国家的程序。

为帮助理解上述问题，下面给出了一个简单示例。接着前面讲过的例子❶，假定 Snikta 博士不是通过《巴黎公约》渠道，而是决定利用 PCT 为他的低糖比萨饼面团寻求多个国家的专利保护。如图 3 所示，Snikta 应当自其首次美国申请的申请日起 12 个月内，向 USPTO 提交一份国际申请。于是，大多数 PCT 成员国会给 Snikta 另外 18 个月时间，他需要在 18 个月届满前启动其申请在这些外国专利局的审批程序（那是因为他有 30 个月时间去启动其申请的审批程序，而 12 + 18 = 30）。

---

❶ 参见本书第 12.1.3 节。

第 12 章 国际专利制度

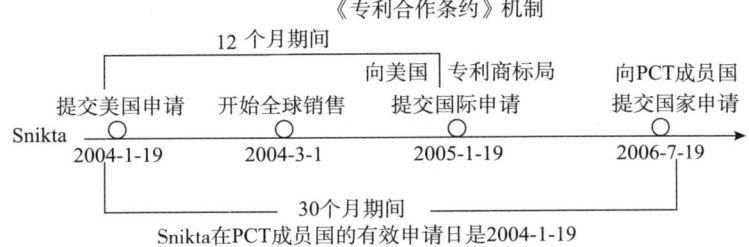

图 3　Snikta 在 PCT 成员国的有效申请日示例

通过这个例子和前一个例子（Snikta 利用《巴黎公约》）的比较，不难发现 PCT 的优越性。利用 PCT，Snikta 得到了另外 18 个月，可以在市场上充分测试他的发明，然后再提交外国专利申请。Snikta 还可以利用这段时间充分准备其美国申请的外语译文。此外，他将获得检索报告和"专利性国际初步报告（第Ⅰ章）"。这些文件可能会揭示 Snikta 的发明不具有可专利性，而可能让他打消念头，放弃寻求各国专利保护的努力，从而避免浪费更多的资源投入。

PCT 对很多申请人而言非常有吸引力，美国的 PCT 申请数量远超过其应有的比重。尽管如此，PCT 还是遭到了一些批评。进入国家阶段之后，很多国家的专利局并不完全接受 PCT 检索报告和专利性报告。实际上，大多数专利局通常在国际申请进入国家阶段后会重复一遍检索和审查过程，就像对正常的国家申请那样。各国专利局的做法存在差异，世界各国专利法对现有技术的定义也有区别❶，再加上语言障碍，导致出现了这一重复检索和审查的趋势。在一些评论人士看来，这些多余的工作努力显然已经破坏了蕴藏在 PCT 背后的许多逻辑❷。解决这些问题，将使我们朝着发展一种真正意义上的全球专利审批程序的目标向前迈进一大步。

12.3　外国申请许可

发明保密法令——编纂作为美国专利法的一部分——禁止发明人未经 USPTO 的许可，将其在美国做出的发明向其他国家提出专利申请❸。发明人可以通过下述两条途径中的任意一条寻求这种许可。第一，可以向 USPTO 提交请

---

❶ 参见本书第 12.8.1 节和第 12.8.2 节。

❷ Markus Nolff, TRIPS, PCT and Global Patent Procurement, 83 Journal of the Patent and Trademark Office Society 479 (2001).

❸ 35 U.S.C.A. § 184 (2000)。参见本书第 7.2.8 节。

求书，明确要求得到向外国提出发明申请的许可。第二，也更具有典型性的是，只要发明人提交一份美国专利申请，就视其为是要求得到在其他国家寻求专利保护的许可的请求书。无论选的是哪一种途径，USPTO 和其他政府机构的官员都要对发明申请进行审阅，以确定发明公开内容是否会损害国家安全利益❶。待该审阅完成后，USPTO 发出一份请求答复意见书给申请人，意见书载明是否给予许可。

如果 USPTO 给予了国外申请许可，发明人就可以自由地寻求国外的专利保护。但是，如果政府认定发明公开内容涉及国家安全利益，那么它就会拒绝颁发许可并签发要求保密的命令。除了要求发明人不得出版或公开其发明给那些在保密令颁发前并不知道该发明的人之外，该保密令还要求发明人就该发明向外国提交专利申请之前务必征得专利商标局的同意。发明人可以寻求因保密令造成的损失补偿❷。政府官员会定期地对已颁发的保密令进行复核，并且可以在发明公开内容不再被认为会损害国家安全的情况下解除保密令。

有时候，发明人在提交国外专利申请之前没有得到许可。作为惩罚，专利法规定，发明人拥有的与该申请主题有关的所有美国专利将被判定无效❸。为了惩戒那些违反国外申请许可制度的申请人，该法规定了极其宽泛的惩罚措施。在 1988 年专利法国外申请修正案生效之后，对于向国外提出发明申请是"由于疏忽且没有欺骗意图"并且该申请公开内容不牵涉国家安全利益的情形，发明人可以以追溯方式获得许可❹。

12.4 地区协议

一些地区协议规定了某种集中审查程序，发明人可以通过该程序获得在各指定国有效的多项专利，所述指定国是由申请人在地区协议成员国范围内指定的国家。尽管美国没有参加这类地区协议，但是美国国内申请人在寻求国外保护时常常可以享受到这些地区审查机制带来的便利。

《欧洲专利公约》（EPC）是最著名的一个地区专利协调协议❺。EPC 创设了以德国慕尼黑和荷兰海牙为主要基地的欧洲专利局。发明人可以提交单独一

---

❶ 35 U. S. C. A. § 181 (2000).
❷ 35 U. S. C. A. § 183 (2000).
❸ 35 U. S. C. A. § 185 (2000).
❹ 35 U. S. C. A. § 184 (2000).
❺ Gerald Paterson, The European Patent System: The Law and Practice of the European Patent Convention (Sweet & Maxwell, London 2000).

份专利申请给欧洲专利局,而如果欧洲专利局认可了该申请,该申请将演变为多个被指定的欧洲国家的多份国家专利。

值得注意的是,EPC 并没有建立起一种统一的欧洲专利。向欧洲专利局提出的申请等同于这样一组国家专利申请,它们先是被一起处理,然后被赋予在适当司法管辖区内的独立的法律效力。一经欧洲专利局批准授权,这些专利在法律上将是独立存在的,并且实施和维持都要分别进行。欧盟成员国正在就创建真正统一的欧洲专利制度进行磋商讨论,通过真正统一的欧洲专利制度,发明人将可以获得并实施在整个欧洲通行有效的单项专利[1]。

其他地区协议有:

- 非洲知识产权组织(the African Intellectual Property Organization,更正式的称呼是 the Organization Africaine de la Propriete Intellectuelle 或 OAPI),由法语地区非洲国家组成。
- 非洲地区性工业产权组织(the African Regional Intellectual Property Organiztion,ARIPO),由英语地区非洲国家组成。
- 欧亚专利公约,由一些前苏联成员国组成。

12.5 《北美自由贸易协定》

《北美自由贸易协定》(the North American Free Trade Agreement,NAFTA)自 1994 年 1 月 1 日起生效。这个条约目前成员国有美国、加拿大和墨西哥,包括了一些知识产权条款[2]。NAFTA 签约国同意遵守比巴黎公约和 PCT 更为严格的规定。NAFTA 规定了一些实体性专利法条款,包括保护期限、给予专利权人的权利保护范围,以及诸如新颖性和非显而易见性之类的专利性标准。

NAFTA 的专利条款预示着随后而来的更大规模的专利制度调整。在加入 NAFTA 之后不久,该协定的各成员又都加入了世界贸易组织(WTO)。世界贸易组织的一项主要内容就是《与贸易有关的知识产权协议》(TRIPS)。大体上,TRIPS 包括一些与 NAFTA 相同或相似的条款,而且还增加了一些规定。目前约有 150 个国家或地区加入了世界贸易组织,因而需要遵守 TRIPS,只有三个国家属于 NAFTA,而全球都要瞩目于 TRIPS 中有关专利的约定。因此,

---

[1] The EU Presidency, Press release: Common political approach achieved on the Community Patent at the meeting of the Competitiveness Council in Brussels [EB/OL]. [2003-03-03]. http://www.eu2003.gr/en/articles/2003/3/3/2129/.

[2] North American Free Trade Agreement, Dec. 17, 1992, 32 I. L. M. 289; North American Free Trade Agreement Implementation Act, P. L. 103-182, 107 Stat. 2057 (1993).

笔者将依照国际惯例对 NAFTA 做一简短描述之后，把大量的篇幅留在后面对 TRIPS 的详细介绍。

值得注意的是，在一些方面，NAFTA 的知识产权规定超越了 TRIPS 中的相关规定。对于专利，这些规定中最重要的是针对特定情况对药物和农药给予"过渡期专利保护"的规定。具体来说，如果 NAFTA 成员国在 1991 年 7 月 1 日之前不批准药物和农药的产品专利，或者在 1992 年 1 月 1 日之前不批准通过微生物方法制备或制造的、或者主要由微生物方法获得的、有望用于食品或药品的以天然形态存在的物质的产品专利，那么 NAFTA 签约国必须为其发明人或受让人提供获得产品专利的渠道，保护期应等同于在另一签约国批准的产品专利的剩余保护期。这一规定并不理会该产品的市场运作是否在NAFTA签约国境内❶。这一过渡期专利保护规定对加拿大和墨西哥有影响，在 NAFTA 诞生之前，这两个国家给这些种类专利的获取设定了各种限制。

12.6 《与贸易有关的知识产权协议》

世界贸易组织（World Trade Organization，WTO）的一项主要内容就是所谓的 TRIPS，或被称作《与贸易有关的知识产权协议》（Agreement on Trade - Related Aspects of Intellectual Property Rights）❷。TRIPS 是迄今为止关于知识产权的最为详细的综合性多边协议。每个世界贸易组织成员都承诺遵守 TRIPS 规定，这是一个伟大的成就。虽然 TRIPS 解决的是知识产权三大分支出现的问题，但是它的一些重要举措针对的主要是专利制度，有关这些将在下面几节加以讨论。

12.6.1 最低保护标准

根据 TRIPS 第 III 部分，所有的世界贸易组织成员都同意制定包含实体性条款的专利法。尤其是，各签约方同意对"所有技术领域"的发明颁发专利，"只要它们具有新颖性、包含发明性步骤，并可供工业应用。"❸ 但是对如此宽泛的原则 TRIPS 有例外情形。TRIPS 成员可以自行决定是否从可授权范围中排除特定医疗方法、微生物之外的动物和植物，以及违背"公共秩序或道德"

---

❶ NAFTA, Article 1709 (4).

❷ Agreement on Trade - Related Aspects of Intellectual Property Rights, Apr. 15, 1994, Annex 1C, 33 I. L. M. 1197 (1994) (TRIPS).

❸ TRIPS Agreement, Article 27 (1).

的发明❶。这一规定非常重要，因为许多成员——尤其是发展中成员，原来不允许对例如药物的特定种类产品授予专利权。由于这些成员强烈希望加入到世界贸易组织建立的世界贸易体系中，以便为它们的出口争取有利的关税待遇，因此它们同意接受 TRIPS 中有关可授权专利主题的规定。结果是，它们将不得不把专利保护范围扩大覆盖那些以往在它们国家的专利法保护范围之外的发明种类。这样确实增加了对创新型公司的专利保护力度，但无可置疑的是，这会提高这些成员贫困人群治疗重大疾病而支付的药物治疗费用。

此外，世界贸易组织成员同意，专利权人有权禁止他人制造、使用、销售、许诺销售或进口其专利发明❷。但是，TRIPS 还设定了对这一宽泛原则的例外情形，允许成员在特定情形下对专利权加以限制。TRIPS 第 30 条规定，各成员可对专利授予的专有权规定有限的例外，只要此类例外不会对专利的正常利用发生无理抵触，也不会无理损害专利所有权人的合法权益，同时考虑第三方的合法权益。

世界贸易组织成员还同意，可享有的专利保护期自申请日起算应不少于 20 年❸。此外，TRIPS 要求成员必须给专利权人提供对任何撤销专利或宣布专利无效的决定进行司法审查的机会❹。

世界贸易组织成员认同专利权人应当符合特定条件。具体讲，TRIPS 要求世界贸易组织成员"应当要求专利申请人以足够清楚和完整的方式公开其发明，以使得所属领域技术人员能够实施该发明"❺。

TRIPS 还要求其签约方遵守《巴黎公约》的一些条款规定，包括有关外国优先权制度的规定❻。这一要求戏剧性地导致了《巴黎公约》签约国数目的增大❼。显然是意识到它们已经背负了遵守《巴黎公约》的义务，于是之前许多还不是《巴黎公约》签约国的世界贸易组织成员此时纷纷加入了《巴黎公约》。

TRIPS 还用一定篇幅谈到了强制许可的问题。强制许可让专利权人的竞争对手能够不经专利权人允许而使用其专利发明，并且这时需要支付的许可使用

---

❶ TRIPS Agreement, Article 27（2）.
❷ TRIPS Agreement, Article 28.
❸ TRIPS Agreement, Article 33.
❹ TRIPS Agreement, Article 32.
❺ TRIPS Agreement, Article 29.
❻ TRIPS Agreement, Article 2. 关于《巴黎公约》优先权规则的讨论参见本书第 12.1.3 节。
❼ Keith E. Maskus, Intellectual Property Rights in the Global Economy（Washington, D. C., Institute for International Economics, 2000）.

费数额通常是由政府规定的❶。尽管强制许可在美国专利制度中扮演的是一个次要角色❷，但许多外国专利法条中还是包含了关于强制许可的规定❸。这些法条通常要求利益关系人提出正式请求，请求外国政府给予强制许可。主管当局于是决定是否给予许可以及许可期限。主管当局批准强制许可的事由包括专利权滥用、专利产品在国内没有生产、专利产品虽已商业化但不能满足当地市场需求以及国家紧急状态的需要。虽然这些事由表明人们很少有机会启动正式的强制许可程序，但是仅仅强制许可法条的存在本身足以促成外国专利权人和本国企业之间的交易，交易约定会对本地制造商有利❹。

TRIPS 设定了一些限制，限制世界贸易组织成员批准以使用他人专利发明为目的的强制许可。在 TRIPS 非常详尽的条款规定中，第 31 条部分规定了如下所述的对批准强制许可的一些限制。

- 对强制许可请求必须根据个案情况斟酌处理。
- 意图使用之人必须已经努力向专利权人要求依据合理的商业条款及条件获得许可，并且必须证明这种努力在合理期限内没有获得成功。但是，在国家紧急状态或其他特别紧急状态下，可以不受这一要求的约束。
- 一旦导致批准强制许可的情况不复存在，而又很难再发生，则必须撤销该强制许可。
- 无论在哪一情形下，都应该基于批准的强制许可的经济价值，支付专利权人足额补偿。
- 关于强制许可决定的法律效力，应当接受司法审查或其他独立审查。
- 任何使用都应当限定于主要供应批准这类使用的成员市场的需求。

上述限制的最后一条要求任何强制许可主要供应当地使用，这给许多成员造成了繁重负担。一些国家缺乏技术或资金能力去制造先进产品，包括抵御艾滋病或其他传染病所必需的药物。对于许多世界贸易组织成员，第 31 条的成员制造要求使得整个强制许可机制变得毫无用处。

世界贸易组织认识到这一问题，并且在 2001 年卡塔尔多哈举办的世界

---

❶ Robert Sherwood, Intellectual Property and Investment Stimulation: The Ratings of Systems in Eighteen Developing Countries, 37 IDEA (1997), 261.

❷ Dawson Chemical Co. v. Rohm and Haas Co., 448 U. S. 176 n. 21, 100 S. Ct. 2601, 65 L. Ed. 2d 696 (1980).

❸ Gianna Jualian - Arnold, International Compulsory Licensing: The Rationales and the Reality, 33 I-DEA (1993), 349.

❹ Sarah Boseley, Opinion: Pharmaceuticals Move Their Battleground to Brazil to Stem the Tide of Cheaper Drugs, IRISH TIMES (April 20, 2001), at 14.

贸易组织部长级会议结束后,发出了一个"关于 TRIPS 和公共健康的宣言"❶。随后,世界贸易组织总理事会在 2003 年作出一份决定,限定关于解决公共健康问题所需药物的成员内供应需求❷。根据 2003 年的这份决定,任何"最不发达成员"❸ 以及缺乏足够生产能力生产专利药物的任何其他国家和地区,可以颁发强制许可,允许通过进口渠道满足成员内公共健康需求。重要的是,2003 年的这份决定,仅仅限定的是第 31 条所述的成员内供应需求。只有同时满足第 31 条中所有其他要求,才能合法有效地颁发强制许可。

12.6.2 争端解决机制

与世界贸易组织为成员设定的其他义务一样,TRIPS 规定的义务也要通过世界贸易组织争端解决机构(Dispute Settlement Body,DSB)强制执行❹。如果一个世界贸易组织成员认为另一个成员违反了 TRIPS,这两个成员可以通过争端解决机构进行磋商。如果这两个成员不能化解它们之间的争端,争端解决机构将召集一个专家组负责审理并解决争端。专家组的决定由争端解决机构的上诉机构负责审查。该世界贸易组织协议规定,当争端解决机构发现一个世界贸易组织成员违反了 TRIPS,而该违反协议的成员又没有修正它的法律以适应条约义务,将对该成员采取惩罚性报复措施❺。

12.6.3 生效日期

TRIPS 中各专利条款的生效日期是不同的。生效日期根据世界贸易组织成员是发达管道、发展中成员或最不发达成员而有所不同。除了发展中成员和最不发达成员之外的世界贸易组织成员,TRIPS 所有条款的生效日期设定为 1996 年 1 月 1 日❻。

对于被认定为发展中成员的签约方,TRIPS 设定的一般生效日期是 2000

---

❶ [EB/OL]. [2015 - 04 - 01]. http://www.wto.org/english/thewto_e/minist_e/min01_e/mindecl_TRIPS_e.htm.

❷ [EB/OL]. [2015 - 04 - 01]. http://www.wto.org/english/tratop_e/TRIPS_e/implem_para6_e.htm.

❸ "最不发达国家"是世界贸易组织对那些世界上最贫穷国家的含蓄指称。

❹ Understanding on Rules and Procedures Governing the Settlement of Disputes, Apr. 15, 1994, WTO Agreement, Annex 2, Legal Instruments — Results of the Uruguay Round vol. 31, 33 I. L. M. 1226 (1994).

❺ Mark Clough, The WTO Dispute Settlement System – A Practitioner's Perspective, 24 FORDHAM INT'L L. J. (2000), 252.

❻ TRIPS Agreement, Article 65.

年 1 月 1 日❶。但是，该一般生效日期存在一个例外情形。如果在 2000 年 1 月 1 日，一个发展中成员还没有把专利保护延伸到第 27 条意义上的所有技术领域，那么该发展中成员可以推迟 5 年履行这些规定。例如，在 TRIPS 之前，许多发展中成员不允许颁发药物专利。而这个附加过渡期的实际作用就是这些发展中成员在 2005 年 1 月 1 日之前仍然可以不颁发药物专利❷。

最不发达成员可以得到履行 TRIPS 规定义务更长一些的过渡期。关于在最不发达成员的生效日期，TRIPS 以及 2001 年在多哈部长级会议之后发出的"关于 TRIPS 和公共健康的宣言"都有规定❸。依照 TRIPS 规定，最不发达成员可以推迟履行 TRIPS 直至 2010 年 1 月 1 日❹。如果确有困难，最不发达成员还可以进一步推迟生效日期以及得到其他让步❺。多哈宣言还宽限最不发达成员从 2016 年 1 月 1 日开始颁发和执行药物专利，而不考虑它们是否符合其他延长过渡期的条件。

TRIPS 并不要求其签约方保护那些在该签约方义务生效之前已经进入公有领域的发明主题❻。例如，假定某一发达成员已往不对药物颁发专利。如果该发达成员加入了世界贸易组织，它就必须修改其专利法从而可以对药物颁发专利。但是，TRIPS 只是要求对那些在 1996 年 1 月 1 日是新的产品颁发专利，并不要求回溯追授专利。因此，还是不能给那些在 1996 年 1 月 1 日已为公众所知晓的药物提供专利保护，即使那些药物在其他成员拥有授权专利。

TRIPS 包括另外两种过渡措施，分别叫做管道保护和独占市场权。尽管 TRIPS 允许发展中成员推迟履行它们的专利法义务，但要求它们立即构建对药物的所谓"管道保护"。也有人把管道保护叫做"邮箱规则"❼。依照这个要求，那些不允许颁发药物专利的成员尽管在 TRIPS 于该成员生效日期之前还不允许颁发药物专利，但必须开始接受专利申请。这些专利申请基本上都是由该成员专利主管机构收存，等待依法可以审查该类专利申请的时刻到来。

---

❶❷ 世界贸易组织自己并没有给"发展中成员"下过定义。相反，是由成员自己来申明是否属于发展中成员，而其他成员如果不认同这类自我认定，可以提出质疑。

❸ Sarah Boseley, Opinion: Pharmaceuticals Move Their Battleground to Brazil to Stem the Tide of Cheaper Drugs, IRISH TIMES (April 20, 2001), at 14.

❹ 大约 30 个世界贸易组织成员属于"最不发达成员"一列。世界贸易组织中的最不发达成员包括孟加拉国、海地和塞拉利昂等。[EB/OL]. http://www.wto.org/english/thewto_ e/whatis_ e/tif_ e/org7_ e.htm.

❺ TRIPS Agreement, Article 66.

❻ TRIPS Agreement, Article 70.

❼ John E. Guist, Noncompliance with TRIPS by Developed and Developing Countries: Is TRIPS Working?, 8 Indiana International and Comarative Law Review 69 (1997).

管道保护非常有价值，因为它使得申请人能够为其发明建立一个优先权日。尽管该申请从提交申请之日到开始审查之日可能过去了很多年，其请求保护发明的专利性仍将依据其申请日进行判断。即使从提交申请之日到TRIPS生效之日之间还有很多年，管道保护却能够让申请人获得专利。

TRIPS还规定世界贸易组织成员在特定情形下给予发明人以独占市场权（Exclusive Marketing Right，EMR）。特定产品独占市场权的拥有者被认为是唯一有权在该成员内销售该产品的实体。对于还没有对药物提供专利保护的成员，独占市场权给发明人带来了过渡性的、如同专利一般的在该成员的市场垄断地位。

一家企业为了获取在一个世界贸易组织成员的独占市场权，该企业必须在另一个世界贸易组织成员同时获得一项药物专利和该药物的市场准入。该企业还必须在寻求独占市场权的成员辖境内采取另外两个步骤。第一，该企业必须获得该药物的市场准入。第二，该企业还必须提交请求保护该药物的专利申请。完成这两个步骤之后，该企业就可以获得最长为5年的独占市场权。在5年期限届满之前，一旦该药物产品获得专利授权，或者当地专利主管机构驳回了该企业的这一专利申请，则该独占市场权也将即刻丧失。

12.6.4 对TRIPS的争议

TRIPS中的专利条款引发了很多争议。一些评论人士指出，TRIPS将导致财富从贫穷成员向发达成员尤其是美国的大规模转移。也有评论人士认为，TRIPS要求对药物颁发专利将导致公共健康水平下降。还有评论人士主张，把专利引入到发展中成员将限制它们的可持续发展并且使它们只能无限期地依附发达成员❶。

但是，赞成TRIPS的一方则认为，在全球范围内引入业已成熟的专利制度将为投资和创新提供所需动力❷。这种努力可以促进解决发展中成员面临的问题，包括提供营养需求和疾病治疗这类在发达成员不常见的问题。支持者还指出，TRIPS是多层面的世界贸易组织协定中的一环，并且相信，发展中成员承担保护知识产权义务的同时获得了商业利益回报。在本书付诸印刷之际，关于TRIPS可能变革的各种观点层出不穷，并且仍在继续中。

---

❶ A. Samuel Oddi, TRIPS — Natural Rights and a "Polite Form of Economic Imperialism," 29 Vanderbilt Journal of Transnational Law 415 (1996).

❷ Evelyn Su, The Winners and the Losers: The Agreement on Trade — Related Aspects of Intellectual Property Rights and Its Effects on Developing Countries, 23 Houston Journal of International Law 169 (2000).

12.7 自由贸易协定

在 TRIPS 之后，美国签署了一系列与其他国家或地区之间的双边自由贸易协定（Free Trade Agreements，FTAs）。这些协定不同程度上要求它们的签约方遵守比 TRIPS 规定义务更高的专利标准。例如，2003 年新加坡－美国自由贸易协定第 16.7 条要求其签约方延展专利保护期，补偿在专利审批过程中出现不合理的时间延迟。新加坡－美国自由贸易协定还对使用强制许可提出了比 TRIPS 更为严格的条件限制。

近年来，美国一直在和一些其他国家或地区进行磋商，旨在和它们建立自由贸易协定。值得注意的是，计划中的美洲国家自由贸易协定，基本上把 NAFTA 扩伸到了半球范围❶。未来的自由贸易协定可能要求它们的签约方遵守"TRIPS +"标准，大体与新加坡－美国自由贸易协定相当。

12.8 比较专利法

大量国际协议的签署有助于实现世界各国专利制度的和谐发展。现在可以讲，在每个颁发专利的国家，例如专利授权条件、保护期限这类基本概念大体上相同。尽管如此，世界各国专利制度还是存在一些差别的。尤其是美国在许多方面都有其独到之处，最著名的就是它独一无二的"先发明"优先权制度。本章后面篇幅将对美国专利制度和其他国家专利制度之间的一些显著差别加以简要总结。

12.8.1 优先权原则

有时会出现几个人各自独立地几乎同时做出相同或相似发明的情形。在美国，如果有两份（含）以上专利申请请求保护同一发明，那么专利将归于在这些申请人中最早做出发明的人。在所谓的"抵触"程序中，允许申请人提交关于他们进行发明活动的证据，例如他们完成发明构思的日期以及把发明付诸实践的日期❷。在该技术领域第一个做出该发明的申请人将获得专利❸。美

---

❶ 该协定的磋商草案文本可以在线获取。[EB/OL]. http://www.ftaaalca.org/FTAADragt03/Index_e.asp. 该草案的第××章涉及知识产权问题。

❷ 35 U.S.C. § 135 (2000).

❸ 参见第 4.4 节。

国优先权规则遵从"先发明"原则。

在美国之外的其他颁发专利的国家，发明的优先权是由披露所请求保护发明的专利申请的最有效申请日确立的。不同在于，在这些国家是由第一个专利申请人得到专利。至于第一个申请人实际上是不是第一个在该技术领域做出该发明的个体在所不计。这些国家的优先权规则遵从"先申请"原则。

关于先发明制好还是先申请制好，国际专利界存有广泛且甚至激烈的争论。先发明制的支持者部分主张，先申请制以"奔向专利局的赛跑成绩"定先后，会导致不公平；促使大家为了尽快提交专利申请而把尚不成熟的草案性质的东西匆匆交付申请；而且会损害小型企业利益，因为它们缺乏快速准备并提交专利申请的资源。先申请制的支持者部分主张，先申请制为发明提供了一个清晰的、便于确定的并且是固定的优先权日期；他们认为先申请制可以消减复杂的、冗长的并且是费用昂贵的 USPTO 现行的抵触程序；并且他们认为大多数美国企业为了避免丧失国外专利权已经在基于先申请制行事。尽管美国的许多贸易伙伴建议美国采用先申请制，但是目前美国国内还没能就此建议达成一致意见。

12.8.2　宽限期

美国专利制度实质上为发明人提供了 1 年时间用以决定是否提出专利保护请求，同时如果决定提出专利保护请求的话，也用以准备申请文件。这是因为一些特定活动，例如公开或销售，只要它们发生在所谓"关键日"之前，就将会阻止申请人获得专利，所谓"关键日"是指刚好早于提交申请之日 1 年的那一天❶。例如，如果一名企业家首先通过在科技期刊上发表文章的形式公开了他的发明，他应当知道自己从该公开之日起有 1 年时间可供提交专利申请。如果他超过 1 年时间没有提出申请，他将因为在先的期刊公开而丧失获得专利权的机会，但是如果他在这一年时间段内提出申请，在先的期刊公开就不会妨害他获得专利权。重要的是，使用、销售以及其他形式的由第三方做出的技术公开，也适用这个"关键日"规定。因此，除了自己的行为之外，发明人还需要考虑方方面面很多因素❷。

相比之下，其他许多批准专利的国家对宽限期的规定更为严格，或者根本没有宽限期。在欧洲，任何有关发明的销售或公开，无论发生在世界上什么地

---

❶　35 U.S.C. § 102b (2000).

❷　参见第 4.3.1 节。

方，只要它早于发明的申请日，就会影响到发明的专利性❶。日本专利制度规定了只针对发明人自身活动有效的 6 个月宽限期❷。依照日本专利法，第三方对发明做出的任何披露，哪怕只比发明申请日早一天，也会影响该发明的新颖性。

关于宽限期的争论有很多。支持宽限期的人认为，宽限期对那些不太了解专利事务的发明人有帮助；宽限期还有助于发明人进一步完善发明，完善发明有时需要进行一些公开测试，只有通过测试后发明人才可以确定完成了发明；并且宽限期与学术界和科技界要求及早公开研究成果的规范是一致的。批评者认为，宽限期增加了商业上的不确定性，并且实际上延长了专利保护期，此外他们还认为，希望进军商业世界的学者和科学家应当遵守在商业世界中业已存在的法律规定❸。

12.8.3　专利保护客体

在一些国家，专利保护范围要远远窄于美国。例如，1998 年联邦巡回上诉法院在 State Street Bank 案判决意见中指出，发明人可以就商业方法获得专利保护❹。近来有美国专利颁发给例如建筑、投资、市场销售、心理分析和体育方法等领域，这也表明，实际上是通过各种人为努力达成的发明可以在美国成为专利制度保护的客体。相比之下，国外许多国家的专利制度，包括一体化的欧洲专利制度以及日本专利制度，以前都不愿意把专利保护延伸到商业方法以及传统工业之外的其他发明。例如，欧洲专利法规定有这样的要求，要求发明具备"工业实用性"，并明确排除了诸如"用于执行智力活动、玩游戏或做生意的规划、规则和方法"之类发明的专利性❺。

生物工程也是一个在美国比在一些其他国家更易于得到专利保护的客体。一般来说，如果一种植物或动物发明不是以天然形态存在的物质，或者它需要一定量的人为干预，那么该植物或动物发明在美国就具有可专利性❻。而日本和欧洲的专利制度都对生物工程专利规定了其他限制条件。依照日本特许厅规定，"以人体为必不可少的对象的医学、诊断、治疗和药物领域的方法"是不

---

❶ 《欧洲专利公约》第 54（2）条。
❷ 日本专利法第 29（1）条。
❸ 参见第 4.3.1 节。
❹ State Street Bank & Trust Co. v. Signature Financial Group, Inc., 149 F. 3d 1368, 47 USPQ2d 1596（Fed. Cir. 1998）。参见第 2.7 节。
❺ 《欧洲专利公约》第 52（c）条。
❻ 参见第 2.3 节。

能被授予专利权的❶。欧洲专利法规定得更为严格,除了上述那些种类的发明之外,还把"植物和动物品种"和"实质上的生物学方法"排除在可授权范围之外❷。

关于什么是适当的可授权主题,曾经有过很多争论。主张可授权主题宽泛化的鼓吹者认为,专利可以促进对那些更宽泛领域内的新发明进行投资、创新和公开❸。反对授予商业方法专利的人则指出,国家不批准对商业方法的垄断性专利权由来已久,而且没有证据表明商业方法专利会促进针对商业实践的创新❹。反对授予生物工程专利的人曾辩称,批准指向活性生物体和遗传物质的财产权利是不适当的,并且那样的专利会中断传统农业的行为规范和价值观❺。

12.8.4 延迟审查

在其他一些国家的专利实践中,极具特色的一个方面就是申请在提交之后延期进行审查。在 USPTO,每件提交的申请都自动排队按序接受实质性审查,而在其他许多颁发专利的国家,仅仅提交申请并不足以让该国专利局启动对该申请的实质审查程序。那些希望自己的申请能够授权的发明人必须递交另外的请求,请求专利局审查申请。这种请求必须在一个特定时间段内提出,并且同时缴纳相应费用。在德国,发明人可以使审查延期达 7 年之久❻;在日本,最长延期最近从 7 年缩短为 3 年❼。如果申请人未能及时提出审查请求,则其申请被视为撤回。如果按时提出了审查请求,则专利局将基于申请日判断申请的新颖性和非显而易见性。当然,在这些国家,尽管申请人选择了延迟审查,其专利的最大保护期限也是自申请日起 20 年。

延迟审查制的支持者认为,延迟审查制给申请人一个选择,由申请人决定是否推后审查进度。延迟审查制还可以减缓专利局的工作压力。而且,由于所

---

❶ Michael North, The U. S. Expansion of Patentable Subject Matter: Creating a Competitive Advantage for Foreign Multinational Companies? Boston Univ. Int'L L. J. 111 (2000).

❷ 《欧洲专利公约》第 53(b) 条。

❸ 例如,Jeffrey R. Kuester & Lawrence E. Thompson, Risks Associated with Restricting Business Method and E-Commerce Patents, 17 Georgia State Univ. L. Rev. 657 (2001).

❹ John R. Thomas, The Patenting of the Liberal Professions, 40 Boston Coll. L. Rev. 1139 (1999).

❺ Paul S. Naik, Biotechnology in the Eyes of an Opponent: The Resistance of Activist Jeremy Rifkin, 5 Virginia Journal of Law and Technology 5 (2000).

❻ Nancy J. Linck et al., A New Patent Examination System for a New Millennium, 35 HOUS. L. REV. 305 (1998).

❼ 日本特许厅,获得专利权的程序(可以从 www.jpo.go.jp 网站获取)。

有待决申请都在申请日之后大约 18 个月时公开，所以无论一份申请是否请求延迟审查，届时公众会对它的专利授权前景一目了然。批评者则认为，延迟审查制会使经过全面审查的专利文件的公布时间延后，因而实质上增大了市场不确定性。

12.8.5　未决申请的公开

多数外国专利制度规定，所有未决专利申请应当自其提交日起 18 个月后进行公开。从 2000 年 11 月 29 日开始，USPTO 已经开始公开了一些未决申请，但不公开全部的未决申请。具体而言，美国专利申请是自申请日起 18 个月后公开，但发明人表示其不寻求国外专利保护的例外。如果申请人能够证实其美国申请所记载的发明不同于在其他国家的专利申请所记载的发明，而申请人在所述其他国家的专利申请需要在提交申请 18 个月之后进行公开，那么 USPTO 将不会公开该美国申请❶。至于美国是否会继续奉行现行规定，或者说美国是否会为自己确定一个过渡阶段从现行规定过渡到综合性的授权前国内公开规定，还需要进一步观察。

12.8.6　异　议

许多外国专利制度都规定有所谓"异议程序"。异议程序是一种专利撤销程序，由利害关系人——通常是专利权人的竞争对手启动，并且通常是由各国国家专利局负责处理。异议程序通常可能涉及一系列有关专利是否有效的争辩，而且异议程序需要有双方质证的听证环节，该环节与法院诉讼非常相似。

尽管美国专利制度中没有规定异议程序，但是美国专利制度从 1981 年起中就有了所谓的"复审"程序❷。复审程序实质上是一种更为严格的异议程序。尽管许多评论人士呼吁扩大复审程序使它们与异议程序变得更相似，但是迄今为止美国国会还没有做过这方面的努力。

12.8.7　把专利有效性作为侵权辩护事由

在美国及许多普通法系国家，审理侵权官司的法院还可以审查涉案专利的有效性❸。被诉侵权的被告通常争辩涉案专利本来就不应当得到授权。但是，在一些罗马法系国家，审理侵权官司的法院不可以作出专利有效或者无效的判

---

❶ 参见本书第 7.2.6 节。
❷ 参见本书第 7.5.4 节。
❸ U.S.C. § 282 (2000)。

定。在这些国家，对专利有效性的挑战只能由国家专利局或特别法院负责审查。专利有效性通常涉及技术问题，因此交由具备适当技术素养的人去评判，而不是让作为技术门外汉的法官或陪审团作决定。但是这种作法往往会导致时间延滞、费用增加以及判定结果前后矛盾。

12.8.8 专利保护范围

不同专利制度之间细微的但却是非常重要的区别就在于如何确定已颁专利的保护范围，因为法院在行使司法权的过程中依据的就是这个保护范围。专利权的保护范围基于但不限于专利文件文字的精确描述。在美国，即使被控侵权的装置或方法没有精确地落入涉案专利权利要求的保护范围内，但只要在该专利发明和被控侵权之间存在的"区别技术特征是非实质性的"，法院就会判定侵权成立。美国法院把这一概念称为"等同原则"❶。

一些评论人士认为，不同国家的法院对同一专利权保护范围可能会有不同解读。例如，德国和荷兰的法院一度被认为对专利的解读要比美国法院的更为宽泛。日本法院则处于另一个极端。依照 1993 年美国总审计局的报告，日本实际上不存在美国使用的术语意义上的"等同原则"❷。但是，过去十年间的司法判决表明，日本法院解读专利时比之前宽泛了很多❸。美国联邦巡回上诉法院看起来则似乎正向着精确解读的方向改变，自 20 世纪 90 年代末起，它运用等同原则的判例就变得越来越少了❹。

---

❶ Warner – Jenkinson Co. v. Hilton Davis Chemical Co., 520 U.S. 17 (1997)。等同原则在本书第 8.2.2 节有详细讨论。

❷ General Accounting Office, Intellectual Property Rights: U. S. Companies' Patent Experiences in Japan (GCD – 93 – 126) (1993).

❸ Shusaku Yamamoto & John A. Tessensohn, Doctrine of Equivalents Adds Torque to Japanese Patent Infringement, 81 J. PAT. & TRADEMARK OFF. SOC'Y 483 (1999).

❹ 参见本书第 8.2.2 节。

第 *13* 章
州法律问题：商业秘密和联邦法优先

由于专利法属于联邦法的独有领域，当涉及发明的财产权时，人们可能会认为没有必要对州法进行分析。本章的特别意义在于阐明这种观点是错误的。从广义上说，专利制度通常和许多判例法原则一起运作以保护创新。最引人注目的是保护秘密的、有价值的商业信息避免被他人侵占的商业秘密法。商业秘密法不但表现在发明人可通过选择该法得以保护的重要性，还表现在其与反不正当竞争法、合同法和保护发明的州法在运用的过程中产生联邦—州法之间法律冲突的问题，以及与相关州法相对应的联邦法效力优先的可能性问题。这种可能性的存在是因为这些州规定的知识产权法律与专利法存在某种程度的冲突，而根据美国宪法的联邦法律效力优先于州法的原则，它们可能是无效的。本章先回顾商业秘密法，然后再转到专利优先问题。

13.1 商业秘密

先对商业秘密法做一个简单的回顾。商业秘密法保护的是秘密的、有价值的商业信息，以阻止他人侵占。商业秘密法保护的主题范围包括从市场信息到制造中的技术诀窍。商业秘密法没有期限的规定，只要信息具有价值，同时作为秘密予以保持，该法律就起作用❶。通过滥用保密关系或使用不正当的手段获得商业秘密就构成了侵占❷。与专利法不同的是，商业秘密法不能对个人的独立开发或对商业秘密主题进行的反向工程提出诉讼❸。

商业秘密是专利制度的主要替代保护手段之一❹。发明人必须将技术或是

---

❶ United States v. Dubilier Condenser Corp., 289 U.S. 178, 186, 53 S. Ct. 554, 77 L. ED. 1114 (1933).

❷ Restatement Third, Unfair Competition §43 (1995).

❸ Restatement Third, Unfair Competition §39 cmt. c (1995).

❹ David D. Friedman, et al., Some Economics of Trade Secret Law, 5 J. Econ. Persps. 61, 64 (1991).

第13章 州法律问题：商业秘密和联邦法优先

作为商业秘密进行保护，或是从专利局寻求专利保护，或者允许技术进入公有领域❶。然而，商业秘密范围要大一些，因为商业秘密可用于保护不能授予专利的主题。例如，有价值的客户名单不属于能授予专利的主题，但是可以作为商业秘密予以保护❷。

法院判决意见对商业秘密法有两种泾渭分明的观点❸。有些法院把商业秘密作为知识产权学科。从这个观点出发，商业秘密法就像版权、专利或商标一样产生财产权益。在决定是否因侵占商业秘密给予救济时，这些法院强调的是所主张的商业秘密主题的价值性和秘密性。另一些法院运用商业秘密法很少考虑产生的财产权，而是更关注正当的行为。在审理商业秘密案件时，这些法院强调的是所指控的侵占者是否使用正当的和合乎道德的手段获得有争议的信息。

正如 Posner 在 Grophic System, Inc. v. DEV Industries, Inc. ❹案的导向性意见中指出的那样，这些观点完全是互补的。商业秘密法鼓励行业从业者们去开发有价值的信息资源，通过保护来阻止他人不正当获得。此外，侵占商业秘密的潜在法律责任阻止了他人从事不能创造财富而仅仅将一方的财富重新分配到另一方的活动。

13.1.1 法 源

美国商业秘密的现代法源于普通法。回溯到19世纪早期，针对侵占如药品化合物和燃料组合物等这样秘密的主题，英国的衡平法院给予救济。许多此类案件涉及违反双方当事人、家庭成员或师徒之间保密义务❺。面对涉及工业社会日益复杂的商业关系的类似案件，美国法院转向了早期的先例❻。很快，大量的普通法先例出现在每一个法院管辖范围中。甚至今天，商业秘密法继续作为法律的调节领域存在，并解决发展的技术、不断增长的雇员流动以及提升企业活力的问题。

1939年美国法学会（ALI）的侵权重述有两节涉及商业秘密法———一节定

---

❶ Metallizing Eng'g Co. v. Kenyon Bearing & Auto Parts, 153 F. 2d 516 68 USPQ 54（2d Cir.）, cert. denied, 328 U. S. 840, 66 S. ct. 1016, 90 L. Ed. 1615（1946）.

❷ Courtesy Temporary Serv., Inc. v. Camacho, 222 Cal. App. 3d 1278, 1287 – 88, 272 Cal. Rptr. 352（1990）.

❸ Restatement Third, Unfair Competition § 39cmt. a（1995）

❹ 925 F. 2d 174, 17 USPQ2d 1780（Fed. Cir. 1991）.

❺ I Melvin F. Jager, Trade Secret Law § 2.01（1998）.

❻ 同上，§ 2.02.

义商业秘密的主题，另一节清楚地阐述构成商业秘密侵占诉由的要件。尽管非常简明，但这些定义在法院证明了其影响力。在 1978 年的侵权第二次重述中并没有包含商业秘密❶。美国法学会的结论是"商业秘密法已经成熟到不再依赖侵权法，而是更多地依赖于其他法学通用领域，同时依赖于更为广泛的法律规范的发展"，因此选择不把商业秘密法放在其中。

1979 年的统一商业秘密法（UTSA）填补了这个空缺❷。统一州法委员会全国会议公布的 UTSA 在绝大多数州实施❸。UTSA 基本上采用了侵权第一次重述的方法，但是也依赖后续的案例法来规定更有用和明确的法律标准。

但是 ALI 不愿驻足不前。1993 年，在准备侵权第三次重述项目的早期，ALI 公布了名为不正当竞争重述（三）的"卓越"文件。该重述在第 39 节至第 45 节包含了对商业秘密的完整论述和相关注释。不正当竞争重述（三）的其余部分是商标、侵占、欺骗性标记、公共权利和相关原则。正如侵权重述和 UTSA，不正当竞争重述（三）仍然忠实于案例法，没有成为激进的法律改革工具。

直到近些年，联邦法律在商业秘密案件中仍然像以往那样无足轻重。该局面在 1996 年因议会通过实施经济间谍法（EEA）而发生了改变。EEA 规定在一定条件下商业秘密的侵占构成联邦刑事犯罪。由于 EEA 案件由联邦政府官员，而不是商业秘密持有者起诉，因此笔者把商业秘密立法单独放在下面的第 13.1.4 节。

这些额外的商业秘密法源补充了普通法，这就极有可能造成困惑。但是，在侵权重述和 UTSA 中规定的商业秘密实体法是相当一致的，不同之处仅在于边缘的微细部分❹。主要区别是，同先例相比，较新的法源在措辞方面使用更熟悉的语言并且更加详细。尽管法院意见可能引用不同的法律依据，但商业秘密法的中心规则仍然保持不变。

---

❶ I Melvin F. Jager, Trade Secret Law, § 3.01 [1].

❷ 14 U. L. A. 438 (1990).

❸ 7 个州采用了 UTSA 原始版本，而其他州采用了包含 1985 年公布的修订的版本。在本书撰写期间，仍然有至少有 3 个州正在立法来采用 UTSA。采用该法的所有州名单参见 http://www.nccusl.org/nccusl/uniform‐act_factsheets/uniformacts‐fs‐utsa.asp.

❹ 针对该宽泛陈述的主要例外在于侵权重述中要求商业秘密有权"在商业经营中持续使用"。案例法反映了后续发展，不正当竞争重述和统一商业秘密法两者都未使用此早期的要求。Restatement Third, Unfair Competition § 39 cmt. d (1995). 此外，与侵权重述不同，统一商业秘密法保护不能运用特别方法和方式的所谓"否定信息"。还有，侵权重述要求商业秘密为权利人带来竞争优势，统一商业秘密法要求商业秘密的持续秘密性拥有实际或潜在的经济价值。

第 13 章 州法律问题：商业秘密和联邦法优先

13.1.2 可保护的主题

也许是由于根源在衡平法院，因此商业秘密法从来没有非常关注属于商业秘密保护主题的各类信息的明确定义❶。法院认为将信息作为商业秘密有两个基本要求。第一，最重要的是，信息是已尽合理努力维持保密的对象。第二，信息必须因不被公知或他人不易于获得而具有商业价值❷。

根据这些基本要求，侵权重述规定配方、样式、产品或信息编辑可以作为商业秘密保护❸。案例法显示大量信息都属于商业秘密保护主题。这些主题包括投标价格信息、设计图、化学配方、计算机程序、客户名单、制造技术诀窍、市场数据、处方、销售预测、供应商名单、测试记录和技术设计❹。

13.1.2.1 秘密

必须已尽合理努力来维持信息秘密状态是商业秘密的关键❺。关于使保护主题能够作为商业秘密而付出必要的努力，案例法没有规定精确的标准。很明显，希望成为商业秘密持有者的人不必为信息建立绝对难以进入的堡垒。另一方面，商业秘密持有者必须尽到标明秘密主题的合理努力，通知他人注意该主题是财产并加以保护，避免合理预见的侵犯。在确定是否采取了合理保密努力，法院会在努力的成本和获利之间加以平衡❻。法院不要求昂贵的、烦琐的严重干扰商业秘密持有者正常商业活动的防护。但是，如果商业秘密持有人未进行使安全利益大于成本的谨慎防范，那合理保密努力就不成立。

具有商业价值的信息持有人维持秘密的防范措施有多种。例如，要求雇员、来访者和合资方签署保密协议。标记、印章和图例可以表明特定主题是财产，尽管有人认为这种防范措施实际上可能对于缺乏道德的雇员易于识别而窃取秘密信息。锁门、警报器和警卫能够阻止那些不应知道信息的个人接近它。离职面谈可以提醒将要离开的雇员对保护主题维持保密状态所应尽的义务。当商业效用结束时，相关文件和实验样品可以提前毁掉。尽管有非常明显的多种措施，但没有绝对的标准规定假定商业秘密持有者应保持的警戒程度。法院认定商业秘密是否存在时取决于特定案件总体的平衡。

很多情形可以排除秘密性。通过对商业获得的产品进行研究而易于得到的技术不是秘密。同样，在公开杂志、文章或其他出版资料上获得的信息不是商

---

❶❷❸❹ Restatement Third, Unfair Competition § 39 cmt. d (1995).
❺ Uniform Trade Secrets Act § 2, 14 U. L. A. 438 (1990).
❻ Rockwell Graphic Sys., Inc. v. DEV Industries, Inc., 925 F. 2d 174, 17 USPQ 2d 1780 (7 th Cir. 1991).

业秘密。美国专利公告文件或在审专利申请公开文件也破坏在该文件中要求保护信息的秘密性。即使公布的申请不能授予专利或者专利后来被判无效也如此❶。

诉讼也能潜在破坏声称的商业秘密。事实上，商业秘密法颇具讽刺意味的是除非原告采取了防范措施，否则通常要求原告当庭披露商业秘密的实施。但是，美国联邦法院民事诉讼程序细则第 26（c）(7）条允许法院发出强制令——不得泄露商业秘密或其他秘密研究、开发或商业信息或仅用指定方式披露。如果需要披露商业秘密或其他保密信息，美国联邦法院民事诉讼程序细则第 45 条也允许法院取消或修改传票。经验表明在这两种方式中，法院强烈支持在透露（discovery）阶段披露商业秘密。最高法院承认"禁止披露商业秘密是很少见的，而较常见的是，审判法院发出保护令限制辩护律师和对方披露"❷。

13.1.2.2 经济价值

信息必须有充分的价值，能产生超越他人的实际或潜在的经济效益，具有商业秘密保护的资格❸。此商业价值必须源于信息没有普遍公知或他人不易于得到。通常，假定的商业秘密持有者通过商业秘密主题对其业务重要性的直接证据或者其与公有领域替代物的比较优势来表明商业秘密价值。作为价值的证据，法院也接受开发信息的成本、其他人获得商业秘密的意愿以及对保护秘密所造成的伤害程度。

法院对经济价值的要求不像专利法的新颖性标准那么严格。要满足专利法新颖性标准，发明必须有别于专利法规定作为现有技术的所有其他在先专利、出版物、公开使用、其他文献或事件❹。商业秘密法规定了不太精确的标准，根据该标准，声称的秘密必须不是公知的❺。如果通过现有知识能够轻易获得，或者已被普遍知道的信息，其秘密性不能产生商业秘密法意义上的经济价值❻。换一个略微不同的角度来说，如果行业内的任何人已经知晓，即使一个公司声称为阻挡窥探者积极地保护数据，这种信息也不是商业秘密。

例如，假定某特定公司雇用的研究人员提出了人工合成化学方法。结果表明一本早在几年前用外语出版的不出名的科学杂志披露了这种特定方法。

---

❶ Restatement Third, Unfair Competition § 39 cmt. c (1995).

❷ Federal Open Market Committee v. Merrill, 443 U.S. 340, 362 n. 24, 99 S. Ct. 2800, 61 L. Ed 2d 587 (1979).

❸ Restatement Third, Unfair Competition § 39 cmt. e (1995).

❹ 参见第 4 章.

❺ SI Handling Sys., Inc. v. Heisely, 753 F. 2d 1244, 1255, 225 USPQ 441, 447 (3d Cir. 1985).

❻ Russell v. Wall Wire Prods. Co., 78 N.W. 2d 149, 154, 111 USPQ 51, 55 (Mich. 1956).

第13章 州法律问题：商业秘密和联邦法优先

进一步假定杂志的文章只能在国外的几个图书馆里得到，公司的竞争者还没有读过。根据这些事实，杂志文章因专利法的目的能破坏化学方法的新颖性。该方法不能授予专利❶。但是，如果满足商业秘密的其他要件，杂志文章不能阻止公司将该方法作为商业秘密予以保护。相反，如果文章发表在大销量的美国期刊上，并且公司的大多数竞争者都熟知该方法，那它就不是商业秘密。

即使每一要素都是公知的，属于公有领域，要素组合仍可能符合价值性要求。但是，特定组合的秘密必须产生实际或潜在的竞争优势❷。例如，假定快餐连锁店研制了一个炸鸡的秘密配方，即使香料、调味品和其他成分通常都可以在食品杂货店买到，配方仍可以成为商业秘密。

价值在商业秘密案件中很少存在实际问题。实施知识产权的高额费用表明原告只有涉及相当可观的价值信息才启动诉讼程序。由于信息的价值取决于不被普遍知道的事实，价值性要件与秘密性要件紧密相关。许多涉及价值的司法判决取决于假定的秘密已经公知或能够轻易确定的事实。例如，在 Playland Toys, Inc. v. Learning Curve Toys❸案中，原告声称拥有这样一个构思的商业秘密，即为了产生"咔嗒咔嗒"的声音，在木制火车组件上加工裂缝。地区法院认为在轨道上切槽能产生有特色声音的构思根据市场上的玩具火车组件能轻易地通过反向工程获得，因此判定该构思缺乏商业秘密法上的商业价值。

在信息是否不必仅仅有价值而且还必须有经济价值的问题上，一系列饶有兴趣的判决观点斗争激烈。在 Religious Technology Center v. Wollershein 案中，Scientology 教堂指控一个前从业人员侵占了秘密的圣经材料，声称该材料提出了人的精神福祉❹。第九巡回上诉法院驳回了 Scientology 教堂的商业秘密诉求，判定在性质上秘密材料的价值在于宗教而不是商业，但是，根据第九巡回上诉法院后面的意见，此分析的持久性令人质疑❺。例如，一个地区法院根据法律判定 Scientology 教堂的"高级技术"圣经手稿具有经济价值，因为被告利用这些材料去教授课程，为此得到报酬❻。理由还提到，宗教组织像其他实体一样需要资金才能生存。如果该逻辑最终成立，则这个法律领域将延伸到不仅

---

❶ 35 U.S.C. § 102 (b) (2000).
❷ Imperial Chem. Indus., Ltd. V. National Distillers & Chem. Corp., 342 F. 2d 737, 742, 144 USPQ 695, 699 (2d Cir. 1965).
❸ 2002 WL 391361 (N.D. Ill. 2002).
❹ 796 F. 2d 1076 (9 th Cir. 1986).
❺ Religious Technology Center v. Scott, 869 F. 2d 1306, 10 USPQ2d 1379 (9 th Cir. 1989).
❻ Bridge Publications, Inc. v. Vien, 827 F. Supp. 629 (S.D. Cal. 1993).

仅是商业秘密，还延伸到任何有价值的秘密。

13.1.2.3 商业秘密的认定

专利和商业秘密诉讼的主要区别在于原告知识产权的认定。在专利诉讼中，至少一方到法院时需带着具体要求保护发明的专利法律文件。但是，在商业秘密领域，在诉讼前被认为是商业秘密的具体信息常常没有明确。原告负有举证责任，说明他要保护的商业秘密被侵占。

这种要求乍一看似乎是老生常谈，事实上，许多法院在执行时非常宽松，尤其在诉讼的早期阶段❶。但是有些原告很注重认定声称的商业秘密的模糊界限。在 IDX systems Corp. v. Epic System Corp. 案中，第七巡回上诉法院的判决是极好的例证❷。该案涉及原告声称用于金融软件包中的商业秘密被侵占。尽管原告提交了各种描述软件的文件，但对鉴定哪个信息是秘密的以及是否具有商业价值没有起到任何作用。例如，原告的文件包括显示数据输入屏外观，这根本就不是商业秘密。事实上，任何人从运行该软件的计算机走过都可以轻易看到。

考虑这些因素，初审法院作出支持被告的简易判决（summary judgement）。指出"原告在文件中埋葬了其商业秘密"，审判法院拒绝推定原告寻求保护的确切信息❸。在上诉时第七巡回上诉法院维持原判。法官 Easterbrook 认为原告主张其软件的所有信息构成商业秘密既不合理，也与商业秘密的法律定义不一致。

在类似案件中，对原告奇怪的做法至少有两种可能的解释。一方面，可能是原告宣称商业秘密被窃取只是推测，除了最广为人知的秘密定义之外的任何事情均表明，被告没有进行任何不允许的侵占。另一方面，原告担心如果选择用除了最普通的术语之外的任何东西限定商业秘密的话，则诉讼程序本身会使其竞争者了解有价值的商业秘密细节。当然，正如上面提到的那样❹，为了减少这种风险，法院会颁发保护令或采取其他措施，但是这是提示性的，在诉讼程序中，许多商业秘密原告必须小心谨慎以保护他们的权利不因泄露而失去。

13.1.3 侵　占

为避免他人侵占商业秘密，持有商业秘密的企业应得到保护。事实上所有

---

❶ Lawson Products, Inc. v. Chromate Industrial Corp., 158 F. Supp. 2d 860 (N.D. Ill. 2001).
❷ 285 F. 3d 581, 62 USPQ2d 1278 (7 th Cir. 2002).
❸ 165 F. Supp. 2d 812 (W.D. Wis. 2001).
❹ 参见第 13.1.1.1 节。

第 13 章　州法律问题：商业秘密和联邦法优先

的案件可归为两类。有时，与商业秘密持有人毫不相干的人获得商业秘密。在这类案件中，决定性的法律问题在于是否采用"不正当手段"获得商业秘密。其他商业秘密案件涉及的当事人都是最初通过正当途径获知商业秘密，这种获知通常是商业秘密持有人自愿披露，此后或者因商业利益使用商业秘密或者向其他人披露。在另一类案件中，由于被告违反了明确或隐含的保密义务，因此法院将给予救济。虽然有贬义，但如果为这两类商业秘密侵占找一个难忘的名词，则把第一类叫间谍，第二类叫奸细。

13.1.3.1　不正当获得

如果被告以非法行为获得商业秘密，商业秘密持有人可以主张侵占。根据商业秘密法，窃听、贿赂、欺诈和盗窃个人财产都是要判决工业间谍的典型例子。但是，商业秘密保护不限于本身触犯其他法律的行为。法院也曾对在数量上足以破坏维持秘密性合理努力的各种企图的伪称合法行为定罪。

E. I. DuPont deNemours v. Christopher❶ 案是有关通过不正当手段而不是非法手段侵占商业秘密的指导性判决。诉讼涉及 DuPont 有关甲醇生产方法的商业秘密主张。DuPont 开始建造一个使用商业秘密的新化学厂，采取了各种限制接近、观看工厂的防范措施。但是，在建设过程的短期时间内，由于工厂的屋顶没有完成，可以从高空观察工厂的工作情况。有关的技术人员观察后就能推导出杜邦制造甲醇的方法。那时，DuPont 的一个不知名的竞争者雇用 Christopher 驾驶飞机飞过 DuPont 工厂并拍照。DuPont 起诉 Christopher 侵占了商业秘密。Christopher 争辩航拍 DuPont 工厂没有触犯刑法，也不构成侵害。

第五巡回上诉法院认为，在此之前的先例只有当被告发生侵害或违法行为时才构成商业秘密侵占。尽管如此，法院仍然因 Christopher 使用不正当手段获取信息而判其有罪，维持初审法院对侵占的判定。Gold berg 法官强调，Christopher 不顾 DuPont 为保护秘密付出的极大努力以及为了保护工厂而阻止从空中观看会导致高额成本的现实，在 DuPont 的上空获得了瞬间的利益。法院在非法行为之外扩大了侵占诉由，希望鼓励有效的自我保护和在研究和开发方面的投资，不鼓励花费庞大安保开支和声名狼藉的商业行为。

根据 E. I. DuPont deNemours v. Christopher 案，有必要根据不同案件对行业间谍和允许竞争者的监控进行区分。不正当竞争重述建议法院考虑商业秘密的经济价值、抵御这种获得的有效性和成本、通过该行为获得秘密的预见性以及商业秘密持有人未采取合理防范措施的程度❷。显然，法院对商业伦理、商业

---

❶　431 F. 2d 1012，166 USPQ 421 (5 th Cir. 1970).

❷　Restatement Third, Unfair Competition §43.

道德和公共政策的理解在分析时扮演着举足轻重的角色。

与非法或以不正当手段获得商业秘密形成对照的是，有许多正当手段可以确定商业秘密。这些手段包括通过独立开发而发现、从公布的文献中获得商业秘密、公开研究包含商业秘密的产品以及对合法获得的产品的追溯来探知其工作方法的反向工程。

商业秘密领域的新人有时会惊讶地发现反向工程是可行的。该原则使商业秘密保护比其他类型的知识产权更具有穿透性，有些人可能认为其结果是对创新活动不能给予充分保护。尽管如此，仍然有针对该原则的两个传统理论基础。第一，进行反向工程的当事人不仅发现潜在的商业秘密，还发现另外的进一步改进产品的方法。不像贿赂或窃取等在社会上毫无价值的活动，反向工程常常能提高技术水平，因此理应得到鼓励而不是惩罚。第二，在许多案件中，由于存在通过反向工程使商业秘密被披露的风险，所以实际上促使公司利用专利制度。引导公司使用专利制度对发明进行迅速和详细的披露，使其他人在此基础上开发。因此，商业秘密法的最大弱点作为知识产权企业整个结构中重要的一部分常被提起。

13.1.3.2 违反保密关系

一个人通过保密的明确承诺可能对另一人负有保密义务。最典型的是，这种承诺由雇员、预期买主、设备来访者或合资方做出。例如，可能要求制造设备的来访者签署不披露协议，通过该协议，承诺对来访期间披露或看到的技术信息保密。从事研究和生产的雇员常常签署具有类似不披露条款的雇佣合同。

即使没有明确的合同条款存在，双方的关系也可以隐含保密义务。如果商业秘密持有人合理地推定另一方同意承担保密义务，同时另一方知道或者理应知道披露的内容是秘密的，那么法院将推定保密义务成立。

隐含保密义务的一个典型案例是 Smith v. Dravo Corp. ❶ 案。Smith 从事货物和货运集装箱工作。Dravo 公司表示了购买 Smith 产品的兴趣，双方开始谈判。作为讨论的一部分，Smith 向 Dravo 展示了秘密设计蓝图和仍然处于秘密状态的创新型货物集装箱的专利申请。交易失败后不久 Dravo 开始销售与 Smith 类似的货运集装箱。Smith 以侵占商业秘密起诉 Dravo。尽管第七巡回上诉法院注意到"没有要求被告作出明确的信任承诺"，但仍然判定事实上信任关系应当隐含其中，准予救济。

关于保密关系方面最难的问题是涉及前雇主和其前雇员。如果雇员仅仅为得到一个新的雇佣职位可以轻易地将商业秘密传递给竞争公司，则将会损害前

---

❶ 203 F. 2d 369，97 USPQ 98（7 th Cir. 1953）.

雇主最先开发的商业秘密。企业也可能被迫限制接近商业秘密的人，仅允许特别选定的雇员接近。这种将公司推至一个极端、将雇员间信息进行繁重分类的法律原则可能是非常困难的，增加了生产成本，拖延了专有信息的进一步改进。

另一方面，雇用后的约束限制了个人职业实践和谋生的能力。这些限制不仅使雇员处于过度的困境中，而且社会还会失去高技能个体的服务。通过领域内不同从业人员互动而形成的劳动力流动有助于提高雇员的专项技能。潜在知识的外溢帮助其他公司认识"死胡同"、最好的实践方式和其他有价值的信息，因此可提高整个行业的能力。

除了复杂的政策选择，前雇主和前雇员之间的案件常常产生令人困惑的实际问题。人们都认同的是，在雇佣关系终止后，如果他们没有侵占前雇主的商业秘密，则前雇员在一个新的职位上应当能利用其通用技能和知识。然而，区分专有知识和通用技能在个别案件中被证明是困难的。前雇员常常在他们的大脑里记着前雇主的商业秘密。即使以最诚信的作为，前雇员也可能发现在他们新岗位上避免前雇主的商业秘密是十分困难的。

除了依赖于保密的普通法义务，许多雇主要求雇员在不披露协议中作出保密的明确承诺。另外，更严厉的机制是强制订立不竞争合同。没有这样的合同，个体在离开目前的岗位后，就没有不从事竞争业务的义务。不竞争合同是雇员在特定条件下作出的承诺，即离开目前的雇主后不从事竞争性业务。

法律对不竞争合同采取相当审慎态度。在少数几个州，立法严格限制不竞争合同❶。即使在允许不竞争合同的管辖区，除非符合特定条件，法院一般不会实施。尽管管辖区在其审查的精确措辞中有变化，但通常要求法院考虑（1）不竞争合同是否是雇佣合同或其他法律合同的补充；（2）合同是否经过仔细考虑；（3）雇主强加合同是否有合法的商业利益，例如保护雇主商业秘密和商誉；（4）合同的限制是否与利益合理相关；（5）合同在时间、地点和活动范围上是否合理；（6）合同是否把一个不适当的困境强加给前雇员；以及（7）从合理的公共政策角度考虑限制是否合理。雇主对合同的可执行性负有举证责任❷。

高等级的司法审查劝告雇主在起草不竞争合同时不要过头。大多数此类可执行合同只在相当短的期限内有效，例如6个月或1年，此后前雇员可以自由从事竞争业务。法院的理由是，这么长的时间给雇主提供了充分的保护，尤其

---

❶ Cal. Bus. & Prof. Code § 16600（West 1997）.
❷ Picker Int'l, Inc. v. Parten, 935 F. 2d 257（11 th Cir. 1991）.

是在技术发展快速的领域，同时任何加长的时间将使雇员处于不当的困境。不竞争合同关于不竞争协议的范围一般还包括地理限制，而该地理限制通常定义为公司从事业务的地方。最后，大多数不竞争条款包括有关雇主认为是竞争的业务类型的限制。

第四巡回上诉法院对 Comprehensive Technologies International v. Software Artisans, Inc. ❶ 案的判决认定根据弗吉尼亚州法律不竞争合同适当。在该案中，Comprehensive Technologies International（CTI）针对几位前雇员提起诉讼，包括前副总裁 Dean Hawkes。CTI 方宣称 Dean Hawkes 违反了不竞争合同。合同规定 Dean Hawkes 离开的 12 个月内避免在美国从事与"CTI 业务"竞争的业务。引号中的词组明确定义为两个用于个人计算机的电子数据交换软件程序的设计、市场和销售。

地区法院在考虑了职业范围和地理限制过宽基础上判定合同无效。随后 CTI 提出上诉，第四巡回上诉法院撤销一审判决。在注意到 Dean Hawkes 最开始负责 CTI 软件的设计、开发、市场和销售后，上诉法院认定 Dean Hawkes 知道 CTI 业务各个方面的秘密，同时必然获得了可用于同 CTI 竞争的信息。合同对特定的软件作出限制，因此判定限制是合理的。只要不设计成在个人计算机上运行，Dean Hawkes 仍可以用同类型的软件工作，也可以自由地使用任何其他类型的软件。第四巡回上诉法院还认为限制在国内竞争是合理的，因为 CTI 拥有全国市场，面对全国的竞争者。结果，对 Dean Hawkes 的有关竞争的合同限制没有超过 CTI 必要的保护。此后案件被发回重审，确定 Dean Hawkes 是否违反了合同。

在某些管辖区，法院对不竞争合同应用"蓝铅笔原则"。根据该原则，如果合同中包含合理和过分两种限制，法院将"划去"过分部分，而执行剩余合理部分。例如，假定合同的部分条款限制前雇员不得与前雇主的"潜在、过去或当前的客户"做业务。如果法院发现限制与潜在的、过去的客户做业务不合理，就不会理会这些条款，而执行合同中剩余的涉及"当前客户"的条款❷。需指出的是，在某些管辖区，法院自由地应用蓝铅笔原则来改变不可执行的不竞争合同❸。有些法院则更严格，只有当过分的限制在语法上可以从合同中使用准确的术语和词组的合理条款中剥离❹时，才应用蓝铅笔原则。

---

❶ 3 F. 3d 730, 28 USPQ2d 1031 (4 th Cir. 1993).
❷ Search v. Richards, Dieterlet & Co., 439 N. E. 2d 208 (Ind. App. 1982).
❸ Sarasota Beverage Co. v. Johnson, 551 So. 2d 503, 506 (Fla. Dist. Ct. App. 1989).
❹ Noe v. McDevitt, 228 N. C. 242, 45 S. E. 2d 121 (1947).

第13章 州法律问题：商业秘密和联邦法优先

在有些案件中，如果雇主没有和雇员签订不竞争合同，就会尽量借助"不可避免披露原则"限定雇员以后的职业选择，避免潜在的商业秘密损失。在这类案件中，前雇员试图将专门的制造技术或客户名单传递给竞争者，前雇主没有主张普通的侵占。相反，前雇主声称不管前雇员是否故意，新的职位必然使他依赖商业秘密。前雇主申辩即使前雇员实际上不打算泄露商业秘密，他的新工作的性质也使他不可避免这样。结果，前雇主寻求禁止前雇员接受新的工作。

广为人知的 PepsiCo, Inc. v. Redmond 案的判决支持不可避免披露原则❶。Redmond 是百事可乐的高级雇员，于 1994 年年底突然辞职，准备为一个竞争者 Quaker 工作。这些公司在运动饮料市场上形成竞争，这些饮料包括 Quaker 的"给他力"品牌和百事可乐的"全运动"产品。Redmond 知道百事可乐商业战略和市场规划的详细内容。例如，他知道百事可乐 1995 年启动的战略计划，该计划的高价值在于百事可乐的竞争对手无法预测其下一步走向。他的雇佣合同包含不泄露百事可乐业务秘密信息的承诺，但没有通常的禁止其为饮料界其他公司工作的合同。

Redmond 从百事可乐辞职后，担任了 Quaker "给他力"领域业务的副总裁，百事可乐迅速起诉了 Quaker。百事可乐寻求阻止 Redmond 泄露百事可乐商业秘密的禁令。地区法院判定支持百事可乐，签发了禁止 Redmond 在 1995 年 5 月前在 Quaker 工作的禁令，永久禁止他使用或泄露任何百事可乐的商业秘密。

上诉后，第七巡回上诉法院维持原判。上诉法院认为 Redmond 新的职位使其将价格、市场、包装和销售信息输入给"给他力"。除非 Redmond 拥有离奇的能力将他的信息划分出来，否则他作出决定时必然依赖于百事可乐商业秘密信息。Flaum 法官还确信，Quaker 通过知道百事可乐的价格、分销和市场，能够以此作出回应，因此这些泄露将使 Quaker 获得潜在的利益。Redmond 辩称他传递给 Quaker 的仅仅是通用的业务技能和知识，第七巡回上诉法院予以驳回，并认定他必然泄露业界所不知的详细战略计划。

PepsiCo, Inc. v. Redmond 案和不可避免披露原则遭到严厉批评。如果百事可乐欲限制 Redmond 为竞争对手工作的能力，就应当要求他同意签署不竞争合同。百事可乐通过辩称他可能"不可避免披露"商业秘密而得到了基本上同样的救济。为直接竞争对手工作的任何人，在至少是高级执行官的情况下，其前雇主看来都能进行这样相同的声辩。有些评论者认为该原则不公平地禁止

---

❶ 54 F. 3d 1262, 35 USPQ2d 1010 (7 th Cir. 1995).

了前雇员,即使没有任何不道德行为。但从另一方面看,我们处于大量工作流动、成长的雇主依赖于雇员的高级技能以及专有信息不断增长竞争价值的时代。在竞争对手试图通过公司奇袭获得特别、短期和商业上损害竞争对手信息的情况下,综合以上情况表明不可避免披露的推断有时是合理的。

13.1.4 救 济

13.1.4.1 禁 令

在商业秘密案件中原告通常请求初步禁令和临时限制令。商业秘密是脆弱的财产,一旦公开就失去法律地位以及常常说的经济价值。正如一个法院所解释的那样,商业秘密持有者不能"亡羊补牢"[1]。在判决这些请求时,法院运用大家熟悉的通常决定是否获得初步救济的四要素法。法院将考虑(1)基于事实原告是否明显有成功的可能;(2)不发禁令是否会造成无法弥补的损害或伤害;(3)不发禁令对主动方造成的损害是否超过产生禁令的被动方;(4)颁发禁令是否符合公众利益。

称作"永久禁令"的现代规则仅在被告除了侵占外不能获得商业秘密主题的时间里适用。该原则折中了旧案例法确定的两个极端情况。旧案例法的一种方法是遵循 Shellmar Products Co. v. Allen – Qualley Co.[2] 案判决,认为由于商业秘密没有设置期限,因此对于商业秘密侵占,永久禁令是适当的救济。根据该观点,即使后来行业内的任何人通过反向工程获知该技术,违反法律的公司也将被永久禁止使用。其他观点在法官 Learned Hand 对 Conmar Products Corp. v. Universal Slide Fastener Co.[3] 案的意见中得到更多的支持,即一旦商业秘密进入共有领域,原告无论如何也得不到禁令救济。

现在没有人赞同这两种极端观点。当代法院认为,严酷的 Shellmar 原则本质上是惩罚性的,在合法竞争方面削弱了公众利益。另外,当被告行为不当时,尤其是当他本人向公众披露商业秘密,则 Conmar 原则有时导致不良后果。统一商业秘密法的折中观点为"如果商业秘密不存在,禁令将终止,但是为了消除从侵占中获得的商业优势,在附加的合理期限内禁令可以继续存在[4]"。

结果,在商业秘密诉讼中获胜的原告可以获得禁令,限制通过侵占而不正

---

[1] Chem – Trend, Inc. v. McCarthy, 780 F. Supp. 458, 462, 22 USPQ2d 1458, 1462 (E. D. Mich. 1991).

[2] 87 F. 2d 104, 32 USPQ 24 (7 th Cir.), cert. Denied, 301 U. S. 695, 57 S. Ct. 923, 81 L. Ed. 1350 (1937).

[3] 172 F. 2d 150, 80, USPQ 108 (2d Cir. 1949).

[4] Uniform Trade Secrets Act §2 (a), 14 U. L. A. 438 (1990).

当获得的领先时间优势。在确定此"领先"时间长度时,法院会根据普通技术人员独立地发现或通过反向工程获得商业秘密主题所花费时间的证据来衡量。如果侵占者能证明商业秘密持有者的竞争对手已经合法获得保护的信息,法院就很有可能拒绝颁发禁令。

13.1.4.2 赔偿金

法院对商业秘密侵占判处经济赔偿时具有灵活性。通常法院判处的数额与商业秘密持有者所蒙受的损失或者被告的收益相等,以较大数额为准。有时法院判给商业秘密持有人通过合法手段为防止被告发现商业秘密的"避免费用"。经济赔偿通常限于被告不应获得侵占信息的时间❶。

举一个例子说明商业秘密法的救济结构。假定 Jufi 和 Lojak 在摄影胶卷领域竞争。Jufi 耗费 100 万美元开发制造胶卷的改进方法,并通过适当的保密措施保护该方法,使其成为商业秘密。Lojak 于 2000 年 5 月 1 日侵占了商业秘密,从 2000 年 9 月 1 日到 2001 年 1 月 1 日期间开始生产胶卷与 Jufi 竞争。Lojak 获得 57.5 万美元的销售净利润。与此同时,另一家叫 Solanoid 的新进入市场者,购买了 Jufi 的样品,进行大规模的反向工程工作。经过 6 周的工作,花费了合理的 20 万美元,Solanoid 获得了 Jufi 的方法步骤,并于 2001 年 1 月 1 日在行业时事通讯上公开。

如果审判在 2001 年早期进行,并且 Jufi 没有出示损失超过 57.5 万美元的证据,则 Jufi 能从 Lojak 获得该数额的赔偿。Jufi 还可以得到 20 万美元的赔偿金,这相当于 Lojak 节省下来的反向工程数额。Jufi 得到的总赔偿额将等于 77.5 万美元。法院拒绝颁发禁令,因为只需短期的反向工程,商业秘密即不复存在。

13.1.5 经济间谍法

传统上的商业秘密是州法问题。1996 年前,涉及商业秘密的联邦立法很少。20 世纪 40 年代实施的被广义命名的联邦商业秘密法实际上应用很窄,它禁止政府工作人员对包括商业秘密的政府保密信息进行未经授权的披露❷。该法根本不适用于私法领域。当然,根据更加通用的刑法,联邦起诉人始终能诉商业秘密窃取罪。但是,刑法总是不能与商业秘密案件的事实完全匹配。例

---

❶ Engelhard Industries, Inc. v. Research Instrumental Corp., 324 F. 2d 347, 139 USPQ 179 (9 th Cir. 1963), cert. Denied, 377 U. S. 923, 84 S. Ct. 1220, 12 L. Ed. 2d 215 (1964).

❷ 18U. S. C.. §1905 (2000).

如❶，有些法院判定国家偷窃财产罪只适用于有形物，而如果通过其他手段窃取商业秘密，则邮政和电信诈骗法不适用❷。

针对美国公司的国际和国内经济间谍的增长，引起美国国会关注，促使国会颁布了1996年经济间谍法（EEA）❸。EEA被编在美国联邦法法典第18编中，对"经济间谍"和"窃取商业秘密"判处刑罚。其第1831条"经济间谍"条款惩罚那些故意或者明知其违法行为将有利于外国政府、机构或者政府代表而侵占或试图或共谋侵占商业秘密的人❹。第1832条禁止"窃取商业秘密"是较一般的条款。EEA规定窃取商业秘密的基本要件是：（1）故意和/或知道窃取、占有、破坏、改变或复制；（2）州际间商业存在商业秘密；（3）有侵占商业秘密的意图；（4）故意或知道该行为将伤害商业秘密持有者❺。

EEA规定巨额罚金和监禁。窃取商业秘密对于个人处以高达25万美元的罚金和10年监禁。对于组织则可处以高达500万美元的罚金。对于经济间谍，个人可处以50万美元的最高罚金和15年监禁，公司则可处以1000万美元罚金。EEA还规定没收财产的处罚❻，以及法院下令维持商业秘密的秘密性❼。

为了反映对外国人窃取商业秘密的担忧，美国国会规定EEA可能适用发生在美国境外的行为。第1837条规定允许美国起诉触犯EEA的美国公民或有美国永久居留权的外国人，或根据美国法律建立的组织。EEA也适用于在美国促成犯罪的行为。

EEA的有效性尚无定论。联邦起诉者很少根据该法提起诉讼❽。多数这类案件是第1832条规定的窃取商业秘密，而不是第1831条的经济间谍。考察EEA立法史，这种焦点是不期望的，因为其欲反映国会主要关注外国企业的经济间谍活动。可能只有时间会说明EEA是否能有效阻止国内外窃取商业秘密。

---

❶ 18U. S. C. §2314 (2000).

❷ 18U. S. C.. § §1341, 1343 (2000).

❸ PUB. L. No. 104-294, §1831-1839, 110 Stat. 3488 (18 U. S. C. A. § §1831-39).

❹ 18U. S. C. A. §1831 (2000).

❺ United States v. Hsu, 155 F. 3d 189, 195-96, 47 USPQ 2d 1784, 1788 (3d Cir. 1998).

❻ 18U. S. C. A. §1834 (2000).

❼ 18U. S. C. A. §1835 (2000).

❽ 到2003年末大概有25件案件。所有案件目录，参见 http://www.usdoj.gov/criminal/cybercrime/eeapub.htm.

第13章 州法律问题：商业秘密和联邦法优先

13.1.6 商业秘密和专利

商业秘密和专利共存于尴尬的关系中。专利法的主要目的是技术的传播❶。该目标通过公布专利文件来实现，该文件充分公开授予专利的发明，使本领域技术人员不需要进行过多的试验就能够实现❷。与其截然不同的是，商业秘密法鼓励保留具有专利性的发明以及技术进步❸。

这种对峙导致产生出许多故意损害商业秘密持有者利益的专利法原则。专利法对商业秘密持有者不利影响的一个原则是，在后的独立发明人能被授予一项早期发明人拥有的商业秘密主题的专利。然而该结果初看起来令人吃惊，因为已知美国专利法采用"先发明制"，它遵循美国专利法第102条现有技术的定义以及相关的司法先例❹。假定一个叫 TraSeeCo 的商业秘密持有者在2004年早期研究出了一种提纯胰岛素的新方法。他马上在属于自己的、限制接近的制造设备上使用该方法。尽管 TraSeeCo 销售了提纯的胰岛素，但没有揭示胰岛素是如何提纯的。进一步假定另一家公司 Pat Corp 不知道 TraSeeCo 的早期活动，通过自己独立研究，在2005年中期研究出了同样的方法。Pat Corp 马上提交了专利申请。TraSeeCo 的活动不能构成阻止授予 Pat Corp 专利的现有技术，因为其活动不能构成第102条定义的现有技术。没有现有技术阻挡 Pat Corp 获得专利。

此外，假定 TraSeeCo 意识到 Pat Corp 的在审申请（也许此时专利商标局公布了该专利申请），后来提交了一份它自己的专利申请。尽管 TraSeeCo 第一个发明了胰岛素提纯方法，Pat Corp 仍将获得专利。这是因为根据美国专利法第102条第（b）款❺的通行解释，TraSeeCo 自身先前行为成为阻止其获得专利的现有技术，而不是对 Pat Corp。结果，TraSeeCo 作为先发明人可能很快从商业秘密持有者身份变为被判定的专利侵权人❻。1999年的先发明人抗辩法在某种程度上软化了这种传统原则，允许在先的发明人针对在后的商业方法专利权人作出侵权抗辩❼，但是该条款不适用于发明的其他技术领域，因此具有相当窄的实用性。

---

❶ 参见第1.3.1节。

❷ 35 U.S.C.A. §112 (2000).

❸ Joan E. Schaffner, Patent Preemption Unlocked, 1995 Wis. L. Rev. 1081.

❹❺ 参见第4.3.2节，第4.4.1节。

❻ Albert C. Smith & Jared A. Stosberg, Beware! Trade Secret Software May Be Patented By A Later Inventor, 7 Computer Lawyer no. 11 at 15 (Nov. 1990).

❼ 35 U.S.C.A. §273 (2000)。参见第4.4.2.9节。

这种苛刻的处理不是引导你认为法律系统蔑视商业秘密。法院反复提到商业秘密在美国知识产权制度中扮演极有价值的角色。尽管专利法不断扩张边界，但其主题没有扩展到所有能成为商业秘密主题的有价值信息的领域❶。另外，专利权必须得到确认，获得专利通常花费大量的费用和时间❷。一些发明人在相当窄的专利法领域没有受过良好的培训，提交一份专利申请前通常要历经很长时间。即使经验丰富的企业也可能没有认识到发明的价值，直到做得过多而破坏了其专利性。商业秘密法填补了这些空白，为那些采取谨慎措施保护有价值信息的人提供了一定的保护。

不希望他们的技术进入公共领域的发明人必须在把技术作为商业秘密维持或寻求专利之间作出选择。许多因素可帮助作出决定。发明人是否能使技术处于秘密状态是最主要的。许多机械发明在检测时会暴露他们的设计构思，而化合物的成分更容易隐藏。另外需考虑的是获得和维持专利权的费用。一项美国专利只有美国境内的权利❸，但是要公开其主题，世界上任何一个人都可以看见。发明人因此还应该考虑他计划开展业务的每个国家获得专利的费用。

与发明相关的产品周期也很重要。具有极短的生命周期的产品到获得专利时可能已经没有市场。发明人还应该考虑他们所处的行业专利是否集中。如果业界人士趋向于大量投资以维持他们的专利，那么发明人可能非常希望为防御的目的申请专利，或者非常希望当被控侵权时有讨价的筹码。1999年的先发明抗辩法引入另一要素。如果发明涉及法案内的"正在运用的商业方法"，发明人可获得有效的抗辩以对抗其他要求方法的专利❹。

专利申请的公布或专利的公告由于恰当地披露了商业秘密主题而将破坏商业秘密状态。然而，在此之前，任何东西都无法阻止专利权人将其作为商业秘密来保护。这种策略要求申请人保持秘密状态，直到以下两件事之一发生：（1）自申请日起18个月专利申请公布；或（2）当USPTO对那些免于公布的申请颁发专利。

13.2 联邦法优先

联邦和州政府都有权管理知识产权。在这些法源之间出现冲突的情况

---

❶ 35 U.S.C.A. §101 (2000); 更多内容参见第2章专利资格。

❷ 35 U.S.C.A. §131 (2000); 更多内容参见第7章专利审查程序。

❸ Dowagiac Mfg. Co. v. Minnesota Moline Plow Co., 235 U.S. 641, 650, 35 S. Ct. 221, 59 L. Ed. 398 (1915).

❹ 35 U.S.C.A. §273 (2000).

第 13 章 州法律问题：商业秘密和联邦法优先

下，则按照宪法第 VI 条第 2 款规定联邦法律"应该是国家的最高法律"。于是根据所谓的"最高条款"，任何与联邦专利法律法规相冲突的州法律都是无效的。

虽然专利法没有明确地规定优先于州法律，法院仍然间接地表达了联邦专利法的优先效力。一般而言，法院通过考虑以下情况来决定那些间接表达优先的案子：国会"占据的领域"是否是州政府试图管理的领域；州法律是否直接与联邦法律相冲突；或者州法律的实施是否可能阻碍联邦目的❶。但是大多数专利法优先的案子并不始于领域的优先或者州法律和联邦法律之间的直接冲突，相反，是依赖于对州法律是否与专利法客体冲突的这种更困难的确定。对这些重要案子的回顾表明，当法院面对不同的州法律时，更强调专利法的不同作用，有时候造成相互之间似乎很难以一致的结果。尽管如此，基于联邦最高法院在这一领域的主要判决而形成指导原则是可行的。

联邦最高法院有关 Sears, Roebuck & Co. v. Stiffel Co. ❷案（以下简称"Sears 案"）和 Compco Corp. v. Day – Brite Lighting❸ 案（以下简称"Compco 案"）的决定在同一天发布，这开始了专利法优先分析的现代纪元。在 Sears 案中，原告 Stiffel 拥有长杆落地灯的外观设计专利和机械方面的专利。在 Stiffel 开始销售长杆落地灯之后不久，Sears 向市场投放了基本上相似的长杆落地灯。Stiffel 诉 Sears 专利侵权并且违反了反不正当竞争法❹。地区法院结论认为这两项专利无效，但是同意该案提出的不正当竞争的主张。因此，Stiffel 获得了法院授予的禁令以及赔偿金，结论是 Sears 使消费者出现了对这种长杆落地灯起源混淆的可能性。第七巡回上诉法院维持了这一判决。

Compco 案的事实是相似的。原告 Day – Brite 曾获得有关荧光灯固定装置装饰特征的外观设计专利。尽管 Day – Brite 也寻求有关机械方面的实用专利，但是 USPTO 驳回了其申请。当 Day – Brite 将其固定装置推向市场时，Compco 开始销售具有相似外观的产品。就像 Sears 案中的原告一样，Day – Brite 然后开始以不正当竞争的主张和专利侵权来起诉 Compco。地区法院认为外观设计专利无效，同时支持不正当竞争的主张，并且第七巡回上诉法院再次维持了这一判决。

在准予调卷令之后，联邦最高法院推翻了这两个案子的结论。最高法院结

---

❶ Joan E. Schaffner, Patent Preemption Unlocked, 1995 Wis. L. Rev. 1081.
❷ 376 U.S. 225 (1964).
❸ 376 U.S. 234 (1964).
❹ 不正当竞争主张的基本意见认为，该长杆落地灯的外形与商标相似，起到品牌识别标志作用，并且 Sears 所使用的外形将使得公众对于长杆落地灯的起源和/或来源相混淆。

论是，对于不正当竞争，州诉讼理由将可能对实现联邦专利法的所有作用构成障碍，因此专利法优先。根据法院的意见，专利法不仅明确规定了这些可授予专利权的创新，而且通过否定的推论，也确定哪些创新大家可以免费使用。因为对这两个案子中装置的结论是不具有获得专利的资格，因此，法院认为美国国会本意是让竞争者对它们进行自由仿制。"允许一个州通过利用其不正当竞争法来保护商品不被仿制，而该商品仅有微小的改进而不能被授予专利权，这将允许这个州阻挡个人获得联邦法规定属于公众的某些东西"。❶

联邦最高法院在 Sears 案和 Compco 案意见中使用宽泛的语言，其暗示似乎是广义的。简单地说，这两个案子似乎得出这样的结论，即州不应当阻止竞争者对不能获得专利权的产品进行仿制。法院建议州可以在一定程度上管理对产品外观设计的模仿，为了防止消费者混淆的目的，可通过强制使用标签或者其他预防措施❷。但是，意见似乎清楚地表明，州不可能自己禁止这种被称作"商业外观"❸ 的仿制。

在 Sears 案和 Compco 案决定之后不久，联邦最高法院发布了 Brulotte v. Thys Co. ❹案和 Lear, Inc. v. Adkins❺案的两个决定，认为某些专利许可是不能实施的。这就有效地规定了当州合同原则破坏了联邦专利法政策时，这些州合同原则必须避让。在 Brulotte v. Thys Co. 案中，法院拒绝执行为一个超过专利期限的授权发明付给专利许可费的协议。法院把该协议看成是有效地延长了法定专利期限。在技术上，Brulotte 是专利滥用的案子，但是法院意见也建议关注联邦法优先问题❻。在 Lear, Inc. v. Adkins 案中，法院认为被许可人可随意挑战被许可专利，即使被许可人曾经同意受到这样的限制。根据法院的意见，"被许可人禁止反悔"原则与对轻率授权专利进行无效的联邦政策相冲突。Lear, Inc. v. Adkins 案更为直接地依靠优先分析得出结论认为，联邦专利政策优先于与之矛盾的州合同法。❼

根据这三个决定，州商业秘密法在联邦法优先理论下适用似乎是成熟的。

---

❶ 376 U. S. 231－232.
❷ 376 U. S. 232.
❸ 提供标识商品或者服务的产品和包装属性是"商业外观"。参见 Roger E. Schechter & John R. Thomas, Interllectual Property § 28.1 (2003).
❹ 379 U. S. 29 (1964).
❺ 395 U. S. 653 (1969).
❻ 参见第 11.6 节。
❼ 参见第 11.4 节。

第13章 州法律问题：商业秘密和联邦法优先

尽管专利制度鼓励发明的公开，但个人应该隐藏信息从而对商业秘密进行保护❶。美国专利法也反映这样的政策，即只有新颖的和非显而易见的发明才能获得专利所有权。正如我们所看到的那样，作为商业秘密保护的信息，秘密信息的价值不需要上升到新颖性的高度❷。同时商业秘密也根本不需要是显而易见的。假设出现冲突，Sears案和Compco案的宽泛语言似乎对商业秘密法的联邦法优先提出了更严格的要求。

在Kewanee Oil Co. v. Bicron Corp.❸案（以下简称"Kewanee Oil案"）中，联邦最高法院仍然认为，商业秘密法不能在联邦法中优先。在Kewanee Oil案中原告开发了一种生产人造水晶的方法。原告以商业秘密的形式保护了这一方法，同时要求接近该方法的员工签署保密协议。当其中的一些员工从公司辞职后，成立了自己的公司并且涉嫌开始使用该秘密方法，之后原告根据州法律起诉商业秘密侵占。地区法院支持了原告的请求，但是第六巡回上诉法院推翻了地区法院判决，结论认为联邦专利法优先于商业秘密法。

在发出调卷令之后，联邦最高法院同样推翻了前面的判决。法院解释认为，如同专利法一样，商业秘密法鼓励个人和企业创新，因此这两个法律制度不存在冲突。法院也认同不保护公共领域的专利法政策，由于商业秘密因其最本质的特性不能被公众所获得，所以州法律对它们的保护不能剥夺竞争者以另外的方式随意获知一些其他东西。

在Kewanee Oil案决定最为有趣的部分中，法院也认为与专利法的公开作用没有冲突。首席法官Burger设想将作为商业秘密保护的信息分为三种类型：（1）没有满足专利的法定主题、新颖性、创造性以及其他条件的发明；（2）难以确定可获得专利性的创新；以及（3）可获得专利的改进。对于第一种商业秘密，商业秘密的拥有者了解其不能获得专利，将不会申请专利，并且即使他们申请，也不会授予专利。因此，此类商业秘密保护无法阻止这类信息在其他情况下通过专利制度被揭示。关于第二种类型，也就是不确定能否获得专利的商业秘密，发明的公开不会有很大的社会价值，因此如果创新者不选择专利制度而选择商业秘密法，公开的损失是极小的。对于最后一种类型，即可以被授予专利权的商业秘密，在大多数情况下，通过专利制度获得的更直接权利的前景将驱动创新者向USPTO提交专利申请，因此公开的损失程度同样也

---

❶ James R. Barney, The Prior User Defense: A Reprieve for Trade Secret Owners or a Disaster for the Patent Law?, 82 J. PAT. & TRADEMARK OFF. SOC'Y 261 (2000).

❷ 参见第13.1.1.1节。

❸ 416 U.S. 470, 94 S. Ct. 1879, 40 L. Ed. 2d 315 (1974).

专利法原理（第2版）

是极小的。

尽管法院没有明确推翻 Sears 案和 Compco 案，但是对 Kewanee Oil 案的分析有效地避开了其推理。Sears 案和 Compco 案认为，他人对不能获得专利的任何东西可自由使用，而 Kewanee Oil 案却认为，只有在"普遍流通"中的构思才是公共领域，即不包括商业秘密的类型。法院对专利保护和商业秘密保护相关优点的分析似乎是有瑕疵的。当技术具有很长的生命期限同时又不能轻易地通过反向工程获得时，则采用商业秘密保护比获得专利权更理想。而在 Kewanee Oil 案中，法院也注意到这样的事实，州诉讼理由存在多年而没有任何国会动议来取代它，这种情况也存在于 Sears 案和 Compco 案中。

但是，至少有两个因素使 Kewanee Oil 案与 Sears 案和 Compco 案有区别。第一，商业秘密提供相对脆弱的知识产权保护形式。另外保留了这样的自由，即通过例如反向工程方式等合法手段获得商业秘密和独立地发明相同的主题。法院也依赖于这样的事实，即商业秘密法不鼓励无益的工业间谍活动和保持秘密的权利。尽管存在这些区别特征，但包括下级法院的大多数观察家，轻而易举地通过 Kewanee Oil 案，觉察出对 Sears 案和 Compco 案推理的新限制❶。

联邦最高法院在 Aronson v. Quick Point Pencil Co. ❷案又遇到专利法优先的问题。在这个案子中，被告人 Jane Aronson 提交了专利申请，要求保护钥匙扣。当在 USPTO 进行审查时，Jane Aronson 和 Quick Point 谈判同意专利许可。在 Jane Aronson 和 Quick Point 的部分许可合同中要求如果专利在 5 年之内被授权则将支付 5% 专利使用费；否则 Quick Point 只要销售该钥匙扣就将支付销售额的 2.5% 给 Jane Aronson。在 USPTO 最终驳回 Jane Aronson 的专利申请后，Quick Point 寻求根据优先原则宣告合同是不可执行的判决。根据 Quick Point 的观点，由于对 USPTO 明确认为不能获得专利的发明给予了永久的保护，所以如果执行根据州法律签订的合同将与联邦专利法相冲突。

在对 Kewanee Oil 案的回忆推理中，法院拒绝使用联邦法优先原则来对抗州合同法。根据法院的意见，Jane Aronson 和 Quick Point 许可的执行将鼓励个人从事发明活动，同时使用具有社会价值的发明，即使这些发明是不可专利的。许可的执行也鼓励发明公开。在钥匙扣销售后，Jane Aronson 的设计不仅进入了公共领域，而且竞争者的公司也已经开始仿制它。

在 Kewanee Oil 案和 Aronson v. Quick Point Pencil Co. 案后，一些观察家认

---

❶ SK&F, Co. v. Premo Pharm. Labs., Inc., 625 F.2d 1055, 1064, 206 USPQ 964 (3d Cir. 1980).

❷ 440 U.S. 257 (1979).

第13章 州法律问题：商业秘密和联邦法优先

为，Sears 案和 Compco 案的分析在今后的优先案子中起的作用将很小。但是，联邦最高法院在 1989 年有关 Bonito Boats, Inc. v. Thunder Craft Boats, Inc. 案决定中，再次认为"在有限的程度上，联邦专利法不仅必须确定要保护什么，而且也必须确定公众使用什么是自由的"❶。在该案中，原告设计了被告涉嫌通过使用所谓"塞子模制"的方法仿造的船体。原告从未寻求联邦专利权，而是通过佛罗里达州法律提起诉讼，禁止为销售目的而直接使用模制来仿造船体。尽管联邦巡回上诉法院以前支持了类似的加利福尼亚州法律，但佛罗里达州最高法院根据联邦法优先原则而未采用这一法律。

联邦最高法院发出调卷令，并且认为佛罗里达州法律已被占先。O'Connor 法官最初确定了对在没有满足专利保护要求的发明中允许自由竞争的联邦政策。如果允许未获得专利船体的设计者阻止竞争者以明显最有效的方式制造该产品，将引起佛罗里达州法律与上述政策相冲突。联邦最高法院解释道，佛罗里达州法律阻止了公共领域产品的反向工程，如果认可此法律则将产生对大量这样的州法律的期待，而这些州法律为在有利行业的参与者提供了类似专利的保护，但又不需要取得联邦专利的严格条件。O'Connor 法官的结论认为，"在该案中涉及的佛罗里达州法律如此明显地阻止了公众对未保护的设计以及体现在未获得专利船体中实用构思的利用，从而导致与法院在 Sears 案和 Compco 案中确定的教导相抵触"。❷

尽管 Bonito Boats 案的推理回顾了 Sears 案和 Compco 案，但法院非常谨慎并没有完全支持这些决定。O'Connor 法官实际上认为，从这些案子推断"广泛的优先原则"是不合适的❸。具体地说，法院解释认为，Sears 案和 Compco 案在对非功能性、与众不同的产品特征的仿制可能引起消费者混淆时，允许州保护来阻止这种仿造。由于普通法没有把商业外观保护扩大到功能性产品特征，因此此推理实际上具有保护州"终止"这种主张的优点。

就船体而言，Bonito Boats 案的决定并不具有长久影响力。美国国会后来颁布了"船体保护法案（Vessel Hull Protecion Act）"，其允许船体的设计者通过进行联邦注册保护来获得与优先的州法律相似的保护❹。但是，Bonito Boats 案对考虑未来优先类案子提供了重要的指南。一般的规则似乎是，没有满足专利性标准的发明应当维持在公共领域之内。但是，在某种情况下，限制对未获

---

❶ 489 U.S. 141 (1989).
❷ 489 U.S. at 157.
❸ 489 U.S. at 154.
❹ Pub. L. No. 105–304, 112 Stat. 2860 (1998) (codified at 17 U.S.C. §§ 1301–1302).

专利的发明进行仿制的州诉讼理由可能幸免于联邦法优先分析。首先，州诉讼理由应当提供比联邦专利法更弱形式的保护，而不是形成知识产权竞争之源。其次，州诉讼理由不应当收回进入公共领域的构思。再次，州诉讼理由应当与国会制定专利法的立法宗旨相一致。国会意识到州诉讼理由而没有采取行动来替代它，这种征兆支持了这样的结论，即州法律不能占先。最后，在制定专利法时，州诉讼理由支持国会直接关注之外的合法州利益这一事实使得不太可能作出联邦法优先的裁决。